Murat Ates (Hg.)

Nietzsches Zarathustra
Auslegen

Murat Ates (Hg.)

Nietzsches Zarathustra Auslegen

Thesen, Positionen und Entfaltungen
zu »Also sprach Zarathustra«
von Friedrich Wilhelm Nietzsche

Tectum Verlag

Murat Ates (Hg.)

Nietzsches Zarathustra Auslegen.
Thesen, Positionen und Entfaltungen
zu »Also sprach Zarathustra«
von Friedrich Wilhelm Nietzsche
© Tectum Verlag Marburg,
ISBN: 978-3-8288-3430-9

Umschlagabbildung: © artefacti - Fotolia.com
Druck und Bindung: CPI buchbücher.de, Birkach
Printed in Germany
Alle Rechte vorbehalten

Besuchen Sie uns im Internet
www.tectum-verlag.de

Bibliografische Informationen der Deutschen Nationalbibliothek
Die Deutsche Nationalbibliothek verzeichnet diese Publikation in der
Deutschen Nationalbibliografie; detaillierte bibliografische Angaben sind
im Internet über http://dnb.ddb.de abrufbar.

Inhalt

Danke

Auslegung einer Philosophie der Masken[1]
Vorwort des Herausgebers

Mit seinem Werk »Also sprach Zarathustra« hat Nietzsche der Philosophiege-
schichte ein »Schwergewicht« überlassen, dessen Lektüre mit einer Vielzahl unterschiedlicher Herausforderungen sowie anspruchsvoller Erwartungen verbunden ist. Die Schwere des kryptischen, von Metaphern und Anspielungen durch-
setzten Textes, macht es den Lesenden keinesfalls leicht, zu verstehen, was
Nietzsche durch seinen »dionysischen Propheten« vermitteln möchte. Die erste
Schwierigkeit liegt bereits darin, dass hier nicht der Autor selbst spricht, sondern
Nietzsche sich durch eine literarische Erzählfigur inszeniert, »seinen« Zarathustra. Dieser fungiert zwar als Träger und Medium der eigenen Gedanken, verkörpert und stellt sie dar, doch zugleich und in eins damit soll er den Verfasser selbst
tarnen, verstecken, maskieren. Damit übernimmt Nietzsche jene Vorgehensweise
der Vermittlung, welche sich bereits in den Anfängen der altgriechischen Philosophie erfolgreich in die Geschichte des Denkens manifestieren konnte: Der
schweigende Platon, der als Urheber des Gedanken sich gekonnt zu verdecken
weiß und stattdessen als Maske seiner selbst vor sich das Ideal Namens Sokrates
aufbaut, sich hinter ihm verschanzt, ihn als Protagonisten seines Werkes schließlich auf den Markt der Reden schickt, mit Pöbel und Gelehrten diskutieren und
(durch die Hebammenkunst seiner Gesprächsführung) die großen Gedanken aussprechen lässt.[2] Freilich liegt ein wesentlicher Unterschied zwischen Nietzsche
und Platon darin, dass letzterer als Schüler des Sokrates ein unmittelbares Bild
von seinem Lehrer gehabt haben muss und seine Erzählfigur somit unwillkürlich
in ein bestimmtes Verhältnis zur »realgeschichtlichen« Person tritt; während Zarathustra – sofern sich Nietzsche überhaupt bemüht, auf Merkmale der geschicht-
lichen Person einzugehen – vielmehr eine fiktive Erzählfigur darstellt, dessen

---

[1] »Es ist nicht nur Arglist hinter einer Maske, – es giebt so viel Güte in der List. [..] Ein solch
Verborgener, der aus Instinkt das Reden zum Schweigen und Verschweigen braucht und unerschöpflich ist in der Ausflucht vor Mittheilung, will es und fördert es, dass eine Maske von ihm
an seiner statt in den Herzen und Köpfen seiner Freunde herum wandelt; und gesetzt, er will es
nicht, so werden ihm eines Tages die Augen darüber aufgehen, dass es trotzdem dort eine Maske
von ihm giebt, – und dass es gut so ist. Jeder tiefe Geist braucht eine Maske: mehr noch um jeden tiefen Geist wächst fortwährend eine Maske, Dank der beständig falschen nämlich flachen
Auslegung jedes Wortes, jedes Schrittes, jedes Lebens Zeichens, das er giebt. –« Nietzsche in
Jenseits von Gut und Böse (KSA 5, 58)

[2] »Plato hat Alles gethan, um etwas Feines und Vornehmes in den Satz seines Lehrers hinein zu
interpretiren, vor Allem sich selbst —, er, der verwegenste aller Interpreten, der den ganzen Sokrates nur wie ein populäres Thema und Volkslied von der Gasse nahm, um es in's Unendliche
und Unmögliche zu variiren: nämlich in alle seine eignen Masken und Vielfältigkeiten« (KSA 5,
111).

Name insbesondere Nietzsches Abkehr von der abendländischen Philosophie anzeigt. *Geglaubt* hat Nietzsche an die Bedeutsamkeit der Existenz *seines* Zarathustra jedoch nicht minder als Platon an die *seines* Sokrates. Was Nietzsche in »Also sprach Zarathustra« von Platons Werk im Wesentlichen übernimmt oder zu übernehmen versucht, ist nicht nur das Konzept und Verfahren des Maskierens, sondern darüber hinaus das waghalsige Unternehmen, kraft des unerschütterlichen Glaubens an den Protagonisten, kraft der Gestaltung und Bedeutung der Maske, *eine Zäsur in die Geschichte des Denkens einzuschreiben; ja, eine Neugeburt des Denkens und somit des Menschen überhaupt hervorzubringen.* Zarathustra hat demnach eine äußerst schwierige Mission, hat die Größe eines Berges zu versetzen, soll gerade jenen Berg Namens »abendländische Philosophie« zertrümmern und auf dessen Schutt triumphierend tanzen, deren Anfänge mit Sokrates begründet waren. Angesichts der Schwere solch waghalsiger Vorhaben erscheint das Verwenden einer Tarnung geradezu als notwendig. Die Maskerade soll dabei nicht zuletzt den Autor selbst vor jenen Wahrheiten schützen, die er zu verkünden hat, doch nicht auszuhalten vermag. Die Neugeburt ist geglückt, wenn die Maske schließlich ein Eigenleben führt, zu einem Gesicht wird, zu Zarathustra.

Die Art und Weise, wie Zarathustra auftritt, seine Gedanken verkündet, stellt indes eine weitere Maske dar, eine »zweite Maske«[3] und somit eine noch tiefere Verbergung des Urhebers. Wenn Zarathustra zu seinem Gegenüber, zu den Menschen auf dem Markt, zu seinen Tieren, zu Zwergen und Riesen, zur Sonne, zu seinem Herzen usw. spricht[4], geschieht dieses Sprechen, wie überhaupt die ganze Komposition der Szenen, nicht im Anstand des redlichen Philosophen (Sokrates), der in seinen Unterhaltungen stets ein System der Widerspruchslosigkeit, Folgerichtigkeit und Apodiktizität verfolgt. Die Reden Zarathustras sind eher in der Kryptographie eines einsamen Dichters, in langsam schweren Sätzen eines Propheten und gleichzeitig in der durchtriebenen Raffinesse eines Agent-Provocateur gehalten. Durch diese zweite Maske komprimiert rätselhafter Sprechakte camoufliert Nietzsche nun auch seinen Zarathustra. Der revolutionäre Prophet eines *Jenseits von Gut und Böse*, der das Herrschende als solches überwinden möchte, die ständige *Überwindung* des Ganzen sich zur Aufgabe ge-

---

[3] »Oh du Neugieriger, was sprichst du da! Aber gieb mir, ich bitte [...] ›Eine Maske mehr! Eine zweite Maske!‹...« (KSA, 5, 229).

[4] Wohlgemerkt sind auch all diese wiederum Masken, hinter denen sich der Autor versteckt. Der Verfasser steckt hinter jedem und allem, was hier zum Ausdruck kommt, während bezeichnenderweise zu keinem Zeitpunkt der Leser des Buches selbst – weder von Zarathustra noch von einem der anderen Akteure – angesprochen wird. Zum Leser spricht hier niemand. Dieser ist zwar in jedem Moment der eigentliche Adressat, ist als ahnungsloser Zeuge des Geschehens dessen lebensschenkender Grund, doch darf der Leser dies nicht wissen, darf vor allem nicht unmittelbar erkennen, was das Lesen des Buches mit ihr/ihm insgeheim und irreversibel »anstellt«.

macht hat, spricht zwar zu einer breiten Öffentlichkeit, jede/r ist Adressat/in seiner Rede und doch bringt es die Art und Weise solch maskierten Sprechens zwangsläufig mit sich, dass nur Wenige gemeint sind, nur Wenige durch die Masken hindurch sehen und die Komposition der Rede dechiffrieren und *verstehen* können. Die verdichtet langsamen Sätze beabsichtigen den philosophischen Gedanken in eine tiefere Ebene zu versetzen, wo er vor der verzehrenden Gewalt eilig oberflächlichen Lesens beschützt sei.[5] Das Verstehen der Rede setzt demnach eine bestimmte Zeitlichkeit voraus, eine von Eile und Rastlosigkeit befreiten Stimmung der Tiefe, die ohne sich in betäubt benebeltem Müßiggang zu verlieren, wachsam und ausdauernd bei dem zu verweilen vermag, was in der Konsistenz des Wortes zum Ausdruck kommt. Zarathustras Lehren sind solcherart konzentriert, komprimiert, verdichtet. *Der in der Dichte des Wortes eingravierte Gedanke möchte durch verstehendes Lesen ausgelegt und zur Entfaltung gebracht werden.*

Es gibt wohl kaum ein philosophisches Werk, das aufgrund der vielfachen Maskierungen derart die Auslegung erschwert und zwangsläufig diffizil macht, wie das Werk »Also sprach Zarathustra«. Die Aufsätze des vorliegenden Sammelbandes, denen höchst anspruchsvolle Vorträge und intensive Auseinandersetzungen während des Zarathustra-Colloquiums 2012 in Sils Maria vorausgingen[6], haben sich gerade dies zur Aufgabe gemacht. Das verstehende Auslegen durchzieht als Herausforderung und roter Faden gleichermaßen alle Aufsätze, die sich jeweils einem oder mehreren Abschnitten des Werkes widmen. Auslegen meint hier – im besten Falle – keine Deutung oder gar Umdeutung des Inhalts, sondern gerade dessen Freilegung, sodass in der Offenlegung verstanden werden kann, was Nietzsche durch die Reden seines Zarathustras unternimmt, von welchen Gedanken und Denkerfahrungen Nietzsche selbst getrieben ist. Auslegen bezeichnet hier also ein entbergendes Verstehen, das durch die Masken hindurch *zu einer Begegnung mit dem Inhalt* führen möchte; — sei es denn auch gelegentlich zur Erkenntnis, dass hinter manch einer Maske womöglich nichts Weiteres sich befindet. Selbstverständlich reicht dabei eine rein hermeneutische Herangehensweise allein nicht aus. Gerade ein Text wie *Zarathustra* bedarf der Kritik, will man nicht allein davon ausgehen, es sei geschichtlicher Zufall oder machtpoliti-

---

[5] Der Schutz operiert hier jedoch umgekehrt. Während die erste Maske, nämlich Zarathustra als Erzählfigur, den Autor Nietzsche vor der Schwere seiner Wahrheiten schützen soll, ein Schutz nach »Innen«, hat die camouflierte Rede Zarathustras als zweite Maske nunmehr die Wahrheit nach »Außen« hin zu schützen, d.h. soll sich dadurch einer nivellierenden Konsumation entziehen.

[6] Siehe dazu das Vorwort des Berliner Nietzsche Colloquiums, namentlich von Helmut Heit und Hannah Große Wiesmann – Dank deren philosophischem Engagement und administrativer Mühe, die Zusammenkunft der Autor/innen in Sils Maria und somit das Herausbringen dieses Bandes überhaupt erst möglich wurde.

sche Willkür gewesen, dass der Text auch äußerst reaktionäre Interpretationen erfahren hat und sonach patriarchal-bürgerlicher Vorherrschaft und nicht zuletzt dem Schrecken namens Faschismus in die Hände spielte. Notwendige Kritik, die vielseitig auszuloten hat, ob und inwieweit im Denken Nietzsches selbst jene Probleme angesiedelt sind oder ob es missbräuchlicher Fehlinterpretieren zum Opfer gefallen ist, kommt jedenfalls seinerseits nicht an dem mühevollen Versuch vorbei, den Text und seine Intention erst einmal gründlich und sorgfältig zu verstehen, auszulegen, um daran wie auch immer geartete Kritik und Thesen ausbuchstabieren zu können.

Auf der anderen Seite erliegt akademisch konditionierte Textanalyse leider nur allzu oft der Gefahr, reine *analysis* (Zersetzung) des Textes zu betreiben. Es werden in formaler Lesart Sätze und Termini in einem System zurechtgelegt, systematisch auswendig gelernt, um das so *Abgespeicherte* und vermeintlich »sichere Wissen über den Text« bei äußerlicher Gleichheit anderer Stellen neuerlicher Textanalysen in Verbindung setzen zu können. Solch primär »quantitativ« zu nennende Arbeit scheint heute von der Vielzahl technisch programmierter Suchmaschinen, die man nur noch mit »Material« zu füttern hat, ohnehin viel besser *erledigt* werden zu können. Für die venerabilis archivarischer Tätigkeit mag solches Funktionalisieren des Textes durchaus Sinn bedeuten, doch in Bezug auf das *Verstehen* des Inhalts bleibt jene akademische Betriebsamkeit, die bereits Schopenhauer als Bildungsphilisterei demaskiert hatte, unbefriedigend. Wir erhalten hierdurch schlichtweg keine Lesehilfe, keine nachvollziehbare Auslegung des Inhalts und noch viel weniger versetzt es die Lesenden in die Lage, vor und vielleicht sogar *in* jene (Denk)Erfahrung zu gelangen, die den Autor selbst durchstimmten. Gerade das Verstehende-in-Erfahrung-bringen dessen, was das Werk sagen möchte, ohne diese Erfahrung blind und kritiklos annehmen zu müssen, ist jener Anspruch, der sich hinter dem Titel »Nietzsches Zarathustra Auslegen« verbirgt.

Im Namen aller Autor/innen wünsche ich der Leserin, dem Leser dieses Sammelbandes eine erkenntnisreiche und bewegende Lektüre.

Murat Ates, Wien, Dezember 2013

Für Alle und Niemanden

Vorwort des Berliner Nietzsche Colloquiums

Friedrich Nietzsche hat mit seinem Werk *Also sprach Zarathustra* » [e]in Buch für Alle und Keinen« geschaffen. Einerseits hat er zumindest die ersten drei Teile des *Zarathustra* für die Öffentlichkeit in Druck gegeben; heute kann jede und jeder das Buch lesen. Andererseits stellt er der lesenden Aneignung gerade des *Zarathustra* diverse Hindernisse und Gratwanderungen in den Weg, und das sicher nicht unbedacht:»Es ist nicht leicht möglich, fremdes Blut zu verstehen: ich hasse die lesenden Müssiggänger« (ZA I, Vom Lesen und Schreiben, KSA 4, 48). Es liegt Nietzsche fern, es seinen Lesern leicht zu machen. Im Bewusstsein der Herausforderung, die insbesondere *Also sprach Zarathustra* stellt, haben sich 25 Nietzsche-Leser, Wissenschaftler und Künstler unterschiedlichen Alters und unterschiedlicher Sprachräume, zu den Nietzsche-Lektüretagen 2012 in Sils-Maria versammelt, um gemeinsam diese komplexeste und literarisch anspruchsvollste Schrift Nietzsches zu lesen. Leitend war dabei der Gedanke, dass das Nachdenken und Schreiben über Nietzsche eine besondere Kunst des Lesens voraussetzt, die es experimentell und im Dialog zu erproben gilt.

Die Nietzsche-Lektüretage wurden als ein Forum geschaffen, in dem Nietzsches Schriften in gemeinsamer Diskussion erörtert werden können. Sie finden jeden Sommer an einem eng mit Nietzsches Biographie verbundenen Ort statt: Naumburg, Sils-Maria und Weimar waren die bisherigen Stationen der Begegnung. Veranstaltet werden sie seit 2011 vom *Berliner Nietzsche Colloquium*. Neben diskursiven Methoden erproben die Teilnehmer der Lektüretage auch kreative Zugänge zu Nietzsches Schriften: Das Programm setzt sich daher aus gemeinsamen Lektüre- und Diskussionssitzungen sowie aus künstlerischen Beiträgen zusammen. An Nietzsches Text wurde dabei mit den unterschiedlichsten Mitteln herangegangen: Er wurde im Licht des Engadin gelesen, auf Wanderungen besprochen und am runden Tisch diskutiert, von der Schauspielerin Beate Himmelstoß kunstvoll vorgetragen und von der Komponistin Elnaz Seyedi in moderner Musik vertont.

Die im vorliegenden Band von Murat Ates herausgegebenen Aufsätze gehen auf die Lektüre und Diskussion von *Also sprach Zarathustra* in Sils-Maria im Sommer 2012 zurück. Jeder Beitrag widmet sich einem Abschnitt aus dieser Schrift, in ihrer Gesamtheit können sie als philosophische Auseinandersetzung mit dem ganzen *Zarathustra* gelesen werden. Wir wünschen Nietzsche auch in Zukunft Leser, die bereit sind, sich von seinen Schriften überraschen zu lassen und ihre Überraschung und ihre Gedanken in Worten auszudrücken und im Gespräch zu teilen.

Helmut Heit & Hannah Grosse Wiesmann, Berlin, im Mai 2013

Erläuterungen zum Aufbau des Sammelbandes, verwendete Werkausgaben und Kürzel.

Jeder der folgenden Aufsätze behandelt einen oder mehrere Abschnitte des Werkes »Also sprach Zarathustra« (ZA). Die Reihenfolge der Aufsätze des Sammelbandes gliedert sich folglich nach der Reihenfolge der Werkabschnitte im Zarathustra.

Zitiert wurde Friedrich Nietzsche (falls nicht ausdrücklich anders vermerkt) aus der Kritische Studienausgabe (KSA). Folgende Standard-Kürzel wurden hierfür verwendet:

KSA   Friedrich Nietzsche: Sämtliche Werke. Kritische Studienausgabe in 15 Bänden | herausgegeben von Giorgio Colli und Mazzino Montinari | Walter de Gruyter: Berlin/New York, 1967.

KSB   Friedrich Nietzsche: Sämtliche Briefe. Kritische Studienausgabe | Walter de Gruyter: Berlin/New York: 1975.

KGW   Friedrich Nietzsche: Werke. Kritische Gesamtausgabe | herausgegeben von Giorgio Colli und Mazzino Montinari | Walter de Gruyter: Berlin/NewYork: 1967.

KGB   Briefe. Kritische Gesamtausgabe | herausgegeben von Giorgio Colli und Mazzino Montinari. Berlin und New York 1975–2004.

Die verwendeten Werkkürzel beziehen sich jeweils auf die KSA-Ausgabe (Auflistung chronologisch):

GT	Geburt der Tragöde	KSA 1
MA	Menschliches, Allzumenschliches I und II	KSA 2
M	Morgenröte	KSA 3
FW	Die fröhliche Wissenschaft	KSA 3
ZA	Also sprach Zarathustra	KSA 4
JGB	Jenseits von Gut und Böse	KSA 5
GM	Genealogie der Moral	KSA 5
GD	Götzen-Dämmerung	KSA 6
EH	Ecce Homo	KSA 6
NL	(oder Nachlass) Nachgelassene Fragmente	KSA 7 bis KSA 13

Die musikalische Komposition »Nachtlied« der Künstlerin Elnaz Seyedi, die im letzten Aufsatz des vorliegenden Bandes besprochen wird, ist unter folgendem Link zu hören: http://www.nietzsche-colloquium.de/downloads/Nachtlied.mp3

Ein Buch, mit dem man nicht anfangen kann
Zarathustras Vorrede 1 bis 5

Irene Treccani

Also sprach Zarathustra ist »das tiefste Buch, das die Menschheit hat [...] Aber mit dem kann man nicht anfangen«[1]. Mit diesen Worten wendet sich Nietzsche um den 17. Dezember 1888 an Jean Bourdeau. In einem anderen Brief desselben Jahres empfiehlt er, dass man zuvor *Jenseits von Gut und Böse* gelesen haben sollte[2]. Laut dem Philosophen sagt letzteres Buch nämlich »dieselben Dinge wie Zarathustra, aber anders, sehr anders«[3].
In Richtung dieser Aussage, d.h. einer notwendigen Distanzierung von der unmittelbaren Lektüreauswahl Zarathustras, gehen auch einige Äußerungen Nietzsches, die aus früheren Jahren stammen und nach denen sowohl Morgenröthe als auch Die fröhliche Wissenschaft als »Einleitung, Vorbereitung und Commentar« zu dem bereits erwähnten Zarathustra zu lesen sind4. Historisch und theoretisch betrachtet, steht also Zarathustra nicht wirklich »durchaus für sich«, wie Nietzsche an anderen Stellen behauptet5. Es gibt eher einen roten Faden, der dieses mit den Werken verbindet, die ihm folgen und vorangehen. Es gibt offensichtlich eine Entwicklung von Nietzsches Gedanken in Bezug auf seinen Zarathustra, die durch die anderen Texte, die Briefe und die nachgelassenen Fragmente klar werden kann. So ist es nun die Aufgabe des vorliegenden Beitrages, durch einen genealogischen und retrospektiven Ansatz, und nicht durch eine unmittelbare Lektüre des Zarathustra, das Buch »für Alle und Keinen«, beziehungsweise genauer die Vorrede 1-5, zu analysieren.
In der Forschung wird allgemein angenommen, dass der erste Teil von *Zarathustra* erst im Januar 1883 – laut Nietzsches eigener Aussage in nur zehn Tagen – verfasst wurde.[6] Man sollte sich aber daran erinnern, dass die Abfassung der ganzen *Vorrede 1* auf einen früheren Zeitpunkt zurückgeht: sie entspricht nämlich dem Aphorismus 342 der *Fröhlichen Wissenschaft*, d.h. dem letzten

---

[1] KSB 8, Nr. 1196, S. 535.
[2] Nietzsche an Carl Spitteler, 10. Februar 1888, KSB 8, Nr. 988, S. 247.
[3] Nietzsche an Jacob Burckhardt, 22. September 1886, KSB 7, Nr. 754, S. 254)
[4] Nietzsche an Franz Overbeck, 7. April 1884, KSB 6, Nr. 504, S. 496 und Nietzsche an Resa von Schirnhofer,Anfang Mai 1884, KSB 6, Nr. 510, S. 502
     Aus historischer Sicht ist es eine Tatsache, dass »der Commentar vor dem Text gemacht« woren ist (Siehe: Nietzsche an Franz Overbeck, 7. April 1884, KSB 6, Nr. 504, S. 496).
[5] EH, Also sprach Zarathustra 6, KSA 6, S. 343)
[6] Vgl. dazu Fußnote 17.

Aphorismus der Ausgabe von 1882.[7] »Incipit tragoedia« trägt er als Titel, welcher für sich schon bedeutend ist. Einerseits erklärt er, dass es sich um ein Incipit, um einen Anfang handelt. Und ein Anfang ist immer, laut Definition, ein Anfang von etwas Neuem, schließt das Ende von etwas anderem ein. Andererseits zeigt er als Brücke zwischen zwei Texten (Der fröhlichen Wissenschaft und Also sprach Zarathustra), wie das Incipit tragoediae im Grunde genommen ein Incipit Zarathustras ist. Zu verstehen sind also in diesem Zusammenhang drei Worte: 1. Incipit, 2. Tragödie, 3. Zarathustra.

1. Incipit.   In Bezug auf den Hinweis den Nietzsche in der Götzen-Dämmerung (genauer im Abschnitt Wie die »wahre Welt« endlich zur Fabel wurde) gibt, der einzigen Stelle, in der er überhaupt von »Incipit Zarathustra« spricht, besteht das Neue stets im Mittag, im Augenblick des kürzesten Schattens.[8] Das Ende ist hingegen das Ende des längsten Irrtums, der Höhepunkt der Menschheit, d.h. das Ende der Idee der »wahren Welt«, das Ende der alten Metaphysik. Dieser Anfang und gleichzeitig dieses Ende bilden ein zeitliches Diskontinuum, das Interregnum von einer Zukunft, die noch kommen muss, und einer Vergangenheit, die aufgehört hat zu sein.[9] Genau in diesem Interregnum stellt sich die Neuigkeit Zarathustras, die Neuigkeit eines Zarathustra, der gerade beginnt, incipit. Das Neuigkeitselement, der Wendepunkt – das, was in anderen Worten »beginnt« – ist hingegen, laut der Erzählung der Fröhlichen Wissenschaft und von Also sprach Zarathustra, der Untergang, Zarathustras Untergang. Der Satz »Also begann Zarathustras Untergang« steht bezeichnenderweise am Ende dieser beiden Passagen.

2. Tragödie. Das Tragische – manchmal auch das Dionysische genannt – stellt ein typisches Problem von Nietzsches Philosophieren dar. Schon in jugendlichen Jahren setzt sich der junge Professor in Basel mit dieser Thematik intensiv auseinander. Ein Blick auf die Schriften der Basler Zeit spricht für sich: der Vortrag Socrates und die Tragoedie (1870), die Abhandlungen Die dionysische Weltanschauung und Die Geburt des tragischen Gedankens (beide 1870), der Privatdruck Sokrates und die griechische Tragoedie (1871), die unvollendete Schrift Die Philosophie im tragischen Zeitalter der Griechen (1873) und vor allem das Werk Die Geburt der Tragödie aus dem Geist der Musik (1872, 1874, 1878), in

---

[7]   Wie auch Heidegger anmerkt, besteht der einzige Unterschied zwischen den beiden Abfassungen darin, dass in Also sprach Zarathustra der ursprüngliche Ausdruck der Fröhlichen Wissenschaft »See Urmi« mit dem »See seiner Heimat« ersetzt wird. Martin Heidegger, Nietzsche, Pfullingen 1961.

[8]   GD, Wie die »wahre Welt« endlich zur Fabel wurde. Geschichte eines Irrthums, KSA 6, S. 80-81.

[9]   Robert Gooding-Williams, Zarathustra's descent: incipit tragoedia, incipit parodia, in: Journal of Nietzsche Studies 9/10, American Nietzsches (Spring/Autumn 1995), S. 50-76, hier S. 50.

denen die berühmte Antithese zwischen dem tragischen und theoretischen Menschen, zwischen dem dionysischen und sokratischen Geist umrissen wird.[10] Wenn also Nietzsche in den *Fröhlichen Wissenschaft* Zarathustra einführt und sich dabei auf die Tragödie bezieht, dann geht dem ein tiefes Bewusstsein und eine solide Erkenntnis über das Phänomen des Tragischen voraus. Es bleibt allein unklar, um welche Tragödie es sich im Zusammenhang mit seinem Zarathustra handelt. Wenn man sich an den Text der *Fröhlichen Wissenschaft* hält, und zwar an den vorigen Aphorismus 341, scheint die Tragödie im größten Schwergewicht, d.h. im Gedanken der *ewigen Wiederkehr* zu bestehen.[11] In anderen Worten fängt diese Tragödie mit der Frage an: »Willst du diess noch einmal und noch unzählige Male?« (FW, KSA 3, 570). Als Antwort darauf stellt Nietzsche die Figur Zarathustra vor: die Verkörperung und zur selben Zeit die Lösung dieser Tragödie.

In den Schriften nach der *Fröhlichen Wissenschaft* IV beruft sich Nietzsche jedoch nicht mehr wirklich auf den Begriff der Tragödie. Im Text, der *Zarathustra* einleitet, spielt er z. B. auf das alte tragische Phänomen nur mittels des Wortes »Untergang« an, das etymologisch ein Versinken, einen Verfall, ein Verderben andeutet.[12] In den Schriften nach *Zarathustra* scheint es hingegen so, dass Nietzsche den Begriff des Tragischen in Bezug auf Zarathustra sogar nochmals vertieft. Es scheint, dass er dem Tragischen eine neue zusätzliche Bedeutung erteilt, indem er sich auf etwas scheinbar Anderes – das Lachen oder die Parodie – bezieht.

Im Jahr 1886 (d.h. nach der Abfassung von *Also sprach Zarathustra*) als Nietzsche im Lauf der neuen Ausgabe seines Werkes über die Tragödie den Titel jenes Buches in *Die Geburt der Tragödie oder Griechentum und Pessimismus* ändert, fügt er seinem ursprünglichen Werk als eine Art Vorrede den *Versuch einer Selbstkritik* hinzu. Zu dieser Zeit möchte er unter dem Einfluss von Zarathustra die Bedeutung seines »unmöglichen Buches«[13] weiter ausarbeiten. Jahre von der ersten Ausgabe entfernt, erkennt er in dem Autoren, der er selbst damals war, den »Jünger eines noch unbekannten Gottes«, Dionysos.[14] Er bedauert, »mit Schopenhauerischen Formeln dionysche Ahnungen verdunkelt« zu haben und »das grandiose griechische Problem durch Einmischung der modernsten Dinge« verdorben zu haben.[15] Am Ende dann beruft er sich bedeutungsvoll auf seinen Za-

---

[10] Vorbemerkung, KSA 1, S. 7-8.
[11] Dazu siehe auch EH, Also sprach Zarathustra 1, KSA 6, S. 336: »Zuletzt giebt sie [die gaya scienza] den Anfang des Zarathustra selbst noch, sie giebt im vorletzten Stück des vierten Buchs den Grundgedanken des Zarathustra«.
[12] Zur Beziehung zwischen der Tragödie und Zarathustra siehe Sylvain de Bleeckere, »Also sprach Zarathustra«: die Neugestaltung der »Geburt der Tragödie«, in: Nietzsche-Studien 8 (1979), S. 270-290.
[13] Gemeint ist die Geburt der Tragödie, GT, Versuch einer Selbstkritik 3, KSA 1, S. 14.
[14] GT, Versuch einer Selbstkritik 3, KSA 1, S. 14.
[15] GT, Versuch einer Selbstkritik 6, KSA 1, S. 20.

rathustra: er wünscht sich, dass »die Kunst des metaphysischen Trostes, die Tragödie« unnötig, »alle metaphysische Trösterei zum Teufel« geschickt, und »die Kunst des diesseitigen Trostes« (d.h. das Lachen) gelernt sei.[16]
Im selben Jahr, indem er die Vorrede zur zweiten Ausgabe der *Fröhlichen Wissenschaft* abfasst, präzisiert er außerdem: »»Incipit tragoedia« — heisst es am Schlusse dieses bedenklich-unbedenklichen Buchs: man sei auf seiner Hut! Irgend etwas ausbündig Schlimmes und Boshaftes kündigt sich an: incipit parodia, es ist kein Zweifel...«[17]. Und später, im Teil von *Ecce Homo*, der *Zarathustra* gewidmet ist, behauptet er: »neben den ganzen bisherigen Erdenernst, neben alle bisherige Feierlichkeit in Gebärde, Wort, Klang, Blick, Moral und Aufgabe« stellt sich der Typus Zarathustra (d.h. ein anderes Ideal, das Ideal eines menschlich-übermenschlichen Wohlseins und Wohlwollens) »wie deren leibhafteste unfreiwillige Parodie«. Mit ihm »anhebt, trotzalledem, vielleicht der grosse Ernst erst, wird das eigentliche Fragezeichen erst gesetzt, wendet sich das Schicksal der Seele, rückt der Zeiger, beginnt die Tragödie...«.[18]
Damit erklärt sich also die erneute tragische Vorstellung Nietzsches in den Jahren während und nach der Abfassung *Zarathustras*: »Ich habe das Tragische erst entdeckt. Bei den Griechen wurde es, dank ihrer moralistischen Oberflächlichkeit, mißverstanden«[19]. Es handelt sich um eine Vorstellung, die sich jenseits einer reinen Trost bringenden metaphysischen Perspektive befindet und die durch eine vollkommene Bejahung des Daseins, an Freude und Leichtigkeit, an Fröhlichkeit und Heiterkeit gewinnt. Spätestens mit *Zarathustra* ist also die Tragödie, einschließlich jene der ewigen Wiederkehr, des schwersten Gewichtes, des an-dem-hic-et-nunc-festgenagelt-Werdens, zugleich ein goldenes und bejahendes Lachen über die Dinge – auch über das Schwerste –, und eine Parodie der vorigen Weltanschauung, eine Verspottung der alten Metaphysik, der neue Anfang, der in *Götzen-Dämmerung* dem Ende des längsten Irrtums folgt[20].

3. *Zarathustra.* Was diese Gestalt angeht, fällt sie Nietzsche weit vor der Abfassung des Werkes *Also sprach Zarathustra* ein. Ungefähr drei Wochen nach dem Entwurf des Gedankens der ewigen Wiederkehr, am 26. August 1881, erwähnt Nietzsche den Namen des persischen Weisen.[21] Die betreffende Passage, das Fragment 11 [195] vom Frühjahr-Herbst 1881, trägt den Titel eines neuen Werkes: »Mittag und Ewigkeit«. Und wie der Untertitel erklärt, stellt es etwas Neues,

---

[16] GT, Versuch einer Selbstkritik 7, KSA 1, S. 22.
[17] FW, Vorrede zur zweiten Ausgabe 1, KSA 3, S. 346.
[18] EH, Also sprach Zarathustra 2, KSA 6, S. 338-339.
[19] Nachlaß 1884, KSA 11, 25 [95], S. 33.
[20] GD, Wie die »wahre Welt« endlich zur Fabel wurde. Geschichte eines Irrthums, KSA 6, S. 80-81
[21] Nachlaß 1881, KSA 9, 11 [141], S. 494: »Das neue Schwergewicht: die ewige Wiederkunft des Gleichen«.

Kommendes dar: »Fingerzeige zu einem neuen Leben«. Daraufhin folgt eine Lebensbeschreibung des Zarathustra.

> Zarathustra, geboren am See Urmi, verliess im dreissigsten Jahre seine Heimat, gieng in die Provinz Aria und verfasste in den zehn Jahren seiner Einsamkeit im Gebirge den Zend-Avesta[22]

Laut Montinaris Ausgabe ist dabei für die Inspiration Nietzsches eine Textstelle der *Versuche* von Emerson entscheidend, die der Philosoph in jener Periode intensiv liest. In seinem Exemplar dieses Werkes unterstreicht Nietzsche diese Stellen, markiert sie mehrmals und glossiert am Rand: »Das ist es!«.

> Wir verlangen, daß ein Mensch so groß und säulenförmig in der Landschaft dastehe, daß es berichtet zu werden verdiente, wenn er aufstünde und seine Lenden gürtete und einem andern solchen Ort zueilte. Die glaubwürdigsten Bilder scheinen uns die von großen Menschen zu sein, die bei ihrem ersten Erscheinen schon die Oberhand hatten und die Sinne überführten; wie es dem morgenländischen Weisen erging, der gesandt war, die Verdienste des Zarathustra oder Zoroaster zu erproben. Als der Weise Yunnan in Balk ankam, so erzählen uns die Perser, setzte Gustasp einen Tag an, an dem die Mobeds eines jeden Landes sich versammeln sollten, und ein goldener Stuhl wurde für den Weisen aus Yunnan in Bereitschaft gehalten. Darauf trat der allgemein geliebte Yezdam, der Prophet Zarathustra in die Mitte der Versammlung. Der Weise von Yunnan sagte, als er jenes Oberhaupt erblickte: »Diese Gestalt und dieser Gang und Haltung können nicht lügen, und nichts als Wahrheit kann daraus hervorgehen.[23]

Nach der Auffassung D'Iorios findet Nietzsche hingegen diese historisch-biographischen Auskünfte im Buch von Friedrich Anton von Hellwald auf, *Culturgeschichte in ihrer natürlichen Entwicklung bis zur Gegenwart*, Augsburg 1875, S. 128.

> Zarathustra, der grosse Prophet der Erânier, gewöhnlich nach der von den Griechen überlieferten Form Zoroaster (Ζωροάστηρ) genannt, dessen Name in Zend übrigens eine schmucklose Bedeutung besitzt, stammte aus Azerbeidschan und war geboren in der Stadt Urmi am gleichnamigen See zwischen Kaspi- und Van-See. Im dreissigsten Lebensjahr verliess er die Heimat, zog östlich in die Provinz Aria und verbrachte dort zehn Jahre in der Einsamkeit des Gebirges mit der Abfassung des Zend-Avesta beschäftigt.[24]

Was auch immer Nietzsches Quelle ist, sicher ist auf jeden Fall, dass im Moment, in dem er die Wahl trifft, die Figur Zarathustras vorzustellen, er sich bewusst entscheidet, sich nicht in toto der historisch-legendären Figur des morgenländischen Weisen zu bedienen. Ganz im Gegenteil scheint es so, dass Nietzsches Zarathustra die Parodie des historischen Zarathustra ist, in gewisser Hinsicht ein Anti-Zarathustra.[25] In diesem Zusammenhang behauptet er nämlich in *Ecce Homo*:

---

[22] Nachlaß 1881, KSA 9, 11 [195], S. 519).
[23] Kommentar zu Band 4, KSA 14, S. 279.
[24] Paolo D'Iorio, Beiträge zur Quellenforschung mitgeteilt von Paolo D'Iorio, in: Nietzsche-Studien 22 (1993), S. 395.
[25] Christian Niemeyer, Friedrich Nietzsches »Also sprach Zarathustra«, Darmstadt 2007, S. 9.

Man hat mich nicht gefragt, man hätte mich fragen sollen, was gerade in meinem Munde, im Munde des ersten Immoralisten, der Name Zarathustra bedeutet: denn was die
ungeheure Einzigkeit jenes Persers in der Geschichte ausmacht, ist gerade dazu das Ge-
gentheil. Zarathustra hat zuerst im Kampf des Guten und des Bösen das eigentliche Rad
im Getriebe der Dinge gesehn, — die Übersetzung der Moral in's Metaphysische, als
Kraft, Ursache, Zweck an sich, ist sein Werk. Aber diese Frage wäre im Grunde bereits
die Antwort. Zarathustra schuf diesen verhängnissvollsten Irrthum, die Moral: folglich
muss er auch der Erste sein, der ihn erkennt.[26]

Von wesentlicher Bedeutung für die Ausarbeitung der Gestalt Zarathustra ist si-
cherlich die Figur der Sonne. Vom Fragment 11 [196] vom Frühjahr-Herbst
1881 an, das gleich nach der ersten Anmerkung über Zarathustra steht, bezieht
sich Nietzsche auf die Sonne: »die Sonne der Erkenntniß steht wieder im Mittag:
und geringelt liegt die Schlange der Ewigkeit in ihrem Lichte – – es ist eure Zeit,
ihr Mittagsbrüder!«[27] Bezeichnenderweise beruft sich Nietzsche auch in jenen
Moment auf die Sonne, in dem er Zarathustra dem Leser vorstellt, d.h. in *Der*
fröhlichen Wissenschaft und in *Zarathustras Vorrede.* Er schildert in diesen Vorstellungen ein bedeutendes Gespräch, das sich zwischen dem persischen Weisen
und dem großen Gestirn ereignet. Vom Gesichtspunkt der Textstruktur aus betrachtet, wird hier zwischen den zwei Figuren (Zarathustra und der Sonne) eine
perfekte Struktur, ein arithmetisches System »auf der Basis von zehn« inszeniert.
Es sind zehn Jahre, die Zarathustra auf dem Berg verbracht hat. Zehn Jahre lang
ist die Sonne über seiner Höhle aufgegangen. Zehn ist die Zahl der Sätze, die die
Unterhaltung zwischen Zarathustra und der Sonne zählt. Zehn Abschnitte sind es
auch, in die die Vorrede insgesamt unterteilt ist. Ganz zu schweigen von den
Umständen, die Nietzsche selbst betreffen: die Entstehung von Nietzsches Zarathustra selbst ist »eine Sache von zehn Tage[n]«,[28] und addiert man das Alter
Zarathustras, nämlich 30, mit der Zahl der Jahre seines Aufenthaltes auf dem
Berg, 10, so ergibt sich ungefähr das Alter, in dem Nietzsche Zarathustras Abfassung anfängt.
Vom Gesichtspunkt des Inhaltes aus gesehen, zeigt hingegen das Gespräch zwischen Zarathustra und der Sonne die Identifizierung beider Figuren miteinander.
Die Analogie ist sowohl auf einer semantischen als auch auf einer historisch-
philosophischen Ebene ziemlich bedeutungsvoll. Auf der etymologischen Ebene
hingegen findet Nietzsche tatsächlich, in der Anmerkung 2 des Buches von
Friedrich Anton von Hellwald, *Culturgeschichte in ihrer natürlichen Entwick-*
lung bis zur Gegenwart, eine kurze Erklärung des Namens »Zarathustra«. Hier
wird dargelegt, wie die noch von Kolb angeführte Bedeutung des Namens Za-

---

[26] EH, Warum ich ein Schicksal bin, 3, KSA 6, S. 367.
[27] Nachlaß 1881, KSA 9, 11 [196], S. 519.
[28] Nietzsche an Franz Overbeck, 10. Februar 1883, KSB 6, Nr. 373, S. 326; Nietzsche an Heinrich
      Köselitz, 19. Februar 1883, KSA 6, Nr. 381, S. 333; Nietzsche an Heinrich Köselitz, 17. April
      1883, KSB 6, Nr. 402, S. 360-361; Nietzsche an Franz Overbeck, 17. April 1883, Nr. 403, S.
      362; Nietzsche an Gottfried Keller in Zürich, 1. Mai 1883, KSB 6, Nr. 412, S. 371-372.

rathustra als »Goldstern« längst widerlegt ist und von Prof. Fried. Müller als »muthige Kameele besitzend« erklärt.[29] Es scheint dennoch, dass der Philosoph von der richtigen Etymologie nicht beeinflusst wird. In dem Brief, den er an seinen Freund Heinrich Köselitz am 23. April 1883 während seines Aufenthalts in Genua schreibt, erläutert er nämlich:

> Heute lernte ich zufällig, was Zarathustra bedeutet: nämlich »Gold Stern«. Dieser Zufall machte mich glücklich. Man könnte meinen, die ganze Conception meines Büchleins habe in dieser Etymologie ihre Wurzel: aber ich wußte bis heute nichts davon.[30]

Das, was den Philosophen interessiert, ist also die zwischen dem goldenen Stern (der Sonne) und Zoro-aster (seinem Zarathustra) bestehende große Verwandtschaft. Zur Bestätigung dieser Hypothese steht einerseits die briefliche Antwort von Köselitz, die diese Etymologie mit dem Inhalt des Buches *Also sprach Zarathustra* verknüpft:

> Zarathustra hielt ich für einen von Ihnen erfundenen Namen; seine Etymologie wird wohl auch erst durch Ihr Buch den rechten Sinn und Werth bekommen haben.[31]

Sowie anderseits einige Briefe, in denen Nietzsche selbst die enge Übereinstimmung zwischen *Also sprach Zarathustra* und dem goldenen Stern betont:

> Daß ich in diesem Jahre meine sonnenhellsten und heitersten Dinge erdacht und geschrieben habe, viele Meilen hoch über mir und meinem Elende: das gehört eigentlich zum Erstaunlichsten und Schwerst-Erklärlichen, was ich weiß.32

> Ich wünsche von Herzen, daß mein Zarathustra-Sonnenschein, von dem Sie reden, recht Vielen »einleuchten« möge; geschieht es aber nicht, so bin ich zum mindesten daran nicht schuld. Es herrscht in dem lieben Deutschland eine allerliebste Verdüsterung aller Himmel: ich will zusehen, mich selber sobald als möglich wieder aus dieser Wolken-Trübsal zu retten.33

Auf einer historisch-philosophischen Ebene – und zwar innerhalb der ganzen abendländischen Tradition, seit Platons *Staat* bis heute – stellt die Sonne überhaupt eine unabdingbare Metapher dar. In *Zarathustras Vorrede* 1, genau wie im siebten Buch *Des Staats* von Platon, dreht sich das Szenario um eine Höhle, eine männliche Figur (Zarathustra bzw. einen entfesselten Gefangenen) und eine Sonne. Und doch gibt es zwischen beiden Werken einige Unterschiede. Bei Platon

---

[29] D'Iorio, Beiträge zur Quellenforschung mitgeteilt von Paolo D'Iorio, Ebd., S. 396. In Bezug auf diese Etymologie siehe auch Günter Wohlfart, Wer ist Nietzsche Zarathustra?, in: Nietzsche-Studien 26 (1997), S. 319-330, hier S. 323. In diesem Artikel wird die Etymologie des Namens Zarathustra mit dem Buch von Friedrich Creuzer, Symbolik und Mythologie der alten Völker, Darmstadt 1810-1812, II. Theil, S. 600 verbunden, das Nietzsche schon in der 70er Jahren aus der Universitätsbibliothek in Basel entleiht und dann kauft.

[30] Nietzsche an Heinrich Köselitz, 23. April 1883, KSB 6, Nr. 406, S. 366.

[31] Briefe an Friedrich Nietzsche : Januar 1880-Dezember 1884, III/2 , Heinrich Köselitz an Nietzsche, 30. April 1883, Nr. 194, S. 376.

[32] Nietzsche an Franz Overbeck, 14. August 1883, KSB 6, Nr. 451, S. 428.

[33] Nietzsche an Ernst Schmeitzner, 18. September 1883, KSB 6, Nr. 462, S. 446.

wird einfach von einer Höhle gesprochen, im *Zarathustra* hingegen wird die Höhle Zarathustras genannt. Bei Platon handelt es sich um eine höhlenartige Wohnung unter der Erde d.h. um eine Tiefe, die sich nach dem Licht, in die Höhe öffnet[34], bei Zarathustra handelt es sich hingegen um eine Höhle auf einem Berg, d.h. um eine Tiefe die schon gleichzeitig eine Höhe ist.[35] Der Gefangene Platons wird also aus der Höhle mit Gewalt den rauhen und steilen Aufgang hinaufgezogen und nicht losgelassen[36], Zarathustra hat hingegen die Höhe schon erreicht, und zwar allein und freiwillig. Der Gefangene Platons befindet sich außerdem in Gesellschaft, Zarathustra ist dagegen einsam. Und während der von Platon betrachtete Mann gezwungen wird, plötzlich aufzustehen, den Hals umzudrehen, herumzugehen und in das Licht zu sehen, und bei allen diesen Handlungen Schmerzen empfindet[37], ist Zarathustra schon frei und ohne Schmerzen. Er genießt seinen Geist und seine Einsamkeit und segnet die Sonne. Der Mann Platons kann überdies erst am Ende seines Erkenntnisweges (d.h. nachdem er seinen Blick an die Schatten, an die im Wasser von den Menschen und den übrigen Wesen sich abspiegelnden Bilder, und an die wirklichen Gegenstände gewöhnt hat) die Sonne und das Sonnenlicht schauen, Zarathustra sieht hingegen die Sonne direkt an, er ist – in gewisser Hinsicht – die Sonne selbst.[38]

Überhaupt stellt die Figur der Sonne im *Staat* die Analogie der Idee des Guten, sein sinnliches Bild dar[39]. Bei Platon ist die Sonne also bemerkenswert, insofern sie bewegungslos ist, d.h. das Symbol einer stabilen und unsterblichen Wahrheit darstellt, und insofern ihr Licht das Sehen, d.h. – auf einer intellektuellen Ebene – die Erkenntnis erlaubt. Bei Nietzsche ist die Sonne hingegen als beweglicher und vergänglicher Ausdruck der Zeitlichkeit und als überreicher Körper bedeutend. Was Nietzsche jenseits des rein poetisch-metaphorischen Experimentes in diesen Zeilen macht, ist also eine kühne theoretische Umkehr der typischen Vorstellung der Sonne, eine Art von Parodie der platonisch-abendländischen Tradition. Wie die Sonne Licht im Überfluss besitzt und dem Gesetz der Finalität und der Sparsamkeit nicht unterliegt, so besitzt Zarathustra Überfluss an Weisheit und verhält sich wie ein Mann, »dessen Ausgaben seine Einnahmen übersteigen.«[40] Einer-

---

[34] Platon, Der Staat VII, 514 a.

[35] Interessant ist die Assonanz, die zwischen den Wörtern »Höhle« und »Höhe« existiert.

[36] Platon, Der Staat VII, 515 d.

[37] Platon, Der Staat VII, 515 c-d.

[38] Eli Eilon, Nietzsche's Principle of Abundance as Guiding Aesthetic Value, in: Nietzsche-Studien 30 (2001), S. 200-221, hier S. 218. Für zusätzliche Vergleiche zwischen Nietzsche und Platon siehe auch: Gooding-Williams, Zarathustra's descent: incipit tragoedia, incipit parodia, Ebd. und Martha Kendal Woodruff, Untergang und Übergang: The Tragic Descent of Socrates and Zarathustra, in: Journal of Nietzsche Studies 34 (2007), S. 61-78.

[39] Platon, Der Staat VI, 508 c.

[40] Nietzsche findet diese auf die Sonne bezogenen Worte in einem wissenschaftlichen Buch: Balfour Stewart, Die Erhaltung der Energie. Das Grundsetz der heutigen Naturlehre gemeinfasslich dargestellt von Balfour Stewart, Professor der Physik am Owens College in Manchester, Mitglied der Royal Society in London, Leipzig 1875, (BN), S. 180.

seits muss die Sonne, die ihres Lichtes und ihres Weges satt ist, von ihrem Überfluss frei werden, und dafür wird sie sogar gesegnet. Andererseits bedarf Zarathustra, seiner Weisheit überdrüssig, Hände, die sich ausstrecken, wie die Biene, die des Honigs zu viel gesammelt hat. Anhand dieser Eigenschaft, die ihn mit der Sonne und der Biene vereint (d.h. mit zwei Wesen, die nicht aufgrund ihrer Interessen oder aufgrund ihrer Großzügigkeit schenken, sondern weil sie es müssen), will Zarathustra verschenken und austeilen. Er will, um innerhalb der sonnenbezogenen Metapher zu bleiben, untergehen.

Das Motiv der Großzügigkeit der Sonne, der Verschwendung des Reichtums der Sonne beim Untergang, mittels dessen Nietzsche versucht, einen neuen theoretischen Überblick und einen neuen philosophischen Wortschatz zu bilden, ist jedoch nicht ganz unbekannt.[41] Im Gegenteil wird es in mindestens zwei Fällen gebraucht, die Nietzsche selbst kennt. In literarischer Hinsicht wird jener Vergleich bereits bei Hölderlin in seinem *Empedokles* verwendet. In diesem Trauerspiel redet die Hauptperson (Empedokles), genau wie Zarathustra, mit der Sonne. Und wie Zarathustra identifiziert Empedokles sich mit ihrem Bild. Überdies wird hier die Haltung des Empedokles, die bis zum Selbsttopfer geht, durch die Verschwendung des sonnenhaften Reichtums beim Untergang symbolisiert. So wie – nach der Aussage einer Gestalt des Trauerspieles, Pausanias – die Täler vom Licht der untergehenden Sonne glänzen, so glänzen – nach der Behauptung einer anderen Gestalt, Panthea – auch die Worte des Empedokles auf dem Angesicht des agrigentinischen Volkes.[42]

Nietzsche, der Hölderlins *Empedokles* in der von Christoph Theodor Schwab herausgegebenen Fassung kennt und in den Jahren 1870/1871 ein eigenes Empedokles-Drama projektiert,[43] liest höchstwahrscheinlich gerade im Jahr 1883 Hölderlins *Empedokles* wieder. In der Fragmentgruppe 13 des Notizbuchs Z I 4, d.h. nach der Abfassung des ersten und vor der Anfertigung des zweiten Teils des *Zarathustra*, entwirft er nämlich nochmals ein nie vollendetes Dramenprojekt, in dem Zarathustra verschiedene Eigenschaften des Hölderlinschen Empedokles

---

[41] FW 342, KSA 3, S. 570 und ZA, Zarathustra's Vorrede 1, KSA 4, S. 11: »Wenn du hinter das Meer gehst und noch der Unterwelt Licht bringst, du überreiches Gestirn.«

[42] Siehe Vivetta Vivarelli, Empedokles und Zarathustra: Verschwendeter Reichtum und Wollust am Untergang, in: Nietzsche-Studien 18 (1989), S. 508-536, hier S. 511 und Vivarelli, Empedocle e Zarathustra, in: La biblioteca ideale di Nietzsche, Napoli 1992, S. 201-235, hier S. 204.

[43] Es handelt sich um Der Tod des Empedokles, in: Friedrich Hölderlin's Sämmtliche Werke, herausgegeben von Christoph Theodor Schwab, Stuttgart und Tübingen 1846, Erster Band. Dazu siehe Vivarelli, Empedokles und Zarathustra: Verschwendeter Reichtum und Wollust am Untergang, Ebd., S. 508; Vivarelli, Empedocle e Zarathustra, Ebd., S. 201; und Vivarelli, L'immagine rovesciata. Le letture di Nietzsche, Genova 1992, S. 48. In Giuliano Campioni / D'Iorio / Maria Cristina Fornari / Francesco Fronterotta / Andrea Orsucci (Hg.), Nietzsches persönliche Bibliothek, Berlin / New-York 2003, S. 302, befindet sich hingegen Friedrich Hölderlin, Ausgewählte Werke. Herausgegeben von Christoph Theodor Schwab, Stuttgart 1874.

trägt.[44] Laut Vivarellis Auffassung scheint der Philosoph also genau in Hölderlins Drama die Voraussetzungen für die Identifikation zwischen seinem Zarathustra und dem Sonnenbild zu finden und hernach zu bearbeiten.[45]

In wissenschaftlicher Hinsicht ist hingegen die Verschwendung der Sonne von Wärme und Licht eines der von der Astronomie im neunzehnten Jahrhundert am meisten untersuchten Phänomene: Aufgrund der relativen Nähe zwischen Sonne und Erde ist das Sonnenspektrum viel detaillierter als die Spektren anderer Sterne. Die Sonnenstudien werden daher das wichtigste Forschungsthema der Spektroskopie.[46] Innerhalb der Debatte über den Wärmetod des Universums wird außerdem die Frage nach der zukünftigen Zuverlässigkeit der Sonne als Licht- und Wärmequelle für den Fortbestand des Lebens auf der Erde von großem Interesse. Wie einige Forschungsergebnisse zeigen, sind Nietzsche diese astrophysikalischen Studien bekannt.[47] Erst ein paar Jahre vor der Abfassung des *Zarathustra*, und zwar im Jahr 1881, liest er nämlich ein Buch über Astronomie, das Buch von Richard Anthony Proctor, *Unser Standpunkt im Weltall. Autorisierte deutsche Ausgabe von R. A. Proctor's »Our place among infinities«*, Heilbronn: Gebr. Henninger, 1877.[48] Und dort markiert er mit Bleistift durch vertikale Linien und große NB am Rande die Passagen, in denen die Sonnenverschwendung beschrieben wird.[49] Es scheint also, dass er sich während der Abfassung der Vorrede genau auf dieses physikalisches Phänomen bezieht.

In diesem Sinn ist Nietzsche kein Erfinder eines neuen Themas. Offensichtlich übernimmt er das Thema der Verschwendung aus anderen Quellen. Die Besonderheit und Größe seiner Ausführung liegt vielmehr darin, dass er diesem Phä-

---

[44] Vivarelli, Empedokles und Zarathustra: Verschwendeter Reichtum und Wollust am Untergang, Ebd., S. 514 und Vivarelli, Empedocle e Zarathustra, Ebd., S. 208.

[45] Vivarelli, Empedokles und Zarathustra: Verschwendeter Reichtum und Wollust am Untergang, Ebd., S. 509 und Vivarelli, Empedocle e Zarathustra, Ebd., S. 202.

[46] Mario Rigutti, Storia dell'astronomia occidentale. L'universo sfuggente, Firenze 1999, S. 143. Die Sonne steht im 19. Jahrhundert im Mittelpunkt der Spektroskopie-Studien. Deswegen ist »Sonnenphysik« eine der vorgeschlagenen Bezeichnungen für die neue Astronomie.

[47] Irene Treccani, Nietzsche und die Astronomie, in: Handbuch Nietzsche und die Wissenschaften. Natur-, geistes- und sozialwissenschaftliche Kontexte, Helmut Heit / Lisa Heller (Hg.), Berlin-New York 2012/2013.

[48] Campioni / D'Iorio / Fornari / Fronterotta / Orsucci (Hg.), Nietzsches persönliche Bibliothek, Ebd., S. 485.

[49] A) »Unsere Erde erhält nämlich nur ein 2000 Milliontel der gesammten von der Sonne ausgestrahlten Wärme- und Lichtmenge und alle Planeten zusammen empfangen weniger als ein 230 Milliontel, während alles Uebrige nutzlos in den Himmelsraum ausgestrahlt wird«;
B) »die Sonne ausstrahlt in jeder Secunde so viel Wärme, wie etwa 13 Trillionen Kilogramm Kohlen hervorbringen würden. Erwägen wir nun, daß das, was bei unserer Sonne stattfindet, auch für ihre Mitsonnen, die Sterne, gilt, daß also die vielen Tausende von Sternen, welche wir erblicken, daß alle Sterne, sowohl die durch das Fernrohr sichtbaren, als auch die vielen Myriaden von Sternen, die über den Bereich unserer mächtigsten Fernröhre hinausgehen, ebenfalls Sonnen sind, die Wärme und Licht in den Himmelsraum ausstrahlen, wie groß muß dann nach unseren Anschauungen der Verlust an Kraft sein. Die verlorene Kraft kommt nahezu dem ganzen Betrage der überhaupt hervorgebrachten gleich«.

nomen eine theoretische Bedeutung beimisst. Und das findet sowohl im Nachlass als auch in *Also sprach Zarathustra* statt.[50] In letzterem Werk vereinigt er insbesondere das poetische Bild des Sonnenuntergangs mit dem physikalischen Phänomen der solaren Verschwendung und erhebt sie zum Symbol einer neuen Existenzweise – der Modalität der Verschwendung –, zum Bild einer erneuerten Ethik – der Ethik der Gabe.

Das Motiv der Vergeudung von Licht und Weisheit beim Untergang nimmt aber in *Also sprach Zarathustra* eine zusätzliche Bedeutung an, eine Bedeutung die über die Parodie der platonischen Höhle, über die Selbstgabe (Empedokles an die Agrigentiner) und über die solare Verschwendung als Antithese des Wärmetodes

---

[50] Dazu folgende Ausweise:
1. Nachlaß 1880-1881, KSA 9, 10 [B38], S. 421: »wie ihr Maaß von Intellekt nun einmal ist! = die Lichtverschwendung der Sonne usw.«.
2. Nachlaß 1881, KSA 9, 11 [24], S. 451: NB. »Zur Verschwendung der Natur! Dann die Sonnenwärme bei Proctor!«.
3. Nachlaß 1883, KSA 10, 7 [257], S. 320: »Vom Zwecke aus gesehen ist bei jeder Handlung so viel verschwendet wie bei der Sonnenhitze, die in das Weltall strahlt«.
4. Nachlaß 1883, KSA 10, 16 [77], S. 525: »Die größte Masse Kraft des Einzelnen ist so verschwendet, wie die der Sonne. Oder?«.
5. Nachlaß 1884, KSA 11, 25 [127], S. 47: »Bei jedem noch so zweckbewußten Thun ist die Summe des Zufälligen Nicht-Zweckmäßigen Zweck-Unbewußten daran ganz überwiegend, gleich der unnütz ausgestrahlten Sonnen-Gluth: das was Sinn hätte, ist verschwindend klein«.
6. Nachlaß 1884, KSA 11, 27 [9], S. 277: »Es giebt so viel verlorenes Unglück — so verloren, wie der größte Theil der Sonnenwärme im Weltraum«.
In Bezug auf Zarathustra (7-10):
7. Za I, Zarathustra's Vorrede 1, KSA 4, S. 11: »Ich bin meiner Weisheit überdrüssig, wie die Biene, die des Honigs zu viel gesammelt hat, ich bedarf der Hände, die sich ausstrecken. Ich möchte verschenken und austheilen, bis die Weisen unter den Menschen wieder einmal ihrer Thorheit und die Armen wieder ihres Reichthums froh geworden sind. Dazu muss ich in di Tiefe steigen: wie du [Sonne] des Abends thust, wenn du hinter das Meer gehst und noch der Unterwelt Licht bringst, du überreiches Gestirn!«;
8. Za IV, Das Honig-Opfer, KSA 4, S. 296: »Was opfern! Ich verschwende, was mir geschenkt wird, ich Verschwender mit tausend Händen: wie dürfte ich Das noch — Opfern heissen!«;
9. Nachlaß 1884-1885, KSA 11, 31 [51], S. 384: »— Ihr heißt mich einen Aufopfernden? Aber wer je Opfer brachte, weiß, daß es nicht Opfer waren, was er brachte. — ein Ungeheuer von Überfluß und Vernunft, ein Verschwender mit tausend Händen, gleichgültig darin gleich einer Sonne«;
10. DD, Von der Armut der Reichsten, KSA 6, S. 407: »Wer sind mir Vater und Mutter? Ist nicht mir Vater Prinz Überfluss und Mutter das stille Lachen? Erzeugte nicht dieser Beiden Ehebund mich Räthselthier, mich Lichtunhold, mich Verschwender aller Weisheit Zarathustra?«.
11. Nachlaß 1886-1887, KSA 12, 7 [1], S. 247-248: »daß in Bezug auf jede Zweck-Handlung es so steht, wie mit der angeblichen Zweckmäßigkeit der Hitze, welche die Sonne ausstrahlt: die übergroße Masse ist verschwendet«.
Aus diesem Verzeichnis ergibt sich schließlich, dass Nietzsche von dem Phänomen der Lichtverschwendung der Sonne sehr beeindruckt ist. Er gibt nämlich diese Idee in seinen Schriften elfmal wieder. Zwei gehen der Abfassung des Zarathustra voran, zwei danach, und die meisten gehen auf die Zeit der Abfassung des Zarathustra zurück. Das bedeutet, dass das literarische und wissenschaftliche Interesse, das Nietzsche für die Sonne zeigt, genau in Bezug auf die Zarathustra-Figur prägnant wird.

des Universums und des ökonomischen Prinzips hinausgeht. Es verweist auf eine Art von *coincidentia oppositorum*, oder, in Jungianischen Worten, stellt es eine Enantiodromie dar, d.h. die Umkehrung eines Zustandes in seinen Gegenteil.[51] Im Untergang, wenn die Sonne der Unterwelt Licht bringt, treffen sich nämlich Licht und Finsternis, Höhe und Tiefe, Lichtspender und Lichtempfänger, Naturwelt und Menschenwelt. Und in Zarathustras Untergang, im Augenblick seines Mensch-Werdens, werden die Weisen unter den Menschen wieder einmal ihrer Torheit und die Armen wieder einmal ihres Reichtums froh.[52] Am Ende, und das ist eine Provokation auf einer narratorischen Ebene – eine Provokation, die am Ende des Buches wiederkehrt –,[53] ist der Untergang hier auch eine Morgenröte: Zarathustras Untergang ereignet sich nämlich genau beim Sonnenaufgang.

In der Metapher der Sonne in Vorrede 1 ist also der Kern der Zarathustra-Figur in nuce enthalten: das Incipit, die Tragödie, die Parodie der ganzen platonischen metaphysischen Tradition, die Moral des Überflusses, d.h. der »schenkenden Tugend«, die Ontologie der coincidentia oppositorum – der Kreis – sind hier in ihrem Anfangsstadium schon vorhanden. Die folgenden Abschnitte sind hingegen nichts Anderes als die Erklärung dieses thematischen Kernes, der an sich schon vollendet ist. In ihnen wird mit reellen und nicht mehr metaphorischen Worten der Untergang Zarathustras beschrieben. Im Moment, in dem Zarathustra auf seinem Weg zu den Menschen versucht, seine Lehre mitzuteilen, stößt er nämlich auf die Unmöglichkeit einer authentischen Kommunikation. Mit dem Heiligen, der ersten Person auf seinem Weg.[54] führt Zarathustra nur scheinbar einen Dialog. Ihr Gespräch verbirgt das Lachen (der Heilige lacht über Zarathustra und die beide trennen sich von einander lachend) und im Grunde genommen verschweigt es den Tod Gottes, den Zarathustra aber, wieder allein, seinem Herzen offenbart. Indem er als Lehrer des »Übermenschen« zum Volk redet (hier wird dieses Wort

---

[51] Carl Gustav Jung, Jung's Seminars on Nietzsche's Zarathustra, Princeton (New Jersey) 1998, Lecture I, 2 May 1934, S. 12, Fußnote 13: »Jung took this word from Heraclitus, the Greek "dark philosopher" of the 6th century B.C. Jung used it to designate the tendency of any state to beget its opposite. As early as 1921, Jung cited the "self-identification of the sick Nietzsche with Christ, and his deification and subsequent hatred of Wagner" as instances of enantiodromia«.

[52] Diese letzte Idee wird auch in ZA III, Von alten und neuen Tafeln 3, KSA 4, S. 247 verwendet: »Der Sonne lernte ich Das ab, wenn sie hinabgeht, die Überreiche: Gold schüttet sie da in's Meer aus unerschöpflichem Reichthume, – also, dass der ärmste Fischer noch mit goldenem Ruder rudert!«.

[53] Am Anfang der Vorrede Zarathustras wird der persische Weise mithilfe der Figur der untergehenden Sonne dargestellt. Am Ende des Buches wird er wieder als eine Sonne beschrieben, diesmal aber wie eine Morgensonne. Der anfängliche Sonnenuntergang wird also am Ende des vierten Teils zum Sonnenaufgang oder, um dieselben Worte Nietzsches wiederzugeben, »Es [das Finale meiner »Symphonie«] knüpft an den Anfang des I[sten] Theils an: circulus also, und hoffentlich nicht circulus vitiosus« (Nietzsche an Heinrich Köselitz, 30. März 1884, KSB 6, Nr. 499, S. 491).

[54] Za, Zarathustras Vorrede 2, KSA 4, S. 12-13.

erstmals in einer herausgegebenen Schrift von Nietzsche benutzt), wird er wieder missverstanden. Zuerst schreit einer aus dem Volk mit der Bitte den Seiltänzer, von dem Zarathustra spricht (d.h. den Übermenschen), zu sehen, worauf das Volk über Zarathustra lacht. Seinerseits macht sich der Seiltänzer an sein Werk, da er irrtümlich glaubt, das Objekt der Rede Zarathustras und der Grund für das Warten des Volkes zu sein[55]. Nachdem Zarathustra seine anthropologische Vorstellung und seine Liebe zu einem Typus »Mensch« durch achtzehn »Ich liebe den welcher« dargelegt hat, sieht er das Volk an und schweigt[56]. Im Gespräch mit seinem Herzen wird Zarathustra das Lachen des Volkes bewusst und er versteht, kein Mund für jene Ohren zu sein.[57] Mit niemandem hat er seine Gedanken (den Tod Gottes, den Übermenschen und seine Auslegung des Menschen) teilen können. An dieser Stelle gebraucht er also eine neue Kommunikationsstrategie: Statt zum Volk über Verachtung zu reden, wendet er sich an seinen Stolz[58]. Er beschreibt das Gegenteil des Übermenschen, den letzten Menschen. Am Ende seiner Rede wird er aber von der Menge unterbrochen. Diese will nämlich zu diesem letzten Menschen werden. Der Übermensch lässt sie völlig gleichgültig. Da wird Zarathustra traurig und wendet sich zum dritten Mal an sein Herz: das Volk verstehe ihn nicht.[59]

In den narratorischen Worten der Vorrede enthüllt sich also der Untergang Zarathustras, sein Weg zu den Menschen, als die tragische Erfahrung, sich zu geben und nicht genommen zu werden, mitzuteilen und nicht verstanden zu werden. »Was wäre dein Glück, wenn du nicht hättest, welchen du leuchtest!« ruft Zarathustra vor der Sonne aus.[60] Er spielt auf das Drama der Einsamkeit, der Unmittelbarkeit an.[61] »Einsamkeit entsteht« nämlich »nicht dadurch, daß man keine Menschen um sich hat, sondern vielmehr dadurch, daß man ihnen die Dinge, die einem wichtig erscheinen, nicht mitteilen kann, oder daß man Gedanken für gültig ansieht, die den anderen als unwahrscheinlich gelten«.[62] Im Grunde genommen besteht also Zarathustras Untergang im verfehlten Empfangen seiner Gedanken vonseiten der Menschen, im Unverständnis ihrer Geltung, vielleicht sogar in der Tragödie, die im Untertitel erwähnt wird: »Für Alle und Keinen« sein.

---

[55] Za, Zarathustra Vorrede 3, KSA 4, S. 16.

[56] Za, Zarathustras Vorrede 4 und 5, KSA 4, S. 18.

[57] Za, Zarathustra Vorrede 5, KSA 4, S. 18.

[58] Za, Zarathustras Vorrede 5, KSA 4, S. 19.

[59] Za, Zarathustras Vorrede 5, KSA 4, S. 21.

[60] Za, Zarathustras Vorrede 1, KSA 4, S. 11.

[61] Zum Thema Unmittelbarkeit siehe Karl Jaspers, Nietzsche: Einführung in das Verständnis seines Philosophierens, Berlin-New York 1981, Nachdr. d. 4. Aufl., Drittes Buch, S. 400-402: Der Grund der Unmittelbarkeit.

[62] C. G. Jung, Erinnerung, Träume, Gedanken von C. G. Jung, aufgezeichnet und herausgegeben von Aniela Jaffé, Zürich und Düsseldorf 1993, S. 357-358.

Campioni, Giuliano / D'Iorio, Paolo / Fornari, Maria Cristina / Fronterotta, Francesco / Orsucci, Andrea (Hg.): Nietzsches persönliche Bibliothek, Berlin / New-York 2003.

Creuzer, Friedrich: Symbolik und Mythologie der alten Völker, Darmstadt 1810-1812, II. Theil.

De Bleeckere, Sylvain: »Also sprach Zarathustra«: die Neugestaltung der »Geburt der Tragödie«, in: Nietzsche-Studien 8 (1979), S. 270-290.

D'Iorio, Paolo: Beiträge zur Quellenforschung mitgeteilt von Paolo D'Iorio, in: Nietzsche-Studien 22 (1993), S. 395.

Eilon, Eli: Nietzsche's Principle of Abundance as Guiding Aesthetic Value, in: Nietzsche-Studien 30 (2001), S. 200-221.

Gooding-Williams, Robert: Zarathustra's descent: incipit tragoedia, incipit parodia, in: Journal of Nietzsche Studies 9/10, American Nietzsches (Spring/Autumn 1995), S. 50-76.

Heidegger, Martin: Nietzsche, Pfullingen 1961.

Hölderlin, Friedrich: Ausgewählte Werke. Herausgegeben von Christoph Theodor Schwab, Stuttgart 1874.

Hölderlin, Friedrich,:Friedrich Hölderlin's Sämmtliche Werke, herausgegeben von Christoph Theodor Schwab, Stuttgart und Tübingen 1846, Erster Band.

Jaspers, Karl: Nietzsche: Einführung in das Verständnis seines Philosophierens, Berlin-New York 1981.

Jung, Carl Gustav: Erinnerung, Träume, Gedanken von C. G. Jung, aufgezeichnet und herausgegeben von Aniela Jaffé, Zürich und Düsseldorf 1993.

Jung, Carl Gustav: Jung's Seminars on Nietzsche's Zarathustra, Princeton (New Jersey) 1998.

Kendal Woodruff, Martha: Untergang und Übergang: The Tragic Descent of Socrates and Zarathustra, in: Journal of Nietzsche Studies 34 (2007), S. 61-78.

Niemeyer, Christian: Friedrich Nietzsches »Also sprach Zarathustra«, Darmstadt 2007.

Platon: Der Staat, übersetzt und herausgegeben von Karl Vretska, Stuttgart 2000.

Rigutti, Mario: Storia dell'astronomia occidentale. L'universo sfuggente, Firenze 1999.

Stewart, Balfour: Die Erhaltung der Energie. Das Grundsetz der heutigen Naturlehre gemeinfasslich dargestellt von Balfour Stewart, Professor der Physik am Owens College in Manchester, Mitglied der Royal Society in London, Leipzig 1875, (BN).

Treccani, Irene: Nietzsche und die Astronomie, in: Handbuch Nietzsche und die Wissenschaften. Natur-, geistes- und sozialwissenschaftliche Kontexte, Helmut Heit / Lisa Heller (Hg.), Berlin-New York 2013.

Vivarelli, Vivetta: Empedocle e Zarathustra, in: La biblioteca ideale di Nietzsche, Napoli 1992, S. 201-235.

Vivarelli, Vivetta: Empedokles und Zarathustra: Verschwendeter Reichtum und Wollust am Untergang, in: Nietzsche-Studien 18 (1989), S. 508-536.

Vivarelli, Vivetta: L'immagine rovesciata. Le letture di Nietzsche, Genova 1992.

Wohlfart, Günter: Wer ist Nietzsche Zarathustra?, in: Nietzsche-Studien 26 (1997), S. 319-330.

Zarathustras Schlaf und
der Wiederkunftsgedanke
Erläuterung zur zweiten Hälfte der Vorrede

Choong-Su Han

Der folgende Beitrag möchte in Auseinandersetzung mit der *Vorrede* von Friedrich Nietzsches *Also sprach Zarathustra* den Wiederkunftsgedanken im Hinblick
auf das Schlafmotiv auslegen. Der Schwerpunkt liegt dabei auf den Paragrafen 6
bis 10, weil dort der Gedanke der ewigen Wiederkehr des Gleichen erstmals in
Also sprach Zarathustra symbolisch dargestellt wird und zwar im Zusammenhang mit Zarathustras Schlaf.

Der vorliegende Beitrag gliedert sich in vier Abschnitte. Der erste Abschnitt legt
eine Erklärung vor, warum nur die *Vorrede*, besonders ihre zweite Hälfte, herangezogen wird. Danach werden zwei verschiedene Interpretationen der *Vorrede*
vorgestellt, damit ihr Unterschied zu der Interpretation des vorliegenden Beitrages deutlich wird, die im dritten Abschnitt im Zusammenhang mit dem Gedanken
der ewigen Wiederkunft des Gleichen aufgezeigt wird. Schließlich wird das Verhältnis vom Wiederkunftsgedanken und dem Schlaf in *Also sprach Zarathustra*
erläutert.

Zur Vorrede von Also sprach Zarathustra.

Es ist wohl bekannt, dass Nietzsche die Vorrede nicht für die Mitteilung von Ne-
bensächlichem einfach am Anfang des Werkes vorangestellt hat. Vielmehr erfüllt
die Vorrede die unerlässliche Aufgabe, den Zustand Zarathustras zu verraten, in
welchem er seine Reden des ersten Teils beginnt. Über diese einführende Rolle
hinaus spielt die Vorrede eine weitere wichtige Rolle, die darin besteht, dass sie
als Miniatur des ganzen Werkes fungiert.

Ursprünglich bestand Also sprach Zarathustra nur aus der Vorrede und dem ersten Teil, die sich durch „eine innere Geschlossenheit und Vollendetheit"[1] des
Werkes auszeichnen. Der erste Teil aber wurde nachträglich zum ersten Teil erklärt, erst nachdem Nietzsche noch weitere, zunächst nicht geplante Teile geschrieben hatte.[2]

Die Vorrede betrifft aber nicht nur den ersten Teil, sondern auch alle anderen
Teile von Also sprach Zarathustra. Nach der Fertigstellung des dritten Teils

---

[1]   Annemarie Pieper, Ein Seil geknüpft zwischen Tier und Übermensch: philosophische Erläute-
      rungen zu Nietzsches erstem „Zarathustra", Stuttgart 1990, S. 11.
[2]   Ebd. S. 10.

schrieb Nietzsche einen Brief an den Herausgeber: „Vielleicht könnten die drei Theile zusammengeheftet werden? Denn die Vorrede im ersten Teil gilt für das ganze Werk."[3] Damit meinte Nietzsche wohl, dass die Vorrede die zentrale Lehre des ganzen Werkes beinhaltet, die man aus Zarathustras Mund zweimal in der Vorrede erfahren kann, nämlich die Lehre über den Übermenschen: „Ich lehre euch [scil. die Leute auf dem Markt] den Übermenschen"[4]; „Seht, ich bin ein Verkündiger des Blitzes und ein schwerer Tropfen aus der Wolke: dieser Blitz aber heisst Übermensch."[5] Darüber hinaus deutet die Vorrede skizzenhaft das Schicksal Zarathustras an, das er im Laufe des Werkes erleben wird. Im Verlauf der Vorrede hat Zarathustra als Lehrer und Verkündiger nicht den gewünschten Erfolg, sondern er wird immer wieder nicht verstanden und sogar mit dem Tod bedroht. Im Laufe des Werkes versucht Zarathustra trotzdem von neuem, die Lehre über den Übermenschen zu vermitteln; aber dieser Versuch scheitert wieder. Diese werkimmanente Wiederholung des Motivs des scheiternden Vermittlungsversuches macht offensichtlich, dass in der Vorrede die zentrale Lehre und Haupthandlung von Zarathustra enthalten ist. Ausgehend von diesem Motiv darf es deshalb als wahrscheinlich angenommen werden, dass die Vorrede das ganze Werk von Also sprach Zarathustra vertritt.

Die Teilung der Vorrede in die erste (die Paragrafen 1 bis 5) und die zweite Hälfte (die Paragrafen 6 bis 10) hat zwei Gründe. Zum einen endet die sogenannte Vorrede von Zarathustra bereits am Ende des fünften Paragrafen: „Und hier endet die erste Rede Zarathustra's, welche man auch ‚die Vorrede' heisst: denn an dieser Stelle unterbrach ihn das Geschrei und die Lust der Menge."[6] Allerdings wurde seine Rede nicht beendet, sondern abgebrochen; und er hält dann aber keine weitere Rede mehr in den folgenden Paragrafen der Vorrede. Zarathustra trägt und bestattet den Leichnam des Seiltänzers, schläft aus und geht seinen Gang. Während die erste Hälfte größtenteils aus den Reden besteht, setzt sich die zweite Hälfte überwiegend aus den Handlungen zusammen. Zum anderen spricht Zarathustra über zwei Untergänge, und zwar am Ende des ersten und am Ende des letzten Paragrafen der Vorrede. Die erste Hälfte der Vorrede beschreibt den Verlauf des ersten Untergangs, während die zweite Hälfte den Ablauf zum zweiten und neuen Untergang schildert, der sich im Laufe des Werkes entwickeln wird. Aus diesem Grund kann die Vorrede in zwei Teile gegliedert und die zwei Hälften können separat betrachtet werden. Der vorliegende Beitrag beschäftigt sich intensiv mit der zweiten Hälfte der Vorrede.

---

[3] Friedrich Nietzsche, Sämtliche Briefe 7. Band (Januar 1885-Dezember 1886), hrsg. von Giorgio Colli und Mazzino Montinari, München 1986, S. 224.
[4] ZA, KSA 4, 14.
[5] ZA, KSA 4, 18.
[6] ZA, KSA 4, 20.

Zwei verschiedene Interpretationen der Vorrede: die Überwindung des Dualismus und die Bildung der Menschheit.

Also sprach Zarathustra rief zahlreiche Kommentare hervor.[7] Unter diesen werden zwei Kommentare herausgegriffen, die erst jüngst erschienen sind. Die beiden Interpretationen der Vorrede (die zweite Hälfte) werden betrachtet, damit die Interpretationsunterschiede zwischen den beiden Kommentaren und dem vorliegenden Beitrages deutlich werden. Bei der einen Interpretation von Annemarie Pieper handelt es sich um Zarathustras Konfrontation mit dem traditionellen Dualismus zwischen Geist und Materie. Die andere Interpretation von Christian Niemeyer thematisiert Zarathustras erzieherische Rolle.

In der ersten Hälfte der Vorrede geht es darum, dass Zarathustra seinen zehnjährigen einsiedlerischen Aufenthalt in der Höhle auf dem Berg abschließt und zu den Menschen zurückkehrt, um seine Weisheit mitzuteilen. Durch den Wald hindurch, in dem Zarathustra den Greis trifft, geht er in die Stadt, auf deren Marktplatz sich viele Leute versammeln, um den Seiltänzer zu sehen. Dort redet Zarathustra über den Übermenschen. Seine Rede wird aber abgebrochen und auch nicht verstanden, deswegen wird er traurig und sagt sich in seinem Herzen: „Sie [scil. die Leute] verstehen mich nicht: ich bin nicht der Mund für diese Ohren."[8] Damit schließt der fünfte Paragraf und auch die erste Hälfte der Vorrede.

Im sechsten Paragrafen fängt der Seiltänzer an, auf dem Seil zu laufen. Als er bis zur Mitte des Seils balanciert, läuft der bunte Gesell über das Seil hinter dem Seiltänzer her und überspringt ihn schließlich. Der Seiltänzer verliert das Gleichgewicht, stürzt ab und stirbt wenig später. Nach Pieper stellt die Balancierung des Seiltänzers „die gelungene Vermittlung von Leib und Seele"[9] symbolisch dar. Also versucht der Seiltänzer mit jedem Schritt, die traditionelle Dichotomie von Materie und Geist aufzulösen und die Überlegenheit des Geistes gegenüber der Materie auszugleichen. Auch den Absturz interpretiert Pieper im Hinblick auf diesen asymmetrischen Dualismus, und zwar derart, dass der Seiltänzer wieder von der traditionellen Dominanz des Geistes überholt wird und somit in den alten Leib-Seele-Dualismus, also „in jene Kluft zwischen Materie und Geist"[10], hineinfällt. Im siebten Paragrafen macht Pieper auf die Zweideutigkeit des Wortes „Sinn" aufmerksam, das in dem Satz steht: „Aber noch bin ich [scil. Zarathustra] ihnen [scil. den Menschen] ferne, und mein Sinn redet nicht zu ihren Sinnen."[11] In diesem Satz hängt das Wort „Sinn" einerseits mit der Sinnlichkeit, andererseits mit der Sinnhaftigkeit zusammen. Wegen dieser doppelten Bedeutung lässt sich

---

[7] Vgl. Annemarie Pieper, Ein Seil geknüpft zwischen Tier und Übermensch: philosophische Erläuterungen zu Nietzsches erstem „Zarathustra", Stuttgart 1990, S. 385-387.

[8] ZA, KSA 4, 20.

[9] Annemarie Pieper, Ein Seil geknüpft zwischen Tier und Übermensch: philosophische Erläuterungen zu Nietzsches erstem „Zarathustra", Stuttgart 1990, S. 75.

[10] Ebd. S. 75.

[11] ZA, KSA 4, 23.

der Ausdruck „der Sinn der Erde"[12] in zwei verschiedenen Weisen verstehen. Zum einen bedeutet der Sinn der Erde (genitivus subiectivus), dass die Erde den Sinn, die Sinnhaftigkeit (Geist), hat. Zum anderen bedeutet der Ausdruck (genitivus obiectivus), dass der Sinn, die Sinnlichkeit (Materie), die Erde hat. Die beiden Bedeutungen sind aber nicht getrennt, sondern so miteinander verbunden, dass die Sinnhaftigkeit der Erde nämlich nur durch die Sinnlichkeit (fünf Sinne) erfasst werden kann.[13] Der Ausdruck „Der Sinn der Erde", der den Übermenschen bezeichnet, macht die Einheit zwischen Sinnlichkeit (Materie) und Sinnhaftigkeit (Geist) sichtbar. Im achten Paragrafen trägt Zarathustra den Leichnam des Seiltänzers, um ihn zu bestatten. Dabei trifft er zunächst die Totengräber und dann den alten Mann. Nach Pieper symbolisieren die Totengräber den bloß materiellen Pol des Dualismus, der allem Geistigen abgewandt und diesem unterlegen ist; denn sie ordnen den Leichnam, „ein unbeseeltes, geistloses Stück Materie", der Dimension des Unten zu, indem sie ihn in die Erde eingraben.[14] Ein anderer Pol des Dualismus, also der bloß geistige, wird nach Pieper durch den alten Mann versinnbildlicht, der „die christliche Nächstenliebe" praktiziert, indem er Zarathustra und sogar dem toten Seiltänzer Brot und Wein anbietet.[15] Der alte Mann hat nichts als Brot und Wein anzubieten, unabhängig davon, ob sein christliches und geistiges Angebot vom materiellen Menschen oder vom Leichnam angenommen wird oder nicht. Indem der alte Mann am Christentum dogmatisch festhält, vertritt er den bloß geistigen Pol. Obwohl Zarathustra zuerst die Totengräber (Materie) und dann den alten Mann (Geist) trifft, verabschiedet er sich von ihnen und geht seinen Weg weiter, was auf die Überwindung des Dualismus hinweist. Im neunten Paragrafen gelangt Zarathustra zur Erkenntnis, dass er keine toten, sondern „lebendige Gefährten" braucht, die ihm folgen, „weil sie sich selber folgen wollen – und dorthin, wo ich [scil. Zarathustra] will."[16] Danach bestattet Zarathustra den toten Seiltänzer in einem hohlen Baum und erklärt: „Den Schaffenden, den Erntenden, den Feiernden will ich mich zugesellen: den Regenbogen will ich ihnen zeigen und alle die Treppen des Übermenschen."[17] Pieper interessiert sich für das Phänomen des Regenbogens, weil dieser „das Zusammenspiel so unterschiedlicher Elemente wie Licht und Wasser" sichtbar macht. Der Regenbogen veranschaulicht als Brücke wie das Seil „die Bewegung des Hinübergehens, des Überwindens der Kluft zwischen Leib und Seele"[18]. Darüber hinaus

---

[12] ZA, KSA 4, 14.
[13] Vgl. Annemarie Pieper, Ein Seil geknüpft zwischen Tier und Übermensch: philosophische Erläuterungen zu Nietzsches erstem „Zarathustra", Stuttgart 1990, S. 80.
[14] Ebd., S. 84.
[15] Ebd., S. 85.
[16] ZA, KSA 4, 25.
[17] ZA, KSA 4, 26.
[18] Annemarie Pieper, Ein Seil geknüpft zwischen Tier und Übermensch: philosophische Erläuterungen zu Nietzsches erstem „Zarathustra", Stuttgart 1990, S. 91.

kann er den Übermenschen selbst symbolisieren, wenn der Geist an die Stelle des Lichts und die Materie an die Stelle des Wassers gesetzt wird. Ein Regenbogen erscheint ja durch Brechung und Reflexion des Sonnenlichtes in Regentropfen, und zwar wenn es regnet und zugleich die Sonne strahlt. Der Regenbogen verdankt einerseits dem Licht seine Gestalt und andererseits dem Wasser seine Farben. Aus diesem Zusammentreffen von Licht und Wasser geht somit ein Drittes hervor, „das weder das eine noch das andere ist und doch an beiden teilhat: trotz ihrer Gegensätzlichkeit."[19] Diese gegensätzliche Einheit betrifft auch den Übermenschen, der weder Geist noch Materie, aber dennoch an beiden beteiligt ist. Im zehnten und letzten Paragrafen beobachtet Zarathustra seine Tiere, deren Zusammensein sich so ausnimmt, dass der Adler im kreisenden Fluge die um seinen Hals geringelte Schlange trägt. Dieses Bild veranschaulicht die gegensätzliche Einheit. Der Adler als das stolzeste Tier fliegt durch die Luft als die Dimension der Höhe. Er steht für den Geist. Die Schlange als das klügste Tier bewegt sich auf der Erde als der Dimension der Tiefe. Sie steht für die Materie. Trotz ihrer Verschiedenheit sind sich die beiden Tiere einig in ihrer „Kreisförmigkeit": „Der Adler kreist durch die Lüfte, und die Schlange ringelt sich."[20] Der gemeinsame Flug von dem geistigen und dem materiellen Tier weist auf die Überwindung des Dualismus zwischen Geist und Materie hin. Wie bisher ausgeführt, besteht Piepers Interpretation wesentlich darin, dass Zarathustras Auseinandersetzung mit dem Dualismus im Zentrum der Vorrede steht.

Niemeyer hält Zarathustras Untergang im ersten Paragrafen der Vorrede für einen Versuch, die Menschen zu erziehen. In dieser pädagogischen Hinsicht ist Zarathustra zwar wohl mit Christus und Sokrates vergleichbar, unterscheidet sich aber von den beiden, wenn er die Sonne folgendermaßen anruft: „Du grosses Gestirn! Was wäre dein Glück, wenn du nicht Die hättest, welchen du leuchtest!"[21] Alles Seiende und so auch Zarathustra selbst kann nur dann erscheinen, wenn die Sonne scheint. Deswegen hängt Zarathustra so wie alles andere Seiende eigentlich vom Sonnenlicht ab. Trotzdem sagt er, die Sonne wäre unglücklich, wenn sie nichts zu beleuchten hätte. Mit dieser Umdrehung des asymmetrischen Verhältnisses kritisiert Zarathustra zwei zentrale Traditionen humanistischer Bildung, nämlich diejenigen von Sokrates und Christus.[22] Im Hinblick auf Zarathustras Rede auf dem Markt interessiert Niemeyer sich nicht für die Lehrmethode, sondern für die „Parolen"[23] Zarathustras: Der Mensch sei „eine Brücke und kein

---

[19] Ebd., S. 92.

[20] Annemarie Pieper, Ein Seil geknüpft zwischen Tier und Übermensch: philosophische Erläuterungen zu Nietzsches erstem „Zarathustra", Stuttgart 1990, S. 96.

[21] ZA, KSA 4, 11.

[22] Vgl. Christian Niemeyer, Friedrich Nietzsches „Also sprach Zarathustra", Darmstadt 2007, S. 10.

[23] Christian Niemeyer, Friedrich Nietzsches „Also sprach Zarathustra", Darmstadt 2007, S. 12.

Zweck"[24]; „[e]s ist an der Zeit, dass der Mensch den Keim seiner höchsten Hoffnung pflanze."[25] Nach Niemeyer ist die Rede vom Übermenschen eine Rede mit wachrüttelnder Absicht, die „ein der deutschsprachigen Pädagogik durchaus vertrauter Ansatz"[26] ist. Im neunten Paragrafen geht es darum, dass Zarathustra sich dafür entscheidet, nicht mehr das Volk anzureden, sondern lebendige Gefährten zu suchen.[27] Diese Entscheidung gehört nach Niemeyer zur Tradition des Bildungsromans.[28]

Nach Pieper durchzieht das Motiv der Auseinandersetzung mit dem Geist-Materie-Dualismus die ganze Vorrede. Niemeyer hingegen erklärt die Bildung der Gefährten zum Zentrum der Vorrede. Im Unterschied zu Pieper und Niemeyer liest der vorliegende Beitrag die Vorrede unter einem anderen gewichtigen Aspekt. Es wird herauszustellen sein, dass der Gedanke der ewigen Wiederkehr des Gleichen dort mehrmals symbolisch angedeutet wird.[29] Es werden diejenigen Stellen in Betracht gezogen, an denen auf diesen zentralen Gedanken angespielt wird.

Der Wiederkunftsgedanke in der Vorrede.

Gleich am Anfang der Vorrede sieht man das Motiv der Wiederholung aufblitzen, wenn die Sonne beschrieben wird, die an jedem Morgen zehn Jahre lang aufging und der ihr überflüssiges Licht von Zarathustra, seinem Adler und seiner Schlange abgenommen wurde. Auch bei Zarathustra sieht man das gleiche Motiv. Er ist seiner Weisheit überdrüssig, die er daher den Menschen schenken will. Dafür verlässt Zarathustra die Höhle, steigt den Berg hinab und geht zu den Menschen in der Stadt. Er erklärt seinen festen Willen folgendermaßen: „Siehe! Dieser Becher [scil. Zarathustra] will wieder leer werden, und Zarathustra will wieder Mensch werden."[30] Die Sonne kommt jeden Tag zur Höhle wieder herauf und Zarathustra kehrt zu den Menschen zurück. Darüber hinaus wird das Motiv der Wiederholung im mehrmaligen Versuch Zarathustras deutlich, die Lehre über den Übermenschen zu verbreiten. Im ersten Versuch, der die Überwindung des Menschen betont, wird Zarathustra falsch verstanden und von den Leuten auf dem Markt ausgelacht. Der zweite Versuch, der das Gleichnis des Seils gebraucht, wird wiederum nicht verstanden. Danach wird die Rede, die an den Stolz der Menschen appelliert, abgebrochen und noch einmal nicht verstanden. Trotz

---

[24] ZA, KSA 4, S. 16-17.

[25] ZA, KSA 4, S. 19.

[26] Christian Niemeyer, Friedrich Nietzsches „Also sprach Zarathustra", Darmstadt 2007, S. 12.

[27] Vgl. ZA, KSA 4, S. 25.

[28] Vgl. Christian Niemeyer, Friedrich Nietzsches „Also sprach Zarathustra", Darmstadt 2007, S. 12.

[29] Vgl. Jörg Salaquarda, „Die Grundconception des Zarathustra", Friedrich Nietzsche, Also sprach Zarathustra, hrsg. von Volker Gerhardt, Berlin 2000, S. 74-75.

[30] ZA, KSA 4, 12.

wiederholter Misserfolge würde Zarathustra sicherlich immer wieder versuchen, die Lehre über den Übermenschen mitzuteilen.

Ein anderer, viel deutlicherer Hinweis auf den Gedanken der ewigen Wiederkehr des Gleichen findet sich im letzten Paragrafen der Vorrede, wo dieser Gedanke in einer Allegorie dargestellt wird. Am Mittag sieht Zarathustra seine Tiere, die derart zusammen fliegen: „Ein Adler zog in weiten Kreisen durch die Luft, und an ihm hieng eine Schlange, nicht einer Beute gleich, sondern einer Freundin: denn sie hielt sich um seinen Hals geringelt."[31] Der kreisende Flug des Adlers und die ringelnde Anhänglichkeit der Schlange weisen auf den Wiederkunftsgedanken hin. Außerdem deutet die Vorrede – kompositorisch gesehen – auf den Gedanken hin, weil ihr erster und letzter Paragraf mit dem gleichen Satz schließen: „Also begann Zarathustra's Untergang."[32] Diese Wiederholung zeigt den ersten Untergang als einen „Gang im Kreis" und erweckt den Eindruck, dass Zarathustra noch einmal untergehe und sein Vermittlungsversuch der Lehre über den Übermenschen wiederum scheitere. Hierin sieht man deutlich die „Anspielung auf die Wiederkunft"[33].

Obwohl der Wiederkunftsgedanke so oft in Bildern, Metaphern und Anspielungen vorhanden ist, kommt der Ausdruck „der Gedanke der ewigen Wiederkehr" niemals in der Vorrede vor. Zarathustra selbst bezeichnet sich nicht als Lehrer des Gedankens, sondern nur als Lehrer der Lehre vom Übermenschen. Erst später, im dritten Teil von Also sprach Zarathustra, wird er „der Lehrer der ewigen Wiederkunft" genannt, aber nicht durch ihn selbst, sondern durch seine Tiere.[34]

Auf diese merkwürdige Bezeichnung macht Martin Heidegger aufmerksam. Ab 1936 hielt er an der Universität Freiburg die großen Vorlesungen über Nietzsches Philosophie, die er noch im Jahr 1961 in zwei Bänden selbst veröffentlichte. Darüber hinaus hielt er noch zwei wichtige Vorträge über Nietzsches Kerngedanken, nämlich Nietzsches Wort „Gott ist tot" und Wer ist Nietzsches Zarathustra? Im letztgenannten Vortrag problematisiert Heidegger das Verhältnis von der Lehre des Übermenschen und dem Gedanken der ewigen Wiederkunft des Gleichen und gibt eine überzeugende Antwort, die das Zusammenspiel von der Lehre und dem Gedanken in der Vorrede sichtbar macht.

In seinem Vortrag Wer ist Nietzsches Zarathustra? weist Heidegger darauf hin, dass Zarathustra den Menschen scheinbar sowohl den ewigen Wiederkunftsgedanken als auch die Übermenschenlehre mitteilen will, und auch darauf, dass ihre Zusammengehörigkeit aber nicht leicht zu sehen ist.[35] Um diese sichtbar zu ma-

---

[31] ZA, KSA 4,. 27.

[32] ZA, KSA 4, 12 und 28.

[33] Henning Ottmann, „Kompositionsprobleme von Nietzsches Also sprach Zarathustra", Friedrich Nietzsche, Also sprach Zarathustra, hrsg. von Volker Gerhardt, Berlin 2000, S. 59.

[34] ZA, KSA 4, 275.

[35] Vgl. Martin Heidegger, „Wer ist Nietzsches Zarathustra?", Vorträge und Aufsätze, Frankfurt am Main 2000, S. 103.

chen, zieht Heidegger zuerst den Wiederkunftsgedanken in Betracht. Er richtet sein Augenmerk darauf, dass Zarathustra als Lehrer dieses Gedankens erst durch seine Tiere im dritten Teil bezeichnet wird, obwohl sie ihn auf den Wiederkunftsgedanken schon in der Vorrede symbolisch hingewiesen haben. Der Grund hierfür liegt Heidegger zufolge darin, dass Zarathustra davor zurückschreckt, als Lehrer den Wiederkehrgedanken auszusprechen und zu bejahen.[36] Deswegen konnte Zarathustra am Anfang seines Unterganges, d. h. seines Weges zu den Menschen, nicht über die ewige Wiederkunft des Gleichen, sondern nur über den Übermenschen reden.[37]

Der Übermensch ist Heidegger zufolge derjenige Mensch, „der über den bisherigen Menschen hinausgeht, einzig um den bisherigen Menschen allererst in sein noch ausstehendes Wesen zu bringen und ihn darin fest zu stellen"[38]. In diesem Sinne ist der Übermensch eine „Brücke"[39] und ein „Übergang"[40]. Was der Übermensch erreichen wird, bleibt immer in einer Ferne, weil er es noch nicht erreicht hat. „Das Ferne bleibt. Insofern es bleibt, bleibt es in einer Nähe, in jener nämlich, die das Ferne als das Ferne bewahrt, indem [sie] an das Ferne und zu ihm hin denkt."[41] Diese „andenkende Nähe zum Fernen" bezeichnet Heidegger als

---

[36] Vgl. Martin Heidegger, „Wer ist Nietzsches Zarathustra?", Vorträge und Aufsätze, Frankfurt am Main 2000, S. 104. Zarathustras Schrecken sieht man in dem Abschnitt „Die stillste Stunde" in Also sprach Zarathustra: „Der Zeiger rückte, die Uhr meines Lebens holte Athem –, nie hörte ich solche Stille um mich: also dass mein Herz erschrak. Dann sprach es ohne Stimme zu mir: ‚Du weisst es, Zarathustra?' – Und ich schrie vor Schrecken bei diesem Flüstern, und das Blut wich aus meinem Gesichte: aber ich schwieg. Da sprach es abermals ohne Stimme zu mir: ‚Du weisst es, Zarathustra, aber du redest es nicht!' – Und ich antwortete endlich gleich einem Trotzigen: ‚Ja, ich weiss es, aber ich will es nicht reden!' Da sprach es wieder ohne Stimme zu mir: ‚Du willst nicht, Zarathustra? Ist diess auch wahr? Verstecke dich nicht in deinen Trotz!' – Und ich weinte und zitterte wie ein Kind und sprach: ‚Ach, ich wollte schon, aber wie kann ich es! Erlass mir diess nur! Es ist über meine Kraft!'" (Friedrich Nietzsche, Also sprach Zarathustra (Kritische Studienausgabe Band 4), hrsg. von Giorgio Colli und Mazzino Montinari, München 2011, S. 187-188.) Die Wichtigkeit dieses Schreckens betont Heidegger im Hinblick auf die Frage nach der Identität von Zarathustra: „Dieser Schrecken bestimmt den Stil, den zögernden und immer wieder verzögerten Gang des ganzen Werkes. Dieser Schrecken erstickt alle Selbstsicherheit und Anmaßung Zarathustras schon am Beginn seines Weges. Wer diesen Schrecken nicht aus allen oft anmaßend klingenden und oft nur rauschhaft sich gebärdenden Reden zuvor vernommen hat und stets vernimmt, wird nie wissen können, wer Zarathustra ist." (Martin Heidegger, „Wer ist Nietzsches Zarathustra?", Vorträge und Aufsätze, Frankfurt am Main 2000, S. 104.)

[37] Vgl. Martin Heidegger, „Wer ist Nietzsches Zarathustra?", Vorträge und Aufsätze, Frankfurt am Main 2000, S. 105.

[38] Martin Heidegger, „Wer ist Nietzsches Zarathustra?", Vorträge und Aufsätze, Frankfurt am Main 2000, S. 105.

[39] ZA, KSA 4, 16.

[40] ZA, KSA 4, 17.

[41] Martin Heidegger, „Wer ist Nietzsches Zarathustra?", Vorträge und Aufsätze, Frankfurt am Main 2000, S. 107.

„Sehnsucht" und zieht in diesem Zusammenhang den Abschnitt „Von der großen Sehnsucht" heran.[42]

In diesem Abschnitt führt Zarathustra ein Gespräch mit seiner Seele. Dieses Selbstgespräch fängt mit den folgenden Worten an: „Oh meine Seele, ich lehrte dich ‚Heute' sagen wie ‚Einst' und ‚Ehemals' und über alles Hier und Da und Dort deinen Reigen hinweg tanzen."[43] Die drei Wörter „Heute", „Ehemals" und „Einst" bezeichnen drei verschiedene Grundzüge der Zeit, also Gegenwart, Vergangenheit und Zukunft. Wenn das Heute, wie Zarathustra sagt, aber mit dem Vergangenen und dem Zukommenden identisch wäre, dann rücken die drei Phasen der Zeit als gleiche in ein einziges Jetzt zusammen.[44]

Im Hinblick auf die Zeit spricht Zarathustra über die Rache im Abschnitt „Von der Erlösung". Der Wille sei ein Gefangener, der von der Vergangenheit deswegen gefesselt sei, weil er ohnmächtig gegen alles Vergangene und böse gegenüber allem Vergangenen sei. Dass die Zeit nicht gebrochen werde und nicht zurücklaufen könne, dafür nehme er Rache an „Allem, was leiden kann"[45]; denn die Vergänglichkeit der Zeit ist das Widrige, woran der Wille selbst ebenfalls leidet.[46] „Diess, ja diess allein ist Rache selber: des Willens Widerwille gegen die Zeit und ihr ‚Es war'."[47] Diese Rachsucht, die bisher das beste Nachdenken der Menschheit bleibt,[48] muss überwunden werden; die Erlösung von der Rache ist die Brücke zum Übermenschen. Die Erlösung bedeutet, dass der Mensch die vergehende Zeit – von ihrem Widerwillen gelöst – bejaht. Diese Bejahung will, dass das Vergehen bleibt, indem die Zeit als gleiche wiederkommt. „Diese Wiederkehr selbst ist jedoch nur dann eine bleibende, wenn sie eine ewige ist."[49]

Zusammenfassend gesagt, kann der Mensch nur dann der Übermensch sein, wenn er sich von der Rachsucht dadurch löst, dass er die ewige Wiederkehr des Gleichen in allem Seienden bejahend einsieht. Dieses Einsehen ist nichts anderes als die Aufprägung des Seins auf das Werden.[50] In der Vorrede unterrichtet Za-

---

[42] Ebd., S. 107-108.

[43] ZA, KSA 4, 278.

[44] Vgl. Martin Heidegger, „Wer ist Nietzsches Zarathustra?", *Vorträge und Aufsätze*, Frankfurt am Main 2000, S. 108.

[45] ZA, KSA 4, 180.

[46] Vgl. Martin Heidegger, „Wer ist Nietzsches Zarathustra?", *Vorträge und Aufsätze*, Frankfurt am Main 2000, S. 114.

[47] ZA, KSA 4, 180.

[48] Vgl. ZA, KSA 4, 180.

[49] Martin Heidegger, „Wer ist Nietzsches Zarathustra?", Vorträge und Aufsätze, Frankfurt am Main 2000, S. 116.

[50] Vgl. Friedrich Nietzsche, *Nachgelassene Fragmente 1885-1887* (Kritische Studienausgabe 12. Band), hrsg. von Giorgio Colli und Mazzino Montinari, München 1980, S. 312. An dieser Stelle schreibt Nietzsche: „Dem Werden den Charakter des Seins *aufzuprägen* – das ist der höchste *Wille zur Macht*. Zwiefache Fälschung, von den Sinnen her und vom Geiste her, um eine Welt des Seienden zu erhalten, des Verharrenden, Gleichwerthigen usw. Daß *Alles wiederkehrt*, ist die extreme *Annäherung einer Welt des Werdens an die des Seins: Gipfel der Betrachtung*."

rathustra die Lehre über den Übermenschen, weil er auch schon der Lehrer des Wiederkunftsgedankens ist. Der Gedanke der ewigen Wiederkunft des Gleichen liegt der Lehre über den Übermenschen zugrunde, weil er der dem Rang nach erste Gedanke ist, weil er als „[der] ‚abgründlichste Gedanke'"[51] der Grund für die Übermenschenlehre ist. Da Zarathustra vor dem Abgrundgedanken zurückschreckt, spricht er darüber erst später und nur zögernd.

Die Lehre, die Zarathustra als Lehrer des Übermenschen ausführt, ist im Grunde genommen nichts anderes als der Gedanke der ewigen Wiederkunft des Gleichen. Die beiden Grundideen gehören in einem Kreis zusammen, weil die eine die andere fordert und auch umgekehrt. Diese Zusammengehörigkeit wird durch Zarathustras Tiere in der Vorrede symbolisch dargestellt. Der Adler als das stolzeste Tier verkörpert denjenigen Menschen, der sich wegen seines Stolzes überwindet, also den Übermenschen. In der Schlange wird die ewige Wiederkunft des Gleichen symbolisiert, weil sie einen geschlossenen Kreis bilden kann, so wie man es im Bildsymbol Uroboros sieht. Ihre Geschlossenheit ermöglicht das Selbstgespräch, deswegen ist die Schlange das klügste Tier. Der Adler fliegt in der Luft, während die Schlange auf der Erde kriecht. In der Vorrede zeigen die Schlange und der Adler ihre Zusammengehörigkeit derart, dass sie sich um seinen Hals geringelt hält. Unter dem Einfluss der Schlange kreist der Adler, der die Schlange fliegen lässt. Indem sich der Adler immer wieder im Kreis bewegt, eignet er sich die ewige Wiederkunft des Gleichen an. Die Schlange fliegt über der Erde, damit geht sie über sich hinaus. Der gemeinsame Kreisflug von Zarathustras Tieren weist darauf symbolisch hin, dass der Wiederkunftsgedanke und die Übermenschenlehre zusammengehören. Im Augenblick des Kreisfluges taucht der Gedanke der ewigen Wiederkunft des Gleichen in Zarathustra auf, und zwar im Zusammenhang mit der Lehre über den Übermenschen. Dies geschieht am Mittag, nachdem Zarathustra lange geschlafen hat, also nachdem nicht nur die Morgenröte, sondern auch der Vormittag über seinem Antlitz aufgegangen ist.[52]

Der Wiederkunftsgedanke des Gleichen und das Schlafphänomen.
Im Hinblick auf den Gedanken der ewigen Wiederkunft des Gleichen gibt es bisher viele verschiedene Interpretationen.[53] Zwei von ihnen werden hier näher erörtert, nämlich die ethische und die kosmologische Interpretation. Der vorliegende Beitrag stellt die beiden Interpretationen im Folgenden skizzenhaft dar, um zu zeigen, wie von diesen sich seine Interpretation des Wiederkehrgedankens im Hinblick auf das Schlafmotiv unterscheidet.

---

[51] EH, KSA 6, 345.
[52] ZA, KSA 4, 25.
[53] Vgl. Miguel Skiri, „Ewige Wiederkunft", *Nietzsche-Handbuch*, hrsg. von Henning Ottmann, Suttgart und Weimar 2000, S. 222-230.

Die ethische Interpretation bezieht sich auf diejenigen Texte von Nietzsche, die vor der Entstehung von Also sprach Zarathustra geschrieben sind. In Nietzsches Werk Die fröhliche Wissenschaft findet sich ein Abschnitt, der mit „Incipit tragoedia" anfängt und inhaltlich identisch mit dem ersten Paragrafen der Vorrede von Also sprach Zarathustra ist. Dieser Abschnitt folgt dem Abschnitt, der den Gedanken der ewigen Wiederkunft des Gleichen zwar nicht ausdrücklich erwähnt, ihn aber an einem Gedankenexperiment veranschaulicht. In diesem Gedankenexperiment taucht ein Dämon auf und droht[54] mit folgenden Worten: „Diess Leben, wie du es jetzt lebst und gelebt hast, wirst du noch einmal und noch unzählige Male leben müssen; und es wird nichts Neues daran sein [...]. Die ewige Sanduhr des Daseins wird immer wieder umgedreht – und du mit ihr, Stäubchen vom Staube!"[55] Diese Drohung lässt sich als Frage umformulieren: „Wenn jener Gedanke über dich Gewalt bekäme, er würde dich, wie du bist, verwandeln und vielleicht zermalmen; die Frage bei Allem und Jedem ‚willst du diess noch einmal und noch unzählige Male?' würde als das grösste Schwergewicht auf deinem Handeln liegen!"[56] In diesem Abschnitt trägt der Gedanke keinen eigenen Namen; aber in einem anderen Fragment, das inhaltlich ähnlich dem genannten Abschnitt ist und den gleichen Ausdruck „das grösste Schwergewicht" beinhaltet, gewinnt der Gedanke seine eigene Bezeichnung, nämlich „den Gedanken der Gedanken": „Wenn du dir den Gedanken der Gedanken einverleibst, so wird er dich verwandeln. Die Frage bei allem, was du thun willst: ‚ist es so, daß ich es unzählige Male thun will?' ist das größte Schwergewicht."[57] An den zitierten Texten setzt Nietzsche eine extreme Lebenssituation voraus, in der sich die einmal gewollte und ausgeführte Handlung endlos wiederholen würde. Diese Voraussetzung legt das größte Schwergewicht auf den Willen und die Handlung des Menschen. Wenn er sich mit dem ethischen Gedanken zu einem Ganzen verbindet, dann verändert er sich; er will und handelt anders als bisher. Diese Interpretation wird deswegen als eine ethische bezeichnet, weil sie sich im Bereich des menschlichen Handelns und Wollens bewegt.

Die ethische Interpretation des Gedankens sieht man bei Georg Simmel. In seinem Buch Schopenhauer und Nietzsche (1907) bezeichnet er Nietzsches ethischen Gedanken als „Vornehmheitsmoral" und auch als „Personalismus". Der Personalismus, „der etwas sein will", unterscheide sich vom Egoismus, „der etwas haben will". Damit stehe er „jenseits des Gegensatzes von Eudämonismus und Moralismus". Sowohl im Eudämonismus als auch im Moralismus gehe es um das Geben: Der Eudämonist interessiere sich dafür, was ihm die Welt gebe; der Moralist frage, was er der Welt gebe. „Für Nietzsche aber handelt es sich

---

[54] NL, KSA 10, 115: „1000 Formeln für die Wiederkunft (ist die Drohung)."
[55] FW, KSA 3, 570.
[56] FW, KSA 3, 570.
[57] NL, KSA 9, 496.

überhaupt nicht mehr um ein Geben, sondern um eine Seinsbeschaffenheit, die sich natürlich auch in Handlungen, in ‚schenkender Tugend' ausströmen wird."[58] Darüber hinaus verdeutlicht Simmel die Verantwortlichkeit in der Vornehmheitsmoral, welche sich im Gedanken der ewigen Wiederkunft des Gleichen gründet.[59] Dabei zitiert Simmel die schon obengenannte Stelle aus der fröhlichen Wissenschaft. Diesem Gedanken entsprechend wird die unendliche Wiederholung jeder Tat zu deren Kriterium. Daher ist der Mensch für seine Tat im äußersten Maße verantwortlich. Nun erkennt er seine Verantwortlichkeit, die bisher nur bekannt war.

Außerdem zieht Simmel einen interessanten Vergleich zwischen Nietzsche und Kant. Der kantische Imperativ ist die unendliche Wiederholung jeder Tat „im Nebeneinander der Gesellschaft", also in der horizontalen Dimension. Nietzsches Gedanke der ewigen Wiederkunft des Gleichen ist ebenfalls die unendliche Wiederholung jeder Tat, aber „in endlosem Nacheinander an dem gleichen Individuum", also in der vertikalen Dimension. Die beiden Repetitionen haben den gleichen Zweck, nämlich der Tat ihr wahres Gewicht dadurch beizulegen, dass der Wiederkunftsgedanke ihre Einmaligkeit und Zufälligkeit in die Unendlichkeit und Notwendigkeit verwandelt.[60] Schließlich fragt Simmel nach der Realität des Gedankens, die Nietzsche in einem Fragment folgendermaßen behauptet: „Welchen Zustand diese Welt auch nur erreichen kann, sie muß ihn erreicht haben und nicht einmal, sondern unzählige Male. So diesen Augenblick: er war schon einmal da und viele Male und wird ebenso wiederkehren, alle Kräfte genauso verteilt, wie jetzt."[61] Diese Behauptung entkräftet Simmel aus dem folgenden Grund: Die Wiederholung des gleichen Augenblicks wird nicht hundertprozentig garantiert, obwohl sich der Weltprozess in unendlicher Zeit zwischen endlichen Elementen abspielt. Im Hinblick auf die Tragweite des Wiederkehrgedankens betont Simmel die Rolle der Erinnerung, weil der wiederkehrende Augenblick nichts für denjenigen bedeutet, der sich nicht an den früheren gleichen Augenblick erinnert.[62] „Nur für einen Zuschauenden, Reflektierenden, der die Vielheit der Wiederholung in seinem Bewußtsein zusammenfaßt, bedeutet die Wiederkehr des Gleichen etwas. [...] Nur ihr Gedanke hat eine ethischpsycholosische Bedeutung."[63] Der gedachte Gedanke bedeutet nach Simmel, dass der Mensch so leben soll, als ob es die ewige Wiederkunft des Gleichen gäbe.[64]

---

[58] Georg Simmel, *Schopenhauer und Nietzsche* (1907) (Gesamtausgabe Band 7), hrsg. von Michael Behr, Volkhard Krech und Gert Schmidt, Frankfurt am Main 1995, S. 392.

[59] Vgl. ebd., S. 393.

[60] Vgl. ebd., S. 395.

[61] NL, KSA 9, 498.

[62] Vgl. Georg Simmel, *Schopenhauer und Nietzsche* (1907) (Gesamtausgabe Band 7), hrsg. von Michael Behr, Volkhard Krech und Gert Schmidt, Frankfurt am Main 1995, S. 396-398.

[63] Ebd., S. 398-399.

[64] Vgl. ebd., S. 400.

Karl Löwith kritisiert die ethische Interpretation im Hinblick darauf, dass sie die Bedeutung des Wiederkehrgedankens auf dessen ethische Tendenz reduziert und dabei über den kosmologischen Aspekt des Gedankens hinwegsieht.[65] Im Unterschied zu Simmel interpretiert Löwith den Gedanken auch hinsichtlich seines Verhältnisses zur Welt, indem er die Einheit der beiden Interpretationen hervorhebt: „Die Einheit im metaphysischen Gleichnis der ewigen Wiederkehr spaltet sich auf in eine zweifache Gleichung, nach Seite des Menschen und nach Seite der Welt. Das Problem der Wiederkunftslehre ist aber die Einheit dieses Zwiespaltes zwischen dem menschlichen Willen zu einem Ziel und dem ziellosen Kreisen der Welt."[66] Diese Einheit des Zwiespaltes ermögliche die Wiedervereinigung zwischen dem exzentrisch gewordenen Dasein des modernen Menschen und dem natürlichen Ganzen der Welt.[67] Löwith führt die Trennung zwischen dem Menschen und der Welt auf René Descartes' Unterscheidung von Mensch (res cogitans) und Welt (res extensa) zurück. Was Nietzsche mit dem Gedanken der ewigen Wiederkunft des Gleichen versucht, bestehe wesentlich darin, den cartesianischen Dualismus zwischen Geist und Materie zu überwinden, also die verlorene Welt wieder zu gewinnen.[68] Deswegen muss der Gedanke Löwith zufolge aus der einheitlichen, also der ethischen sowie kosmologischen, Perspektive interpretiert werden.

Die Überwindung des Dualismus erinnert an den ersten Paragrafen der Vorrede, in dem Zarathustra, der sich in der geistigen Erfülltheit befindet, sich dafür entscheidet, seine Höhle auf dem Berg zu verlassen und zur Masse auf dem Markt zu gehen. Der Geist geht also in die Materie auf. Dabei stellt sich die Frage, aus welchem Zustand heraus Zarathustra seine Entscheidung trifft, die den ersten Schritt zur Überwindung des Dualismus bedeutet.

Die Antwort auf diese Frage steht am Beginn des ersten Paragrafen der Vorrede: „[E]ines Morgens stand er [scil. Zarathustra] mit der Morgenröthe auf."[69] Darüber hinaus wird auch der Zustand betrachtet, in dem Zarathustra seine Tiere fliegen sieht, die ihn erstmals in Also sprach Zarathustra auf den Wiederkehrgedanken symbolisch hinweisen. Der Zustand wird im neunten Paragrafen der Vorrede folgendermaßen beschrieben: „Lange schlief Zarathustra, und nicht nur die Morgenröthe gieng über sein Antlitz, sondern auch der Vormittag."[70] Die beiden Zustände, die in enger Beziehung zum Gedanken der ewigen Wiederkehr des Gleichen stehen, hängen mit dem Schlaf von Zarathustra zusammen. Diesen Zusammenhang zwischen dem Wiederkunftsgedanken und dem Schlaf sieht man

---

[65] Vgl. Karl Löwith, *Nietzsches Philosophie der ewigen Wiederkehr des Gleichen* (Sämtliche Schriften Band 6), Stuttgart 1987, S. 355.
[66] Ebd., S. 178.
[67] Vgl. ebd., S. 221.
[68] Vgl. ebd., S. 221-222.
[69] ZA, KSA 4, 11.
[70] ZA, KSA 4, 25.

auch im Abschnitt „Vom Gesicht und Räthsel", wo der Gedanke dramatisch dargestellt wird. Bevor Zarathustra sich diese dramatische Darstellung ansieht, fragt er sich: „Träumte ich denn? Wachte ich auf?"[71] Diese Fragen stellt man sich häufig, wenn man mitten in der Nacht plötzlich aufwacht.

Auch im Roman von Marcel Proust Auf der Suche nach der verlorenen Zeit finden sich die gleichen Fragen. Der Anfang des Romans stellt dar, worüber der Protagonist nachdenkt, nachdem er plötzlich in finsterer Nacht aufgewacht ist. Nach seinem Erwachen dauern seine Traumfantasien noch einige Sekunden an und er muss daher warten, bis seine Sehkraft zurückkehrt, damit er rings um sich her die Finsternis wahrnehmen kann. Bei der fortwährenden Reflexion handelt es sich um „ein müheloses Schweben zwischen Schlafen, Träumen und Wiedererwachen" und „ein freies Hin-und-Her zwischen Vergangenheit und Gegenwart".[72] Indem er sich seine verlorene Zeit ins Gedächtnis zurückruft, gewinnt er auch seine verlorene Welt wieder.

Der Roman beginnt mit dem bemerkenswerten Satz: „Lange Zeit bin ich früh schlafen gegangen (Longtemps, je me suis couché de bonne heure)."[73] Byung-Chul Han weist darauf hin, dass die deutsche Übersetzung verliert, was der französische Ausdruck „bonne heure" wörtlich bedeutet.[74] Bonne heure heißt gute Zeit, die die erfüllte Zeit bedeutet. Dagegen ist die schlechte Zeit leer und bedeutungslos, weil sie unartikuliert ist und keinen Zusammenhang und Sinn hat. Die schlechte Zeit ist als unendliche Abfolge von flüchtigen Zeitpunkten eine leere Dauer. Diese wird von Theodor Adorno mit der Schlaflosigkeit in Verbindung gebracht: „Schlaflose Nacht: dafür gibt es eine Formel, qualvolle Stunden, ohne Aussicht auf Ende und Dämmerung hingedehnt in der vergeblichen Anstrengung, die leere Dauer zu vergessen."[75] Für den guten Schlaf muss man daher dem sinnlosen Jetzt eine temporale und ethische Gewichtigkeit verleihen. Dieses Heilmittel gegen die Schlaflosigkeit ist aber nichts anderes als das, was Nietzsche mit dem Gedanken der ewigen Wiederkehr des Gleichen als dem größten Schwergewicht meint.

Nun wird klar, dass der Wiederkunftsgedanke im engen Zusammenhang mit dem Schlaf und der Schlaflosigkeit steht. Ein deutlicher Hinweis darauf findet sich am Ende des Abschnittes „Der Genesende". Dort war Zarathustra sieben Tage krank und konnte weder essen noch trinken. Als er sich endlich in sein Schicksal des Lehrers des Wiederkunftsgedankens fügte, wurde er langsam wieder gesund und sah wie ein Schlafender aus: „Vielmehr lag er [scil. Zarathustra] still, mit ge-

---

[71] ZA, KSA 4, 201.

[72] Byung-Chul Han, *Duft der Zeit*, Bielefeld 2009, S. 15.

[73] Marcel Proust, *Auf der Suche nach der verlorenen Zeit* (Band I), Übtr. von Eva Rechel-Mertens, Frankfurt am Main 1976, S. 9.

[74] Vgl. Byung-Chul Han, *Duft der Zeit*, Bielefeld 2009, S. 15.

[75] Theodor W. Adorno, *Minima Moralia*, Frankfurt am Main 1986, S. 217.

schlossen Augen, einem Schlafenden ähnlich."[76] Einen weiteren Hinweis sieht man im Abschnitt „Mittags": Zarathustra begegnet einem alten krummen Baum, „der von der reichen Liebe eines Weinstocks rings umarmt"[77] ist. Da verspürt er ein plötzliches Verlangen nach einem Ausruhen, legt sich neben dem Baum nieder und schläft um die Stunde des vollkommenen Mittags ein. Dass sich der Wein an dem Baum rankt, symbolisiert den Gedanken der ewigen Wiederkehr des Gleichen. Dort hält Zarathustra einen Mittagsschlaf. Also wird er durch den Wiederkunftsgedanken in den Schlaf gesungen. Mit dem Gedanken der ewigen Wiederkehr des Gleichen würde Nietzsche dem Menschen, der wegen der schlechten Zeit an Schlaflosigkeit leidet, singen: Schlaf gut! Träume süß!

---

[76] ZA, KSA 4, 277.
[77] ZA, KSA 4, 342.

Literaturverzeichnis.

Adorno, T. 1986: Minima Moralia, Frankfurt am Main

Han, B. 2009: Duft der Zeit, Bielefeld

Heidegger, M. 2000: „Wer ist Nietzsches Zarathustra?", in: Vorträge und Aufsätze, Frankfurt am Main

Löwith, K. 1987: Nietzsches Philosophie der ewigen Wiederkehr des Gleichen (Sämtliche Schriften Band 6), Stuttgart

Niemeyer, C. 2007: Friedrich Nietzsches „Also sprach Zarathustra", Darmstadt

Nietzsche, F. 1980: Die fröhliche Wissenschaft (Kritische Studienausgabe Band 3), hg. v. Giorgio Colli und Mazzino Montinari, München

Nietzsche, F. 2011: Also sprach Zarathustra (Kritische Studienausgabe Band 4), hg. v. Giorgio Colli und Mazzino Montinari, München

Nietzsche, F. 1980: Ecce homo (Kritische Studienausgabe Band 6), hg. v. Giorgio Colli und Mazzino Montinari, München

Nietzsche, F. 1980: Nachgelassene Fragmente 1880-1882 (Kritische Studienausgabe Band 9), hg. v. Giorgio Colli und Mazzino Montinari, München

Nietzsche, F. 1980: Nachgelassene Fragmente 1882-1884 (Kritische Studienausgabe Band 10), hg. v. Giorgio Colli und Mazzino Montinari, München

Nietzsche, F. 1980: Nachgelassene Fragmente 1885-1887 (Kritische Studienausgabe Band 12), hg. v. Giorgio Colli und Mazzino Montinari, München

Nietzsche, F. 1986: Sämtliche Briefe (Januar 1885-Dezember 1886, Band 7), hg. v. Giorgio Colli u. Mazzino Montinari, München

Ottmann, H. 2000: „Kompositionsprobleme von Nietzsches Also sprach Zarathustra", in: Friedrich Nietzsche, Also sprach Zarathustra, hg. v. Volker Gerhardt, Berlin

Pieper, A. 1990: Ein Seil geknüpft zwischen Tier und Übermensch: philosophische Erläuterungen zu Nietzsches erstem „Zarathustra", Stuttgart

Proust, M. 1976: Auf der Suche nach der verlorenen Zeit (Band I), übtr. von Eva Rechel-Mertens, Frankfurt am Main

Salaquarda, J. 2000: „Die Grundconception des Zarathustra", in: Friedrich Nietzsche, Also sprach Zarathustra, hg. v. Volker Gerhardt, Berlin

Simmel, G. 1995: Schopenhauer und Nietzsche (Gesamtausgabe Band 7), hg. v. Michael Behr, Volkhard Krech und Gert Schmidt, Frankfurt am Main

Skiri, M. 2000: „Ewige Wiederkunft", in: Nietzsche-Handbuch, hg. v. Henning Ottmann, Suttgart und Weimar

Die Selbstüberwindung des Geistes
– in Zarathustras erste Rede *Von den drei Verwandlungen*

Thomas Land

1. Einleitung.

Zarathustras erste Rede Von den drei Verwandlungen fasst Nietzsches Konzept der Entwicklung des Übermenschen zusammen. Mit den Figuren Kamel, Löwe und Kind werden unterschiedliche Grade von Autonomie verhandelt, die der menschliche Geist prinzipiell erreichen kann und die ihren Höhepunkt im autonomen, übersittlichen Individuum finden. Die drei Erscheinungsweisen des Geistes – Kamel, Löwe und Kind – stellen damit unterschiedliche Stufen oder Etappen in der Realisierung eines allen Menschen zukommenden Potentials dar. Insofern mit dem Vorhandensein des menschlichen Geistes zumindest der Anlage nach all das vorhanden ist, worauf der Begriff des Übermenschen abzielt, kann die Fortentwicklung des Geistes vom Kamel zum Kind als Realisierung gegebener Potentiale des Geistes gedacht werden. Wenn jeder Mensch potentiell Übermensch ist, stellt sich die Frage, wie die ‚Aktivierung‘ dieses Potentials aussehen kann. Eine mögliche Antwort versucht der folgende Aufsatz anhand der Rede Von den drei Verwandlungen zu geben.

Die Freisetzung eines allen Menschen zukommenden Potentials wird im Folgenden anhand der Denkfigur der Selbstaufhebung des Geistes beschrieben.[1] Zunächst soll daher die Figur der Selbstaufhebung vorgestellt werden (2), um anschließend den Geist (3) und seine unterschiedlichen Erscheinungsweisen (4-6) zu betrachten. Zuletzt fasst (7) die Rede Von den der Verwandlungen unter dem Aspekt der ‚Negation der Negation‘ zusammen. Das Ziel des Aufsatzes besteht darin, die Verwandlungen des Geistes vom Kamel zum Kind als Modell eines kontinuierlichen Erkenntnisprozesses zu darzustellen, in dessen Fortgang sich der Geist immer besser versteht und so ‚für-sich‘ wird, was er ‚an-sich‘ ist.

Insofern im Folgenden davon ausgegangen wird, dass mit Von den drei Verwandlungen die begriffliche bzw. theoretische Entwicklung vom Menschen zum Übermenschen entlang des Konzepts der Selbstaufhebung des Geistes präsentiert wird, interessiert weniger die Frage, ob der Geist die ihm generell möglichen Freiheitgrade auch tatsächlich ‚in der Welt‘ verwirklicht. Der Fokus liegt viel-

---

[1] Zur Figur der Selbstaufhebung bei Nietzsche siehe Claus Zittel: *Selbstaufhebungsfiguren bei Nietzsche*, Würzburg 1995. Zittel bezeichnet die Selbstaufhebungsfigur als „*einen Grundzug des nietzscheanischen Denkens*" (ebd., 10).

mehr darauf, worin die Notwendigkeit der Übergänge begründet liegt. Die Rede Von den drei Verwandlungen soll daher weniger historisch verstanden werden (so als ob in den Figuren Kamel, Löwe und Kind onto- oder phylogenetische Entwicklungsetappen des Menschen ohne ihre ‚störenden Zufälligkeiten' verdichtet sind), sondern als logische Abfolge von Kategorien nach dem Modell notwendiger begrifflicher Übergänge.[2] Ob und inwiefern die so ‚entfaltete' begriffliche Struktur eine Entsprechung in der Wirklichkeit hat, kann im Folgenden nur am Rande behandelt werden. Statt die Interpretationsarbeit auf die bloße Zuordnung von Begriff und Wirklichkeit zu beschränken, versucht der folgende Aufsatz, eine konsequente Trennung unterschiedlicher Abstraktions- oder Interpretationsebenen – hier die ‚reine' Begriffsentwicklung, dort die ‚bunte' Lebenswirklichkeit – durchzuhalten.

Diese strikte Trennung von begrifflicher und historischer Entwicklung bildet die Grundlage von Nietzsches Kritik. Nur von der begrifflichen Ebene aus ist es möglich, die tatsächlich erreichte bzw. defizitäre Realisierung von prinzipiell denkbaren Freiheitsgraden zu thematisieren und gegebenenfalls zu kritisieren. Die idealisierte Entwicklung des Geistes auf begrifflicher Ebene ermöglicht eine kritische Beurteilung des wirklich Erreichten anhand des begrifflich Möglichen. Indem Nietzsche denkbare Freiheitspotentiale dem Begriff nach darstellt (und zusätzlich die Übergänge zwischen den einzelnen begrifflichen Etappen markiert), fordert er dazu auf, die so zunächst abstrakt antizipierten Grade von geistiger Autonomie tatsächlich ‚in der Welt' zu realisieren.

---

[2] Die Festlegung auf das Interpretationsmuster, die verschiedenen Formen des Geistes seien als Stationen der Menschheitsgeschichte oder als Etappen von Nietzsches eigener Bildungs- und Emanzipationsgeschichte zu lesen z.B. bei Christian Niemeyer: *Friedrich Nietzsches ‚Also sprach Zarathustra'*, Darmstadt 2007, 15: „Was Nietzsche in I/2 vorgelegt hat, ist die Skizze einer befreiungsorientierten Theorie des Bildungsgangs". Nietzsche offeriere hier „seine eigene Bildungsgeschichte als Exempel für die Realisierbarkeit der bildungsphilosophischen Absicht, die er mit dem Übermenschen-Konstrukt verfolgt". Hinter der Rede *Von den drei Verwandlungen* verberge sich laut Niemeyer der Prozess von „Nietzsches Selbstkonstitution (als Subjekt)" (ebd., 14). Ähnlich auch Stanley Rosen: *The mask of enlightenment. Nietzsche's ‚Zarathustra'*, Cambridge 1995, 80f. Interessanter im Ansatz, aber in der Ausführung unbefriedigend ist die Interpretation von Peter Yates, der *Von den drei Verwandlungen* als Allegorie erkenntnistheoretische Probleme liest. Peter Yates: *The Three Metamorphoses and Philosophy*, in: *Nietzsche's Thus spoke Zarathustra: Before sunrise*, hrsg. von James Luchte, London/New York 2008, 63-74.. Eine nach wie vor lesenswerte Einführung bietet Erich Heller: *Zarathustra's three Metamorphoses. Facets of Nietzsche's Intellectual Biography and the Apotheosis of Innocence*, in: *Salmagundi* 21 (1973), 63-80. Vollkommen ungenügend hingegen Manfred Riedel: *Nietzsches Lehre von den drei Verwandlungen: Metamorphosen des Geistes*, in: *Expressis verbis: philosophische Betrachtungen*, hrsg. von Matthias Kaufmann und Andrej Krause, Halle/Saale 2003, 272-282.

2. Die Denkfigur der Selbstaufhebung.

Die Selbstaufhebung des Geistes ist keinesfalls so zu verstehen, als würde sich der Geist im Durchgang durch seine unterschiedlichen Entwicklungsstufen am Ende auflösen und beispielsweise seine existentielle, leibliche Grundlage und damit sich selbst vernichten. Selbstaufhebung im Bereich des Geistes meint weder Selbstzerstörung noch Transformation in etwas Nichtgeistiges, sondern die denkend vollzogene Auflösung des jeweiligen Selbstverständnisses, das der Geist von sich hat. Die Bewegung der Selbstaufhebung des Geistes ließe sich somit zusammenfassen als die Überwindung seiner bisherigen Identität durch Erkenntnis der diese Identität konstituierenden Überzeugungen als unbegründete, illusionäre oder sonst wie defizitäre Meinungen. Die einzelnen Verwandlungsschritte, die der Geist vom Kamel zum Kind durchläuft sind demnach keine Transformationen materieller oder physischer Art, so als ob der Geist auf jeweils höherer Stufe gänzlich neue und zuvor unbekannte kognitive Funktionen ausbilden würde. Insofern nämlich die Selbstaufhebung des Geistes gleichbedeutend ist mit einer Steigerung des Wissens von sich, ist sie weder eine kumulative Aufstiegs- oder Fortschrittsbewegung im Sinne eines Erwerbs neuer geistiger Vermögen noch eine Wesensverwandlung, bei der sich das Spätere substantiell vom Früheren unterscheidet. Während des gesamten Transformationsprozesses bleibt der Geist mit sich identisch, er verändert einzig sein Wissen von sich und setzt so die Potentiale frei, die ihm als Geist wesentlich zukommen. Das Aufsteigen des Geistes vom Kamel zum Kind ist darum nicht als ein ‚Hinzufügen‘ positiver Gehalte zu denken. Ganz im Gegenteil sollte man die Verwandlungen des Geistes als ein fortdauerndes ‚Abziehen‘ illusorischer Überzeugungen lesen, die der Geist in Bezug auf sich selber hat. Der Fortschritt im Bereich des Geistes zielt lediglich auf die bewusste Auflösung ehemals konstitutiver Überzeugungen durch die reflexive Bezugnahme des Geistes auf sich, d.h. auf seine ihm zugrundeliegenden Denkformen und dessen Mängel.[3] Die einzelnen Entwicklungsschritte des Geistes (Kamel, Löwe, Kind) thematisieren damit nichts anderes als einerseits die falschen Vorstellungen des Geistes von sich und andererseits die Strategien zur Auflösung des jeweiligen Selbst(miss)verständnisses.[4]

---

[3] Die Hervorbringung von Nietzsches Übermenschen kann damit als eine Art ‚performativer Akt‘ beschrieben werden, da der Geist im Erkenntnisprozess das erzeugt, was er erkennt. Vgl. dazu Slavoj Žižek: *Der erhabenste aller Hysteriker. Psychoanalyse und die Philosophie des deutschen Idealismus*, Berlin/Wien 1992, S. 33-50. Diese Figur auch bei Slavoj Žižek: *Die Tücke des Subjekts*, Frankfurt a.M. 2010, 101. „Zum Übergang vom An-sich zum Für-sich gehört daher die Logik der Wiederholung: Wenn etwas ‚Für-sich‘ wird, dann ändert sich in ihm in Wirklichkeit nichts; es macht einfach nur wiederholt deutlich (‚be-merkt‘ [re-marks]), was es schon an sich war" (ebd., 101).

[4] Zur Nähe von Nietzsche und Hegel siehe Werner Stegmaier: *Geist. Hegel, Nietzsche und die Gegenwart*, in: *Nietzsche-Studien 26* (1997), 300-318. Dort heißt es: „Der Begriff des Geistes hat nicht nur ähnliches Gewicht für Nietzsche wie für Hegel, beider Begriffe des Geistes sind einander auch erstaunlich nahe. Zwischen ihnen besteht ein dichtes Geflecht von Bezügen" (ebd.,

Die Zunahme des reflexiven Wissens des Geistes von sich entspricht freilich nicht einer optimistischen, linearen Emanzipation des Geistes. Aus drei Gründen sollte das Konzept der Selbstaufhebung des Geistes, wie es in Von den drei Verwandlungen vorkommt, nicht im Sinne eines ‚naiven‘ Fortschrittsnarrativs gelesen werden. Erstens folgt die Selbstaufhebungsfigur im Bereich des Geistes der Logik des Übergangs vom ‚An-sich‘ zum ‚Für-sich‘. Eine erfolgreich vollzogene Verwandlung besteht darin, dass der Geist ‚für-sich‘ erkennt, was er auf vorangegangener Stufe bereits ‚an-sich‘ gewesen ist. Im Prozess einer fortschreitenden, stets unvollendeten Selbsterkenntnis begreift der Geist von der jeweils höheren Stufe aus das Defizit der vorangegangen Stufe, bleibt sich aber darin als Geist gleich. Die jeweiligen Übergänge sind weniger ein Aufsteigen als vielmehr das Verwirklichen von immer schon vorhandenen Potentialen des Geistes, die sich dann wirklich ‚entfalten‘, wenn ihr Vorhandensein begriffen bzw. ihre bisherige Ein- oder Beschränkung als illusorisch durchschaut wird. Zweitens ist das Bild eines linearen Aufstiegs deshalb problematisch, weil das begrifflich Spätere im Grunde nur die ‚Entfaltung‘ des ihm Vorangegangenen ist. Die rückläufige Reflexion des Geistes auf sich und seine ihm vorausliegende Entwicklungsstufe zeigt nämlich regelmäßig, dass sich der Geist in seiner ‚neuen Freiheit‘ nach wie vor auf dem Boden der bereits überwunden geglaubten Formation befindet – und dies auch und gerade dann, wenn er eine vollkommen neue Stufe erreicht zu haben glaubt bzw. sich sogar im direkten Gegensatz zu seiner Vorstufe herausbildet zu haben meint. Die scheinbar höhere Stufe des Geistes erweist sich in Wahrheit als die Konsequenz bzw. Radikalisierung der vorangegangenen Stufe, zu der sie sich in diametralen Gegensatz glaubte.[5] Es gehört zu den Eigentümlichkeiten des ‚Nietzscheanischen Fortschrittsbegriffs‘, dass sich die jeweils „spätere Position […] als Verdichtung gerade des dem eigenen Anspruch zuwiderlaufensten Prinzips" erkennt.[6] Zugleich ermöglicht es aber diese stets nachträgliche Einsicht, sich von den so erkannten Kontinuitäten zu befreien und eine neue Stufe zu erreichen (die sich dann in der Reflexion erneut als unvollständige Emanzipation erkennt usw.). Denn insofern die Rückwendung des Geistes auf die eigene Entwicklungsgeschichte den späteren Transformationszustand als notwendiges Produkt der jeweils früheren Formen des Geistes offenbart, lässt sich diese Einsicht in die Kontinuität dazu nutzen, die durchgängigen Grundlagen der eigenen Identität umzugestalten. Die Selbstaufhebung des Geistes ist damit – Drittens – eine unendliche Aufgabe. Die ‚wirkliche‘ Emanzipation des Geistes liegt im infiniten Prozess einer Selbstreflexion, bei der sich die jeweilige Entwicklungsstufe des

---

302). „Nietzsche vollzieht im Gegenteil, ohne sich dabei auf Hegel zu berufen, wahrscheinlich sogar, ohne sich dessen bewußt zu sein, das Programm von dessen Phänomenologie des Geistes nach" (ebd., 307).

[5] Vgl. Slavoj Žižek: Die Tücke des Subjekts, 97.

[6] Claus Zittel: Selbstaufhebungsfiguren bei Nietzsche, 69.

Geistes zunächst als mit ihren Gegenteil und Vorgänger vermittelt begreift, dann aus dieser Formation aussteigt, um schließlich festzustellen, dass auch diese Aus- bzw. Aufstiegsbewegung noch nicht radikal genug gewesen ist.[7]

3. Geist.

Die hier vertretene These, wonach der Geist, nachdem er den ‚falschen‘ Gebrauch seiner ihm wesentlich zukommenden Freiheit durchschaut hat, im Stadium des Kindes wissend zu seinem Ausganspunkt ‚zurückkommt‘ und nun noch einmal von vorne beginnen darf (das ‚Neubeginnen‘ des Kindes), beinhaltet, dass der Geist, noch bevor seine Verwandlung zum Kamel einsetzt, alle Fähigkeiten und Vermögen fertig ausgebildet hat, die auch im Stadium des Kindes in Anschlag gebracht werden dürfen.

Mit der erstmaligen, ‚ursprünglichen‘ Entstehung des Geistes liegt als Disposition all das bereit, was auch die späteren Erscheinungsweisen des Geistes kennzeichnet. Zumindest dem Potential nach sind mit dem Begriff des Geistes eben die kognitiven Leistungen mitgedacht, die auch Kamel, Löwe und Kind zukommen. Kamel, Löwe und Kind unterscheiden sich demnach auch nicht hinsichtlich des Besitzes dieser oder jener Fähigkeiten, sondern hinsichtlich ihres Gebrauchs.

Die Herausbildung eines derart verfassten, den Anlagen nach bereits ‚fertigen‘ Geistes vollzieht sich während der „ungeheuren Zeitstrecken der ‚Sittlichkeit der Sitte‘ […], welche der ‚Weltgeschichte‘ vorausliegen" (M 18, KSA, 3, 32).[8] Das Ergebnis dieser langen Zucht- und Dressurphase des Menschen, der „gewaltsamen Abtrennung von der thierischen Vergangenheit" (GM II/16, KSA, 5, 323), sind genau die intellektuellen Fähigkeiten und Anlagen, die sich unter dem Begriff des Geistes zusammenfassen lassen.[9] Sie umfassen etwa, wie Nietzsche am

---

[7] Zudem ist gar nicht klar, ob die Richtung, die die Entwicklung des Geistes nimmt, tatsächlich als Fortschritt bezeichnet werden kann. Es existiert laut Nietzsche kein objektiver Maßstab, um Fortschritt zu messen.

[8] Siehe allg. hierzu Marcuse, Herbert: *Triebstruktur und Gesellschaft. Ein philosophischer Beitrag zu Sigmund Freud*, Frankfurt a.M. 1970. „Ließe man den Grundtrieben des Menschen die Freiheit, ihre natürlichen Ziele zu verfolgen, so wären sie unvereinbar mit allem dauernden Zusammenschluß […]. Die Zerstörungskraft dieser Antriebe entspringt dem Umstand, daß sie eine Befriedigung anstreben, die die Kultur nicht gewähren kann: Befriedigung als solche und als Selbstzweck in jedem Augenblick. Die Triebe müssen daher von ihren Zielen abgelenkt, in ihrer Absicht gehemmt werden. Kultur beginnt dort, wo auf das primäre Ziel – nämlich die vollständige Befriedigung von Bedürfnissen – mit Erfolg verzichtet wird" (ebd., 17). Im Zuge der Umformung des Lustprinzips in das Realitätsprinzip „erwirbt [der Mensch] die Fähigkeit der *Aufmerksamkeit*, des *Gedächtnisses* und der *Urteilsfällung*. Er wird zum bewußten, denkenden *Subjekt*, einer Rationalität verhaftet, die ihm von außen auferlegt ist" (ebd., 19-20).

[9] Eine Zusammenfassung der gewaltsamen Ausbildung spezifisch menschlicher kognitiven Fähigkeiten gibt GM II/1-3, KSA, 5, 291-297. Der Mensch wurde, so Nietzsche, *„berechenbar, regelmässig, nothwendig"* (GM II/1, KSA, 5, 292) gemacht. In GM II/16 beschreibt Nietzsche, welche Vermögen von den in Herrschaftsverbänden lebenden Menschen abverlangt wurden: Im „Bann der Gesellschaft" waren sie auf „Denken, Schliessen, Berechnen, Combiniren von Ursa-

Beginn der zweiten Abhandlung von Zur Genealogie der Moral schreibt, die Fähigkeit, sich an ein gegebenes Versprechen über lange Zeiträume hinweg erinnern zu können oder plötzlich auftauchende Affekte und Begierden zugunsten gegebener Versprechen zu unterdrücken.[10] Neben der eigentlichen Herausbildung der genannten geistigen Vermögen, formt und gestaltet die „vorhistorische Arbeit" (GM II/2, KSA, 5, 293) die neu entstanden Fähigkeiten. Der in Gesellschaft herangezüchtete menschliche Geist gelangt schließlich zu einer gewissen Reife und Stärke, so dass er am Ende der vormoralischen Epoche stark und tragsam genannt werden kann.[11] An eben diesem Punkt eines bereits hoch entwickelten und ‚dressierten' Geistes setzt Zarathustras Rede Von den drei Verwandlungen ein.[12]

Wo die Sittlichkeit der Sitte herrscht, kann der Einzelne seine ‚animalischen' Instinkte nicht länger unmittelbar ausleben. „[E]ingezwängt in eine drückend Enge und Regelmässigkeit der Sitte" (GM II/16, KSA, 5, 323) ist es dem in Gesellschaft lebenden Menschen unter Androhung harter Strafen verboten, seinen spontanen Trieben und Neigungen nachzugeben. Insofern die unmittelbare Triebabfuhr versperrt ist und sich Bedürfnisse nicht sofort befriedigen lassen, suchten sie „sich neue und gleichsam unterirdische Befriedigungen" (GM II/16, KSA, 5, 322), indem sie sich gegen ihren Urheber wenden:

> „Alle Instinkte, welche sich nicht nach Aussen entladen, *wenden sich nach Innen* – dies ist das, was ich die *Verinnerlichung* des Menschen nenne [...] Jene furchtbaren Bollwerke, mit denen sich die staatliche Organisation gegen die alten Instinkte der Freiheit schützte – die Strafen gehören von Allem zu diesen Bollwerken – brachten zu Wege, dass alle jene Instinkte des wilden freien schweifenden Menschen sich rückwärts, sich *gegen den Menschen selbst* wandten" (GM II/16, KSA, 5, 322f.).

---

chen und Wirkungen reduziert" (GM II/16, KSA, 5, 322). Zur zunächst noch formalen ‚Neutralität' des Geistes vor dem Kamelstadium, siehe Stanley Rosen: *The mask of enlightenment*, 78.

[10] Das Individuum, das lediglich ein „*Gedächtniss des Willens*" (GM II/1, KSA, 5, 292) ausgebildet hat, unterscheidet sich vom „*souveraine[n] Individiuum*" (GM II/2, KSA, 5, 293) dadurch, dass dieses aufgrund seiner Willensstärke auch wirklich in der Lage ist, seinen Willen gegen alle Widerstände aufrecht zu erhalten. Jedes Individuum *kann* versprechen (d.h. den Willen haben, das Versprechen einzuhalten), aber nur das souveräne Individuum *darf* auch versprechen, weil es den Willen auch tatsächlich verwirklichen kann.

[11] Nietzsche spricht auch von „durch Entbehrung und Sittlichkeit gehärtete Seelen" (M 18, KSA, 3, 30).

[12] Dazu, dass die geistigen Vermögen als die Bedingungen der Möglichkeit menschlicher Bildungs- oder Formungsprozesse bereits sehr früh ‚fertig' vorliegen müssen, vgl. Volker Gerhardts Äußerungen zur ‚vormoralischen Epoche': „Alles ist darauf abgestellt, daß es Menschen gibt, die wirklich versprechen dürfen, weil sie die innere und äußere Macht dazu haben. Und die ‚Züchtung' eines solchen ‚souverainen Individuums' kann niemals bloß mit äußeren Mitteln vor sich gehen, sondern sie bedarf stets auch der leitenden und lenkenden Impulse von innen her. [...] Um aber eine solche Steuerung von innen her möglich zu machen, bedarf es des ‚Willens', der ‚Absichten', der ‚Ziele' und – nicht zu vergessen – der ‚Freiheit'" (Volker Gerhard: *Selbstbegründung. Nietzsches Moral der Individualität*, in: *Nietzsche-Studien 21* (1992), 28-49, 38).

Nietzsche entwickelt den Übergang von der spontanen Entladung der Instinkte nach außen zur (verzögerten) Entladung nach innen anhand der „Lust an der Grausamkeit" (GM II/7, KSA, 5, 303). Wenn infolge von Gesetz und Strafe Lust nicht länger aus der wirklich vollzogenen Grausamkeit gegen andere Menschen gezogen werden kann, das Lustempfinden, welches aus dem Leiden-Sehen und Leiden-Machen herrührt, aber nach wie vor in Rechnung gestellt werden kann, dann ist anzunehmen, dass sich die Grausamkeit ein neues Betätigungsfeld sucht. Das Gefühl von Lust und Genuss im Zusammenhang mit zugefügten oder beobachteten Leid wird offenbar so sehr begehrt, dass es unter allen Umständen angestrebt wird – notfalls auch auf Kosten dessen, der die Lust empfinden möchte. Ist also das Gefühl der Lust als Effekt eines Leiden-Machens bzw. Leiden-Sehens anderer versperrt, lässt sich laut Nietzsche das gewünschte Lustgefühl auch durch ein sadistisches Verhalten des Menschen gegen sich selbst erzielen:

> „Dabei muss man freilich die tölpelhafte Psychologie von Ehedem davon jagen, welche von der Grausamkeit nur zu lehren wusste, dass sie beim Anblicke *fremden* Leides entstünde: es giebt einen reichlichen, überreichlichen Genuss auch am eignen Leiden, am eignen Sich-leiden-machen" (JGB 229, KSA, 5, 166).

Um die unter bestimmten gesellschaftlichen Verhältnissen geächtete spontane Lust an der Grausamkeit weiterhin empfinden zu können, setzt sich der Täter selbst an die Stelle des Opfers.

In dieser Situation einer „socialen Zwangsjacke" (GM II/2, KSA, 5, 293) geschieht etwas Merkwürdiges: die beiden Elemente oder besser Phänomene, die sich bei dem in Gesellschaften lebende Menschen zeigen, d.h. die Ausbildung eines Geistes und die Rückwendung der Triebe gegen ihren Urheber, bilden eine Art Koalition. Die von den Gesellschaftsmitgliedern abverlangten Fähigkeiten des Geistes und das Verbot der unverzüglichen und direkten Triebabfuhr finden so zueinander, dass der Geist selbst zur Quelle autoaggressiver Lust wird. Weil die Lust an der Grausamkeit in ihrer rohen, wilden Form als z.B. körperliche Gewalt gegen andere verboten ist, erfolgt eine „Sublimirung und Subtilisirung" (GM II/7, KSA, 5, 303) der Grausamkeit.[13] Soll die von Nietzsche unterstellte Lust am Zufügen von Leid innerhalb von befriedeten Gruppen weiterhin genossen werden können, muss sie „in's Imaginative und Seelische übersetzt auftreten" (GM II/7, KSA, 5, 303).

4. Kamel.

Das Verbot der unmittelbaren Triebabfuhr und die neuen geistigen Vermögen verbinden sich also zu einem innerpsychischen Genießen, das Freude und Lust aus intellektueller Selbstvergewaltigung zieht. Das autoaggressive Handeln als nach innen gerichtete und vergeistigte, oder kurz: sublimierte Form von Gewalt

---

[13] Vgl. auch Za II, KSA, 4, 134: „Geist ist das Leben, das selber in's Leben schneidet".

kennzeichnet den Geist auf der Stufe des Kamels. Das Kamel gliedert sich in zwei Teilabschnitte.

4.1 Die erste Stufe des Kamels und das Tragen des Schweren.

Die erste, im Vergleich mit späteren Praktiken noch relativ moderate Form der intellektuellen Selbstvergewaltigung liegt im Tragen und Ertragen des Schweren. Da die Triebabfuhr als spontanes Ausleben körperlicher Bedürfnisse ohnehin versperrt ist, libidinöse Befriedigung folglich nur im Rahmen autoaggressiver Aktionen erfahren werden kann, ist das schiere Befolgen von Regeln jeglicher Art ein effektiver Weg der geistigen Selbstvergewaltigung. Der Mechanismus des Lustgewinns aus ‚blinden‘ Gehorsam funktioniert dabei so, dass der Geist im Anpassen an die Forderungen externer Zwänge seine eigenen Bedürfnisse unterdrückt und eben diese Unterdrückung lustvoll genießt. Der zum gesellschaftlichen Leben gezwungene Mensch lernt so zuletzt, wie Slavoj Žižek es formuliert, *„den Schmerz selbst als Quelle libidinöser Befriedigung* zu akzeptieren".[14] Dem Kamel geht es darum, „ein libidinöses Verlangen zu unterdrücken und dabei gleichzeitig libidinöse Befriedigung aus diesem Akt der Unterdrückung zu ziehen".[15]

Das das Kamel kennzeichnende Befolgen-Wollen der Regeln einer externen Herrschaftsinstanz beruht dabei freilich auf Selbstbeherrschung, jenem grausamlustvollen Unterdrücken der eigenen Neigungen und Wünsche.[16] Indem der Geist

---

[14] Slavoj Žižek: *Die Tücke des Subjekts*, 389. Siehe zum Zusammenhang von Lust und Schmerz bei Nietzsche auch Christoph Türcke: *Der tolle Mensch. Nietzsche und der Wahnsinn der Vernunft*, Lüneburg 2000, 80-99. Vgl. auch die Aussage Herbert Marcuses, dass mit der Durchsetzung des ‚Realitätsprinzips‘ gegenüber dem ‚Lustprinzips‘ die „Lust in ihrer Substanz selbst verändert wird" (Herbert Marcuse: *Triebstruktur und Gesellschaft. Ein philosophischer Beitrag zu Sigmund Freud*, Frankfurt a.M. 1970, 18). „Die Anpassung der Lust an das Realitätsprinzip schließt die Unterwerfung und Ablenkung der destruktiven Kräfte der Triebbefriedigung mit ein; ihre Unverträglichkeit mit den geltenden sozialen Normen und Beziehungen verlangt eine ‚Transsubstantiation‘ der Lust selbst" (ebd., 19).

[15] Slavoj Žižek: *Die Tücke des Subjekts*, 150. Žižek beschreibt diese Situation, bei der der „Verzicht auf libidinöse Befriedigung [...] zu einer autonomen Quelle der Befriedigung wird" in Rückgriff auf Hegel und Lacan folgendermaßen: „Die grundsätzliche ‚Perversion‘ der menschlichen Libidoökonomie liegt darin, dass dann, wenn irgendeine lustvolle Aktivität verboten und ‚unterdrückt‘ wird, wir nicht einfach zu einem Leben des strikten Gehorsams gegenüber dem Gesetz abseits aller Lüste übergehen. Das Ausüben des Gesetzes wird selbst libidinös besetzt, so dass die Setzung des Verbots ihrerseits seine eigene Lust verschafft" (ebd., 150).

[16] Annemarie Pieper fasst die Stufe des Kamels folgendermaßen zusammen: „Die Stärke des Geistes hat ihren Gradmesser in dem, was er zu ertragen, zu erleiden vermag. Das Ausmaß seiner Leidensfähigkeit bestimmt den Grad seiner Stärke. Je mehr einer seinen Willen einzuschränken vermag, um einen fremden Willen Herrschaftsbefugnis einzuräumen, desto mehr Kraft besitzt er, denn nicht der fremde Wille hat ihn überwältigt, sondern der eigene Wille ist es ja, der sich kampflos unterwirft und dazu all seine Kraft benötigt, um sich selbst niederzuhalten und im Kampf mit sich selbst eine von ihm selbst zugefügte Niederlage zu erleiden." (Annemarie Pieper: *Ein Seil geknüpft zwischen Tier und Übermensch: philosophische Erläuterungen zu Nietzsches erstem Zarathustra*, Stuttgart 1990, 118). Pieper vernachlässigt aber vollkommen das

die ihm entgegengebrachten Widerstände bricht und sich gegen alle spontanen körperlichen Neigungen durchsetzt, erfährt der er ein „Gefühl der vermehrten Kraft" (JGB 230, KSA, 5, 167). Die inhaltliche Ausrichtung dessen, dem gehorcht wird, ist dabei zweitrangig. Der Genuss im Vollzug der gegen sich gewendeten Grausamkeit ergibt sich rein aus der Form. Man gehorcht, wie Nietzsche in *Morgenröthe* schreibt, der überlieferten Tradition wie einer höheren Autorität, „nicht weil sie das uns *Nützliche* befiehlt, sondern weil sie *befiehlt*" (M 9, KSA, 3, 22). Entscheidend ist einzig, dass man die Vorschrift beachtet, „*ohne an sich* als Individuum zu denken" (M 9, KSA, 3, 22) und gerade darin Lust erfährt. Das Kamelstadium ist damit keineswegs der unschuldige, passive Zustand traditioneller Zugehörigkeit und Eingebundenheit, bei dem der Geist konfliktfrei übernimmt, was von außen vorgelegt wird. Insofern jede Unterordnung unter eine externe Gewalt letztlich auf einer effektiven Selbstkontrolle körperlicher Triebe und Bedürfnisse beruht, ist das gesellschaftlich aufgenötigte ‚Tragen-Müssen' immer schon ein ‚Tragen-Wollen'. Die scheinbar harmonische Internalisierung der von außen aufgezwungener Ge- und Verbote ist ein aktiv vollzogener Vorgang. Das Tragen und Ertragen externer Zwänge ist eine bewusst vollzogene Handlung der Triebregulierung- und Modellierung: Der Geist als Kamel ‚will' gut beladen sein und ‚lässt' sich gut aufladen, er ‚verlangt' nach dem Schweren und ‚fragt' nach dem Schwersten (Vgl. Za I, KSA, 4, 29).[17]

4. 2. Die zweite Stufe des Kamels und das Tragen des Schwersten.

Die „Tugend des häufigen Leidens, der Entbehrung, der harten Lebensweise, der grausamen Selbstkasteiung", das Wüten „gegen das eigene Fleisch, das eigene Gelüst und die eigene Gesundheit" (M 18, KSA, 3, 30f.) verschafft aber nicht nur Lust, sondern ‚trainiert' auch das Folterinstrument, den Geist. Das stetige Gehorchen ‚in eine Richtung', die Selbst- und Fremddressur des Geistes bringt eine gewisse Virtuosität in der Anwendung der so geschulten Denkformen mit sich. Im Sich-Befehlen und Sich-Gehorchen entwickelt sich das, was Nietzsche die „Reinlichkeit und Strenge in Dingen des Geistes" (JGB 210, KSA, 5, 143) nennt.

---

eigentliche Erklärungsmoment der Lust an der Grausamkeit, die mit dem Gefühl der Stärke des Geistes über sich einhergeht.

[17] Aus diesem Grund kann Robert Gooding-Williams nicht ohne Weiteres zugestimmt werden, wenn er schreibt: „To be a camel is to internalize the outlook of the great dragon" (Robert Gooding-Williams: *Zarathustra's Three Metamorphoses*, in: *Nietzsche as Postmodernist. Essay pro and contra*, hrsg. und eingeleitet von Clayton Koelb, New York 1990, 231-245, 238). Denn letztlich wird ein Gebot ‚internalisiert', das zuvor vom Geist als für ihn gültiges Gebot akzeptiert worden ist. Für eine Kritik am ‚mechanischen' Modell der Internalisierung siehe Slavoj Žižek: *Die Tücke des Subjekts*, 386f.

Eben diese antrainierte Strenge des Geistes steht nun für eine neue Runde im Spiel von Lust durch Grausamkeit bereit.[18] Aufgrund des kausalen Zusammenhangs von Sich-leiden-Machen und Genuss ist davon auszugehen, dass jeder quantitativen Steigerung der Grausamkeit eine entsprechende Steigerung des Lustempfindens entspricht. Demgemäß steigt der Grad der Lustempfindung mit dem Grad des Sich-Wehe-Tuns. Viel Lust bot bisher das Tragen des Schweren, also so oft und so genau wie möglich dem Gesetz zu gehorchen und darin die eigene Stärke zu beweisen.[19] Folgt man dem Gesetz auch dann noch, wenn der Gesetzgeber nicht zusieht und keine Strafe droht, wird aus Gesetz Moral. Moral ist die Verabsolutierung des Gesetzes, insofern ihr Geltungsanspruch absolut ist und keine Ausnahmen kennt. So gesehen ist moralisches Handeln das rationale Mittel von in Gesellschaft lebenden Menschen, sich dauerhaften Zugang zur Lust zu verschaffen. Moral ist damit nichts anderes als auf Dauer gestelltes freiwilliges Leiden, das sich vom Vorhandensein einer externen Gesetzes- und Überwachungsinstanz emanzipiert hat. Mittels der Erfindung der Moralität eröffnet sich die Möglichkeit einer permanenten, lustbesetzten Unterdrückung der eigenen Neigungen jenseits ‚staatlicher‘ Gesetze und Verbote. Schwer – und damit lustvoll – ist es nun, sich immer moralisch zu verhalten. Noch schwerer ist es, aktiv Situationen aufzusuchen, die die Selbstbeherrschung ganz bewusst auf die Probe stellen. Während man im ersten Fall nur mehr oder weniger zufällig die Stärke seiner eigenen Leidensfähigkeit unter Beweis stellen kann, zeigt sich im zweiten Fall die Stärke als Selbstbeherrschung in Ausnahmesituationen. Diese Steigerungslogik führt Nietzsche als den Umschlag von Quantität in Qualität folgendermaßen aus:

> „Wer ist der Sittlichste? *Einmal* Der, welcher das Gesetz am häufigsten erfüllt: also, gleich dem Brahmanen, das Bewusstsein desselben überallhin und in jeden kleinen Zeittheil trägt, sodass er fortwährend erfinderisch ist in Gelegenheiten, das Gesetz zu erfüllen. *Sodann* Der, der es auch in den schwersten Fällen erfüllt. Der Sittlichste ist Der, welcher am meisten der Sitte *opfert*: welches aber sind die grössten Opfer? Nach der Beantwortung dieser Frage entfalten sich mehrere unterschiedliche Moralen; aber der wichtigste Unterschied bleibt doch jener, welcher die Moralität der *häufigsten Erfüllung* von der der *schwersten Erfüllung* trennt" (M 9, KSA, 3, 22f.).

In dieser Passage ist exakt die Differenz zwischen dem Tragen des Schweren und dem Tragen des Schwersten angesprochen, die die zwei Etappen des Kamels kennzeichnen. Schwer ist es, den Sitten und Gebräuchen besonders häufig und besonders gründlich zu folgen. Noch schwerer ist es jedoch, auch in Extremsituationen noch die kleinste individuelle Regung zu unterdrücken und beispielsweise auch im Zustand ‚heimlich‘ empfundener Lust noch das Lustgefühl zu geißeln

---

[18] Auch kann der so geformte Geistes dazu eingesetzt werden, sich neue Grausamkeiten gegen sich auszudenken. Es sei geradezu eine Tugend der „durch Entbehrung und Sittlichkeit gehärtete Seelen […] in der Grausamkeit erfinderisch und unersättlich zu sein" (M 18, KSA, 3, 30).

[19] „[D]er Grausame geniesst den höchsten Kitzel des Machtgefühls" (M18, KSA, 3, 30).

oder sich im Zustand des höchsten Triumphs noch die Freude zu versagen (vgl. Za I, KSA, 4, 29f.). Das Schwerste ist also mittels der Techniken geistiger Selbstregierung der Sittlichkeit auch dort noch Geltung zu verschaffen, wo ihre Herrschaft durch spontane Regungen und Affekte aufgebrochen zu werden droht. Exakt aus dieser kompromisslosen Haltung gegen sich speist sich die höchste Lust als höchste Grausamkeit gegen sich selbst: den individuellen Neigungen, Wünschen und Bedürfnissen selbst dann nicht nachzugeben, wenn sie mit höchster Dringlichkeit ‚um Einlass bitten'.

Das moralisch eingekleidete Martyrium der Selbstkasteiung lässt sich mit Nietzsche so als egoistisches Streben nach Lust und Genuss dekodieren. Moralisches Verhalten verschafft denen Lust, die sie nicht auf anderen Wegen empfinden können oder dürfen. Entscheidend ist die Umkehr der Perspektive, die sich mit Nietzsche eröffnet: Die Moral herrscht nicht über die Menschen. Aus freien Stücken sucht bzw. konstruiert sich der zur Gesellschaft gezwungene Mensch als Ausweg aus seiner Not eine unbedingte Moral als geistiges Surrogat praktisch gelebter Grausamkeit bzw. körperlich erfahrener Lust. Žižek thematisiert diese Veränderung der Perspektive als den Umschlag von der *Negation des Körpers* zur *verkörperten Negation*.[20] Moral stellt einfach den externen Körper bereit, den sich der Geist gibt, um in dessen Namen seine eigenen spontanen, körperlichen Bedürfnisse unterdrücken zu können. Diese oder jene spezifische Moral gibt letztlich nur den willkürlichen Inhalt ab, mit dem sich das autoaggressive Bedürfnis verwirklichen lässt:

> „Dies Bedürfniss sucht sich zu sättigen und seine Form mit einem Inhalte zu füllen; es greift dabei, gemäss seiner Stärke, Ungeduld und Spannung, wenig wählerisch, als ein grober Appetit, zu und nimmt an, was ihm nur von irgend welchen Befehlenden – Eltern, Lehrern, Gesetzen, Standesvorurtheilen, öffentlichen Meinungen – in's Ohr gerufen wird" (JGB 199, KSA, 5, 119).

Moral ist damit nicht die kausale Ursache für den depravierten, kamelartigen Zustand des Geistes, sondern dessen Symptom.[21] „Es giebt", wie Nietzsche in *Jenseits von Gut und Böse* schreibt, „gar keine moralischen Phänomene, sondern nur eine moralische Ausdeutung von Phänomenen" (JGB 108, KSA, 5, 92).[22] Indem

---

[20] Slavoj Žižek: *Die Tücke des Subjekts*, 389.

[21] Zugleich dient sie als Rechtfertigungsstrategie. Mit der Moral wird dem untergründig wirkende Leid-Lust-Konnex nachträglich ein Sinn übergestülpt: „Der Mensch, das tapferste und leidgewohnteste Thier, verneint an sich *nicht* das Leiden: er *will* es, er sucht es selbst auf, vorausgesetzt, dass man ihm einen *Sinn* dafür aufzeigt, ein *Dazu* des Leidens" (GM III/28, KSA, 5, 411).

[22] Das Instinkt gewordene Bedürfnis nach Gehorsam geht dabei so weit, dass es nicht länger externer Herrscher, Gesetze oder Zwänge bedarf, um gehorchen zu können. Wo wirkliche Zwänge fehlen, werden in letzter Konsequenz Herren imaginiert, um den Trieb des Gehorchen-Könnens zu befriedigen. Die Existenz einer unbedingten z.B. offenbarten Moral ist so gesehen eine notwendige Täuschung, die sich der befehlende Geist ‚vormacht', um befehlen zu dürfen. Der Geist präsentiert sich selbst als Diener einer über ihm stehenden, höheren Macht aus, um so ‚nach Innen' absoluter Gesetzgeber zu sein. Mittels einer göttlich fundierten Moral gibt sich der Geist

Nietzsche die Herrschaft der Moral, unter der sich der Geist als Kamel angeblich befindet, als freiwilligen Akt der Unterwerfung auffasst, gibt er einen ersten Hinweis darauf, wie er sich die Befreiung des Geistes vorstellt: das Bedürfnis des Geistes nach moralischer Ausdeutung der Welt muss überwunden werden. Es kann an dieser Stelle nicht im Detail auf die unterschiedlichen Möglichkeiten eingegangen werden, die Nietzsche in *Von den drei Verwandlungen* als Kandidaten für ‚das Schwerste‘ unterbreitet. Der allgemeinen Struktur nach ließen sie sich jedoch in dem zusammenfassen, was Nietzsche in der dritten Abhandlung aus *Zur Genealogie der Moral* als das asketische Ideal bezeichnet.[23] In ihm drückt sich – grob vereinfacht – ein Selbstwiderspruch aus, bei dem sich das Leben gegen sich selbst wendet. Das Lebendige in Form des Geistes verneint das Lebendige in Form des Leibes und der Widerspruch besteht darin, dass das Geistige in der Verleugnung körperlicher Bedürfnisse zugleich die eigene leibhaftige Existenzgrundlage ablehnt. Alle Situationen und ‚Selbstregierungstechniken‘, die Nietzsche mit den sechs Varianten des Schwersten in *Von den drei Verwandlungen* benennt („Ist es nicht das“, „Oder ist es das“..., Za 1, KSA, 4, 29f.), folgen diesem Muster „der *gegen sich selbst* gewendeten Grausamkeit“ (JGB 229, KSA, 5, 166), bei der die Unterdrückung der spontanen Lüste des Körpers eine sublimierte, vergeistigte Lust hervorruft.

Der Geist als Kamel genießt es, sich allen spontan auftretenden Neigungen und Affekten gegenüber als überlegen zu beweisen. Allerdings – und dies kränkt ihn – bleibt er in seiner Vorherrschaft an genau die körperlichen Regungen gebunden, die er verneint, wenn er sich stets von Neuem als letzte und maßgebende Instanz gegenüber dem Leib behauptet. Seine Abhängigkeit besteht darin, dass er auf spontan auftauchende Wünsche und Triebe angewiesen ist, um sie verneinen zu können. Im Abweisen dieser Affekte ist er stets nur relativ frei. Sein Handeln

---

selbst die Erlaubnis, in ihrem Namen absolutistisch gegen den Leib als Ganzen aufzutreten. Nietzsche beschreibt diesen Phänomen – jedoch aus der gesamtgesellschaftlichen Perspektive – in JGB 199 als die „moralische Heuchelei der Befehlenden“ (JGB 199, KSA, 5, 119). Diese Figur kann mit Žižek noch sogar ausgebaut werden, indem man die Schmerzen im Gehorsam (z.B. die des religiösen Asketen während der Opfer- oder Bußpraxis) als inszeniertes Leiden auffasst, d.h. als eine „Maskerade im Dienste der Lust“, „die die Zensur des Über-Ichs in die Irre führen soll“ (Slavoj Žižek: *Die Tücke des Subjekts*, 389). Hier werden „Leiden und Schmerz nur in Szene gesetzt, um die Lust an der Täuschung des Über-Ichs zu realisieren“ (ebd., 389). Dieselbe Umkehr der Perspektive auch in Bezug auf die die versprochenen Freuden im Jenseits, die angeblich der spätere Lohn für die aktuell ertragenen Schmerzen der religiösen Opferpraxis sein sollen: Die jenseitigen Freuden sind laut Žižek nur ‚Maskeraden der Lust‘, die im Hier und Jetzt bei der Selbstkasteiung erfahren wird. Vgl. Slavoj Žižek: *Die Tücke des Subjekts*, 150, Anm. 47.

[23] Vgl. zur Behauptung, dass Kamel sei Vertreter des asketischen Ideals Gooding-Williams: *Zarathustra's Three Metamorphoses*, 233-235. Die unterschiedlichen ‚Instanziierungen‘ des asketischen Ideals (Priester, Künstler, Philosoph, Wissenschaftler usw.) in GM III, KSA, 5, 339-412. Eine lohnende Aufgabe bestünde sicherlich darin, die einzelnen Kandidaten des Schwersten den unterschiedlichen Vertretern des asketischen Ideals zuzuordnen, wie sie von Nietzsche in GM III beschrieben sind.

ist reaktiv; seine Herrschaft ist jederzeit über fremde Inhalte und Bedürfnisse vermittelt. Der ‚freie' Geist verwirklicht sich einzig in der Zurückweisung ihm stets vorgegebener und vorgefundener Triebe. Seine Herrschaft über den Leib erschöpft sich im Unterdrücken. Der Geist versucht darum zuletzt, auch noch diese Schranke seiner Autonomie zu überwinden, ist sie doch das Allerschwerste und verspricht darum allerhöchste Lust. Dieses Allerschwerste für den Geist liegt nun darin, sich nicht nur gegen diese oder jene zufällig auftauchenden Impulse zu behaupten, sondern das Wollen als solches zu verneinen. Im höchsten Grade grausam – und damit lustbesetzt – ist es, das Triebhafte insgesamt zu überwinden.

Das Wollen selbst überlisten zu wollen, schlägt freilich auf den Geist und seine intentionale Verfasstheit zurück. Indem der Geist sich an der Negation des Wollens selbst versucht, steht er vor der paradoxen Aufgabe, *nichts* zu wollen. Dieser Versuch muss scheitern, denn es sei laut Nietzsche eine „Grundthatsache des menschlichen Willens" (GM III/1, KSA, 5, 339), dass er ein Ziel hat und haben muss. Wo aber das Ziel *nichts zu wollen* nicht erreicht werden kann, tritt eine folgenreiche Verschiebung ein, mit der versucht wird, das Scheitern zu verdrängen: „lieber will noch der Mensch *das Nichts* wollen, als *nicht* wollen" (GM III/28, KSA, 5, 412). Mit dem Nichts versteigt sich der Geist zu der Illusion, die letzte und höchste Grausamkeit, die Verneinung des Willens selbst, erfolgreich erreicht zu haben. Tatsächlich jedoch ‚rettet' die Verschiebung vom Nicht-Wollen zum das Nichts Wollen den Willen. Der Wille, der sich im asketischen Ideal manifestiert, ist zwar ein ‚kranker Wille', ein „Widerwille[…] gegen das Leben, eine Auflehnung gegen die grundsätzlichen Voraussetzungen des Lebens, aber es ist und bleibt eine *Wille!*" (GM III/28, KSA, 5, 412). Dieser Wille ist Ausdruck „des niedergehenden, des geschwächten, des müden, des verurteilten Lebens" (GD, Moral als Widernatur 5, KSA, 6, 85), wie es Menschen in gesellschaftlichen Verhältnissen zu führen gezwungen sind, in denen systematisch die Befriedigung der Instinkte unterdrückt bzw. auf „sozial nutzbringende Tätigkeiten und Ausdrucksformen"[24] abgelenkt werden.

5. Löwe.
Nietzsche sagt nicht, wie aus dem Kamel ein Löwe wird. Die zweite Verwandlung ‚geschieht' einfach, zum Löwen ‚wird' der Geist (vgl. Za I, KSA, 4, 30). Setzt man jedoch den Zusammenhang von Lust durch Grausamkeit als eine Konstante des Geistes voraus, dann ist zu vermuten, dass auch die zweite Verwandlung Folge eines ‚Fortschritts' in der Selbstkasteiung ist. Wie schon bei der ersten Verwandlung zeichnet sich bei der zweiten Verwandlung die Grausamkeit bzw. die aus der Grausamkeit gezogene Lust als die eigentliche ‚Produktivkraft' der Transformation des Geistes ab. Der Löwe müsste demnach als konsequente Fort-

---

[24] Marcuse: Triebstruktur und Gesellschaft, 9.

setzung und Weiterentwicklung des Kamels und seiner sich zugefügten Leiden deutlich gemacht werden können.

Unter der Voraussetzung, dass mit dem Kamel tatsächlich das angesprochen ist, was Nietzsche mit dem Begriff des asketischen Ideals behauptet, muss also irgendetwas im asketischen Ideal vorhanden sein, dass über es hinaustreibt. Und tatsächlich ist die zweite Verwandlung über das Streben nach objektiver Wahrheit vermittelt, welches Nietzsche unter die Tugenden des asketischen Ideals zählt. Auf den ersten Blick scheint das Wahrheitsstreben, „jener sublime Hang des Erkennenden [...], der die Dinge tief, vielfach, gründlich nimmt und nehmen *will*" (JGB 230, KSA, 5, 168), nichts Grausames zu enthalten.[25] Auf den zweiten Blick jedoch zeigt sich der Erkenntnistriebs als „eine Art Grausamkeit des intellektuellen Gewissens und Geschmacks" (JGB 230, KSA, 5, 168), denn im Erkennen-Wollen unterdrückt der Geist lustvoll andere Aspekte seiner selbst: „[S]chon jedes Tief- und Gründlich-Nehmen ist eine Vergewaltigung, ein Wehethun-wollen am Grundwillen des Geistes, welcher unablässig zum Scheine und zu den Oberflächen hin will, — schon in jedem Erkennen-Wollen ist ein Tropfen Grausamkeit" (JGB 229, KSA, 5, 167).

Zugleich erfüllt der Versuch des ‚werturteilsfreien' Erkennens der Wahrheit die Anforderungen des asketischen Ideals, alles Triebhafte und Subjekte ausschalten zu wollen. Wissenschaftliche Neutralität resp. die Suche nach objektiver Wahrheit frei von subjektiven Zutaten bildet eine Variante des asketischen Ideals, den eigenen Willen bzw. Wollen und Werten insgesamt aufzuheben.[26] Der Wahrheitstrieb ist lediglich die „jüngste Erscheinungsform des asketischen Ideals" (GM III/23, KSA, 5, 397).[27] Wenn der Geist in seinem „Verzichtleisten auf Interpretation überhaupt" (GM III/24, KSA, 5, 400) meint, nur ‚Spiegel' der Welt sein zu können, offenbart er seinen nihilistischen Charakter. Wissenschaftliche Objektivität ist – zum Beispiel in ihrer positivistischen Ausprägung während des 19. Jahrhunderts – nicht anderes als ein subtile Form der grausam-lustvollen ‚Entselbstung'. Doch auch wenn nach Nietzsche die moderne Wissenschaft zweifelsfrei unter die masochistische *Selbstverachtung* des Menschen" (GM III/25,

---

[25] Nietzsche spricht in JGB 230 auch von den „eitlen und schwärmerischen Deutungen und Nebensinnen", die man dem grausamen Erkenntnistrieb beilegt. So nennt man beispielsweise den Gewaltakt des Geistes gegen sich „Redlichkeit, Liebe zur Wahrheit, Liebe zur Weisheit, Aufopferung für die Erkenntnis, Heroismus des Wahrhaften" (JGB 230, KSA, 5, 169).

[26] Tatsächlich taucht unter den sechs Möglichkeiten des Schwersten die Wahrheit gleich zwei mal auf: „[S]ich von Eicheln und Gras der Erkenntniss nähren und um der Wahrheit willen an der Seele Hunger leiden?" und „Oder ist es das: in schmutziges Wasser steigen, wenn es das Wasser der Wahrheit ist, und kalte Frösche und heisse Kröten nicht von sich weisen?" (Za I, KSA, 4, 29).

[27] „Auch physiologisch nachgerechnet, ruht die Wissenschaft auf dem gleichen Boden wie das asketische Ideal: eine gewisse *Verarmung des Lebens* ist hier wie dort die Voraussetzung" (GM III/25, KSA, 5, 403). „Was aber zu ihm zwingt, jener unbedingte Wille zur Wahrheit, das ist der *Glaube an das asketische Ideal selbst*" (GM III/24, KSA, 5, 400). Vgl. ferner FW 344, KSA, 3, 575f. und NL 1885, 35 [5], KSA, 11, 510.

KSA, 5, 404) gezählt werden muss, so besitzt sie doch auch progressive Momente. Dazu zählt insbesondere, dass sie in ihrem Wahrheitsstreben das asketische Ideal von allen zufälligen und unwesentlichen Elementen befreit. Zwar stellt Wissenschaft einerseits die neuste und vergeistigte Erscheinungsform des asketischen Ideals dar, seine „vorwärtstreibende Kraft in dessen innerer Ausgestaltung" (GM III/25, KSA, 5, 402), andererseits führt sie jedoch auch dazu, dem asketische Ideal dessen „Aussenwerk, Einkleidung, Maskenspiel" (GM III/25, KSA, 5, 402) zu nehmen. Das unter dem Dach des asketischen Ideals entstandene Wahrheitsstreben hebt zwar nicht direkt und unmittelbar das asketische Ideal selbst auf, wohl aber dessen besondere, idealistische Ausgestaltung:

> „[W]o der Geist heute streng, mächtig und ohne Falschmünzerei am Werke ist, entbehrt er jetzt überhaupt des Ideals — der populäre Ausdruck für diese Abstinenz ist „Atheismus" —: abgerechnet *seines Willens zur Wahrheit*. Dieser Wille aber, dieser *Rest* von Ideal, ist, wenn man mir glauben will, jenes Ideal selbst in seiner strengsten, geistigsten Formulirung, esoterisch ganz und gar, alles Aussenwerks entkleidet, somit nicht sowohl sein Rest, als sein *Kern"* (GM III/27, KSA, 5, 409).

Indem sich das asketische Ideal in seiner Gestalt als unbedingtes Wahrheitsstreben auf die eigene idealistische Einkleidung richtet, reduziert es sich auf seinen ‚Kern'. Eben diese Reduktion ist die Verwandlung vom Kamel zum Löwen. In ihm kommt das asketische Ideal als Suche nach endgültiger und objektiver Wahrheit ‚zu sich'. Mit dem Ideal ewiger und absoluter Wahrheit gelangt das asketische Ideal in seiner reinsten Gestalt zur Ausprägung, ohne sich weiterhin an ‚esoterische' Inhalte heften zu müssen.

Nietzsche meint nun, diesen ‚Reinigungsprozess' des asketischen Ideals auf historischer Ebene im Übergang von der religiösen zur atheistischen Weltanschauung entdecken zu können. Der neuzeitliche Atheismus Europas sei die konsequente begriffliche Fortsetzung des asketischen Ideals. Mit Hilfe der Tugenden des asketischen Ideals (insb. Wahrhaftigkeit und Redlichkeit) hebt sich das Christentum als Religion selbst auf:

> „Der unbedingt redliche Atheismus [...] steht demgemäss *nicht* im Gegensatz zu jenem Ideale, wie es den Anschein hat; er ist vielmehr nur eine seiner letzten Entwicklungsphasen, eine seiner Schlussformen und inneren Folgerichtigkeiten, — er ist die Ehrfurcht gebietende *Katastrophe* einer zweitausendjährigen Zucht zur Wahrheit, welche am Schlusse sich die *Lüge im Glauben an Gott* verbietet" (GM III/27, KSA, 5, 409).[28]

Der unaufhaltsame, fast schon inflationär zu nennende Anspruch auf ‚göttliche' Wahrheit richtet sich am Ende gegen seine religiöse Quellen. Die aus dem Christentum entstandene Wissenschaft erkennt, dass Gott, die unvergängliche Moral, ein absoluter Wertekosmos usw., schon immer eine menschliche Erfindung ge-

---

[28] „Man sieht, *was* eigentlich über den christlichen Gott gesiegt hat: die christliche Moralität selbst, der immer strenger genommene Begriff der Wahrhaftigkeit, die Beichtväter-Feinheit des christlichen Gewissens, übersetzt und sublimirt zum wissenschaftlichen Gewissen, zur intellektuellen Sauberkeit um jeden Preis" (FW 357, KSA, 3, 600).

wesen ist. Die religiös motivierte Wahrheitssuche des Christentums hebt am Ende das Christentum auf: „Alle grossen Dinge gehen durch sich selbst zu Grunde, durch einen Akt der Selbstaufhebung" (GM III/27, KSA, 5, 410). Übertragen auf den Übergang vom Kamel zum Löwen stellt sich die Selbstaufhebung folgendermaßen dar: In der Fort- und Weiterentwicklung der im Kamel angelegten Qualitäten, d.h. die mit dem asketischen Ideal geforderte Strenge hinsichtlich der Wahrheit, verwandelt sich der Geist zum Löwen. Im Löwen streift der Geist seine esoterische Einkleidung ab und wird wissenschaftlich.

Indem das Kamel mittels der ihm eigenen Tugenden schließlich hinter das Geheimnis der Existenz Gottes kommt – dass es kein Geheimnis gibt – begreift es zugleich, dass auch die unbedingte Forderung des ‚Du sollst' im Grunde niemals als eine externe Forderung einer fremden z.B. göttlichen Instanz existiert hat. Weil das Kamel den Ort Gottes als Fiktion durchschaut, hebt es mit dem Ort Gottes zugleich die Forderung des göttlichen ‚Du sollst' auf. Da sich der externe Gesetzgeber moralischer Gebote (in *Von den drei Verwandlungen* mit der Figur des Drachen angesprochen) als Fiktion erweist, gelangt das Kamel mit Notwendigkeit zuletzt dahin zu begreifen, dass die für es zuvor konstitutive Forderung des ‚Du sollst' schon immer ein ‚Ich will' gewesen sein muss. „Welches ist der grosse Drache, den der Geist nicht mehr Herr und Gott heissen mag? ‚Du-sollst' heisst der grosse Drache. Aber der Geist des Löwen sagt ‚ich will'"(Za I, KSA, 4, 30). Mit dem Tod Gottes und dem damit einhergehenden Ende einer durch Gott legitimierten Geltung normativer Aussagen bzw. jenseitiger Werte ist der Mensch auf sich selbst und sein ‚Ich will' zurückgeworfen. Man sieht jetzt, wie sich aus dem Kamel mit Notwendigkeit der Löwe entwickelt: Der Wahrheitsanspruch des Kamels hebt den Ort auf, von dem aus das ‚Du sollst' formuliert werden könnte, so dass für alle moralische Fragen allein das menschliche ‚Ich will' als Begründung übrig bleibt. Ohne göttliches Jenseits erweist sich das göttliche normative Sollen als individuelles Wollen. Volker Gerhardt bezeichnet diese Einsicht, dass der Grund einer jeder Moral letztlich im Individuum selbst liegt, als den „unaufhebbar individuellen Ausgangspunkt der moralischen Frage"[29]:

> „Spätestens seit Kant ist eindeutig ausgesprochen, daß die Antwort auf die moralische Frage weder aus vorgegebenen Werten noch aus göttlichen Gesetzen abgeleitet werden kann und daß demnach die moralische Verantwortung allein bei demjenigen liegt, der einen eigenen Willen hat. Das wollende Individuum tritt ganz allein in die Verantwortlichkeit, die ihm auch die Berufung auf ein allgemeines Sittengesetz nicht abnehmen kann. […] Nach dem Tod Gottes kann der Grund der Verbindlichkeit, wenn überhaupt, nur noch *im Individuum selbst* gefunden werden. Mit Nietzsche können wir nun sagen: Die ernstgemeinte moralische Frage ist immer ‚übersittlich', denn man wird in ihr – gerade angesichts der bestehenden Normen – *auf sich selbst* verwiesen. Und wenn die Antwort den herrschenden sittlichen Werten entsprechen sollte, so kommt doch alles darauf an, daß man sie *vor sich selbst verantworten* kann. Der Grund einer wirklich mora-

---

[29] Volker Gerhardt: *Selbstbegründung*, 40.

lischen Handlung ist demnach ‚übersittlich'; er ist, selbst wenn er sich in seinem Anspruch auf geltende Werte stützt, logisch von ihnen unabhängig. Denn seine Geltung,
genauer: seine *Funktion als Grund* bezieht er allein aus dem Selbstverhältnis des Individuums. Es ist der *Anspruch des Einzelnen vor sich selbst*, der hier den Ausschlag gibt."[30]

Im Löwen bricht sich die Erkenntnis Bahn, dass seine zuvor geglaubte Gefangen-
schaft innerhalb der tradierten oder offenbarten Moral auf Kamelstufe einzig auf
seinem freien Glauben an eben die absolute Geltung dieser Moral bestanden hat
und es damit von Anfang an seine eigene freie Entscheidung gewesen ist, die ihn
zur Übernahme dieser Werte geführt hat.

Streng genommen bildet der Löwe damit keine eigenständige Stufe des Geistes
gegenüber dem Kamel. Er ist einfach dessen Kulminationspunkt. Er steht für die,
wie Annemarie Pieper in ihrem Zarathustra-Kommentar schreibt, „reflexive
Durchdringung seiner Kamelhaltung".[31] Der Fortschritt vom Kamel zum Löwen
besteht in einer Art Selbsttransparenz. Was den Geist als Löwen vom Geist als
Kamel unterscheidet, ist lediglich das Wissen darüber, dass bereits der Geist als
Kamel wesentlich frei gewesen ist, als er sich dazu entschlossen hatte, allerlei
fremde Werte auf sich zu nehmen. Auf der Stufe des Löwen, d.h. im Hinterfragen
der Existenz göttlicher Gesetze, kommt lediglich nachträglich zu Bewusstsein,
was der Sache nach die ganze Zeit über vorhanden war. Das Kamel *war* die ganze Zeit über frei hinsichtlich seiner moralischen Haltung, doch es hat aufgrund
des theoretischen Nicht-Wissens von seiner eigenen Freiheit einen defizitären
praktischen Gebrauch dieser Freiheit gemacht und sich imaginären Autoritäten
gebeugt. Im Übergang von Kamel zu Löwen befreit sich der Geist von diesem
falschen Selbstverständnis seiner Freiheit, indem er alle ihm übergeordneten moralischen und/oder göttlichen Instanzen als Illusionen entlarvt, die ohne seine
bewusste Zustimmung keinerlei Geltung für ihn beanspruchen können. Das Erkennen einer dem Geist immanenten Freiheit ist darum als ein performativer Akt
zu verstehen, der in seinem Vollzug das erzeugt, was er erkennt.[32]

---

[30] Volker Gerhardt: *Selbstbegründung*, 40. Insofern sich jedes menschliche Individuum selbst anhand der Gesetze des für ihn gültigen moralischen Handelns konstituiert und dabei auf Gründe
für diese Entscheidung angewiesen ist, spricht Gerhardt treffend von der ‚Selbstbegründung des
Menschen': „Der Mensch ist also das sich selbst feststellende und sich eben darin auch begrün-
dende Wesen" (ebd., 47).

[31] Annemarie Pieper: Ein Seil geknüpft zwischen Tier und Übermensch, 119.

[32] Vgl. Žižeks Begriff der ‚retroaktiven Performativität', bei dem durch einen Perspektivwechsel
rückwirkend etwas zu dem gemacht wird, was es immer schon gewesen ist. Slavoj Žižek: *Der
erhabenste aller Hysteriker*, 33-40. Der Löwe, die begrifflich notwendige Weiterentwicklung
des Kamels, macht ‚retroaktiv' aus dem Kamel somit lediglich das, was es die ganze Zeit über
schon gewesen ist. Die nachträgliche Feststellung der bereits vorhandenen Freiheit ist damit die
aktiv vollzogene Befreiung, denn letztlich eröffnet die so gewonnene Erkenntnis neue Hand-
lungsoptionen jenseits von moralischen Festlegungen, die jetzt nicht mehr als bindend betrachtet
werden müssen.

Es ist darum falsch, wenn Pieper das ‚Neue' im Löwen darin sieht, dass er sich „nicht in dem, was er will, bestimmen lassen [will], sondern selber bestimmen.“[33] Denn der Geist hatte sich immer schon selbst bestimmt – auch bevor er noch davon wusste und zum Löwen wurde. Der Unterschied von Kamel und Löwe ist nicht der von passiv und aktiv. Der Unterschied liegt vielmehr im Haben bzw. Nicht-Haben eines Wissens des Geistes von seiner ihm wesentlich zukommenden Freiheit. Was der Geist auf Löwenstufe erkannt hat, ist, dass seine frühere Erscheinungsweise als Kamel die dem Geist wesentlich zukommende Freiheit in unqualifizierter Weise verwirklicht hat, weil der Geist als Kamel an die absolute Gültigkeit einer unbedingten Moral freiwillig glaubte. Auch als Kamel war der Geist seiner Struktur nach frei, allerdings seinem Selbstverständnis nach und daher auch in seinen Aktionen unfrei. Es glaubte freiwillig an die göttlichen Gesetze als handlungsanleitende Norm und schränkte seine Handlungen entsprechend ein.[34]

Die mit Hilfe der Figur des Löwen dargestellte Auflösung des Selbstmissverständnisses, dem das Kamel unterlag, vollzieht sich damit auch gar nicht *gegen* den Drachen, sondern *anhand* des Drachen. Die Befreiung des Löwen ist keine Befreiung *vom* Drachen, sondern eine Selbstbefreiung des Geistes aus illusorischen Zuständen, den der Drachen lediglich seinen Körper ‚leiht'. Der goldene Drache als Symbol für das Unbedingte und Ewige der ‚alten Tafeln' ist eine Projektion von normativen Aussagen in einen dem menschlichen Zugriff entzogenen Bereich, denn nur so kann die universelle und absolute Geltung moralischer Gesetze Wirksamkeit erlangen. Der Drache hat hierbei einzig die Funktion ein internes Verhältnis des Geistes extern auszudrücken.[35] Die Befreiung des Geistes, sprich die Einsicht, dass das extern verortete Sollen (‚Du-sollst') immer schon internes Wollen (‚Ich-Will') gewesen ist, erfolgt auf dem Umweg der ‚Auflösung' des extern geglaubten Hindernisses. Diese Auflösung besteht in der Einsicht, dass es außerhalb des subjektiven Glaubens kein externes Hindernis gibt und jemals gegeben hat. Die gesamte Unterscheidung von ‚Du sollst' und ‚Ich will' fällt ins Subjekt. Der Übergang vom Kamel zum Löwen ist die Befreiung

---

[33] Annemarie Pieper: Ein Seil geknüpft zwischen Tier und Übermensch, 119.

[34] „Der Geist, der sich kritisch auf sich selbst – gewissermaßen auf seine Vergangenheit – zurückwendet, entdeckt, daß er im Gehorsam gegenüber dem ‚Du sollst', in der Übernahme der ihm aufgebürdeten Pflichten sich selbst aufgegeben hat." Annemarie Pieper: *Ein Seil geknüpft zwischen Tier und Übermensch*, 121.

[35] Vgl. Žižeks Beispiel der Liebesaffäre, die lediglich dem Umstand zum Ausdruck bringt, dass die bestehende Beziehung bereits in Schwierigkeiten ist: „‚An-sich' war die Beziehung schon vorbei, ehe noch der/die Geliebte einen neuen Partner traf, aber dieser Umstand wurde erst durch die Begegnung mit einem neuen Partner zu einem ‚Für-sich', verwandelte sich er dann in die Erkenntnis, dass es vorbei ist. In einem bestimmten Sinn ist der neue Partner eine ‚negative Größe', die der Unzufriedenheit in der Beziehung einen Körper verleiht; genau als solche ist er/sie jedoch notwendig, wenn diese Unzufriedenheit ‚für sich' werden soll, wenn sie sich verwirklichen soll." (Slavoj Žižeks: *Die Tücke des Subjekts*, 101).

aus einer Selbstblockade, die darin bestand, an die Herrschaft einer externen Instanz zu glauben. Wird der Konstruktcharakter der ‚tausendjährigen Werte‘ erkannt und findet der Löwe „Wahn und Willkür auch noch im Heiligsten" (ZA I, KSA, 4, 31), begreift der Geist, dass es keine objektiven Werte in der Welt gibt, die nicht zuvor durch ihn selbst in sie hineingelegt wurden. Der Sieg des Löwen ‚gegen‘ den Drachen ist damit nichts anderes als die Erkenntnis, dass es im Grunde niemals einen Drachen gegeben hat und sich der Geist die ganze Zeit über an der Position des Drachen befunden hatte.[36]

Die Erkenntnis, dass es außerhalb seiner Vorstellung nie einen Drachen gegeben hat, versetzt den Geist in Euphorie. Scheinbar losgelöst von allen traditionellen Beschränkungen nach dem Tod Gottes hält sich der Geist als Löwe für vollkommen frei und selbstbestimmt. Er lebt als ‚Freigeist‘ in einem „Gefühl von Vogel-Freiheit, Vogel-Umblick, Vogel-Uebermuth" (Ma Vorrede 4, KSA, 2, 18), wenn er über den bisherigen Wertschätzungen zu schweben meint. In seiner neu gewonnenen Freiheit stilisiert er sich schließlich zum vollkommenen Gegensatz zu seinem in Tradition und Moral ‚gefangenen‘ Vorläufer, dem Kamel.[37] Was er jedoch nicht sieht, ist, dass seine Geste der Befreiung (Gott zu ‚töten‘ und dessen Platz einzunehmen) im Grunde nur die letzte Konsequenz der Denkform des asketischen Ideals darstellt. Die Gestalt des Löwen erscheint ‚für-sich‘ zunächst gänzlich unabhängig gegenüber der ihr vorangegangenen Stufe. Tatsächlich jedoch leben im Löwen die mit dem Kamel entwickelten Tugenden der Wahrhaftigkeit und Redlichkeit fort. Der Löwe ist gewissermaßen noch immer Kamel, insofern sich die ihm zugrundeliegenden Tugenden auf die Tugenden des asketischen Ideals zurückführen lassen.[38] Hinter der oberflächlichen Radikalität eines wirklichen Bruchs zwischen Kamel und Löwe verbirgt sich die durchgängige Kontinuität des asketischen Ideals.[39] Der Löwe ist, wie bereits gezeigt, nur die

---

[36] Vgl. Robert Gooding-Williams: *Zarathustra's Three Metamorphoses*, 236: „From the lion's perspective, the dragon is a usurper, because he is master in a domain – the lion's own [...] desert – in which the lion alone has right to hold sway". Vgl. auch: „[T]he lion denies that there can be any creation of value that does not express the power and the authority of his will. [...] [T]he lion asserts that there can be no value creation that does not have and rightfully have its origin in his will. The lion implies, then, that *if* there are created values, his will, and his will alone, is the source of those values" (ebd., 239).

[37] Zum Freigeist siehe auch MA I/225, KSA, 2, 189f. Zur Gleichsetzung der Figur des Löwen mit dem ‚Freigeist‘, siehe Marco Brusotti: *Die Leidenschaft der Erkenntnis: Philosophie und ästhetische Lebensgestaltung bei Nietzsche von Morgenröthe bis Also sprach Zarathustra*, Berlin/New York 1999, S. 490-495. „‚Von den drei Verwandlungen‘ ist der erste publizierte Rückblick, in dem er von MA und seinem ‚Asketismus‘ im Namen eines schöpferischen Ideals Abstand nimmt." (ebd., 505).

[38] Zur Wüste als das Terrain des Freigeistes siehe MA Vorrede 3, KSA, 2, 15f. und GM III/8, KSA, 5, 352f. Vgl. auch Robert Gooding-Williams: *Zarathustra's Three Metamorphoses*, 236: „Life is a desert for the lion because he is an heir to the ascetism of the camel."

[39] Die Dynamik und Radikalität ‚an der Oberfläche‘ ist vielleicht sogar die notwendige Bedingung für eine Kontinuität grundlegender Strukturen: Weil Gott als ‚sichtbare‘ Herrschaftsinstanz tot

Sublimationsstufe des Kamels.[40] Die Freigeisterei sei nach Nietzsche geradezu *„die Einsicht der Moralität, nur vermöge ihres Gegentheils sich in der Existenz und Entwicklung zu erhalten"* (NL 1882, 1 [42], KSA, 10, 21).
Das mit dem Löwen begonnene Ereignis der *„grössen Loslösung"* (MA Vorrede 3, KSA, 2, 15) bleibt demnach unvollständig. Zwar hat der Löwe bereits Gott als illusionäre Ablenkung von sich erkannt, steht aber dennoch auf dem Boden der vom Kamel überlieferten Werte. Die ‚alten Tafeln' gelten ihm noch immer als verbindlich. Der Löwe ist noch kein ‚freier Geist', da er in seinem Wahrheitsstreben nur die säkularisierte Variante des Wertekanons des Kamels resp. der jüdisch-christlichen Tradition ist.[41]

6. Kind.
Um sich auch noch von dieser untergründig wirksamen Tradition des asketischen Ideals zu emanzipieren, braucht es abermals den Übergang vom an-sich (der Löwe *ist* die Konsequenz des Kamels) zum für-sich (der Löwe *weiß* sich als Konsequenz des Kamels). Erst die Kenntnis seiner tatsächlichen Gebundenheit eröffnet die Chance, sich aus ihr zu lösen. Auf die Selbstaufhebung des Kamels, d.h. die Verwandlung vom Kamel zum Löwen, muss also die Selbstaufhebung des Löwen, d.h. die Verwandlung vom Löwen zum Kind, folgen. In diesem Sinne fordert Nietzsche: „Du solltest Herr über dich werden, Herr auch über die eigenen Tugenden. Früher waren sie deine Herren; aber sie dürfen nur deine Werkzeuge neben andern Werkzeugen sein" (MA Vorrede 6, KSA, 2, 20).
Wie sich bereits der Übergang von Kamel zu Löwen als die notwendige Konsequenz des Kamels erwiesen hat, so entwickelt sich auch die Figur des Kindes direkt aus der Figur des Löwen. Aber anders als die Verwandlung des Geistes vom Kamel zum Löwen hebt die Transformation vom Löwen zu Kind mit der Selbstaufhebung des Löwen zugleich das die Identitäten Löwe und Kamel konstituierende Feld, das asketische Ideal, insgesamt auf.[42] Entscheidend ist dabei, dass die Überwindung des asketischen Ideals als ein Akt der Bewusstwerdung verstanden wird, bei dem die behauptete Autonomie des Löwen gegenüber der vorangegan-

---

ist, lebt er umso mächtiger als ‚unsichtbare' Macht weiter. Vgl. Jaques Lacans Aussage ‚Gott ist unbewusst' bei Slavoj Žižek: *Lacan. Eine Einführung*, 121.

[40] Zum Begriff der Sublimation bei Nietzsche siehe Claus Zittel: *Selbstaufhebungsfiguren bei Nietzsche*, 68f.

[41] Vgl. GM III/24, KSA, 4, 398f. Eine interessante Interpretation der Kontinuität des Löwen in Bezug auf die ihm vorangegangene Formation des Geistes bietet Robert Gooding-Williams: *Zarathustra's Three Metamorphoses*, 242f. Die Emanzipation des Löwen sei deshalb unvollständig, weil sich der Geist als Löwe weiterhin nach dem Modell eines ‚freien Subjekts' versteht, dass – ganz ähnlich wie zuvor Gott – als einheitliche, freie und universelle Ursache für Ereignisse in der Welt angesehen wird. Damit unterliege der Löwe, weil er für sich eine ‚gottgleiche' Subjekt-Metaphysik in Anschlag bringt, letztlich der Illusion einer Täter-Tat-Dichotomie.

[42] Vgl. dazu bereits diese frühe Passage aus Nietzsches Nachlass: „Das Bild des Freigeistes ist unvollendet im vorigen Jahrhundert geblieben: sie negirten zu wenig und behielten *sich* übrig" (NL 1876 16 [55], KSA, 8, 295).

genen Etappe des Kamels als Selbsttäuschung durchschaut wird. Der Löwe erkennt schlichtweg ‚für sich‘, dass er ‚an sich‘ ein Vertreter dessen ist, was er als seinen Gegensatz bekämpfte und er sich hinsichtlich der Form und der Richtung seines Willens nach wie vor innerhalb der tradieren Metaphysik bewegt. Steigt der Löwe im Zuge dieser Einsicht zuletzt tatsächlich aus dem asketischen Ideal aus, verwandelt er sich zum Kind. Freilich darf man diese Transformation des Geistes nicht als eine Wesensverwandlung, z.B. nach dem Vorbild der christlichen Transsubstantiationslehre, verstehen. Insofern nämlich die zweite Verwandlung, d.h. die Verwandlung des Geistes vom Kamel zum Löwen, gleichbedeutend ist mit einem Akt der Verdrängung (in der Entgegensetzung des Löwen zum Kamel werden vorhandene Kontinuitäten verdrängt und geleugnet; der Atheist glaubt sich vollkommen autonom und frei gegenüber der religiös geprägten Tradition), ließe sich die dritte Verwandlung mit Žižek als die ‚Wiederkehr des Verdrängten‘ beschreiben.[43] Der Fortschritt im Übergang vom Löwen zum Kind liegt in der bewussten Rücknahme der verdrängten Kontinuität.

Die notwendige Konsequenz des asketischen Ideals in seiner Ausprägung als Wissenschaft besteht, wie gezeigt wurde, im „Sich-bewusst-werden des Willens zur Wahrheit" (GM III/27, KSA, 5, 410). Die reflexive Wendung des Wahrheitsstrebens auf den dahinter stehenden Willen zur Wahrheit gelangt am Ende dahin, diesen Willen als das zu dekodieren, was er in Wirklichkeit ist: ein Wille zum Nichts. Alle inhaltlichen Festlegungen, in die sich das asketische Ideal zunächst noch gekleidet hatte, werden nach und nach durch die Vernunft zerstört, so dass sich letzten Endes das Wahrheitsstreben – frei von allen z.B. religiösen oder traditionellen Sanktionen – reflexiv auf sich selber richtet. Das Ergebnis dieser Rückwendung des asketischen Ideals auf sich selbst besteht darin, dass ‚das Nichts zu wollen‘ als das eigentliche Ziel des Willens zu Wahrheit resp. des asketischen Ideals zur Ansicht kommt. Aber auch dieses nihilistische Streben wird noch einmal als Verschiebung dekodiert, indem ‚die Wahrheit‘ über den Versuch ‚das Nichts zu wollen‘ herausgefunden wird. Das Nichts ist lediglich der Ersatz für den notwendigerweise gescheiterten Versuch, nichts zu wollen. Zu guter Letzt erkennt sich das asketische Ideal also aus eigenem, ihm immanenten Antrieb als genau den Widerspruch, der es wesentlich ist und der darin besteht, als ein Wille nichts zu wollen.

Die Auflösung des so zu Bewusstsein gekommenen Widerspruchs, mit dem Willen ‚nichts zu wollen‘, kann nun nicht denkend, sondern allein durch die Tat vollzogen werden. Die mit dem Übergang vom Löwen zum Kind einhergehende Befreiung bleibt abstrakt, solange sie nicht im Handeln praktisch wird. Das Kind ist deshalb der Wechsel von der Theorie zur Praxis, denn die einzige Möglichkeit den Widerspruch, mit einem wesentlich intentional verfassten Willen nichts zu

---

[43] Vgl. Slavoj Žižek: *Die Tücke des Subjekts*, 104.

wollen, aufzulösen, besteht eben darin, etwas zu wollen. Ohne die Festlegung des Willens auf irgendeinen Gehalt jenseits von Nichts wollen/nichts wollen, bleibt das ‚Ich will‘ eine abstrakte, inhaltsleere Idee. Ein Wille ohne Ausrichtung auf irgendwelche Objekte und Ziele ist streng genommen kein Wille.[44] Darin liegt die Antwort auf die Frage, warum „der raubende Löwe auch noch zum Kinde werden" (Za I, KSA, 4, 31) muss: Der zur Einsicht ins ‚Ich will‘ gekommene Löwe weiß für-sich zwar von seiner Freiheit, ‚übersetzt‘ dieses formelle Wissen jedoch nicht in die Tat. Der Löwe weiß sozusagen nur abstrakt vom Willen, handelt jedoch praktisch nicht dementsprechend. Erst im tätigen Vollzug seines eigenen Wollens ist er sich an- und für-sich freier Wille. Während sich also auf der geistigen ‚Stufe‘ des Freigeistes lediglich der „Wille zum *freien* Willen" (MA Vorrede 3, KSA, 2, 17) zeigte, ohne dass sich hier Selbstbestimmung und Selbst-Wertsetzung schon verwirklicht hätten, ist das Kind das souveraine, außermoralische Individuum, dass „seinen Willen will" (Za I, KSA, 4, 31).

Man sieht jetzt, dass die dritte Verwandlung des Geistes vom Löwen zum Kind im Grunde nur die erfolgreiche Wiederholung der ersten Verwandlung des Geistes ist.[45] Bei seiner ersten Verwandlung von seinem neutralen Ausgangstadium hin zum Kamel hatte der Geist seine ihm in der vorhistorischen Epoche anerzogenen Fähigkeiten, Kompetenzen und Vermögen ‚missbraucht‘, als er sie dazu nutzte, sich eine ihn beherrschende, jenseitige Instanz auszudenken. Mit der dritten Verwandlung gelingt es dem Geist, sich zu dem autonomen Urheber von Werten zu machen, der er die ganze Zeit über gewesen ist.[46] Auf der Stufe des Kindes realisiert der Geist letztlich nur sein von Anfang an vorhandenes Potential und wird der, der er ist.[47] Er lässt den Zustand seiner ‚selbstverschuldeten Unmündigkeit‘ hinter sich und lebt das, was er ‚der Sache nach‘ schon immer war: freies, autonomes Individuum.

---

[44] Dabei ist es zunächst unwesentlich, worin der partikulare Inhalt des Wollens besteht, da sich anhand des konkreten Gehalts die Form des autonomen Individuums realisiert, ‚den eigenen Willen zu wollen‘.

[45] Rückblickend auf die erste Verwandlung des Geist von seinem ‚neutralen Ausgangspunkt‘ zum Kamel heißt es bei Pieper: „Bei seiner ersten Geburt [...] hatte er sich selbst verfehlt." Annemarie Pieper: *Ein Seil geknüpft zwischen Tier und Übermensch*, S. 124.

[46] Wie das Neue durch Wiederholung entsteht, da mit der Wiederholung "die der Vergangenheit inhärente und von ihrer früheren Aktualisierung verratene *Virtualität*" eingeholt und wiederbelebt wird, siehe Slavoj Žižek, *Auf verlorenem Posten*, 201f.

[47] Gooding-Williams sieht hierin eine Parallele zur Figur Zarathustras: „Zarathusta is only potentially a new beginner, ony potentially a child and value creator. [...] The story narrated in *Zarathustra* is the story of how Zarathustra fulfills his destiny, or, more exactly, the story of how he *becomes* the child and the value creator *he is potentially*. That there is a story here to be told at all presupposes that Zarathustra's destiny has been deferred, or, in other words, that he has not immediately achieved his potential. A recurrent pattern of action, marked and delineated by the three metamorphoses, structures Zarathustra's effort to become actually the child he is potentially when he departs from his mountain and meets the old saint" (Robert Gooding-Williams: *Zarathustra's Three Metamorphoses*, 232).

7. Die ‚Negation der Negation' als zugrundeliegendes Ordnungsprinzip.

Der Ausstieg des Kindes aus dem für das Kamel und den Löwen gleichermaßen gültigen moralischen Koordinatensystems folgt der Hegelsche Figur der ‚Negation der Negation', wie sie von Slavoj Žižek wie folgt beschrieben wird:

> „Die erste, unmittelbare ‚Negation' von A negiert die Position von A, *verbleibt aber in ihrem symbolischen Rahmen*, so dass sie von einer weiteren Negation gefolgt werden muss, die den eigentlichen symbolischen Raum negiert, den A und dessen unmittelbare Negation teilen. [...] Hierbei ist die Kluft zwischen dem ‚realen' Tod des Systems und seinem ‚symbolischen' entscheidend: Das System muss zweimal sterben".[48]

Der vom Löwen vorgenommene ‚Mord' am Drachen ist der erste, symbolische Tod des Systems. Die konkrete Negation des göttlichen Absolutheitsanspruchs, das „heilige Nein" des Löwen (Za I, KSA, 4, 30), hat zwar Gott und die Religion als den externen Körper des asketischen Ideals aufgehoben, verbleibt aber gerade mit der Wahrheitssuche innerhalb dieses Ideals. Der Löwe schafft nichts Neues, seine Tätigkeit beschränkt sich im Verneinen: „Mit einem bösen Lachen dreht er um, was er verhüllt, durch irgendeine Scham geschont findet: er versucht, wie diese Dinge aussehn, *wenn* man sie umkehrt." (MA Vorrede 3, KSA, 2, 17). Indem er vor alle Dinge ein Negationszeichen setzt, gelangt er allenfalls dahin, unmoralisch genannt zu werden, keineswegs jedoch erreicht er die von Nietzsche anvisierte Stufe des Außermoralischen. Aus diesem Grund bezeichnet Nietzsche den Freigeist auch als einen „relativen Begriff" (MA I/225, KSA, 2, 189). Der Freigeist resp. der Löwe ‚zieht' seine Identität einzig aus der Relation zu dem, was er negiert und bleibt gerade darin abhängig: „Wer von uns würde wohl Freigeist sein, wenn es nicht die Kirche gäbe?" (GM I/9, KSA, 5, 270)[49]

Den Ausweg bietet die zweite Negation, die, anstatt einfach einen positiven Inhalt zu zerstören, um anschließend einen neuen Inhalt in die alte Form zu gießen, die Form selbst negiert. Nur die Negation der Negation steigt wirklich aus den ‚symbolischen Raum' aus, der die Grundlage der Figuren Kamel und Löwe zur Verfügung stellt.[50] Während also die erste unmittelbare Negation nur einen besonderen Inhalt negiert (die atheistische Position des Freigeistes verneint Gott), besteht die zweite Negation in einer selbstbezüglichen Negation (der Löwe erkennt im Anschluss an den Tod Gottes, dass er nur die ‚inhärente Opposition' zur

---

[48] Slavoj Žižek: Die Tücke des Subjekts, 98.

[49] Der Geist auf der Stufe des Löwen ist einfach nicht radikal genug, wenn er sich eine Welt ausmalt, in der das ihn angeblich unterdrückende nicht existiert. Der Fehler einer solchen Sichtweise „ignoriert die Art und Weise, in der die Identität ihrer eigenen Position [...] schon durch das Andere ‚vermittelt' ist [...]. Will man also das unterdrückende Andere loswerden, so muss man den Inhalt seiner eigenen Position substantiell transformieren" (Slavoj Žižek: *Die Tücke des Subjekts*, 97f.).

[50] Vom Standpunkt dieser zweiten Negation erweist sich der vormals behauptete Gegensatz von Religion und Atheismus, bzw. von Kamel und Löwe als minimale Differenz. Aus der Perspektive ‚jenseits von gut und böse' sind Kamel und Löwe zwei Optionen ein- und desselben Raumes, dessen Grenzen das asketische Ideal bildet.

jüdisch-christlichen Moral bildete, da er eine Kritik Gottes im Namen göttlicher Werte vornahm). Der Fortgang zur zweiten, selbstbezüglichen Negation ist dabei die notwendige Konsequenz der ersten Negation. Die erste Negation verändert den Raum des Denk- und Sagbaren und erschafft so die Bedingungen für die zweite, wesentlich radikalere Negation. Nietzsche verdeutlicht die Notwendigkeit dieses zweistufigen Prozesses anhand der Selbstaufhebung des Christentums.[51] Die erste Negation ist die Auflösung der religiösen Dogmatik dank ihres eigenen dogmatischen Anspruchs im Wahrheitsstreben. Ohne Gott gibt es aber auch nichts Heiliges mehr, dass aufgrund göttlicher Gebote oder jenseitiger Hoffnungen nicht als Forschungsgegenstand in Frage käme. Fehlt die Idee göttlicher Sanktionen, gerät alles zum Problem:

> „[W]ir experimentieren mit uns, wie wir es uns mit keinem Thiere erlauben würden, und schlitzen uns vergnügt und neugierig die Seele bei lebendigem Leibe auf: was liegt uns noch am ‚Heil‘ der Seele! Hinterdrein heilen wir uns selber" (GM III/9, KSA, 5, 357-358).

Unter der Bedingung, dass sich Gott als Lüge erweist und es folglich keine Tabus mehr gibt, werden all jene Konzepte fragwürdig, die sich im Schatten Gottes haben entwickeln können (das transzendentale Subjekt, absolute Wahrheit, unbedingte Moral usw.). Die aus der ersten Negation resultierende Abwesenheit der göttlichen Zensurinstanz bringt es mit sich, dass sich die Tugenden der Wahrhaftigkeit und Redlichkeit aufgrund ihres geradezu ‚epidemischen‘ Charakters mit Notwendigkeit auf sich selbst beziehen und so ihr eigenes jüdisch-christlichen Fundament erkennen.[52] In ihrer unbedingten Forderung, die absolute Wahrheit herauszufinden zu wollen, wird das Ideal der Wahrheitssuche selbst zum Gegenstand der Forschung. Der Freigeist stellt sich zuletzt „die Frage nach den höchsten Zielen" (NL 1882-1883 4[89], KSA, 10, 140). In seinem Versuch, sich durch Konzentration auf die Wahrheit von allen traditionellen, z.B. moralischen und religiösen Bindungen zu befreien, erkennt er letztlich, dass die ‚Freigeisterei‘ in Wahrheit selbst eine moralische Praxis darstellte.[53] Das im Grunde moralisch motivierte Wahrheitsstreben des asketischen Ideals überwindet so am Ende das asketische Ideal: „Die Moral ist durch die Freigeisterei auf ihre Spitze getrieben und überwunden" (NL 1882-1883 4[16], KSA, 10, 113)[54]. Die Überwindung

---

[51] Vgl. GM III/27, KSA, 5, 410.

[52] Als die motivationale Grundlage der Wahrheitssuche erweist sich abermals die Lust aus der gegen sich gewendeten Grausamkeit. Schwer ist es, die Wahrheit hinsichtlich einer externen göttlichen Instanz zu ertragen, noch schwerer ist jedoch, die Wahrheitssuche reflexiv auf den Wahrheitssuchenden zurückzuwenden und ‚die Wahrheit‘ über das Ideal der Wahrheit herauszufinden zu wollen. Der sich in die Wüste zurückgezogene Geist steigert abermals seine Grausamkeit gegen sich, insbesondere dann, wenn er „sich die schmutzige Entstehung aller der höchsten Dinge" (NL 1882-1883, 6[1], KSA, 10, 231) eingesteht.

[53] Vgl. NL 1882-1883, 6 [1], 6 [2], 6 [3] und 6 [4], KSA, 10, 232f. und Za IV, KSA, 4, 325.

[54] Zur Selbstaufhebung des Freigeistes siehe Claus Zittel: *Selbstaufhebungsfiguren bei Nietzsche*, 70-73. Zittel meint dort, dass es „geradezu in der Wesensart des Freigeistes" liege, „ich selber

beruht darauf, dass mit dem reflexiven Wissen des Löwen darüber, dass er selbst noch Vertreter des asketischen Ideals gewesen ist, neue, immoralische Praktiken denk- und damit realisierbar werden.

8. Fazit.

Im Aufsatz wurde versucht, Zarathustras Rede Von den drei Verwandlungen nach dem Muster eines ‚Fortschritts im Bewusstsein der Freiheit' zu lesen. Die einzelnen Verwandlungen des Geistes wurden dabei als Schritte oder Etappen innerhalb eines notwendigen Selbsterkenntnisprozesses des Geistes verstanden. Der Fortschritt im Bereich des Geistes über die Figuren Kamel, Löwe und Kind liegt dabei nicht in der Ausbildung gänzlich neuer, zuvor unbekannter kognitiver Fähigkeiten, die der Geist auf höherer Stufe im Vergleich zu seinen frühen Stufen zeigt (so als ob z.B. erst der Löwe die Fähigkeit des Wollens ausbilden würde, die dem Kamel noch gänzlich unbekannt sei). Der Fortschritt folgt eher dem Modell der Reaktivierung bereits vorhandener Potentiale qua Erkenntnis. Mit der zunehmenden Einsicht in das, was der Struktur nach die ganze Zeit ‚schon da gewesen' ist, verändert sich hinsichtlich der wesentlichen Anlagen des Geistes, wie sie bereits nach dem Ende der vormoralischen Epoche fertig vorliegen, ‚in Wirklichkeit' nichts. Die reflexive Wendung des Geistes auf sich macht letztlich nur das transparent, was zuvor auch ohne diese Erkenntnis vorhanden gewesen war. Das Transparent-Machen jedoch bildet die Voraussetzung für Aktionen, die genau dieses Potential bewusst abrufen.

Konkret besteht die in Von den drei Verwandlungen zu erlangende Erkenntnis darin, sich als ein freies, autonomes Individuum zu erfassen, das in seiner Ziel- und Zwecksetzung wesentlich frei ist. Während zwar bereits Kamel und Löwe frei handelten, ohne von dieser Freiheit zu wissen, ist das Kind die bewusste Realisierung der dem Geist wesentlich zukommende Freiheit. Der Struktur nach bestimmt und vollzieht der Geist auf der Stufe des Kindes seine Willensakte nicht anderes als zuvor, als er noch keine Kenntnis seiner ihm ‚mitgegebenen' Autonomie hatte. Was sich allerdings mit der reflexiven Einsicht des Geistes auf der Stufe des Kindes verändert, ist, dass er die inhaltlichen Gehalte seines Wollens nunmehr bewusst festlegt. Auf der Stufe des Kindes lässt der Geist die defizitären Stadien Kamel und Löwe hinter sich und kehrt wissend zur neutralen Ausgangsposition des Geistes zurück, die er an-sich die ganze Zeit über gewesen ist. Während der Geist als Kamel/Löwe zwar auch etwas – eben das Nichts – wollte, will das Kind seinen Willen. Damit ist die verstandesmäßige Einsicht des Geistes in seine ihm immanente Willensfreiheit gerade kein überflüssiges ‚akademisches'

---

zuletzt doch als Problem zu nehmen" (ebd. 72). Als ‚Vollstrecker' treibt der Freigeist im Grunde lediglich eine Bewegung voran, die bereits im Begriff des asketischen Ideals selbst angelegt ist. Denn nicht der Geist, sondern „Gott hat Gott getödtet" (NL 1882, 1 [75], KSA, 10, 30). Vgl. auch: „Die Moral starb an der Moralität" (NL 1882, 1 [75], KSA, 10, 30).

Wissen, sondern – ganz im Gegenteil – die notwendige Bedingung dafür, in praktischer Hinsicht frei zu sein. Paradoxerweise bringt also die zunächst theoretische Einsicht des Geistes in die eigene Willensfreiheit die praktische Freiheit hervor. Die Radikalität dieser Einsicht, sprich der Übergang von der aufs Nichts gerichteten Praxis des asketischen Ideals zur innerweltlichen Praxis, ist durch den Wechsel vom Tierreich (Kamel/Löwe) zum Menschen (Kind) angezeigt.

9. Literaturverzeichnis.

Marco Brusotti: Die Leidenschaft der Erkenntnis: Philosophie und ästhetische Lebensgestaltung bei Nietzsche von Morgenröthe bis Also sprach Zarathustra, Berlin/New York 1999.

Volker Gerhard: Selbstbegründung. Nietzsches Moral der Individualität, in: Nietzsche-Studien 21 (1992), 28-49.

Robert Gooding-Williams: Zarathustra's Three Metamorphoses, in: Nietzsche as Postmodernist. Essay pro and contra, hrsg. und eingeleitet von Clayton Koelb, New York 1990, 231-245.

Erich Heller: Zarathustra's three Metamorphoses. Facets of Nietzsche's Intellectual Biography and the Apotheosis of Innocence, in: Salmagundi 21 (1973), 63-80.

Herbert Marcuse: Triebstruktur und Gesellschaft. Ein philosophischer Beitrag zu Sigmund Freud, Frankfurt a.M. 1970.

Christian Niemeyer: Friedrich Nietzsches ‚Also sprach Zarathustra‘, Darmstadt 2007.

Annemarie Pieper: Ein Seil geknüpft zwischen Tier und Übermensch: philosophische Erläuterungen zu Nietzsches erstem Zarathustra, Stuttgart 1990.

Manfred Riedel: Nietzsches Lehre von den drei Verwandlungen: Metamorphosen des Geistes, in: Expressis verbis: philosophische Betrachtungen, hrsg. von Matthias Kaufmann und Andrej Krause, Halle/Saale 2003, 272-282.

Stanley Rosen: The mask of enlightenment. Nietzsche's ‘Zarathustra’, Cambridge 1995.

Werner Stegmaier: Geist. Hegel, Nietzsche und die Gegenwart, in: Nietzsche-Studien 26 (1997), 300-318.

Christoph Türcke: Der tolle Mensch. Nietzsche und der Wahnsinn der Vernunft, Lüneburg 2000.

Peter Yates: The Three Metamorphoses and Philosophy, in: Nietzsche's Thus spoke Zarathustra: Before sunrise, hrsg. von James Luchte, London/New York 2008, 63-74.

Claus Zittel: Selbstaufhebungsfiguren bei Nietzsche, Würzburg 1995.

Slavoj Žižek, Auf verlorenem Posten, Frankfurt a.M. 2009.

Slavoj Žižek: Der erhabenste aller Hysteriker. Psychoanalyse und die Philosophie des deutschen Idealismus, Berlin/Wien 1992.

Slavoj Žižek: Lacan. Eine Einführung, Frankfurt a.M. 2008.

Slavoj Žižek: Die Tücke des Subjekts, Frankfurt a.M. 2010.

Jenseits des Marktes
Die »Erfinder von neuen Werten«

Ulrich Alexander Goetz

Einführung.
Wir begegnen dem Prinzip des Marktes in Friedrich Nietzsches *Also sprach Zarathustra* das erste mal, als Zarathustra aus dem Gebirge herabsteigt und die Stadt am Rande des Waldes betritt. Hier sieht er »viel Volk versammelt auf dem Markte.« (ZA I, Vorrede 3, KSA 4, S.14) An diesem Ort versucht er zunächst, den Menschen seine Idee zu vermitteln, der Übermensch sei der Sinn der Erde. Dieses Vorhaben scheitert, weil die unverständige Menge Zarathustras Schreckensbild des »letzten Menschen« als erstrebenswertes Ideal fehlinterpretiert. Unmittelbar danach wird die Auseinandersetzung zwischen Zarathustra und den Stadtbewohnern durch eine Showeinlage unterbrochen: Ein Steiltänzer versucht, in einem Balanceakt den Marktplatz zu überqueren. (ZA I, Vorrede 6, KSA 4, S.21)
Es handelt sich hier offensichtlich um eine Allegorie. Noch kurz zuvor hat Zarathustra verkündet, der Mensch sei »ein Seil, geknüpft zwischen Tier und Übermensch – ein Seil über einem Abgrunde«. (ZA I, Vorrede 4, KSA 4, S.16) Dieser »Abgrund« stellt sich nun in einer konkreten Alltagssituation als Marktplatz heraus. Just als es dem Seiltänzer gelungen ist, die Hälfte der Strecke zwischen den zwei Türmen (»Tier« und »Übermensch«) zurückzulegen, wird er plötzlich von einem »Possenreißer« überholt, verliert durch den Schrecken das Gleichgewicht und stürzt in die Tiefe. Zarathustra sucht das Gespräch mit dem Sterbenden und erfährt, dass dieser den Possenreißer für den Teufel hält. Nun befürchtet der Akrobat, er sei nach dem Tode dazu verdammt, sein Dasein in der Hölle zu fristen. Zarathustra erklärt ihm beschwichtigend, es gäbe weder Teufel noch Hölle – der Seiltänzer habe also nichts mehr zu befürchten. Das große Verdienst des Seiltänzers besteht laut Zarathustra darin, »aus der Gefahr seinen Beruf gemacht zu haben«. Den Übermenschen zu wollen bedeutet dementsprechend immer auch, bewusst das Risiko des Scheiterns einzugehen. (ZA I, Vorrede 6, KSA 4, S.22)
Zugleich verweist die Allegorie des Seiltänzers auf eine soziale Komponente von Nietzsches Übermenschenlehre. Zarathustra, dem Seiltänzer und dem Possenreißer ist gemein, dass sie eine gesellschaftliche Sonderrolle einnehmen. Sie müssen somit nicht nur die Herausforderungen ihrer persönlichen Existenz bewältigen, sondern dabei auch berücksichtigen, ob ihnen »das Volk« gewogen ist oder nicht.

Anders als die Entertainer »Seiltänzer« und »Possenreißer« strebt der Prophet Zarathustra jedoch nach mehr als reinem Prestige. Zunächst erhebt er Anspruch auf vollständige Dominanz über das öffentliche Meinungsbild. Erst nachdem dieses Vorhaben – auf dem Marktplatz! - scheitert, sucht Zarathustra nach einer elitären Anhängerschaft, die sich ebenso wie er vom »Volk« abgrenzt.

Es ist nahe liegend anzunehmen, Nietzsche habe an dieser Stelle den Verlauf seiner Zarathustra-Geschichte seiner philosophischen Methodik angepasst (die Demontage des Egalitarismus als Ausgangspunkt für den Entwurf eines neuen Elitekonzepts). Es sind aber auch andere Interpretationsansätze denkbar. Theodor Lessing etwa deutet hier die Möglichkeit des kurzen Aufblitzens tiefer Einsichten in der öffentlichen Wahrnehmung an. Diese Einsichten können es wert sein, vor dem vollständigen Vergessen bewahrt zu werden:

> »Schon in dieser »Vorrede« wird somit klar, daß Nietzsche vor nichts mehr Scheu hat als vor der Verwechslung seiner Übermenschenlehre mit dem Rohlingsideal einer muskelfesten Machtmoral. Lieber noch möchte er dienen einer »Autorität des Marktes« (dem »großen Mann«, welchem das Volk zujubelt, solange er vor ihm seiltanzt, den aber alles Volk sofort vergißt, sobald er durch einen noch frecheren gestürzt ist).«[1]

Als »Autorität des Marktes« wäre der Seiltänzer nach Lessings Interpretation ein Geistesverwandter Zarathustras, welcher die wenigen ihm zur Verfügung stehenden Möglichkeiten, etwas Wichtiges allgemein verständlich zu kommunizieren, so gut wie möglich nutzt. (In diesem Falle bedeutet dies: Die Bejahung der Gefahr, welche angesichts der Banalität der Öffentlichkeit nur auf der Ebene reiner Unterhaltung vermittelt werden kann). Der Possenreißer hingegen bleibt eine ambivalente Figur. Einerseits wirkt er - aus der Sicht des Volkes - souverän, da er über den Seiltänzer hinweg springt und selbstsicher auf dem Seil stehen bleibt. Andererseits bleibt offen, ob er tatsächlich den anderen Turm am Ende des Seils erreicht. Im Grunde macht seine ironische Distanz zur Gefahr des Abgrundes ohnehin deutlich, dass er keine echten Ambitionen hat, das Ziel des Übermenschen zu verwirklichen.

> »Zarathustra, von allen verschmäht, hält zuletzt nichts im Arm als – die Leiche des gestürzten Volksheros. Und nun zeigt sich, daß er der einzige ist, der dem Gestürzten gerecht werden kann, der einzige ehrfürchtige Bewahrer und Verehrer jener Größe, die das Volk vergißt, sobald ein erfolgreicherer Seiltänzer in Mode kommt. Diese Erfahrung treibt Zarathustra aufs neue in Einsamkeit.«[2]

Kurze Zeit später offenbart der Possenreißer im Zwiegespräch mit Zarathustra, was es mit seiner Frechheit auf sich hat: Sie dient ihm als Schutz vor dem Hass der »Guten und Gerechten«. (ZA I, Vorrede 8, KSA 4, S.23) Während er die Gefahr eines *physischen* Sturzes bereitwillig in Kauf nimmt, versucht er die Gefahr des *sozialen* Absturzes tunlichst zu vermeiden. Wir haben es hier mit einem

---

[1] Theodor Lessing, Nietzsche, München 1985, S.69
[2] Ebd., S.70

Menschentypus zu tun, welcher den sozialen Status quo nicht infrage stellt bzw. mögliche Kritik an diesem in gefälligen Humor verpackt. Diejenigen, welche die moralische Deutungshoheit innehaben, werden ihn niemals als Bedrohung einstufen. Diese Form des Opportunismus kann, wenn sie sich allgemein durchsetzt, Zarathustras Projekt der Überwindung des Menschen zunichte machen - der Possenreißer erweist sich in seiner Funktion als Scheinrebell als mögliches »Verhängnis« der Menschheit. (ZA I, Vorrede 7, KSA 4, S.23) Zudem zeigt sich, dass nicht nur einer, sondern viele Possenreißer den Markt bevölkern:

> »Voll von Possenreißern ist der Markt – und das Volk rühmt sich seiner großen Männer! das sind ihm die Herren der Stunde.« (Z I ,Fliegen, KSA 4, S.66)

Ich werde diese Figurenkonstellation als Ausgangspunkt für einige politischökonomische Grundsatzüberlegungen verwenden und versuchen, diese für aktuelle Debatten innerhalb Nietzsche-Forschung und - ganz allgemein - der praktischen Philosophie fruchtbar zu machen.

1. Die »Fliegen des Marktes« und die »Erfinder von neuen Werten«.
Philosophiegeschichtlich betrachtet kann das soziale Geschehen auf dem Markt nicht auf die Figur des Possenreißers reduziert werden. Der Markt ist spätestens seit Sokrates *die* Begegnungsstätte zwischen Philosoph und Bürger. An dieser sozialen Schnittstelle wird ein starker Kontrast deutlich: Während Platon seinen Sokrates als moralische Autorität auftreten lässt, welche in der Rolle des Märtyrers selbst noch über jene triumphiert, die ihn als »Verderber der Jugend« gebrandmarkt haben, sieht sich Nietzsches Zarathustra auf dem Markt mit blankem Unverständnis konfrontiert. Angesichts des negativen Bildes der Öffentlichkeit, welches Nietzsche uns präsentiert, stellt sich die Grundsatzfrage: Ist der Markt für ihn selbst ein »Abgrund«?
Sicher ist zumindest, dass der Markt, wie Nietzsche ihn im Kapitel *Von den Fliegen des Marktes* beschreibt, für den »tiefen« Menschen eine existentielle Bedrohung darstellt. Der »tiefe« Mensch nimmt nicht etwa den Widerpart zu den dominanten Interessengruppen des Marktes ein, sondern er ist schlichtweg nicht Teil ihres Sozialsystems. Er entspricht dem, was Georges Bataille als die »heterogenen Elemente« der Gesellschaft bezeichnet hat:

> „Die *heterogene* Existenz kann also in bezug auf das gewöhnliche (Alltags-)Leben als das ganz Andere bezeichnet werden; als inkommensurabel, wenn man diese Worte mit dem *positiven* Wert auflädt, den sie in der *affektiven* Lebenserfahrung haben."[3]

In Hinsicht auf die Homogenität des Marktes ist Nietzsches »tiefer« Mensch das *ganz Andere*, welches aufhört zu existieren, sobald es sich den Gesetzen der Marktlogik unterwirft. Dies unterscheidet ihn grundsätzlich vom Seiltänzer und

---

[3] Georges Bataille, Die psychologische Struktur des Faschismus / Die Souveränität, München 1997, S.18

von den Possenreißern, die ihren Sonderstatus als »Große« erst durch ihre Bestätigung der Marktlogik erhalten haben.

>»Abseits von Markt und Ruhme begibt sich alles Große: abseits vom Markt und Ruhme
wohnten von je die Erfinder neuer Werte.« (Z I, Fliegen, KSA 4, S.66)

Wird das Kapitel *Von den Fliegen des Marktes* unter dem Eindruck dieses Leit-
satzes gelesen, so scheint es zunächst eine einfache, sozialkritische Kernbotschaft
zu vermitteln: Auf dem Markt werden nicht nur Waren verkauft; die Menschen
verkaufen sich hier auch selbst. Auf dem Altar des Ruhmes opfern sie ihre eigene
Authentizität. Der »tiefe« Mensch ist folglich gut damit beraten, sich in ein per-
sönliches Refugium zurückzuziehen. Wenn wir jedoch weiter ausdifferenzieren,
wer sich dort eigentlich zurückzieht, dann werden auch tiefere Bedeutungs-
schichten von Nietzsches Botschaft sichtbar. Dem oberflächlichen Treiben der
»Schauspieler« und »giftigen Fliegen« des Marktes stellt Nietzsche den ideali-
sierten Typus des Wertschaffenden entgegen. Dieser »Erfinder von neuen Werten« leistet innerlich Widerstand gegen Zeitgeist, Trends und Modeerscheinun-
gen. Er ist aber weit mehr als bloßer Außenseiter:

>»Um die Erfinder von neuen Werten dreht sich die Welt – unsichtbar dreht sie sich.« (Z
I, Fliegen, KSA 4, S.65)

Als inoffizieller Dreh- und Angelpunkt der zivilisatorischen Welt setzt dieser
Typus des »tiefen« Menschen die entscheidenden Impulse, welche das Weltge-
schehen bewegen. Was Nietzsche hier beinahe beiläufig in seinen Text einfließen
lässt, ist von hoher Brisanz - *eine höhere Machtposition als die des – erfolgreich!
- Wertschaffenden ist in seinem Weltbild nicht denkbar.* Ob sich bestimmte Werte
tatsächlich durchsetzen oder nicht, wird allerdings erst durch die komplexen
Kräftespiele und Machtkämpfe innerhalb des Weltgefüges deutlich. Der Wert-
schaffende muss sich daher entscheiden, mit welcher Strategie er seine neuen
Werte in die Welt tragen will. Der *direkte* Weg über die Öffentlichkeit ist äußerst
schwierig, wie Nietzsche bereits im 5. Teil der *Vorrede* illustriert hat. Erfolgver-
sprechender scheint der *indirekte* Weg zu sein. Ich werde diesen Punkt weiter
unten näher untersuchen.

Richten wir unser Augenmerk zunächst auf die »Fliegen des Marktes«. Angesichts seiner elitären Grundhaltung ist es folgerichtig, dass Nietzsche / Zarathustra diesen Menschen implizit Neidhaftigkeit, Kleingeistigkeit und Oberflächlichkeit zuschreibt. Er nennt aber explizit einen Begriff, der die Handlungsmotive der
»Fliegen« in einen nachvollziehbaren Kontext stellt: *Unschuld.* Sicher, die »Fliegen« bzw. »Schauspieler« sind klein, erbärmlich, giftig, zudringlich, schmeiche-
risch und feige. Ihre Klugheit beschränkt sich auf die Wirkmächtigkeit dieser Eigenschaften. Sie fühlen sich schnell verachtet und sinnen dann auf Rache. Sie
denken in Dualismen wie »Ja oder Nein«, welche der Komplexität der Welt niemals gerecht werden. Aber sie tragen keinerlei Schuld an diesem »Fliegenda-

sein«. Die Gefahr, die von den »Fliegen des Marktes« für die »Erfinder von neuen Werten« ausgeht, resultiert einzig aus ihrer quantitativen Überlegenheit. Auf der persönlichen Ebene stellen sie keinen ernstzunehmenden Gegner dar. Zarathustra skizziert hier einen ethischen Grundsatz: Öffentliche Angriffe sind nur dann legitim, wenn der Kontrahent auch verstanden hat, worin der eigentliche Konflikt besteht. Die »Fliegen« trachten nicht danach, Zarathustras Pläne zu vereiteln, denn von seinen tatsächlichen Motiven haben sie keine Vorstellung. Wonach sie selbst trachten, ist eine Bestätigung ihrer Existenz und Schutz vor schmerzhafter Selbsterkenntnis. Sie fürchten, hassen, begehren und beneiden die »tiefen« Menschen aus den falschen Gründen.

2. Zur Rezeptionsgeschichte des *Zarathustra*.

Für eine brauchbare Interpretation von Nietzsches Texten müssen wir berücksichtigen, an wen Nietzsche seine Botschaften adressiert. Die Abgrenzung des »tiefen« Menschen von den »Fliegen des Marktes« hängt unmittelbar mit der persönlichen Selbstbeobachtung zusammen. Im Refugium *jenseits des Marktes* gilt das Prinzip: Intellektuelle Redlichkeit statt Marketing. Die »rauhe Luft« der schonungslosen Selbstehrlichkeit stellt Zarathustra und seine Geistesverwandten vor die konstruktive Herausforderung, sich ohne Bestätigung von außerhalb der eigenen Stärken und Schwächen bewusst werden zu müssen. Eine solche Selbsterkenntnis birgt den unschätzbaren Vorteil, die Vorstellung der eigenen Selbstwertigkeit von den Gesetzen der Marktlogik entkoppeln zu können. Doch anhand welcher Maßstäbe sollen wir beurteilen, ob ein Mensch wirkliche »Tiefe« erreicht hat, oder ob sich sein Denken und Handeln weiterhin den Regeln des Marktes unterwirft? *Der »tiefe« Mensch im Sinne Nietzsches zeichnet sich dadurch aus, dass seine persönlichen Wertvorstellungen für den rein profitorientierten Markt inkommensurabel sind.*
Die Rezeptionsgeschichte des *Zarathustra* zeigt, dass dieses Buch »für alle und keinen« eine hervorragende Projektionsfläche für persönliche Wünsche und Phantasien abgibt. Insbesondere *Von den Fliegen des Marktes* hat ein extrem hohes Identifikationspotential für alle, die sich – berechtigt oder unberechtigt – für missverstandene bzw. unverstandene Freigeister oder gar Genies halten. Zarathustra richtet sich ausdrücklich an einen Freund (»Fliehe, mein Freund, in deine Einsamkeit!« (Z I, Fliegen, KSA 4, S.65)), der sich in der gleichen Situation befindet wie er. Der Leser ist somit angehalten, die dort in Bildern und Gleichnissen beschriebenen Zustände auf sein eigenes Leben zu übertragen. Dieser Effekt wird noch verstärkt durch den geringen Anteil positiver Bestimmungen im *Zarathustra* (wir erfahren z.B. viel davon, was der Übermensch *nicht* ist, aber wenig darüber, was ihn eigentlich ausmachen soll). Für Peter Sloterdijk ist jene Vagheit Nietzsches, welche im *Zarathustra* zum Ausdruck kommt, einer Strategie des Vorwegnehmens geschuldet. Nietzsches Projekt der »Umwertung aller

Werte« ist vor allem deshalb so ambitioniert, weil dieser Umwertungsprozess die Voraussetzungen für seine erfolgreiche Kommunikation erst noch schaffen muss:

»Die ökonomische Paradoxie von Nietzsches Guter Nachricht bestand darin, darauf hinzuweisen, daß die primäre, unermeßlich schlechte Nachricht es nötig hat, mit einer noch unerwiesenen Mobilmachung schöpferischer Gegenkräfte kompensiert zu werden. [...] Ein solches Angebot tritt auf als Reklame für das, wodurch es abschreckt. Dies ist der Grund, warum der ganze *Zarathustra* die Form eines zerdehnten Vorspiels annehmen mußte: Er handelt in seinen erzählenden Teilen von nichts anderem als vom Zögern des Verkünders vor dem Aussprechen der eigenen Botschaft.«[4]

Gesetzt den Fall, es handele sich bei einem Rezipienten des *Zarathustra* tatsächlich um einen »tiefen« Menschen und »Erfinder von neuen Werten« gemäß Nietzsches Vorstellungen, so müsste dieser dennoch einen Weg finden, die Gefahr der bloßen Egopflege zu umschiffen und konstruktive Selbstkritik zu üben. Dies gilt umso mehr in Zeiten, in welchen der »Individualismus« selbst zum attraktiven Marktwert erklärt wird. Wenn Nietzsche zu sehr auf das Identifikationspotential seiner Botschaft setzt, dann verringert sich der Abstand zwischen seinem Zarathustra und dem »Possenreißer«. Wird Nietzsches Strategie seinem Anspruch gerecht? Für Sloterdijk ist Nietzsches *Zarathustra* keineswegs von der Marktlogik entkoppelt, sondern setzt diese vielmehr als Erfolgsbedingung voraus:

»Der Individualismus ist bündnisfähig nach allen Seiten, und Nietzsche ist sein Designer, sein Prophet. Nietzsches Prätention, ein Künstler zu sein und viel mehr als ein Künstler, hat ihren Grund in seinem radikalmodernen Konzept von Erfolg: Es geht ihm darum, nicht nur Werke auf den Markt von heute zu werfen, sondern selber die Markt-Welle zu kreieren, die das Werk verzögert zum Erfolg trägt.«[5]

An dieser Stelle müssen wir stärker ausdifferenzieren, worum es Nietzsche eigentlich geht. Sloterdijks These, Nietzsche sei der »Designer« des modernen Individualismus, ist fragwürdig, weil Nietzsche den einzelnen Menschen eher als »Dividuum«, d.h. als eine prinzipiell unbegrenzt aufteilbare Entität sieht. (Vgl. MA I, Aphorismus 57, KSA 2, S.76) Die Brüche zwischen verschiedenen Positionen verlaufen für ihn nicht nur zwischen den Menschen, sondern auch im einzelnen Menschen selbst. Anders als eine Gesellschaft, die propagiert, jeder Mensch für sich sei gleichermaßen einzigartig und klar von den anderen Menschen abzugrenzen, entwirft Nietzsche ein Menschenbild, welches den verschiedenen Einzelpersonen verschiedene Grade der Komplexität und der Selbstbezüglichkeit zuschreibt. »Individuell« - im Sinne von »einzigartig« - ist der (post)moderne Mensch allenfalls dort, wo der Markt keinen direkten Zugriff mehr auf ihn hat. Dort, wo die Marktlogik den öffentlichen Raum bestimmt, ist

---

[4] Peter Sloterdijk, Über die Verbesserung der guten Nachricht. Nietzsches fünftes »Evangelium«, Frankfurt a.M. 2001, S.36
[5] Ebd., S.55ff.

der Markt »das Ganze« und der einzelne Mensch nur noch als Teil dieses Ganzen erfassbar. Das »Individuum« ist dann tatsächlich die kleinste Einheit, in welche das »Ganze des Marktes« unterteilt werden kann und somit »unteilbar« bzw. »individuell«. Die »Erfinder von neuen Werten« hingegen befinden sich *jenseits* einer solchen Marktindividualität.

Sloterdijk verweist mit Recht auf die Attraktivität der Rollenangebote, die Nietzsche dem öffentlichen Raum unterbreitet hat. Doch liegt dieser strukturelle Aspekt des *Zarathustra* tatsächlich einem wirtschaftlichen Kalkül zugrunde? Hat Nietzsche gezielt einen »Bestseller« geschrieben? Wir sollten nicht vergessen, dass der ersehnte Erfolg erst nach Nietzsches geistigem Zusammenbruch eingetreten ist. Nietzsche hat in der Vorphase sehr darum gekämpft, *Also sprach Zarathustra* vollständig publizieren zu können; für die Veröffentlichung des Schlussteils musste er gar auf seine eigenen, äußerst knapp bemessenen finanziellen Ressourcen zurückgreifen. Er mag geahnt haben, dass er einen Nerv der Zeit getroffen hatte - *wissen* konnte er es nicht. Und selbst wenn er es gewusst hätte, dann wären die ersten Leser nicht unbedingt jene gewesen, an die er sich auch tatsächlich richten wollte. Die philosophische Nische, die Nietzsche geschaffen hat, antizipiert eine bestimmte Nachfrage, aber ist die Nachfrage der »Erfinder von neuen Werten« auch identisch mit der Nachfrage des Marktes als Ganzem? Manfred Riedel zeigt auf, dass Nietzsche von dem wenigen Feedback, welches er vor seinem geistigen Zusammenbruch zum *Zarathustra* erhalten hat, vieles kritisch sah. Er ist z.B. nicht damit einverstanden gewesen, welche Idealvorstellungen teilweise an seinen Übermenschen-Begriff geknüpft worden sind.

> »Zeichen des Unrechts, das seiner Philosophie zu widerfahren beginnt, hatte Nietzsche selbst noch wahrgenommen. [...] Und zu seinem Leidwesen mußte er den Mißbrauch feststellen, den schon die Zeitgenossen mit dem Wort »Übermensch« trieben, jener von ihm gewählten Bezeichnung eines »Typus höchster Wohlgeratenheit«, im Gegensatz zum »modernen«, »guten« Menschen, zu Christen und anderen Nihilisten. Er konnte nicht übersehen, daß dieses Wort, das nach seinem Verständnis ein *Frage-* und *Denkzeichen* sein sollte, nicht mehr, aber auch nicht weniger, fast überall im Sinne derjenigen Werte verstanden wurde, deren Gegensatz die *Zarathustra*-Dichtung veranschaulicht. Der »Übermensch« wird interpretiert als »idealistischer« Typus einer höheren Art Mensch, halb »Heiliger« und halb »Genie«, halb darwinistisches Zuchtgemächte eines »Übertiers« und dann wieder halb »Held« im Stil von Carlyles Heroen-Kult. Eine Kette von Mißverständnissen, die noch zu Lebzeiten, als sich der Erkrankte nicht mehr dagegen verwahren konnte, das Ganze seiner Philosophie in Mißkredit bringen sollte.«[6]

Wir haben es sowohl auf der Seite des Senders als auch auf der Seite der Empfänger mit problematischen Tendenzen zu tun: Hier die drohende Gefahr einer Trivialisierung der Lehre zugunsten der Selbstinszenierung, dort die Verlockung einer allzu bereitwilligen Annahme von Rollenangeboten unter Preisgabe der kritischen Selbstreflexion. Das Sendungsbewusstsein Nietzsches verschärft diesen

---

[6] Manfred Riedel, Nietzsche in Weimar. Ein deutsches Drama, Leipzig 2000, S.38ff.

Konflikt noch – wer neue Werte in die Welt tragen will, der kommt angesichts der sozialen Machtkämpfe nicht umhin, lautstark an die Öffentlichkeit zu treten. Die hieran anknüpfende Frage, ob und inwiefern Nietzsche ernsthaft versucht hat, der Rezeption seiner Werke durch die Nachwelt eine bestimmte Linie vorzugeben, kann im Rahmen dieses Essays nicht weiterführend erörtert werden. Sicher ist zumindest, dass Nietzsche sich ein Publikum gewünscht hat, welches kritisch und humorvoll mit seinen Schriften umzugehen versteht. Ein Geistesverwandter Nietzsches wird ihm zuweilen widersprechen, gerade *weil* sein Geist dem kritischen Geist Nietzsches verwandt ist.

3. Nietzsches Agenda und die Logik des Marktes.
Sloterdijk legt besonderes Augenmerk auf den Ehrgeiz Nietzsches. Dies ist plausibel, denn Nietzsche gibt sich nicht mit einem bloßen Kommentar zum Thema »Werte« zufrieden, sondern er strebt nach Dominanz über den Buchmarkt der philosophisch-weltanschaulichen Literatur. Hierin besteht eine deutliche Analogie zwischen Nietzsche und seiner Zarathustra-Figur. Doch während sich die enttäuschte Zarathustra-Figur vom Markt wieder ins selbstgewählte Exil begibt, will der »Einsiedler von Sils Maria« langfristig zum »Marktführer« avancieren:

> »Wer Marktführer werden will, muß sich zuvor als Marktmacher betätigen, und um erfolgreich den Markt zu machen, muß man antizipieren und fördern, was die Vielen wählen werden, wenn sie erfahren, daß sie wollen dürfen. Nietzsche hatte verstanden, daß das unwiderstehlich kommende Leitphänomen der Kultur von morgen das Bedürfnis sein würde, sich von der Masse zu unterscheiden«[7]

Eine weitere Grundsatzfrage lautet hier, inwiefern Nietzsches Lehre selbst (und nicht ihr Klischee) überhaupt vermarktbar ist. Aus dieser Lehre sollen neue Werte hervorgehen, aber sofern sie ihre Anhänger findet, *ist diese Lehre auch selbst ein Wert*. Der Markt wiederum registriert nur solche Werte, welche er als *Ware* auffassen kann. Kann ein »Erfinder von neuen Werten« das Prinzip der Ware als »trojanisches Pferd« nutzen? Dies wäre der »indirekte« Weg, den ich weiter oben genannt habe. Das typische Szenario würde dann wie folgt aussehen: Jemand erwirbt ein »freigeistiges« Buch von einem »tiefen« Autor (Nietzsche oder einer seiner Nachfolger) als Lifestyle-Produkt, wird dann durch die Lektüre in seiner Selbstwahrnehmung erschüttert, legt sein eigenes, »tiefes« Potential frei und wirkt fortan selbst als »Erfinder von neuen Werten«. (Es liegt in der Natur der Sache, dass bei einem solchen Initiationserlebnis nur etwas freigelegt werden kann, was ohnehin schon latent vorhanden ist.) Eine andere Möglichkeit wäre das Prinzip einer möglichst breiten Streuung: Je größer das Publikum, desto größer die Wahrscheinlichkeit, die Aufmerksamkeit der »tiefen« Menschen zu erregen. Nietzsches Nachfrage (»Erfinder von neuen Werten«) und Angebot (seine Philosophie) entsprechen einem Partikularinteresse (»Umwertung aller Werte«), wäh-

---

[7] Sloterdijk, S.56

rend der Markt Nachfragen und Angebote jeweils dem übergeordneten Prinzip »Profitmaximierung« unterordnet. *Alles, was auf der Marktebene in Überein-stimmung mit Nietzsches Agenda erreicht werden kann, muss innerhalb dieser Interessenschnittmenge zwischen Nietzsche und Marktlogik stattfinden.* Es würde sich hier um ein konstruktives Missverständnis seitens der »Fliegen des Marktes« handeln: Etwas aus rein profitorientierter Sicht Inkommensurables wird durch Verlagerung des Interessenschwerpunktes mit einer anderen Bedeutung versehen und dadurch konsumierbar. Tatsächlich geht die kulturelle Einflussnahme Nietz-sches im deutschsprachigen Raum, wie Steven E. Aschheim aufzeigt, mit einem komplexen Machtkampf der Ideen einher:

> »In seinen verschiedenen Ausprägungen bewegte der Nietzscheanismus das politische und kulturelle Leben also in eine radikale (oder zumindest nonkonformistische) Rich-tung. Im Zusammenspiel mit den Vorgaben des Meisters unterminierte und überlagerte er die herkömmlichen Kategorien und Unterscheidungen von links und rechts, progres-siv und reaktionär, rational und irrational. Erreichen konnte er dies vor allem deshalb, weil es sich bei ihm um ein Vermittlungsphänomen handelte. Er wirkte weniger durch seine begründete Präsenz als vielmehr dadurch, daß er sich mit seiner Sensibilität schlei-chend zur Geltung brachte. Insofern gab es zu keinem Zeitpunkt einen reinen Nietz-scheanismus. Wenn er die Tendenz besaß, Institutionen zu radikalisieren, dann wurde er von ihnen doch auch seinerseits in Dienst genommen. Jede seiner Institutionalisierun-gen führte unweigerlich zu seiner Umstrukturierung. Dabei wurde seine Dynamik einer gewissen Zähmung, Kultivierung und zuweilen auch Trivialisierung unterworfen. «[8]

Der »Nietzscheanismus« ist ein in sich pluralistisches Kulturphänomen. Er ist seit dem Ende des 19. Jahrhunderts Indikator und Schablone für viele neue Posi-tionsbestimmungen innerhalb der deutschsprachigen Gesellschaft gewesen, wo-bei der Stellenwert, den die verschiedenen »Nietzscheaner« Nietzsche jeweils zugesprochen haben, stark variiert. Ob besagte Positionsbestimmungen mehr über Nietzsche oder mehr über die entsprechenden Personen und Gruppen selbst aussagen, hängt unmittelbar damit zusammen, welches Bild von Individualität diese »Nietzscheaner« im Einzelnen vermitteln. Dort, wo »Individualität« allein aus der Binnenperspektive des Marktes heraus definiert wird, trifft folgende Ein-schätzung Sloterdijks absolut zu:

> »[Nietzsche] trug seinen Namen in die Liste der Klassiker ein, die als Bezugspunkte für Zustimmung und Kritik kulturweit überliefert werden – das ist es, was er als sein erfüll-tes Bedürfnis nach Unsterblichkeit beschrieb; daneben aber setzte er, vor allem auf dem Umweg über seine ersten Interpreten und Zwischenhändler, seinen Namen als Marken-Namen für ein erfolgreiches immaterielles Produkt durch, für eine literarische Life-Style-Droge oder einen gehobenen *way of life*, das nietzscheanische Design des Indivi-dualismus: Wir freien Geister«[9]

---

[8] Steven E. Aschheim, Nietzsche und die Deutschen. Karriere eines Kults, Stuttgart / Weimar 2000, S.333
[9] Sloterdijk, S.56ff.

Jenseits des Marktes hingegen verschieben sich die Perspektiven – hier wird nicht nur jener Anteil von Nietzsches Philosophie verständlich, der nicht vermarktbar ist, sondern der Markt mit seinen ihm innewohnenden Prinzipien wird darüber hinausgehend verständlich als einer von vielen Teilen des Weltganzen. Ein authentischer »Nietzscheanismus« verortet sich selbst genau hier. Das Selbstverständnis des Marktes ist exklusiv; eine »Außenwelt« existiert für ihn nur in Form der sog. »Stakeholder« - eigensinnige Interessengruppen, die es zu überzeugen gilt, die Regeln des Marktes als verbindlichen Maßstab anzuerkennen. *Den Markt als Teil des Weltganzen zu betrachten bedeutet daher, ihn zu verlassen.* Für die »Erfinder von neuen Werten« eröffnet sich von dieser Marktexternen Warte aus ein prinzipiell unerschöpfliches Potential der menschlichen Welt- und Selbstgestaltung. Frei *von* dem Diktat der Rentabilität und unmittelbaren Nützlichkeit kann der »tiefe« Mensch die Freiheit *zur* praktischen Verwirklichung seiner ureigensten Phantasien, Wünsche und Visionen entdecken. Der Bereich des individuell Möglichen unterliegt jenseits der Marktlogik keiner Selbstzensur, welche die Kriterien des öffentlichen bzw. wirtschaftlichen Interesses vor die Interessen des Schaffenden selbst stellt. Sofern der Schaffende dies für notwendig erachtet, kann er oder sie sich *anschließend* wieder auf den Markt begeben und eine Marketingstrategie für seinen oder ihren neuen Wert entwickeln. *Es macht einen signifikanten Unterschied, ob dieser zweite Schritt vor dem ersten getan wird oder nicht.* Der Wert neu geschaffener Dinge (z.B. im Bereich der Kunst oder der Wissenschaft) und die Wertung neuer Ideen, Glaubenssätze und ethischer Richtlinien haben ihren Ursprung in der persönlichen Welt- und Selbsterfahrung. Je nach Kontext, Perspektive und Machtverhältnis variiert die anschließende Konsensbildung hinsichtlich dieser neuen Werte und Wertungen innerhalb der öffentlichen Wahrnehmung. *Jenseits des Marktes* bedeutet: Aus der Totalität der menschlichen Existenz heraus.

Eine Retrospektive des »Nietzscheanismus« in Deutschland wirft in Bezug auf die vorangegangenen Überlegungen zwei grundsätzliche Fragen auf: 1. Welchen Stellenwert hat Nietzsches Idee der »Erfinder von neuen Werten« in jenen Strömungen, die sich explizit auf ihn berufen, tatsächlich gehabt? 2. Wie stark haben sich die »Nietzscheaner« tatsächlich von den Einschränkungen der Marktlogik emanzipieren können? Aschheim interpretiert die Rezeptionsgeschichte von Nietzsches Werk im deutschsprachigen Raum als eine Reihe »interessengeleiteter und selektiv verfahrender paradigmatischer Darstellungen« und konstatiert:

> »Deren künftige Umrisse können wir nicht vorhersagen. Das Erbe Nietzsches aber wird aller Wahrscheinlichkeit nach als dynamische Kraft weiterwirken. Je nach Schwierigkeiten und Bedürfnissen anderer Zeiten wird es neue Formen annehmen und in unsere privaten wie kulturellen Selbstdeutungsversuche Einklang finden. Weil Nietzsches Werk das mächtigste Zeichen einer vielfältigen und unablässig experimentellen Neuaufklärung

ist, wird es mit seiner scheinbar grenzenlosen Erneuerungsfähigkeit ebenso fortdauern wie der Widerstand, der ihm entgegengesetzt wird.«[10]

Wenn Aschheim mit dieser Einschätzung richtig liegt, dann hat Nietzsche zwar eine mächtige Wirkung im öffentlichen Raum entfalten können, aber diese Wirkung weicht bisher von seiner eigentlichen Agenda ab. Die »Erfinder von neuen Werten« haben ihr Prinzip der schöpferischen Selbstgestaltung noch nicht zum Orientierungsschwerpunkt der allgemeinen Wert- und Moralvorstellungen erheben können. Nach wie vor dominieren Werte wie »Stabilität«, »Solidarität«, »Sicherheit« und »Gleichheit« den öffentlichen Diskurs. Wer von diesen Werten explizit abweicht, der betritt immer noch vermintes Gelände – zu groß ist die allgemeine Befürchtung, sich in die Nähe »antidemokratischer« Ideen zu begeben. Die demokratischen Institutionen bedienen sich hier paradoxerweise, wie Aschheims Analyse der deutschen Nietzsche-Rezeption verdeutlicht, der gleichen Methodik wie die Institutionen der kommunistischen und faschistischen Systeme: Sie adaptieren nach Belieben Versatzstücke aus Nietzsches Philosophie und passen diese ihren eigenen Grundsätzen an. Unbequeme Aspekte von Nietzsches Werk (wobei für jedes System etwas anderes unbequem ist) fallen hierbei unter den Tisch. Oder, um es mit Bataille zu sagen: Die homogene Gesellschaft weist ihre heterogenen Elemente zurück. Im direkten Vergleich zu den kommunistischen und den faschistischen Systemen lassen Kapitalismus und parlamentarische Demokratie zwar eine wesentlich freiere Rezeption von Nietzsches Werk zu, aber auch hier sind deutliche Grenzen gesetzt. Der philosophische Buchmarkt wird kontinuierlich mit neuen Untersuchungen zum *Zarathustra* versorgt (insofern hat Nietzsche selbst einen Markt geschaffen), aber es gibt z.B. zur Zeit keine offene und ernsthafte Debatte darüber, wie sich der Übermensch (welcher laut Nietzsches Zarathustra-Figur immerhin der »Sinn der Erde« sein soll!) als neuer, dem gegenwärtigen Menschen in jeder Hinsicht überlegener Menschentypus konkret realisieren lasse. Auch hat das dualistische Abgrenzungsschema »Demokratie oder Antidemokratie« seine Entsprechung im »Ja oder Nein« der »Fliegen des Marktes«. Weder die »demokratischen« noch die »antidemokratischen« Systeme wie Kommunismus oder Faschismus und die jeweils an sie gekoppelten Marktmechanismen werden Nietzsches komplexem Denken gerecht.

4. Das Dilemma der »Unsichtbarkeit«.

Der Markt ist ein öffentlicher Selbstdarstellungsraum der homogenen Gesellschaft. »Schauspieler« und »Possenreißer« entscheiden, was assimiliert und was ausgeschieden wird. Die sozialen Standards, wie Nietzsche sie im Kapitel *Von den Fliegen des Marktes* beschreibt, korrespondieren mit Batailles Untersuchung der Ausschlusskriterien der homogenen Gesellschaft:

---

[10] Aschheim, S.335

»Wenn auch die homogene Gesellschaft im Prinzip jedes *heterogene*, gemeine oder vornehme Element beseitigt, so wechseln doch die Bedingungen des Ausschlusses entsprechend der Natur jedes der beseitigten Elemente. Für die homogene Gesellschaft hat lediglich das Zurückweisen der elenden Formen einen unveränderlichen, fundamentalen Wert [...]; aufgrund der Tatsache, daß der Akt des Ausschlusses von niedrigen Formen notwendigerweise die *homogenen* und die imperativen Formen vereinigt, kann man auf diese letzteren nicht schlicht und einfach verzichten. Die *homogene* Gesellschaft bedient sich nämlich der freien imperativen Kräfte gegen die Elemente, die ihr am unerträglichsten sind, und wenn sie den Bereich, den sie ausgeschlossen hat, das Objekt ihrer Aktivität wählt (die Existenz *für sich*, in deren Dienst sie sich notwendigerweise stellt), muß die Wahl auf die Kräfte fallen, deren Praxis gezeigt hat, daß sie prinzipiell im jeweils günstigeren Sinne handeln.«[11]

Unter die »imperativen Elemente« im Sinne Batailles fallen, wenn wir Nietzsches Ansatz folgen, nicht nur Könige und Diktatoren, sondern auch die »Erfinder von neuen Werten«. Während erstere ganz offensichtlich auf der politischen Ebene agieren, setzen letztere »unsichtbar«, d.h. indirekt ihre »imperativen Kräfte« auf der kulturellen Ebene frei. Die Feststellung von Nietzsches Zarathustra, um die »Erfinder von neuen Werten« drehe sich die Welt, entspricht folgender These Batailles:

»Die *homogene* Gesellschaft ist unfähig, in sich selbst einen Sinn und Zweck des Handelns zu finden. Dadurch gerät sie in Abhängigkeit von den imperativen Kräften, die sie ausschließt.«[12]

Dieses paradoxe Abhängigkeitsverhältnis des Marktes zu jenen Kräften, die er eigentlich ausschließen möchte, ist seit jeher eine Grundkonstante der urbanisierten Gesellschaft. Hierbei ist zu beachten, dass einerseits die Produktion und die Nützlichkeit die Basis der homogenen Gesellschaft sind[13], es andererseits aber auch *heterogene Dinge* gibt, die in der Welt der sozialen Homogenität entweder als wertloser Abfall oder als Objekte von transzendentem Wert (z.B. Reliquien) aufgefasst werden.[14] Streng genommen werden die von den »tiefen« Menschen gelieferten »neuen Werte« (auf welche die soziale Homogenität dringend angewiesen ist!) erst dann als Produkt wahrgenommen, wenn die Öffentlichkeit des Marktes ihnen einen ökonomischen Sinn oder Zweck zuschreibt und sie somit als *homogene Dinge* auffassen kann. Wir haben es hier mit einem grundsätzlichen Dilemma zu tun, welches im *Zarathustra* bereits angedeutet wird: Eine Gesellschaft, welche eine »Umwertung aller Werte« im Sinne Nietzsches vollziehen würde, müsste einer Homogenisierung der »neuen Werte« Einhalt gebieten, weil diese Werte durch ihre Homogenisierung dem unzureichenden Werteverständnis der »Fliegen des Marktes« untergeordnet würden. Bleiben die »neuen Werte« jedoch heterogen, so sind sie auch weiterhin »unsichtbar« bzw. inkommensurabel

---

[11] Bataille, S.23
[12] Ebd., S.23
[13] Ebd., S.10
[14] Ebd., S.16ff.

für die soziale Homogenität und können somit nicht Bestandteil einer gesamtgesellschaftlichen »Umwertung aller Werte« sein.

Das »konstruktive Missverständnis« einer marktgerechten Umdeutung der »neu-
en Werte«, wie ich es weiter oben skizziert habe, ist kein Ausweg aus diesem
Dilemma, sondern bietet den verschiedenen »Erfindern von neuen Werten« nur
eine Möglichkeit, im Status quo mit einander zu kommunizieren. Es kann daher
nur eine Übergangslösung sein. Nietzsche will wesentlich mehr als das – er fordert mit der »Umwertung aller Werte« eine neue kulturelle Hegemonie, in welcher die »Erfinder von neuen Werten« die moralischen Impulse zur Überwindung
des Nihilismus setzen. Dies können sie nur, wenn sie öffentlich wahrgenommen
werden und folglich nicht mehr »unsichtbar« sind. Nietzsche hat selbst den ersten
Schritt in diese Richtung getan, indem er *Also sprach Zarathustra* und seine anderen Schriften publizierte und dadurch den öffentlichen Diskurs mitprägte. Die
ihm nachfolgenden »Nietzscheaner« haben anschließend mit einer Reihe neuer
Lebensentwürfe experimentiert, ohne dabei jedoch den Rahmen der traditionellen
Marktlogik sprengen zu können. Dies wird erst dann möglich sein, wenn der
Markt eine *mehrwertige Logik* annimmt, in welcher ein Wert-Verlust zugleich als
Wert-Gewinn bzw. Profit aufgefasst werden kann. Einen solchen Markt hat es
bisher noch nicht gegeben, denn es wäre ein Markt, der sich selbst in Relation zu
allen anderen Teilen der Gesellschaft setzt und dort, wo es die Totalität der
menschlichen Existenz erfordert, das Diktat der unmittelbaren Nützlichkeit und
der Produktivität außer Kraft setzt.

5. Fazit.

Es wäre verfehlt, an dieser Stelle eine neue Markt-Utopie zu entwerfen. Eine
vielversprechende Möglichkeit, das Dilemma der »Unsichtbarkeit« zu umgehen,
scheint vielmehr in Nietzsches kosmologischen Ansatz zu liegen: Der Holist
Nietzsche interpretiert das Ganze und das Partikulare als komplementär im
Wechselspiel der Willen zur Macht. Was innerhalb und außerhalb des Marktes
stattfindet, ist gleichermaßen Ausdruck eines allgegenwärtigen Expansionsprin-
zips des Lebens. Dies illustriert Nietzsche auch mit dem Werdegang seiner Zarathustra-Figur: Während der Protagonist des *Zarathustra* im letzten Kapitel sein
Mitleid mit den »höheren« Menschen, welche den entscheidenden Moment zur
ihrer eigenen Selbstüberwindung buchstäblich verschlafen haben, überwindet,
erscheint ihm jener »Löwe«[15], den er im Kapitel *Von den drei Verwandlungen*
selbst beschrieben hat. Er erwartet nun den lebensfrohen Menschentypus des
»Kindes«, welcher ohne moralische Vorbelastungen die Welt und sich selbst
spielerisch neu entdecken und gestalten wird. (ZA IV, Zeichen, KSA 4, S.406)
Auch diese zukünftigen »Kinder« werden »unschuldig« sein, aber ihre »Un-

---

[15] Die bildliche Repräsentation des »Ich will!«. Vgl. ZA I, Verwandlungen, KSA 4, S.30

schuld« wird sich deutlich von der »Unschuld« der »Fliegen des Marktes« unterscheiden. Die »Unschuld« der »Fliegen des Marktes« basiert auf Ignoranz und mangelndem Reflexionsvermögen, die »Unschuld« der »Kinder« hingegen auf persönlicher Immunität gegen selbstzerstörerische Schuldgefühle. Der Übermensch als »Kind« entwirft und schafft neue Kontexte, Ausdrucksformen und Möglichkeiten des Lebens aus der Freude und Überfülle seiner eigenen Existenz heraus. Die Idee des Mangels ist ihm ebenso fremd wie die Überzeugung, er müsse einer höheren moralischen Instanz gegenüber seinen persönlichen Lebensentwurf rechtfertigen.

Dieser Menschentypus des »Kindes« wird den Markt eben dadurch verändern, dass er dem Markt an sich keinen übermäßig hohen Stellenwert beimisst, sondern ihn ganz selbstverständlich, von einer Position *jenseits des Marktes* ausgehend, als einen von vielen, wandelbaren Teilen seines Gestaltungsraumes auffasst. Als Künstler, Wissenschaftler, Philosoph etc. befindet er sich zugleich innerhalb und außerhalb des Marktes. Er ist zugleich homogen und heterogen, und sein Werk ist zugleich kommensurabel und inkommensurabel. Die Souveränität der eigenen, selbst geschaffenen Wertvorstellungen schafft durch das »Erfinden neuer Werte« auf lange Sicht auch Souveränität in der Öffentlichkeit des Marktes, weil der Markt das, wovon er abhängig ist und was für mehrere Teile der Gesellschaft relevant ist, nicht dauerhaft nivellieren kann: Das »Erfinden neuer Werte« wird selbst zum Wert.

6. Literaturverzeichnis.

Aschheim, Steven E.: *Nietzsche und die Deutschen: Karriere eines Kults*, Stuttgart / Weimar: Verlag J.B. Metzler, 2000

Bataille, Georges: *Die psychologische Struktur des Faschismus / Die Souveränität*, München: Matthes & Seitz Verlag, 1997

Lessing, Theodor: *Nietzsche*, München: Matthes & Seitz Verlag, 1985

Nietzsche, Friedrich: *Menschliches, Allzumenschliches*, KSA Bd. 2, München: Deutscher Taschenbuch Verlag / de Gruyter, 1999

Nietzsche, Friedrich: *Also sprach Zarathustra*, KSA Bd. 4, München: Deutscher Taschenbuch Verlag / de Gruyter, 1999

Riedel, Manfred: *Nietzsche in Weimar: Ein deutsches Drama*, Leipzig: Reclam Verlag, 2000

Sloterdijk, Peter: Über die Verbesserung der guten Nachricht: Nietzsches fünftes »Evangelium«, Frankfurt a.M.: Suhrkamp Verlag, 2001

»Vergiss die Peitsche nicht!«

Eine Untersuchung der Metapher des »Weibes« in Also sprach Zarathustra

Paul-Gerhardt Stephan

1. Einleitung.

»Du gehst zu Frauen? Vergiss die Peitsche nicht!« (Za, KSA 4, S. 86) Auch wer von Nietzsche sonst nichts gelesen hat, führt diesen Satz gerne bei passender und unpassender Gelegenheit im Munde. Jede Internetrecherche zeigt, dass er oft als Beleg für Nietzsches Sexismus oder zumindest doch für sein ›schwieriges‹ Verhältnis zum anderen Geschlecht herangezogen wird, das dann anhand von bekannten biographischen Anekdoten zu der Beziehung zu seiner Mutter, seiner Schwester und Lou Salomé weitreichend illustriert und psychologisch ausgeleuchtet wird.[1] Auch wenn diese Betrachtungsweise sicherlich nicht vollkommen falsch ist, so ist sie doch sowohl hermeneutisch als auch erst recht philosophisch ungenügend. Sie abstrahiert gerade vom Inhalt des Texts, um zu einer ihm zunächst völlig äußerlichen Ebene überzugehen. Nicht zuletzt ist sie jedoch, wie Nietzsche sagen würde, »moralinsauer[....]« (WA, 3, KGW VI/3, S. 12): Anstatt sich die Argumente, die Nietzsche für seine Sicht auf Frauen anführen mag, genau anzusehen und sich, und sei es probeweise, mit ihnen einen kurzen Moment lang auseinanderzusetzen, wird ihnen sofort der Stempel des Sexismus aufgeprägt und die Empörung dient der Bestätigung des eigenen Ressentiments.

Genau den Versuch dieser Auseinandersetzung will dieser Aufsatz wagen. Ich stimme mit den Nietzsche-Kritikern darin überein, dass ich in Nietzsches Äußerungen zu Frauen ein wesentliches Problem sehe. Genauer gesagt gehe ich davon aus, dass es (mindestens) zwei problematische Figuren in Nietzsches Werk, und speziell auch im *Zarathustra* gibt: ›den‹ Juden und ›die‹ Frau. Auf erstere Problematik kann ich im Rahmen dieses Aufsatzes nicht eingehen, letzterer will ich mich intensiv widmen. Ich halte es für einen Prüfstein jeder umfassenden Nietzsche-Deutung, inwiefern sie mit diesen beiden Problemen umzugehen vermag. Natürlich handelt es sich ›streng‹ genommen nicht um innerphilosophische Probleme. Vom Standpunkt der ›reinen‹ Philosophie aus betrachtet ist weder die

---

[1] Der Kommentator Christian Niemeyer meint etwa, dass es notwendig sei, diesen Satz psychoanalytisch zu deuten und ansonsten als persönliche Marotte Nietzsches zu vernachlässigen. (Vgl. ders., Friedrich Nietzsches Also sprach Zarathustra, Darmstadt 2007, S. 32)

›Frauen-‹ noch die ›Judenfrage‹ sonderlich relevant.[2] Doch erstens sind es drängende Probleme unserer Lebenswelt, der sich eine authentische Philosophie nicht verschließen *darf*, zweitens sind diese Probleme, wie am Beispiel ›der‹ Frau zu zeigen sein wird und sich auch für ›den‹ Juden mühelos zeigen ließe, für Nietzsche selbst gerade keine marginalen Fragen, sondern zählen zu den wichtigsten, tiefsten und ernstesten philosophischen Problemen überhaupt. Dies ist eben der radikal philosophiekritische Stachel der nietzschianischen Philosophie, der von Versuchen seiner Integration in den Kanon der ›klassischen‹ ›großen‹ Denker von Platon bis Heidegger, die sich um die ›wirklich tiefen‹ Probleme wie das Verhältnis zwischen Subjekt und Objekt oder den Begriff der Wahrheit, nicht um banale Fragen wie die nach Sexismus und Antisemitismus kümmern, gezogen wird. Zentrale Inhalte von Nietzsches Philosophie – wie insbesondere seine Kritik dieses Begriffs von ›Tiefe‹ und einer ›wirklichen Welt‹ hinter der ›falschen‹ Welt der Erscheinungen – werden dabei, selbst wenn sie dem Anspruch nach zur Kenntnis genommen werden, performativ doch ignoriert.

Ich werde meine Untersuchung zunächst mit einigen methodischen Überlegungen beginnen (2). Dabei wird klar werden – was eine nicht unerhebliche Schwierigkeit darstellt –, dass die methodische Frage einer richtigen Nietzsche-Interpretation von seiner Behandlung der ›Frauenfrage‹ gar nicht zu trennen ist. Anschließend werde ich mich dann dem zur Frage stehenden Satz selbst widmen. Dazu erscheint es mir am sinnvollsten, mich zunächst sehr genau nur mit der Rede *Von alten und jungen Weiblein*, in der er steht, zu befassen (3), und sie dann im Kontext des gesamten *Zarathustra* zu verorten (4). Im Anschluss werde ich dann meine Interpretation anhand einer skizzenhaften Verortung in Nietzsches Gesamtwerk zusammenfassen (5), um abschließend den Bogen zurück zur Frage nach dem Sexismus (6) und nach der Möglichkeit der Interpretation zu schlagen (7).

2. Wie Nietzsche lesen?
Heidegger hat eine Interpretation des *Zarathustra* versucht, die in gewisser Weise als Vorbild für jede des Werkes dienen kann.[3] Es gelingt ihm weitgehend, sich unverstellt, ohne Rückgriff auf biographische Fakten, externe Theorien und Philosophien dem Text selbst zu widmen und seine immanente Entwicklung nachzuvollziehen. Insbesondere aber betont er, dass es, um zu verstehen, wer Zarathustra eigentlich ist, nicht ausreicht »nur Sätze zusammenzustellen, aus denen sich ergibt, was der Fürsprecher und Lehrer von sich sagt. Wir müssen darauf achten, *wie* er es sagt und bei welcher Gelegenheit und mit welcher Absicht.«

---

[2]   Es sollte klar sein, dass die ›Frauenfrage‹ genauso gut eine ›Männer-‹, die ›Juden.-‹ genauso gut, und vielleicht sogar wesentlich, eine ›Antisemitenfrage‹ ist.
[3]   Ders., Wer ist Nietzsches Zarathustra?, in: Gesamtausgabe Bd. 7, Frankfurt a. M. 2000, S. 99 ff.

(ebd., S. 103) Es ist also gerade der rhetorische und dramaturgische Kontext des Werkes, den es zu beachten gilt.

Bei aller interpretatorischen Genauigkeit und der Bereitschaft, sich den überbordenden Polyvalenzen und Rätseln des Textes – das Rätsel ›der‹ Frau ist sicherlich eines der schwierigsten – nicht zu verschließen, sondern sich ihnen vorbehaltlos auszuliefern, verfehlt Heidegger, als klassischer Philosoph, der er bei aller »Metaphysik«-Kritik doch bleibt, seinen eigenen Anspruch, gerade, insofern er den genannten Prüfstein, selbst wenn er Texte von Nietzsche deutet, in denen von Frauen und Juden an prominenter Stelle die Rede ist, verfehlt.[4]

Freilich habe ich bis an dieser Stelle ein implizites *Ideal* von einer werkgetreuen Interpretation vorausgesetzt, das es zu explizieren und zu problematisieren gilt (eine selbstreflexive Kritik der eigenen Ideale, deren Lehrmeister selbstverständlich niemand geringerer als Nietzsche selbst ist). Dieses Ideal beinhaltet eine gewisse *Treue* gegenüber dem Text und seinem Autor. Der Text soll *genau* gelesen werden – und zwar so, wie es der Autor sich dachte. Nur so erfahre man die *Wahrheit* des Textes, nur das sei die einzig *wahre* Perspektive auf den Text. Doch wie ist ein solches Ideal mit Nietzsche, der lehrt, dass es keine Wahrheit gibt, vereinbar? Die drängende Frage ist also: Ist es überhaupt möglich, Nietzsche in diesem Sinne treu zu sein, ihn in diesem Sinne *wahrhaft* zu verstehen?

Doch man muss genauer darauf hören, wie Zarathustra selbst verstanden werden will:»Wer in Blut und Sprüchen schreibt, will nicht gelesen, sondern auswendig gelernt werden.« (Za, KSA4, S.47) Nimmt man einmal probeweise an – wofür einiges spricht, nicht zuletzt Nietzsches Stil in ›Sprüchen‹ zu schreiben[5] –, dass es sich bei diesem Satz um eine Art ›Lektüreanweisung‹ für den Text handelt, ist damit eine radikale Kritik an *allen*, selbst den ›treuesten‹, ›gewissenhaftesten‹ und ›genauesten‹ Interpretationen von Nietzsches Werk (oder wenigstens dem *Zarathustra* selbst) verbunden. Einen Text auswendig zu lernen, heißt ja gerade nicht, ihn verstehen zu wollen, sondern ihn einfach so hinzunehmen, wie er ist. Im schlimmsten Fall würde es bedeuten, einen Text einfach blind und bewusstlos nachzuplappern. Es widerspricht allerdings allen sonstigen Äußerungen Zarathustras und Nietzsches zu dieser Thematik, dass es *diese* Art von Auswendiglernen ist, die hier gemeint ist.

Die Rede, überschrieben mit *Vom Lesen und Schreiben* (ebd., S. 48-50), in dem dieser berühmte Satz steht, beginnt mit einer radikalen ›Kritik‹[6] des Lesens und Schreibens überhaupt: „Von allem Geschriebenen liebe ich nur Das, was Einer

---

[4] Vgl. zum Schweigen über die Frauen Jacques Derrida, Spurs. Nietzsche's Style, Chicago 1979, S. 85.

[5] Es heißt schließlich nicht umsonst »Also *sprach* Zarathustra«. Vielleicht wäre es sogar adäquater, nicht von »Reden«, sondern von »Sprüchen« Zarathustras zu sprechen.

[6] Womöglich ist ›Kritik‹ an dieser Stelle das falsche Wort, da sie impliziert, dass irgendwelche Gegenargumente gebracht würden – das tut Zarathustra, wie gewöhnlich, auch an dieser Stelle *nicht*.

mit seinem Blute schreibt." (ebd., S. 48) Dieses mit Blut Geschriebene sei nicht leicht zu verstehen, zumindest nicht dem, der bloß liest. In der Präsentation seines Gegenmodells zu dieser falschen Kultur des Lesens und des Schreibens lässt Zarathustra in einem wahrhaft dionysisch-ekstatischem Reigen so gut wie alle Motive auf den Leser einprasseln, die für seine gesamte ›Lehre‹ (so es diese gibt) so zentral sind: den Tanz, die Liebe, das Leben, das befreite Lachen ... Er gipfelt in dem Satz:»Jetzt bin ich leicht, jetzt fliege ich, jetzt sehe ich mich unter mir, jetzt tanzt ein Gott durch mich.« (ebd., S. 50)

Zugleich klingt in dieser Passage die ›Frauenfrage‹ an:»Muthig, unbekümmert, spöttisch, gewaltthätig – so will uns die Weisheit: sie ist ein Weib und liebt immer nur den Kriegsmann.« (ebd., S. 49) Dass die Weisheit bzw. auch die Wahrheit an sich eine Frau bzw. ein Weib sei, ist ein Motiv, das sich durch Nietzsches gesamtes Schaffen hindurchzieht und auf das ich noch zurückkommen werde. Auf den ersten Blick wirkt dieses Bild recht stereotyp: die Frau als angebetetes, doch passives Geschöpf, das der tapfere, aktive Mann erobern muss. Doch auf den zweiten findet hier eine subtile Subversion dieses Bildes statt: Es ist ja die Weisheit selbst, die liebt. Die Botschaft dieses Satzes scheint zu sein, dass der Mann aufhören soll, ›Philo-soph‹ im klassischen Sinne zu sein. Die Weisheit soll ihn lieben, nicht umgekehrt er sie.

Wenig später wird die scheinbare Stereotypie von Nietzsches Bildsprache weiter subvertiert:»Das Leben ist schwer zu tragen: aber so thut mir doch nicht so zärtlich! Wir sind allesammt hübsche lastbare Esel und Eselinnen.« (ebd.) Dies ist die einzige Stelle im gesamten Buch, an der Zarathustra explizit Männer *und* Frauen anspricht. Das Projekt einer neuen Lebensform jenseits von Lesen und Schreiben, jenseits von Philosophie und Vernunft ist so explizit ein gemeinsames Projekt *beider* Geschlechter, die hier absolut gleichberechtigt adressiert werden. Es ist eine neue *Lebens*form, weil die ›Kritik‹ an Lesen und Schreiben von Anfang an in einem viel umfassenderen Sinne verwendet wird: Für Zarathustra leben wir in einer Kultur des Lesens und Schreibens und diese gesamte Kultur ist verdorben. Das Problem des Lesens und Schreibens wäre somit als Manifestation eines allgemeineren Gegensatzes zwischen männlich und weiblich, aktiv und passiv etc. zu verstehen. Was Zarathustra also mit ›Auswendiglernen‹ meint, ist kein passives Nachplappern des Textes. Sicher gehört eine gewisse Passivität, eine gewisse Aufnahmebereitschaft und Offenheit gegenüber dem Text (die freilich nicht bloß passiv sein kann, sondern in sich eine aktive Öffnung voraussetzt) dazu. Doch es geht viel eher um die aktive Bejahung, die bis in den Rausch gesteigerte aktive, produktive, kreative Hingabe an den Text (und entsprechend an das Leben an sich). Wer den Text auswendig vorsagen will, der muss ihn zunächst perfekt verinnerlicht haben. Er emanzipiert sich dadurch freilich auch vom Text als bloßem Buchstaben. Erst dann kann ein wirklich produktives, aktives Verhältnis zum Text einsetzen. Nicht zuletzt die Doppeldeutig des Wortes ›auswendig‹ zeugt davon: Liest man es wörtlich, bezeichnet es ja gerade ein ›sich-heraus-Wenden‹, eine ›Ek-stase‹.

Gerade, wenn wir so Nietzsche, im traditionellen Sinne, besonders ›treu‹ sind, ihn besonders genau und gewissenhaft interpretieren, wird uns so bewusst, wie falsch, lächerlich und ungenügend unser eigenes Ideal ist. Nicht nur, weil Zarathustra es schilt – die schier unerschöpflichen Bedeutungsnuancen des Textes müssen uns zwangsläufig zur Verzweiflung bringen. Wir spüren diese Verzweiflung allerdings gerade nicht – und das ist die Größe gerade des *Zarathustra* – als Schwäche des Textes, sondern als unsere eigene Schwäche. Wir können den Text, als Interpreten und Philosophen, nicht in dem oben genannten Sinn »auswendig lernen«. Wir können uns ihm nur schüchtern annähern – und hoffen, dass er uns, wenn wir zärtlich, einfühlsam und respektvoll genug sind, einen schwachen Abglanz seiner wirklichen Bedeutung erahnen lässt. Je mehr wir das aber tun, desto mehr erkennen wir, wie desperat unsere Hoffnungen sind, den Text je so besitzen zu können, wie es wohl möglich sein mag, die Lehre Kants zu verstehen.

Vielleicht ist es gerade das Ideal des »Kriegsmanns«, das uns davor schützen soll, in unserem Handwerk zu verzweifeln? Doch ist das möglich? Wie weit trägt uns die Lehre der Bejahung? Inwieweit kann Nietzsche uns vor dem Abgrund des Nihilismus bewahren? Oder ist jede philosophische Deutung, gerade, wenn sie treu gegenüber dem Text ist, einer völlig subjektiven, vielleicht künstlerischen, Aneignung des Textes nicht unendlich unterlegen? Wäre eine *treue* Interpretation Nietzsches also etwas, was in einem philosophischen – und erst recht: akademischen – Kontext also überhaupt nicht geleistet werden kann?

Wir stehen schlicht vor einer unlösbaren Aporie, die dadurch noch verschärft wird, dass uns der Text beständig dazu verführt und dazu ermuntert, uns ihm hinzugeben. Seine Rätsel wollen gelöst, seine Bilder erklärt, seine Sprachmächtigkeit analysiert werden. Der Text ist so selbst wie eine verführerische Frau, die es zu erobern gälte, sich aber niemals erobern lässt. Oder anders: Der Preis einer Eroberung wäre die völlige identifikatorische Mimesis, das völlige dionysische Verschmelzen mit dem Text, das Zarathustra selbst am Ende der Rede ausspricht. »Werde wie ich« oder, genauer noch: »Werde ich« sagt der Text. »Verstehe den Text«, sagt hingegen die Vernunft, »distanziere dich gerade von ihm.« In der Tat ist Distanz ein sehr positiver Wert für Nietzsche. Nicht nur die »Herrenmoral« ist wesentlich durch ihren »Pathos der Vornehmheit und Distanz« (GM I, 2, KGW VI/2, S. 273) gekennzeichnet, in dem sich die »Herren« von den »Sklaven« abgrenzen: Sie kennzeichnet auch das ideale Verhältnis zwischen Mann und Frau: »Der Zauber und die mächtigste Wirkung der Frauen ist, um die Sprache der Phi-

losophen zu reden, eine Wirkung in die Ferne, eine actio in distans: dazu gehört aber, zuerst und vor Allem – Distanz!« (FW, 60, KGW V/2, S. 101)[7]
Allerdings gehört auch die »Treue« selbst zu den Werten, die Nietzsche unter denen der »Herrenmoral« nennt (GM I, 11, KGW VI/2, S. 288). Doch, wie immer, gibt es auch hier zwei Arten von Treue:

> Vademecum — Vadetecum.
> Es lockt dich meine Art und Sprach,
> Du folgest mir, du gehst mir nach?
> Geh nur dir selber treulich nach: –
> So folgst du mir – gemach! gemach! (FW, 7, KGW V/2, S. 26)

Treue zu Nietzsche, Treue zu Zarathustra, Treue zur Erde hieße somit vor allem eines: Treue gegenüber sich selbst.[8] Wie also ein treuer Interpret Nietzsches sein? Ich werde die Antwort auf diese Frage (so es diese gibt) vorläufig aufschieben in der Hoffnung, dass ein genaueres, gewissenhafteres Verständnis von Nietzsches Konzeption des Verhältnisses zwischen Frau und Mann mich mein eigenes Verhältnis zum Text und zur Philosophie besser verstehen lassen wird. Die ›Frauenfrage‹ ist so keine marginale, sondern vielleicht die *einzige* wirkliche, die *einzige* entscheidende Frage. Sie steht im Zentrum von Nietzsches ›Epistemologie‹, ›Methodologie‹ und ›Hermeneutik‹ (wenn es das gibt) und es ist *untreu*, Nietzsche in dieser Hinsicht nicht so wörtlich wie nur möglich zu nehmen. Das irritierende Moment hierbei ist – die Peitsche.

3. Die Rede Von alten und jungen Weiblein.

Der Ausspruch »Du gehst zu Frauen? Vergiss die Peitsche nicht!« steht ganz am Ende der Rede, die überschrieben ist mit *Von alten und jungen Weiblein* (Za, KSA 4, S. 84 ff.), und bildet, wenn man so will, seine Schlussfolgerung. Es ist daher nur logisch, dass man ihn nur vor dem Hinblick des vorherigen Verlaufs der Rede verstehen kann.

Im Gegensatz zu den meisten anderen Reden, ist sie in der Form eines Dialogs geschrieben. Oder genauer: Da auch sie mit »Also sprach Zarathustra« (ebd., S. 86) endet, muss davon ausgegangen werden, dass sie als ganze von Zarathustra als Dialog erzählt wird. Verkompliziert wird diese ganze Struktur noch dadurch, dass es einen Rahmen- und einen Binnendialog gibt.[9] Zarathustra erzählt, wie er jemanden, der ihn anscheinend bei Einbruch der Nacht auf der Straße trifft, eine Begegnung erzählt, die er zuvor mit einem »alten Weiblein« (ebd., S. 84) hatte.

---

[7] Diese Stelle enthält eine gewisse Ambivalenz – es ist ja nicht klar, wer genau eigentlich wem gegenüber Distanz üben soll –, auf die wir noch oft stoßen werden.

[8] Vgl. hierzu auch die Aufforderung Zarathustras an seine Jünger, ihn zu verlassen, am Ende des ersten Buches. (Za, KSA 4, S. 101 f.)

[9] In Wahrheit ist die Struktur noch einmal eine Ebene komplexer, da ja streng genommen erzählt wird, wie Zarathustra etwas erzählt. Von dieser Metaebene wird hier abstrahiert, da sie für die Deutung nicht relevant erscheint.

Zarathustra erregt die Aufmerksamkeit des Fragenden durch sein seltsames Verhalten, das dadurch gekennzeichnet wird, dass er etwas unter dem Mantel zu verstecken scheint. Was er darunter versteckt, bezeichnet Zarathustra als »eine kleine Wahrheit« (ebd.), die ihm geschenkt worden sei und die er unter seinem Mantel verstecken müsse, da sie sonst »überlaut« (ebd.) schreien würde. Es ist also kein Wunder, dass der Peitschen-Satz so einprägsam ist, bietet doch Nietzsche von Anfang an sein gesamtes rhetorisches Talent auf, um den Leser auf diesen Satz hinlesen zu lassen.

Das alte Weiblein nun konfrontiert Zarathustra mit der Frage, warum Zarathustra, der »vieles [...] auch zu den Weibern sprach« (ebd.) nicht auch über sie spricht. Dies zeigt, analog zu der Rede von »Eseln *und* Eselinnen«, bereits deutlich an, dass Zarathustra auf jeden Fall in dem Sinne nicht sexistisch ist, dass er Frauen von seiner Lehre ausschließen würde. Über eines allerdings will er, wie er dem alten Weiblein mitteilt, gegenüber Frauen nicht sprechen: »[Ü]ber das Weib soll man nur zu Männern reden.« (ebd.) Das alte Weiblein nun überredet Zarathustra mit der Begründung, dass sie »alt genug« sei »um es gleich wieder zu vergessen« (ebd.), davon eine Ausnahme zu machen und auch ihr etwas von Zarathustras Ansicht zu diesem Thema zu verraten.

Die nun folgende Ausführung Zarathustras, die den längsten Teil der Rede ausmacht, enthält einige berüchtigte Äußerungen, die auf den ersten Blick wenig schmeichelhaft für Frauen wirken. Zarathustra beginnt recht direkt mit dem Satz: »Alles am Weibe ist ein Räthsel, und Alles am Weibe hat Eine Lösung: sie heisst Schwangerschaft.« (ebd.) Während es dem Weib nur um das Kind gehe und es den Mann nur als Mittel zu diesem Zweck ansehe, ist das Weib für den Mann ein »Spielzeug« (ebd., S. 85), das er besonders liebe, weil es »das gefährlichste« (ebd.) sei. Folglich soll »[d]er Mann zum Kriege erzogen werden und das Weib zur Erholung des Kriegers« (ebd.). Freilich ist der Mann »kindlicher als das Weib« (ebd.) – das Weib soll demgemäß eine Mutterrolle auch ihm gegenüber einnehmen. All diese Eigenschaften sieht Zarathustra selbst jedoch keinesfalls negativ, sondern im Gegenteil überaus positiv: »Ein Spielzeug sei das Weib, rein und fein, dem Edelsteine gleich, bestrahlt von den Tugenden einer Welt, welche noch nicht da ist. Der Strahl eines Sternes glänze in eurer Liebe! Eure Hoffnung heiße: ›möge ich den Übermenschen gebären!‹« (ebd.)

Diese mütterliche Liebe des Weibes beschreibt er als einer Form absoluter Hin- und Selbstaufgabe: »Das Glück des Mannes heisst: ich will. Das Glück des Weibes heisst: er will.« (ebd., S. 85) Der Mann müsse sich freilich dieser Liebe auch würdig erweisen und in der Lage sein, das Weib an sich zu binden. Das Weib soll dem Mann absolut gehorchen und darin ein Gefühl der absoluten Vollkommenheit finden. Erst darin finde es seine ihm eigene Tiefe. Ansonsten sei das Weib im Vergleich zum Mann oberflächlich.

Die Entgegnung des alten Weibleins nun ist bemerkenswert. Ironisch relativiert sie die Äußerungen Zarathustras in mehrfacher Hinsicht. Zunächst bezeichnet sie sie als »[a]rtig« (ebd., S. 86), also in gewisser Weise gefällig – und das »sonderlich für Die, welche jung genug dazu sind.« (ebd.) Sie bemerkt, dass Zarathustra die Weiber nur wenig kenne, trotzdem jedoch Recht über sie habe, allerdings nicht ohne hinzuzusetzen: »Geschieht das desshalb, weil beim Weibe kein Ding unmöglich ist?« (ebd.) Letztendlich bezeichnet das alte Weiblein durch die Blume Zarathustra also als Schmeichler, der, wie ein Verfasser von Horoskopen, das Wesen des Weibes nur gut beschreibe, weil es gerade *kein* Wesen habe, bei ihm eben alles möglich sei.

Nun bietet das alte Weiblein Zarathustra zum Dank für seine Enthüllung jene »kleine Wahrheit« an, die der Leser – in gewisser Weise ist Zarathustras Ausführung über das ›Wesen des Weibes‹ nichts anderes als ein retardierendes Moment – so gespannt erwartet hat. Freilich wird auch diese Verkündigung hinausgezögert. Erst, nachdem Zarathustra das alte Weiblein explizit dazu auffordert, ihm diese Wahrheit mitzuteilen, tut sie es. Der letzte Satz der Rede ist dann genau jene kleine Wahrheit: »Du gehst zu Frauen? Vergiss die Peitsche nicht!«

Diese Wahrheit nun wird, im Gegensatz zu dem von Zarathustra Gesagten, in der Rede nicht relativiert. Im Gegenteil erkennt sie Zarathustra so sehr an, dass er sie wie einen Schatz verborgen hält und in gewisser Form an ihrer Schwere zu leiden scheint. Rhetorisch ist es, als ob am Ende einer ansonsten recht harmonischen, ruhigen Musik plötzlich ein schriller, dissonanter Schlussakkord erklingen würde. Das Ausrufezeichen markiert auch graphisch diesen Effekt – es ist, als ob Zarathustra selbst von einer Peitsche getroffen worden wäre. Nicht zuletzt vollzieht diese Entwicklung rhetorisch das Scheitern einer erhofften Liebe nach: Sie beginnt mit dem Versprechen, am Ende etwas enthüllt zu bekommen, in den Besitz einer Wahrheit oder Erfüllung zu gelangen. Doch am Ende einer langen Zeit des Wartens und Hoffens steht das Gegenteil: die Enttäuschung und der Schrecken, die eine kathartische Wirkung haben mögen, von der jedoch in dieser Rede nichts steht noch zu spüren ist.

Was nun zunächst auffällt ist der zweifache Gegensatz zwischen alten und jungen Weiblein, der ja auch den Titel der Rede bildet, einerseits, Frauen und Weibern andererseits. Bis zum letzten Satz ist, der allgemeinen Diktion Zarathustras folgend, in der Rede immer nur von »Weibern« die Rede. Der erste Gegensatz scheint relativ leicht auflösbar zu sein. Zarathustra spricht ja in der Tat nur von gebärfähigen, begehrenden und begehrten, also: jungen, Frauen. Der zweite ist etwas rätselhafter. Jedenfalls hat die Rede vom »Weib« etwas Despektierliches und verleiht auch der ganzen sonstigen Rede einen etwas despektierlichen Charakter, der viel zu ihrer Interpretation als sexistisch beitragen mag. Die Rede von der »Frau« hat im Gegensatz dazu einen sehr respektvollen, ehrerbietigen

Klang.[10] Ist also von zwei verschiedenen Figuren die Rede? Das würde nicht die Schock-, vielleicht sogar: desillusionierende Wirkung erklären, die die Verkündigung des alten Weibleins auf Zarathustra hat. Eher handelt es sich um zwei Perspektiven auf dasselbe. So »artig« er auch über die Frauen sprechen mag – indem er sie als »Weiber« bezeichnet, distanziert sich Zarathustra von ihnen und stellt sie unter sich. Als »Frau« ist das »Weib« zwar auch distanziert, doch genau im gegenteiligen Sinn: Sie steht, als gefährliches Objekt des Begehrens, über dem Mann.[11] Frau / Weib / altes Weiblein ... das Weibliche hat, in dieser einzigen Rede (mindestens) drei Facetten, deren Verhältnis unklar gelassen wird. Beim Weib ist eben alles möglich.

Doch was ist die Wahrheit des Weibes? Nietzsche schreibt an anderer Stelle in seinem Werk: »[Die] Menschheit! Gab es je noch ein scheusslicheres altes Weib unter allen alten Weibern? (– es müsste denn etwa ›die Wahrheit‹ sein: eine Frage für Philosophen).« (FW 377, KGW V/2, S. 312) Nimmt man, wie einige Interpreten,[12] diese Stelle als Schlüssel zur Bedeutung des »alten Weibleins« an, dann würde es sich um die Wahrheit handeln, die ihr eigenes Betriebsgeheimnis verrät. Sie gliche dann den in *Jenseits von Gut und Böse* (232, KGW VI/2, S. 176 ff.) erwähnten Feministinnen, die, indem sie versuchten, die ›Wahrheit‹ des Weibes zu enthüllen, die eigentlich weibliche Tugend, den Schein, »das Sich-Putzen« (ebd., S. 177), verrieten und so einen »de[r] schlimmsten Fortschritte[...] der allgemeinen Verhässlichung Europa's« (ebd., S. 176) bewirkten. Die philosophische Botschaft dahinter ist klar: Nur der Schein macht das Leben lebenswert und schön, dahinter liegt eine profane Wahrheit, die im Grunde unerträglich ist und die ›wir‹, als Männer, deren Aufgabe im Gegenteil die Wahrheitssuche sei, in

---

[10] Diese Unterscheidung zwischen ›Frau‹ und ›Weib‹ ergibt sich nicht nur aus der immanenten Logik des Textes, sondern auch aus der Sprachgeschichte. Die Unterscheidung zwischen ›Frau‹ und ›Weib‹ ist seit jeher die eines Rangunterschiedes: ›Weib‹ bezeichnet die Frau als biologisches Wesen, ›Frau‹ die Frau als Trägerin eines bestimmten sozialen Status (etymologisch bedeutet es ursprünglich ›Herrin‹ und ist die Entsprechung zum lateinischen ›domina‹). Die direkt *pejorative* Konnotation des Wortes ›Weib‹ muss freilich bei einer sachgemäßen Nietzsche-Interpretation eingeklammert werden, da sie im späten 19. Jahrhundert noch nicht vorlag. (Vgl. Deutsches Wörterbuch von Jacob und Wilhelm Grimm, Bd. IV, bearb. von Jacob Grimm, Karl Weigand und Rudolf Hildebrand, Leipzig 1878, Sp. 71-76, Art. »Frau« und ebd., Bd. XIV, bearb. von Alfred Götze, Leipzig 1955, Sp. 329-375, Art. »Weib«, insb. Abs. IV) Die Rede von ›Weiblein‹ schwankt zwischen Schmeichelei und Herabsetzung. (Vgl. ebd., Sp. 426-429, Art. »Weiblein«.)

[11] In seiner detailreichen biographischen Studie zu Nietzsches Intimleben argumentiert Joachim Köhler plausibel, dass die Formulierung »zu Frauen *gehen*« zudem an den Gang zu einer Prostituierten erinnert – zu welcher Frau *geht* man auch sonst? (ders., Zarathustra's Secret. The Interior Life of Friedrich Nietzsche, New Haven/London 2002, S. 74) Unabhängig von dieser Nuance verstärkt es jedenfalls den Eindruck von Unterlegenheit, dass der Mann zur Frau gehen muss, nicht umgekehrt sie zu ihm.

[12] Vgl. etwa Eugen Roth-Bodmer, Schlüssel zu Nietzsches Werken. Ein interpretierender Kommentar zu Nietzsches Werk Also sprach Zarathustra, Meilen 1975, S. 58.

Wahrheit gar nicht hören wollen.[13] Doch was ist nun diese Wahrheit genau, was ist die Peitsche? Oder ist die Rätselhaftigkeit dieses Bildes vielleicht gerade ein letzter Schutzmechanismus, eine letzte Hülle, durch die wir in Wahrheit gar nicht sehen wollen?

Die Peitsche zeigt jedenfalls einen radikalen Bruch, eine radikale Störung in dem von Zarathustra so harmonisch beschriebenem Spiel zwischen Mann und Weib an. Die Peitsche tritt als gewalthaftes, dissoziierendes Moment *zwischen* Mann und Weib. Das verstörende an dem Satz ist zudem nicht nur seine lakonische Kürze, sondern auch seine Mehrdeutigkeit: Es wird nicht gesagt, wer hier eigentlich wen peitscht, es ist nur unbestimmt von »*der* Peitsche« die Rede. Freilich wird diese Störung auch schon in Zarathustras eigenen Ausführungen benannt: Das Weib ist ja gefährlich, zugleich ist »auch noch das süsseste Weib« »bitter« (Za, KSA 4, S. 85). Diese Gefahr geht vom Weib gerade in seiner Fähigkeit zur absoluten Hingabe aus:

> Der Mann fürchte sich vor dem Weibe, wenn es liebt: da bringt es jedes Opfer, und jedes andre Ding gilt ihm ohne Werth. Der Mann fürchte sich vor dem Weibe, wenn es hasst: denn der Mann ist im Grunde seiner Seele nur böse, das Weib aber ist dort schlecht. Wen hasst das Weib am meisten? – Also sprach das Eisen zum Magneten: »ich hasse dich am meisten, weil du anziehst, aber nicht stark genug bist, an dich zu ziehen.« (ebd.)

Die Peitsche ist nun gerade ein Instrument der gewaltsamen Unterdrückung und Abrichtung, die diesen Makel des Mannes – seine potentielle Unfähigkeit, das Weib wirklich an sich binden zu können, sich seinem Gehorsam wirklich würdig zu erweisen – ausgleichen könnte. Dass er anscheinend auf sie angewiesen ist, offenbart seine eigene Schwäche: Nur ein schlechter Liebhaber muss eine Frau dazu zwingen, ihm gefügig zu sein – einem guten gibt sie sich aus freien Stücken hin. Trotz der erhalten bleibenden Doppeldeutigkeit der genauen Unterdrückungsverhältnisse, scheint dies doch die plausibelste Deutung des Peitschen-Satzes zu sein.[14]

Nicht nur durch diesen Satz, auch durch ihre sonstige Reaktion, beweist das alte Weiblein Zarathustra gegenüber eine gewisse Überlegenheit. Insofern er auf die Peitsche angewiesen ist, mag der Mann im Endeffekt über die Frau triumphieren:

---

[13] Dies ist natürlich zugleich als Kritik am männlichen Projekt der Wahrheitssuche zu verstehen: In der Liebe zum schönen Schein des Weiblichen macht es sich quasi eines ›performativen Selbstwiderspruches‹ schuldig, gesteht implizit seine eigene Unaufrichtigkeit und Begrenztheit ein.

[14] Für die entgegengesetzte Deutung argumentiert etwa Roth-Bodmer: »Die Peitsche dient offensichtlich dazu, die eigenen sinnlichen Begierden bei der Wahl und im Umgang mit der Gattin im Zaum zu halten, damit sie nicht als entscheidender Gesichtspunkt vorherrschen, sondern dass die Hervorbringung des Übermenschen im Vordergrund steht.« (Ders.: Schlüssel, S. 58) Als Beleg für diese These werden verschiedene Verweise auf andere Werke Nietzsches angeführt, was sie meines Erachtens nicht genügend plausibilisieren kann.
Eine zweite Doppeldeutigkeit ergibt sich aus dem Doppelsinn des Verbs: Soll sich der Mann an die Peitsche *erinnern* oder soll er sie *nicht zu Hause liegen lassen*? Aus meiner Deutung ergibt sich klar ein Überwiegen des zweiten Sinnes.

Sie wirklich erobern kann er so nie. Zarathustras Worte mögen gefällige Komplimente und nette Ideale sein – an der Realität scheitern sie jedoch und auch die kunstvolle Rhetorik Zarathustras mag, als Verführungsinstrument enttarnt, eine Art Peitsche sein, die die Schwäche Zarathustras kompensieren soll. Oder ist sie nicht ein sehr feminines Verführungsinstrument – auch und gerade nach Nietzsches eigenem Begriff von den sich des ästhetischen Scheins bedienenden Verführungstechniken der Frau? Ist Zarathustra also eine Frau, die an sich selbst leidet? Oder ein Mann, der darunter leidet, dass seine Verführungstechniken, gerade wegen ihrer Feminität, nicht hinreichen, um die Frauen an sich zu binden – der die Peitsche bräuchte?

Auch wenn diese Deutung die Ausführungen Zarathustras bis zu einem gewissen Grad verständlich macht, bleibt sie doch aus dem entscheidenden Grund unbefriedigend, dass sie die erwähnte komplexe Erzählstruktur ignoriert. Welchen Status hat die geschilderte Episode genau? Erzählt Zarathustra schlicht etwas, was ihm vorgefallen ist? Oder handelt sich um ein Gleichnis? Und warum bedarf es des Fragenden am Eingang? Die Einleitung durch diese Frage mag eine dramaturgische Funktion haben, da sie die Aufmerksamkeit des Lesers von Anfang an auf jene »kleine Wahrheit« lenkt. Das erste Problem bleibt offen. Das alte Weiblein wirft Zarathustra ja implizit vor, eher schmeicheln zu wollen als zu sagen, was er wirklich über die Weiber denkt. Sagt er es also nur zu ihr so? Aber wieso erzählt er diese Begegnung dann anderen?

4. Weiber und Peitschen im *Zarathustra*.

Um die Rede vollständig zu verstehen, ist es nötig, sie auf den Kontext des gesamten Buches zu beziehen, in dem die Thematik des Verhältnisses zwischen den Geschlechtern sich geradezu leitmotivisch durchzieht. Ein Blick auf diese Passagen zeigt zumindest, dass es keinen Grund gibt, anzunehmen, dass Zarathustra dem alten Weiblein nur schmeicheln will. Seine Ausführungen zum Weib an dieser Stelle decken sich weitgehend mit denen an anderen. In der Rede *Von alten und neuen Tafeln* (Za, KSA 4, S. 246 ff.), die sich so als so etwas wie eine Zusammenfassung der ›Lehre‹ Zarathustras präsentiert, heißt es etwa: »So will ich Mann und Weib: kriegstüchtig den Einen, gebärtüchtig das Andre, beide aber tanztüchtig mit Kopf und Beinen.« (ebd., S. 264) Hier ist zugleich ausgesprochen, dass, bei aller Unterscheidung zwischen den Idealen für jedes Geschlecht, im Tanz beide doch gleich und gleichermaßen angesprochen sind.

4.1 Der Mann als Krieger.

Das Bild vom Mann als Krieger wird nicht nur in der erwähnten Rede *Vom Lesen und Schreiben* herangezogen, sondern in der *Vom Krieg und Kriegsvolke* (Za, KSA 4, S. 58 ff.) auch systematisch ausgeführt. Hier wie auch dort ist explizit von „Kriegs*männer[n]*” (ebd., S. 58; Herv. PS) die Rede. Als wichtigster Wert des Kriegers wird die Tapferkeit angeführt – in expliziter Abgrenzung von den »kleinen Mädchen« (ebd., S. 59), deren Moral (»gut sein ist, was hübsch zugleich und rührend ist« (ebd.)) der Krieger getrost ignorieren soll. Der Krieger soll einerseits gehorchen, andererseits befehlen können: »Auflehnung – das ist die Vornehmheit von Sclaven. Eure Vornehmheit sei Gehorsam! Euer Befehlen selber sei Gehorchen! Einem guten Kriegsmanne klingt ›du sollst‹ lieber als ›ich will‹. Und Alles, was euch lieb ist, sollt ihr euch erst noch befehlen lassen.« (ebd.)

Es scheint so zu sein, dass diese Rede und die *Von alten und jungen Weiblein* in einem komplementären Verhältnis zueinander stehen. Während in der einen das Ideal des Mannes entfaltet wird, wird in der anderen das Ideal des Weibes entfaltet. Das höchste Ideal in beiden Fällen ist allerdings dem Inhalt nach dasselbe: absoluter Gehorsam. Gerade darin scheint nun die Frau dem Mann überlegen zu sein: Während der Mann in größerer Gefahr ist, einem falschen Egoismus nachzugehen, liegt es im innersten Wesen des Weibes, bedingungslos zu gehorchen. Der Mann kann diese Unterlegenheit freilich dadurch ausgleichen, indem er auch aus seinem Befehlen ein Gehorchen macht. Sein »Ich will« hätte so eher die Form eines »Er will, dass ich will« – und dieser »Er« scheint niemand geringerer als Zarathustra selbst zu sein, der Verkünder neuer Werte.

Freilich ist in beiden Fällen dieser Gehorsam kein heteronomer. Indem die Frau dem Mann gehorcht, folgt sie ja eigentlich nur ihrem eigenen Wesen. Ebenso folgt der Mann, der Zarathustras Idealen folgt, letztendlich keinen externen Idealen, sondern nichts als der Moral des Leibes und des Lebens selbst. Dieser *Selbst*-Gehorsam entspricht dem Gehorsam des Ich gegenüber dem Selbst als Leib, den Zarathustra in *Von den Verächtern des Leibes* (ebd., S. 39 ff.) propagiert. Es geht in beiden Fällen um die Aufgabe des falschen, leibes- und lebensfeindlichen Ich zugunsten einer mit Leib, Erde und Leben versöhnten Lebenshaltung. Allerdings scheint es so zu sein, dass für das Weib dieser Widerspruch zwischen Ich und Selbst in dieser Form von vorneherein gar nicht vorhanden ist: Ihr Selbst sagt schlicht, dass sie dem Mann gehorchen soll und in diesem Gehorsam überwindet sie den Widerspruch, sofern sie sie der Mann stark genug an sich bindet.

4.2 Möglichkeiten und Hindernisse einer Freundschaft zwischen Mann und Frau.

Im Abschnitt *Vom Freunde* (Za, KSA 4, S. 71 ff.) heißt es freilich:

> Bist du ein Sclave? So kannst du nicht Freund sein. Bist du ein Tyrann? So kannst du nicht Freunde haben. Allzulange war im Weibe ein Sclave und ein Tyrann versteckt. Desshalb ist das Weib noch nicht der Freundschaft fähig: es kennt nur die Liebe. In der Liebe des Weibes ist Ungerechtigkeit und Blindheit gegen Alles, was es nicht liebt. Und auch in der wissenden Liebe des Weibes ist immer noch Überfall und Blitz und Nacht neben dem Lichte. Noch ist das Weib nicht der Freundschaft fähig: Katzen sind immer noch die Weiber, und Vögel. Oder, besten Falles, Kühe. Noch ist das Weib nicht der Freundschaft fähig. Aber sagt mir, ihr Männer, wer von euch ist denn fähig der Freundschaft? (ebd., S. 71 f.)

Auch hier werden die wenig schmeichelhaften Äußerungen Zarathustras über die Weiber sofort wieder relativiert: Einerseits wird die Unfähigkeit des Weibes zur Freundschaft als nur vorübergehender, potentiell zu überwindender Zustand ausgesprochen; andererseits wird auch den Männern abgesprochen, schon zur Freundschaft vollkommen fähig zu sein.

Jedenfalls wird gesagt, dass das Weib einerseits Sklave *und* Tyrann sei (bzw.: gewesen wäre), andererseits sei auch seine Liebe – die Zarathustra mit absolutem Gehorsam gleichsetzt – jedenfalls vom Standpunkt der wahren Freundschaft aus betrachtet unvollkommen. Während Zarathustra die Freundschaft als passivaktives Wechselspiel zwischen den Freunden zur wechselseitigen Höherbildung beschreibt, ist der Gehorsam ja tendenziell rein passiv, das Befehlen rein aktiv.

4.3 Ehe.

In *Von Kind und Ehe* (Za, KSA 4, S. 90 ff.) macht Zarathustra aus einer anderen Perspektive, nämlich der des Mannes, der zu Männern spricht,[15] deutlich, dass auch die Ehe für ihn keine geeignete Lösung für den Konflikt zwischen Frau und Mann darstellt. Als Zweck einer idealen Ehe nennt Zarathustra das Über-sich-hinaus-schaffen in der Zeugung. Er spricht jedoch den meisten Männern die Fähigkeit zur Ehe ab. Weil sie noch nicht dazu fähig seien, wirklich schöpferisch zu sein, diente ihnen die Ehe nur zur Kompensation der eigenen Schwäche. Sie wählten sich dazu falsche Partnerinnen, die sie letztendlich nicht beherrschten, sondern von denen sie beherrscht würden. In dieser Konstellation könne keiner von beiden wirklich schöpferisch sein.

Doch auch eine gelungene Liebe wäre gerade nicht selbst die erstrebte Versöhnung, sondern nur deren Vorschein:

> Aber auch noch eure beste Liebe ist nur ein verzücktes Gleichniss und eine schmerzhafte Gluth. Eine Fackel ist sie, die euch zu höheren Wegen leuchten soll. Über euch hinaus sollt ihr einst lieben! So l e r n t erst lieben! Und darum musstet ihr den bittern Kelch eurer Liebe trinken. Bitterniss ist im Kelch auch der besten Liebe [vgl. die analoge Formulierung in *Von alten und jungen Weiblichen*; PS]: so macht sie Sehnsucht zum Übermenschen, so macht sie Durst dir, dem Schaffenden! (ebd., S. 92)

Die Funktion einer idealen Liebe wäre also gerade nicht, die erstrebte Versöhnung bereits zu erreichen, sondern gerade durch ihr Scheitern hindurch erst Sehnsucht zum Übermenschen zu machen. Das Problem der bestehenden Ehe scheint gerade darin zu liegen, dass dieses Scheitern nicht anerkannt und bejaht, sondern durch Unaufrichtigkeit übertüncht wird.

---

[15] Vgl. etwa die Formulierung: »*Eure* Liebe zum Weibe und des Weibes Liebe zum Manne« (ebd., S. 91; Herv. PS).

4.4 Keuschheit.

Bereits in der Rede *Von der Keuschheit* (Za, KSA 4, S. 69 f.) erfuhren wir jedoch, dass auch die Enthaltsamkeit keine Lösung für die Probleme der komplizierten Beziehung zwischen den Geschlechtern ist. Zarathustra betont hier zunächst, dass für ihn die sinnliche Begierde generell ein Problem darstellt: Das Bedürfnis nach Sexualität sei ein »Schlamm [...] auf dem Grunde [der] Seele« (ebd., S. 69). Dennoch sieht er in der simplen Askese nur eine Scheinlösung: »Die Keuschheit ist bei Einigen eine Tugend, aber bei vielen beinahe ein Laster.« (ebd.) Das Problem sei, dass bei den meisten, die vorgeben, keusch zu sein, die sexuelle Begierde in Wahrheit doch die Triebfeder ihres Handelns ist. Die Befriedigung der sexuellen Lust werde ersetzt durch eine Art automasochistische Selbstquälerei, die eine Ersatzlust gewährleiste, die auf Grund ihres unaufrichtigen Charakters jedoch noch gefährlicher als die eigentliche Befriedigung sei. Daher folgert Zarathustra: »Wem die Keuschheit schwer fällt, dem ist sie zu widerrathen: dass sie nicht der Weg zur Hölle werde – das ist zu Schlamm und Brunst der Seele.« (ebd., S. 70) Der wahre Keusche wäre es »von Grund aus« (ebd.). Für ihn wäre freilich die Keuschheit auch keine moralische Tugend mehr, sondern schlicht eine Naturanlage. Sie ist daher auch kaum zu erwerben. Insofern wäre sie kein Weg, den der Krieger unmittelbar bestreiten kann und sollte.

4.5 Die Beziehung zwischen Frau und Mann als Tanz.

Kann vielleicht das von Zarathustra so oft als Metapher authentischen Lebens bemühte Modell des Tanzes eine mögliche Lösung für das schwierige Verhältnis zwischen Mann und Weib bieten? Entscheidend hierfür ist *Das andere Tanzlied* (Za, KSA 4, S. 282 ff.), das, gefolgt nur noch von *Die sieben Siegel* (ebd., S. 287 ff.), den Abschluss des dritten Buches bildet und somit, nach Nietzsches ursprünglichem Plan, den Abschluss des Werkes. Es stellt eine Antwort auf *Das Tanzlied* (ebd., S. 139 ff.) im zweiten Buch dar.

4.5.1 Das Tanzlied.

In dieser Rede geht es um die Begegnung Zarathustra mit einer Menge tanzender Mädchen. Als sie Zarathustra sehen, hören die Mädchen auf zu tanzen. Zarathustra will sie nun dazu animieren, ihren Tanz fortzusetzen. Wenn auch die Peitsche nicht erwähnt wird, tritt das Motiv der Züchtigung doch auch hier auf. Die Mädchen werden nämlich vom Gott Cupido, »de[m] kleinen Gott, welcher den Mädchen der liebste ist« (Za, KSA 4, S. 139) begleitet, der sich jedoch schlafen gelegt hat. Zarathustra will ihn aufwecken:

> Zürnt mir nicht, ihr schönen Tanzenden, wenn ich den kleinen Gott ein Wenig züchtige!
> Schreien wird er wohl und weinen, – aber zum Lachen ist er noch im Weinen! Und mit
> Thränen im Auge soll er euch zum Tanz bitten[.] (ebd.)

98

Auch hier schleicht sich so eine – anscheinend nötige – Gewaltsamkeit in das Verhältnis der Geschlechter ein. Ausgehend davon, dass Cupido der römische Gott der Begierde ist, muss man annehmen, dass es Zarathustra darum geht, die Begierde der Mädchen wachzurütteln, damit der Tanz überhaupt erst beginnen kann. Sie scheint nicht von Natur aus vorhanden zu sein – ihre Erweckung ist wiederum mit großem Leid verbunden. Es erfordert also einen gewissen Zwang, eine gewisse ursprüngliche Gewaltsamkeit, um das Spiel der Geschlechter überhaupt erst beginnen zu lassen – und zwar kein bloß hemmender, sondern ein es überhaupt erst konstituierender, produktiver Zwang.

Die Mädchen und Cupido beginnen nun, begleitet von Zarathustras Tanzlied, zu tanzen. Es geht in ihm inhaltlich um Zarathustras zwei Geliebte. Die eine ist das Leben, die andere die Weisheit. Diese Dreiecksbeziehung ist nicht einfach, da Zarathustra zwischen beiden steht: Einerseits sei seine wahre Liebe das Leben, andererseits liebe er auch die Weisheit, weil sie dem Leben so ähnlich sehe. Mit ihr ist er jedoch nicht wirklich zufrieden: »Ach ja! die Weisheit! Man dürstet um sie und wird nicht satt, man blickt durch Schleier, man hascht durch Netze.« (ebd., S. 141) So beklagt er sich beim Leben über die Weisheit. Das Leben jedoch erwidert darauf: »Von wem redest du doch? [...] [W]ohl von mir?« (ebd.) Leben und Weisheit werden so ununterscheidbar – Zarathustra wird jedoch seiner Liebe zu beiden nicht froh, da er auch, wenn er in das Auge des Lebens schaut, das Gefühl hat, »in's Unergründliche zu sinken« (ebd.). Das Leben allerdings kann dieses Gefühl Zarathustras gar nicht ernst nehmen und lacht ihn aus:

> »So geht die Rede aller Fische [...]; was sie nicht ergründen ist unergründlich.
> » Aber veränderlich bin ich nur und wild und in Allem ein Weib, und kein tugendhaftes:
> »Ob ich schon euch Männern »die Tiefe« heisse oder »die Treue«, »die Ewige«, die »Geheimnissvolle.«
> »Doch ihr Männer beschenkt uns stets mit den eigenen Tugenden – ach, ihr Tugendhaften!« (Za, S. 140)

Das Leben als ›Über-Weib‹ spricht also aus, dass seine Idealisierung und selbst seine »Unergründlichkeit« selbst nur auf Projektionen der Männer basiert und das ›Wesen‹ des Weiblichen in Wahrheit nichts als seine Wildheit und seine Veränderlichkeit – also gerade seine Widerständigkeit gegen alle Wesenszuschreibungen – ist. Oder genauer gefasst: Der um das Auflösen der konstitutiven Kontingenz des Lebens, darin besteht gerade seine Tugend, bemühte Mann kann diese Kontingenz nicht einfach als das hinnehmen, was sie ist, sondern in seinem Weltbild wird sie zu einem moralisch-affektiv hochgradig aufgeladenen und verklärten Symbol. Nicht einmal Zarathustra kann diese Offenbarung akzeptieren: Nach dem Ende des Tanzes versinkt er in tiefer Traurigkeit.

Die Ähnlichkeit zwischen dieser Rede und *Von alten und jungen Weiblein* ist frappierend. In beiden Fällen geht es um Zarathustras Liebe zu den Frauen – und in beiden Fällen ist mit dieser Liebe eine Erkenntnis verbunden, die ihn in seinem

Selbstverständnis tief verunsichert. Zugleich werden ihm von den angesproche-nen Frauen selbst die Grenzen seines eigenen Frauenbildes und somit seiner ei-genen Identität klar gemacht. Von Zarathustras Äußerungen in *Das Tanzlied* aus betrachtet lässt sich das Wesen dieser Verunsicherung recht klar bestimmen: Er als Philosoph im wörtlichen Sinne eines Liebhabers der Weisheit, verzweifelt daran, dass ihn die Weisheit nur immer wieder zu der von ihr selbst nicht fassba-ren Kontingenz des Lebens führt. Dass er diese Kontingenz jedoch als Unbehag-en erregendes Andere der Weisheit bestimmt, ist nur das Produkt seiner eige-nen, männlichen Tugend. ›An sich‹ ist dieser Gegensatz freilich schon überwun-den: In Wahrheit liebt Zarathustra in Gestalt der Weisheit ja bereits niemand an-deren als das Leben selbst. Diese Einsicht ist Zarathustra auf dieser Stufe jedoch noch versperrt.

Die Weisheit wäre somit eine Peitsche Zarathustras, unter deren Anwendung er sich das Leben gefügig machen will. Sie bleibt jedoch ein unvollkommenes Mit-tel.

4.5.2 Das andere Tanzlied.

Das andere Tanzlied kann als Versuch Zarathustras verstanden werden, genau diese Traurigkeit zu überwinden, indem er erneut die Konfrontation mit seiner großen Liebe, dem Leben, sucht. Es beginnt wie das erste: »In dein Auge schau-te ich jüngst, oh Leben« (Za, KSA 4, S. 282). Doch während Zarathustra im ers-ten Tanzlied bei diesem Anblick im »Unergründlichen« versinkt und verzweifelt, versteht er es jetzt, diesem Blick stand zu halten und ihn zu genießen. Zwar sagt er selbst, dass er an seiner unerfüllbaren Liebe zum Leben leidet, doch: »[I]ch leide, aber was litt ich um dich nicht gerne!« (ebd., S. 283) Im Gegensatz zum ersten Tanzlied, in dem Zarathustra zwar als Initiator, Betrachter und musikali-scher Begleiter, nicht jedoch selbst als Tänzer auftritt, schwingt er nun selbst das Tanzbein. Der ausgelassene Tanz zwischen beiden gleicht jedoch eher einer Ver-folgungsjagd: Zarathustra versucht das Leben immer wieder zu greifen, doch es entzieht sich ihm. Am Ende ist sie müde und sinkt in Zarathustras Arme – doch plötzlich löst sie sich in Luft auf. Genau in diesem Moment taucht zum zweiten Mal die Peitschen-Metapher auf: »Du Hexe, habe ich dir bisher gesungen, nun sollst du mir – schrein! Nach dem Takt meiner Peitsche sollst du mir tanzen und schrein! Ich vergass doch die Peitsche nicht? – Nein!« (ebd., S. 284)

Dies bestätigt meine bisherige Deutung des Peitschen-Motivs: Verzweifelt, weil er das Leben nicht unter Kontrolle kriegt, muss er zu einem groben Hilfsinstru-ment greifen.[16] Dies ist der Höhe- und Endpunkt des ersten Teils des Liedes. Im zweiten Teil antwortet nun das Leben auf Zarathustra: »Oh Zarathustra! Klatsche

---

[16] Roth-Bodmer gibt an diesem Punkt zu, dass die Peitsche nicht nur als Selbstbeherrschungsmittel des Mannes verstanden werden kann. (Ders., Schlüssel, S. 148 f.) Es bleibt jedoch unverständ-lich, welchem Zweck sie, in seiner Interpretation, sonst dienen soll.

doch nicht so fürchterlich mit deiner Peitsche! Du weisst ja: Lärm mordet Gedanken, – und eben kommen mir so zärtliche Gedanken.« (ebd.) Diese Reaktion des Lebens verweist klar darauf, dass die Peitsche keine Lösung, sondern eher ein Symptom für das entfremdete Verhältnis von Frau und Mann und somit selbst Teil des Problems ist. Sie verfehlt nicht nur ihre eigentlich intendierte Wirkung, das Leben zu unterwerfen, ihr Effekt wird zudem als klar zerstörend beschrieben: War die vorherige Verfolgungsjagd auch für Zarathustra subjektiv unbefriedigend, so hatte sie doch einen spielerisch-tändelnden Charakter, dessen harmonische Grundstimmung sprachlich durch die – im *Zarathustra* singuläre – Verwendung des Paarreims zum Ausdruck kommt. Zarathustra Unzufriedenheit mit der Unabschließbarkeit des Spiels, seine maskuline Gier, bereiten dieser Idylle ein jähes Ende.

Immerhin vermag die Peitsche das Leben dazu zu bewegen, auf Zarathustras Werben verbal einzugehen. Doch zu einem wirklichen Dialog kommt es auch jetzt nicht, denn das Leben hält sich beim Reden »die zierlichen Ohren zu« (ebd.).

Sie beschwört ihn, dass er ihr gut sein solle, genauso, wie sie ihm gut sei. Das Problem in ihrer Beziehung beschreibt sie so: »Und lieben wir uns auch nicht vom Grund aus –, muss man sich denn gram sein, wenn man sich nicht von Grund aus liebt?« (ebd.) Im ersten Tanzlied hatte Zarathustra freilich noch gesungen: »Von Grund aus liebe ich nur das Leben[.]« (ebd., S. 140) Wieder wird so Zarathustras Selbstverständnis vom Leben hinterfragt: Er liebt das Leben noch nicht vollkommen genug, vermag den Schritt zur vollkommenen Bejahung der Kontingenz noch nicht zu vollziehen.

Als Grund, warum das Leben Zarathustra überhaupt so gut behandle, nennt sie, dass sie auf die Weisheit eifersüchtig sei. Außerdem beklagt sie sich: »Oh Zarathustra, du bist mir nicht treu genug! Du liebst mich lange nicht so sehr wie du redest; ich weiss, du denkst daran, dass du mich bald verlassen willst.« (ebd., S. 284 f.) Zarathustra gibt das zu.

Die Stimmung beider ist nun gleichermaßen niedergedrückt, wieder ist es, wie schon in *Von alten und jungen Weiblein* und *Das Tanzlied* Abend als Metapher einer zweifelhaften, melancholischen Gestimmtheit. Zu einer weiteren sprachlichen Auseinandersetzung zwischen Zarathustra und Leben kommt es nicht, wenigstens jedoch zu einer Art nonverbalen Einverständnisses: »Und wir sahen uns an und blickten auf die grüne Wiese, über welche der kühle Abend lief, und weinten miteinander. – Damals war mir das Leben lieber als je alle meine Weisheit.« (ebd., S. 285)

Diese Stelle kann als eine Art Lösungsvorschlag für das entfremdete Verhältnis von Mann und Frau genommen werden. Aus der wechselseitigen Akzeptanz der Unerfüllbarkeit des jeweiligen Begehrens (des Mannes, die Frau zu unterwerfen;

der Frau, vom Mann unterworfen zu werden) entspringt eine Art solidarische Melancholie, die sich dann im dritten Teil des Tanzlieds ausdrückt.[17] In gewisser Weise ist dieser dritte Teil nicht mehr Teil der Rede selbst; das »Also sprach Zarathustra« steht schon am Ende des zweiten. Ebenso endet er nicht mit »Also sprach Zarathustra«. Welche Stimme spricht also in dem Lied? Inhaltlich drückt es genau die Stimmung von Leben und Zarathustra aus: »[A]lle Lust will Ewigkeit [...], – will tiefe, tiefe Ewigkeit!« (ebd., S. 286) Durch ihre Unersättlichkeit ist die Lust so »tiefer noch als Herzeleid« (ebd.), da das Leid im Gegensatz zur Lust einen zeitlich begrenzten, endlichen Wunsch, sein eigenes Ende, hat.

Man könnte diesen dritten Teil somit als gemeinsamen Gesang von Leben und Zarathustra verstehen. Dafür spricht, dass er bei seinem wiederholten Auftreten im vierten Buch als *Das Nachtwander-Lied* (ebd., S. 395) zwar als »Zarathustra's Rundgesang« (ebd., S. 403) bezeichnet wird, jedoch die in der ersten Version im dritten Buch enthaltenen Zahlen vor jeder Zeile und nochmal ganz am Ende fehlen. Man kann daraus schließen, dass diese Zahlen vom Leben angestimmt werden und so Zarathustras Gesang eine tragende Grundierung geben ähnlich dem komplementären Verhältnis von dionysischer ›Basis‹ und apollinischem ›Überbau‹ in *Die Geburt der Tragödie aus dem Geiste der Musik* (KSA 1), die erst gemeinsam die vollendete Tragödie bzw. Oper konstituieren könnten. Diese grundierende Funktion nimmt freilich im vierten Buch »jene alte Glocke« (Za, KSA 4, S. 397) ein, die im achten Abschnitt der Rede mit der »Mitternacht« (ebd., 401) gleichgesetzt wird, der »trunkene[n] Dichterin« (ebd.), die so die eigentliche Urheberin von Zarathustras Gesang ist und so an die Stelle des Lebens tritt.

Dieses Lied würde somit endlich die Versöhnung zwischen Leib und Ich, Leben und Zarathustra, Weib und Mann darstellen. Die Einsicht in die Unendlichkeit und somit Unstillbarkeit ihrer Begierde beendet den Kampf und insbesondere den Versuch des Mannes, ihn gewaltsam für sich zu entscheiden. Das Leben unterwirft sich Zarathustra nicht, sondern wird seine tragende Begleitung. Das Ich hört auf, gegen den Leib anzukämpfen, sondern erkennt seine Identität mit ihm und lässt sich von ihm tragen. Doch anscheinend hat auch noch diese Versöhnung einen Makel. Es scheint auf dieser Stufe noch zu keiner wirklichen *Bejahung* der Ewigkeit der Lust – und damit auch des mit der Lust notwendig einhergehenden Leids – zu kommen.

---

[17] Vgl. hierzu auch Zarathustras Idealvorstellung von einer geglückten Ehe: »Eure Liebe zum Weibe und des Weibes Liebe zum Manne: ach, möchte sie doch ein Mitleiden sein mit leidenden und verhüllten Göttern!« (ebd., S. 91)

4.5.3 Die sieben Siegel.

Die absolute Bejahung der Ewigkeit ist Thema der folgenden Rede *Die sieben Siegel* (Za, KSA 4, S. 288-291), deren Untertitel passenderweise »Oder: das Ja- und Amen-Lied« (ebd.) lautet. Es besteht aus sieben ›Strophen‹ mit dem sich jeweils wiederholenden Refrain: »Nie noch fand ich das Weib, von dem ich Kinder mochte, es sei denn dieses Weib, das ich liebe: denn ich liebe dich, oh Ewigkeit! Denn ich liebe dich, oh Ewigkeit!« Das Weib, für das Zarathustra das Leben verlässt, ist also die Ewigkeit. Die absolute Bejahung der Ewigkeit als ewiger Wiederkunft drückt sich in der, noch dazu gesperrt gedruckten, Verdopplung des letzten Satzes aus. Am Ende spricht dann die »Vogel-Weisheit« (ebd., S. 291), unter Berücksichtigung der zitierten Passage aus *Vom Freunde* eine eindeutig feminine Gestalt,[18] zu ihm und sagt: »Siehe, es giebt kein Oben, kein Unten! Wirf dich umher, hinaus, zurück, du Leichter! Singe! sprich nicht mehr! – sind alle Worte nicht für die Schweren gemacht? Lügen dem Leichten nicht alle Worte! Singe! sprich nicht mehr!« (ebd.)[19] Konsequenterweise sollte damit der *Zarathustra* wie gesagt ursprünglich enden – im Gesang und der Verschmelzung in der absoluten sich selbst bejahenden Bejahung. Dies bleibt jedoch eine Phantasie, die ebenso wenig sprachlich eingeholt werden kann wie die oben erwähnte in *Vom Lesen und Schreiben*.

Doch wenigstens der Kernpunkt dieser Figur der »Affirmation der Affirmation«[20] scheint einigermaßen verständlich und ›logisch‹ zu sein: Die Versöhnung ist erst dann wirklich komplett, wenn sie auch ihr Anderes, die Entfremdung, als ihre notwendige Voraussetzung bejaht. »Sagtet ihr jemals Ja zu Einer Lust? Oh meine Freunde, so sagtet ihr Ja auch zu allem Wehe.« (Za, KSA 4, S. 402)

Trotzdem stellt die Versöhnung keine einfache Rückkehr zum vorherigen Zustand dar. Es findet eine qualitative Veränderung statt. Diese drückt sich wesentlich in Metaphern der androgynen Verschmelzung aus. Es wurde bereits gezeigt, dass die wesentliche Eigenschaft und Tugend der Frau in ihrer Gebärfähigkeit besteht. ›Gebären‹ sollte hier verstanden werden als authentische Kreativität, die gleichermaßen absolut kontingent und in dieser absoluten Kontingenz absolut notwendig ist. Wenn Zarathustra nun sagt, dass er »von« der Ewigkeit Kinder will, ist das also durchaus in dem Sinne zu verstehen, dass er von ihr geschwängert werden will. Diese Schwängerung wäre als – selbst kontingenter – Anstoß zur authentischen Kreativität zu sehen. Authentische Kreativität ist ein reiner Glücksfall – zu ihrer Realisierung bedarf es des bejahten Eingriffs eines unverfügbaren Anderen.

---

[18] »Katzen sind immer noch die Weiber, und Vögel. Oder, besten Falles, Kühe.« (s.o.)

[19] Man beachte hier wiederum das Spiel mit Wiederholungen, dass der Aussage einen rauschhaften Anklang verleiht.

[20] Zum Begriff der »Affirmation der Affirmation« und seiner zentralen Bedeutung für die Nietzsche-Deutung vgl. Gilles Deleuze, Nietzsche and Philosophy, London 1983.

Auf der höchsten Stufe seiner Vollendung wird Zarathustra so selbst Mutter, überwindet die eigene Männlichkeit. Dies wird bereits im ersten Abschnitt von *Die sieben Siegel* (ebd., S. 287) deutlich, wo Zarathustra von seiner eigenen Schwangerschaft spricht. Und folgerichtig heißt es am Ende des vierten Buches: »[M]eine Kinder sind nahe[.]« (ebd., S. 408) Zarathustra hat sich sein Anderes also einverleibt, er ist selbst eine androgyne Figur geworden, eine männliche Mutter bzw. ein gebärender Mann. Diese Stufe ist freilich kein Endpunkt, sondern nur der Beginn eines neuen Zyklus der ewigen Wiederkunft. Zarathustra verlässt von neuem seine Höhle, beginnt von neuem seinen »Untergang« (ebd., S. 28) – das ist seine Art des Gebärens.

4.6 Die Identifikation mit dem Anderen als Selbstbestätigung des Kriegers?

Einige Passagen aus dem vierten Buch scheinen jedoch in einem diametralen Gegensatz zu dieser Deutung zu stehen. So triumphiert Zarathustra bei seinem »Abendmahl« (Za, KSA 4, S.353 ff.) mit den höheren Menschen: »Das Beste gehört den Meinen und mir; und giebt man's uns nicht, so nehmen wir's: - die beste Nahrung, den reinsten Himmel, die stärksten Gedanken, die schönsten Fraun!« (ebd., S. 355) Und, zufrieden mit den Resultaten seiner Therapie, sagt er zu sich selbst:

> Meine Manns-Kost wirkt, mein Saft- und Kraftspruch: und wahrlich, ich nährte sie nicht mit Bläh-Gemüse! Sondern mit Krieger-Kost, mit Eroberer-Kost: neue Begierden weckte ich.
> Neue Hoffnungen sind in ihren Armen und Beinen, ihr Herz streckt sich aus. Sie finden neue Worte, bald wird ihr Geist Muthwillen athmen.
> Solche Kost mag freilich nicht für Kinder sein, noch auch für sehnsüchtige alte und junge Weibchen. Denen überredet man anders die Eingeweide; deren Arzt und Lehrer bin ich nicht.
> Der E k e l weicht diesen höheren Menschen; wohlan! das ist mein Sieg. In meinem Reiche werden sie sicher, alle dumme Scham läuft davon, sie schütten sich aus. (ebd., S. 387)

Der Ekel wäre eben die mangelnde Bereitschaft, das jeweils Andere zu bejahen. Wäre *das* nun der Weisheit letzter Schluss? Dass das ganze Motiv der Androgynität und Identifikation mit dem Weiblichen nur eine Art Durchgangsstadium markiert, aus dem der Krieger, durch die Auseinandersetzung mit seinem Anderen, gefestigt hervorgeht? Wäre Zarathustra also in Wahrheit doch ein Sexist, der nur eine besonders ausgefuchste Variante des Sexismus vertritt?
Jedenfalls stehen diese Passagen in deutlichem Widerspruch zu den von mir bereits aufgezeigten anderen Äußerungen Zarathustras. Man muss freilich beachten in welchem Zusammenhang sie stehen. Das vierte Buch berichtet Zarathustras Begegnung mit den höheren Menschen, die als ein Ereignis beschrieben wird, das ihn zu seiner »letzten Sünde verführe« (ebd., S. 408). Diese Sünde sei das »M i t - l e i d e n   m i t   d e m   h ö h e r e n   M e n s c h e n« (ebd.). Die Begegnung mit den höheren

Menschen endet damit,[21] dass diese, erschreckt von Zarathustras Löwen, aus Zarathustras Bergreich fliehen, Zarathustra selbst aber von seinen Tieren auf seinen
wahren Weg zurückgeführt wird. Diese Begegnung mit den Tieren ist klar sexu-
ell konnotiert. Zunächst wird Zarathustra von einem Schwarm Tauben überfallen.
Diese wollen ihm jedoch nichts Böses, sondern sind zärtlich zu ihm: »Und wahrlich, einer Wolke gleich fiel es über ihn her, einer Wolken von Pfeilen gleich,
welche sich über einen neuen Feind ausschüttet. Aber siehe, hier war es eine
Wolke der Liebe, und über einen neuen Freund.« (ebd., S. 406) Dann greift er
»unvermerkt in ein dichtes warmes Haar-Gezottel hinein« (ebd.). Es ist das Fell
seines Löwen, des »gelbe[n] mächtige[n] Gethier[s]« (ebd.). Haargenau dieses
Attribut, »verwirrte[...] gelbe[...] thörichte[...] Haar-Zotteln« (ebd., S. 285) wird
nun in *Das andere Tanzlied* dem Leben zugesprochen. Ist der Löwe also nichts
anderes als das Leben, Zarathustras große Liebe, in anderer Gestalt? Dass das
Leben in einer männlichen Gestalt wiederkehrt, dürfte angesichts Zarathustras
androgynem Begehren wenig verwundern.
Zarathustra stößt nun den Ruf aus: »meine Kinder sind nahe meine Kinder« (ebd., S. 406), dann verstummt er.

> Sein Herz aber war gelöst, und aus seinen Augen tropften Thränen herab und fielen auf
> seine Hände. Und er achtete keines Dinges mehr und sass da, unbeweglich und ohne
> dass er sich noch gegen die Thiere wehrte. Da flogen die Tauben ab und zu und setzten
> sich ihm auf die Schulter und liebkosten sein weisses Haar und wurden nicht müde mit
> Zärtlichkeit und Frohlocken. Der starke Löwe aber leckte immer die Thränen, welche
> auf die Hände Zarathustra's herabfielen und brüllte und brummte schüchtern dazu. Also
> trieben es diese Thiere. –
> Diess Alles dauerte eine lange Zeit, oder eine kurze Zeit: denn, recht gesprochen, giebt
> es für dergleichen Dinge auf Erden keine Zeit. (ebd., S. 407)

In dieser Szene gibt Zarathustra jeden verneinenden Widerstand gegen das ihn
bedrohende Andere auf, wird ganz passiv und ›weiblich‹.[22] Dass die Tauben »einer Wolke von Pfeilen gleich« über ihn hereinfallen, dürfte als klares Phallussymbol zu lesen sein. Auch die sonstige Beschreibung des Geschehens wie auch
Zarathustras Rede davon, dass nun seine Kinder nahe seien, lassen kaum einen
Zweifel an der sexuellen Konnotation dieser Szene. Ebenso muss man hier aber
auch an die Ausführungen Zarathustras in *Vom Freunde* (s.o.) denken, wo die
Liebe des Weibes einerseits als »Überfall« charakterisiert wird, andererseits davon die Rede ist, dass die Weiber »immer noch Katzen [...] und Vögel« seien.

---

[21] Vgl. die Rede *Das Zeichen* (ebd., S. 405 ff.).

[22] Wie bedrohlich dieses Andere ist, zeigt sich nicht nur darin, dass der Löwe an sich ein Symbol
für die gefährliche ungezähmte Natur ist (die höheren Menschen fliehen folgerichtig bei seinem
Anblick sofort), sondern der Angriff eines Schwarms von Vögeln scheint, wie der Film *The
Birds* (USA 1963) von Alfred Hitchcock eindrucksvoll zeigt, eine tief verwurzelte ›menschliche‹
Urangst vor der ungebändigten Natur auszudrücken. (Vgl. Slavoij Žižeks Interpretation des
Films in Sophie Fiennes' Dokumentation *The Pervert's Guide to Cinema* (Australi-
en/GB/Niederlande 2006).)

Diese Szene nun beschreibt das finale Erleuchtungserlebnis Zarathustras vor seiner Einsicht in seinen Irrtum bezüglich der höheren Menschen und seinem finalen erneuten »Untergang«. Aus dieser Perspektive erscheint seine Hoffnung, die auf dem Weg des Kriegers stecken gebliebenen höheren Menschen in irgendeiner Form retten zu können als ein Irrweg und ebenso sein Rückfall in das Kriegerdenken selbst. Eine endgültige Heilung ist vielmehr nur unter Aufgabe der männlichen Lebensweise zu erreichen. Das Schwelgen in der absoluten Bejahung der Kontingenz ist mit dem Weg des Kriegers, d.h. des Mannes, per definitionem unvereinbar, da er gerade auf einem Leiden an der Kontingenz und den darauf aufbauenden falschen, gewaltsamen Versuchen zu ihrer Beherrschung basiert. Diese Einsicht kann freilich konsequenterweise nicht aktiv erreicht, sondern bestenfalls antizipierend erwartet werden – ihr Eintreten ist selbst gänzlich kontingent und kann vom ›Ich‹ nur passiv hingenommen und bejaht werden.

5. Fazit.

Mann und Weib repräsentieren im *Zarathustra* also nicht zwei unterschiedliche Wesenheiten, sondern eher zwei Lebensweisen, die beide auf unterschiedlichen Wegen auf die Verwirklichung ein- und desselben Ideals hinarbeiten – des Übermenschen, der in der völligen Bejahung der ewigen Wiederkunft lebt, in der völligen Hingabe an das Leben, Schenken, Treue gegenüber sich und der Erde. Die Lebensweise des Weibes scheint diesem Ideal bereits näher zu stehen, insbesondere in der Gestalt des Lebens, der Weisheit und der Ewigkeit bereits identisch mit ihm zu sein.[23] Das ideale Weib ist der Vorschein des Übermenschen. Zur Realisierung ihres Potentials ist sie freilich auf den Mann angewiesen als dem Anderen, dem sie erst gehorchen kann. Auch wenn es nicht explizit ausgesprochen wird, scheint der Mann umgekehrt auch das Weib zu benötigen, da er erst durch die Eroberung des Weibes seinen inneren Selbstwiderspruch überwinden kann. Sein Problem ist, dass er nicht stark genug ist, das Weib wirklich gewinnen zu können – es entzieht sich ihm in Permanenz. Diese mangelnde Stärke hängt genau mit seinem falschen Egoismus zusammen, dem Uneinssein zwischen Ich und Selbst, Ideal und Realität, unter dem das Weib in dieser Form nicht zu leiden scheint. Allerdings scheint es in der Freundschaft noch einen anderen Weg zu geben, sich gemeinsam diesem Ideal anzunähern als in der Liebe bzw. der Ehe. Das Problem der Freundschaft ist freilich die wechselseitige Unfähigkeit zu ihr, die, zumindest im Falle des Weibes, genau in ihrer spezifisch weiblichen Tugend liegt.

Es scheint nun richtig zu sein, wenn die Interpretin Caroline Picart von Nietzsches »incurable womb envy«[24] spricht, der sich in der Kreation der männlichen

---

[23] Vgl. hierzu erneut FW 377.
[24] Dies., Classic and Romantic Mythology in the (Re)Birthing of Nietzsche's Zarathustra, in: Journal of Nietzsche Studies, 12 (1996), S. 40 ff., S. 41.

Mutter bzw. des mütterlich-gebärfähigen Mannes Zarathustra als Idealbild äußere. Vor diesem Hintergrund kann die Lösung der Entfremdung von Mann und Frau weder in der Liebe, deren Begehren strukturell unstillbar bleibt, noch in der Freundschaft bestehen. Für den Mann scheint sie darin zu liegen, selbst eine Art Gebärfähigkeit in sich zu entdecken, selbst zur Frau zu werden. Dies würde die völlige Verschmelzung mit dem ansonsten nicht zu erreichenden Anderen bedeuten. Der Frau kommt in dieser Konstellation eine mütterliche Funktion zu, in der sie dem Mann als unterstützendes und ermutigendes Vorbild dient. Sie soll den Mann gerade zurückweisen, damit er in einer Katharsis erkennt, dass seine einzige Möglichkeit, den Übermenschen zu erreichen, die Aufgabe seines bisherigen Selbstverständnisses ist. Die Frau schwängert so den Mann und inkorporiert selbst Elemente der männlichen Persönlichkeit in sich.

Man kann somit von einem Paradigmenwechsel vom ersten zum dritten Buch in der Konzeption des Übermenschen sprechen. Wird das übermenschliche Potential, angefangen mit der Rede *Von den drei Verwandlungen* (ZA, KSA 4, S. 29 ff.), noch mit der Metapher des »Kindes« gefasst, erscheint der Übermensch am Ende des dritten Buches als androgyne männliche Mutter. Was dem Mann die Selbsttranszendenz ermöglicht, ist nicht so sehr seine in *Von alten und jungen Weiblein* erwähnte Kindlichkeit, sondern seine Weiblichkeit. Der Weg des Kriegers wäre somit ein Irrweg, der nur eine transitorische Funktion hat. Der Krieger und seine Gewaltsamkeit, die sich im Schwingen der Peitsche ausdrückt, sind nicht Zeichen der Stärke, sondern der Schwäche.

Es liegt dementsprechend nur allzu nahe, die Peitsche als Phallussymbol zu verstehen. Der erwähnte »womb envy« wäre somit letztendlich sogar ein »castration envy«[25]. Der Phallus ist einerseits Insignie männlicher Macht, andererseits, wie die beiden Tanzlieder verdeutlichen, auch das Zentrum der männlichen Begierde nach Herrschaft über die Frau. Diese Begierde erweckt die Frau gerade durch ihre Unverfügbarkeit. Die Einsicht in diese Unverfügbarkeit und das damit verbundene Scheitern der männlichen Begierden kann es dem Mann ermöglichen, denselben Einklang mit Leib und Erde wie die Frau zu gewinnen und ihrer letztendlich nicht mehr zu bedürfen. Der *Zarathustra* wäre so in gewisser Weise als Anleitung zu lesen, wie der Kriegsmann die Paradoxien seiner Lebensform durch eine natürliche, nicht mehr moralische Keuschheit überwinden kann. Diese Überwindung kann freilich – dies wäre noch immer im Rahmen der Logik des Kriegers – nicht durch ein aktives Tun des Kriegers selbst bewirkt werden, sondern vollzieht sich durch einen radikal unverfügbaren Anstoß von außen. Alles, was der Krieger tun kann ist, sich für diesen Anstoß, dieses ›Ereignis‹ (im recht

---

[25] Clayton Koelb, Castration Envy: Nietzsche and the Figure of Woman, in: Peter J. Burgard (Hg.), Nietzsche and the Femine, Charlesville / London 1994, S. 71 ff.

wörtlichen etymologischem Sinne von ›Eräugnis‹[26] - der *Augenblick*, in dem das Leben einem ins Auge schaut) offen zu halten.[27]

Auch wenn es im *Zarathustra* nicht ausgesprochen wird, folgt daraus für die Frau, dass sie sich selbst von ihrem Gehorsam gegenüber dem Mann emanzipieren muss. Gemäß der oben beschriebenen Struktur dient dieser Gehorsam ja nur als Umweg: Im idealen Mann gehorcht die Frau vermittelt niemand anderem als Leib und Erde selbst. Letztendlich bedarf sie jedoch dieser Vermittlungsinstanz nicht. Sie muss sich eigentlich nur selbst bejahen als potentielle Gebärerin des Übermenschen. In dieser Bejahung muss sie jedoch, genauso wie das Leben in *Das Tanzlied* gerade ihre Rolle als gehorsame Projektionsfläche des Mannes aufgeben. Sie ›ist‹ das Ideal nur aus der verzerrten Optik des Kriegers.

Letztendlich geht es in beiden Fällen um das Verhältnis des Subjekts zu seinem Anderen, das als absolute Kontingenz gefasst wird. Während der Mann dieser Kontingenz noch immer zu sehr kontrollieren will, besitzt die Frau das Potential, sie radikal zu inkorporieren und zu bejahen. Der Übermensch ist der, der in der Bejahung der radikalen Kontingenz lebt und aus dieser heraus schöpferisch, d.h. gebärend, ist. Diese Bejahung ist freilich nichts anderes als eine Selbstbejahung: Als wesenloses Wesen ist die Frau bereits die Verkörperung der Kontingenz.

6. Zum Sexismus.

Im *Zarathustra* lässt sich also eine radikale Kritik an der männlichen Subjektform finden, die durchaus als ›feministisch‹ zu bezeichnen wäre. ›Feministisch‹ freilich nicht im Sinne des frühen Feminismus zu Nietzsches Lebzeiten, der sich vor allem durch seine Forderung nach Gleichheit von Mann und Frau auszeichnete. Mit Nietzsche ließe sich an diesem ›gleichheitsfeministischem‹ Modell eine gewissermaßen ›differenzfeministische‹ Kritik artikulieren: Der klassische Feminismus vergisst in seinen Bemühungen um die Gleichheit zwischen Mann und Frau, an welchem Maßstab sich diese Gleichheit orientieren soll. Ist diese Gleichheit nichts weiter als eine Angleichung aller an das männliche Subjektmodell, dann bleibt damit die nötige Kritik an diesem Subjektmodell gerade auf der Strecke. Nietzsches Kritik am Feminismus seiner Zeit erscheint aus dieser Sicht weniger reaktionär, als es auf den ersten Blick scheinen mag.

Nietzsche scheint es jedoch ebenso zu gelingen, den mit dem ›Differenzfeminismus‹ oft verbundenen Essentialismus zu vermeiden. Dies zeigt sich im *Zarathustra* selbst daran, dass Versuche einer Fixierung der Frau auf eine bestimmte Wesenhaftigkeit immer wieder karikiert werden. In *Das Tanzlied* wird der

---

[26] Vgl. Deutsches Wörterbuch von Jacob und Wilhelm Grimm. Neubearbeitung, Bd. VIII, bearb. von H. Albrand u.a., Stuttgart 1999, Sp. 1691, Art. »Ereignen«.

[27] Es wäre spannend, den sich so aus Nietzsche ergebenden ›Eräugnis‹-Begriff ins Verhältnis zu dem Heideggers und den sich daran anschließenden Debatten zu setzen.

Konstruktcharakter weiblicher Identität vom Leben, der Instanz des Authentischen schlechthin, deutlich ausgesprochen.

Die Rolle der Frau als Personifizierung des ›kontingenten‹, ›natürlichen‹ Anderen läge so weniger an ihrer biologischen Gebärfähigkeit als vielmehr am patriarchalen Herrschaftsverhältnis selbst, das sie in diese Rolle drängt. Im Umkehrschluss heißt das freilich, dass auch der Mann nicht von Natur aus zu seiner Rolle verdammt ist. Er ist ›an sich‹ nicht mehr oder weniger ›gebärfähig‹ als die Frau. Nietzsche wäre somit vor allem ein ›queerfeministischer‹ Philosoph, vielleicht sogar der queere Philosoph schlechthin.[28] Seine Utopie wäre letztendlich eine Überwindung der »heteronormativen Matrix«[29], deren Paradoxien er schonungslos aufzeigt, hin zu einer Lebensform, die nicht mehr auf einem beherrschenden, sondern einem versöhnten Verhältnis zwischen dem Ich und seinem Anderen basiert. Die ›Frauenfrage‹ wäre somit für Nietzsche letztendlich gar nicht als separate zu lösen, sondern nur im Kontext einer allgemeinen »Umwertung der Werte«. Es ist jedoch klar, dass im Rahmen dieser allgemeinen Umwertung der Transzendierung der bestehenden Geschlechterrollen keine nur marginale, sondern im Gegenteil eine ganz zentrale Funktion zukommt, sind die klassischen Subjektformen von aktivem Mann und passiver Frau doch tragende Pfeiler der falschen bestehenden Kultur.

Es ist zugleich deutlich, dass Nietzsche diese Utopie nur metaphorisch, nicht begrifflich artikulieren kann. Sie kann gewissermaßen nur besungen, nicht gedacht und erst recht nicht gelebt werden. In der Ausübung der ›gebärenden Philosophie‹ kann sie jedoch zumindest eine gewisse, wenn auch nur antizipierende, Realisierung erfahren.

Die biographistische Interpretation von Nietzsche Position zur Geschlechterfrage wäre somit nicht nur hermeneutisch-philosophisch ungenügend, sondern auch ideologisch, da das persönliche Scheitern Nietzsches an der »heteronormativen Matrix« als individueller Einzelfall abgetan wird. Die Möglichkeit, dass seinen Schriften eine allgemeingültige Diagnose über diese »Matrix« zu entnehmen ist, wird sie von vorneherein ausgeschlossen, das System als Ganzes stabilisiert. Sicherlich war Nietzsches Schicksal in dieser Hinsicht ›ungewöhnlich‹ – doch diese Ungewöhnlichkeit, als Extremfall des ›Normalen‹ verstanden, befähigte Nietzsche vielleicht erst, das ›Normale‹ klarer zu sehen als es den meisten Kritikern Nietzsches aus ihrer Sprecherposition der ›Normalität‹ heraus möglich ist.

---

[28] Zur Unterscheidung zwischen Gleichheits-, Differenz- und Queerfeminismus vgl. Andrea Truman, Feministische Theorie. Frauenbewegung und weibliche Subjektbildung im Spätkapitalismus, Stuttgart 2002.

[29] Vgl. Judith Butler, Das Unbehagen der Geschlechter, Frankfurt a. M. 2003.

7. Zurück zur Interpretation.

Lässt sich daraus eine befriedigende Antwort für die Interpretationsproblematik ab-
leiten? Der entscheidende Punkt ist, dass es gälte, zwischen einer ›männlichen‹ und
einer ›weiblichen‹ Interpretationsweise zu unterscheiden. Aus Sicht des männlichen
Interpreten ist der Text das Weib, das es zu beherrschen gilt. Angesichts der sich
entziehenden Kontingenz und Unbestimmbarkeit des Textes bleibt ihm keine andere
Wahl, als sich der ›hermeneutischen Peitsche‹ zu bedienen und die Bedeutungsviel-
falt des Textes gewaltsam abzuschneiden. Diese Vorgehensweise bleibt notwendig,
auch gemäß ihren eigenen Maßstäben, defizitär und unbefriedigend. Gerade sie
setzt, ohne es anzuerkennen, die Wahrheit als unerreichbares Weib voraus. In einer
›gebärenden‹ Interpretationskunst wäre die Wahrheit gerade *kein* Weib mehr, sondern die Bejahung der absoluten Kontingenz des Lebens würde zu einem Ver-
schwinden des Gegensatzes von wahr und falsch führen.[30] Zumindest näherungswei-
se sollte aus meiner Interpretation deutlich geworden sein, dass damit auch keine
interpretatorische Willkür und kein Subjektivismus verbunden sein kann. Das ›Ich‹
nimmt sich im Blick auf das ›Eräugnis‹ ja gerade selbst absolut zurück, wird ganz
offen für das, über das es nicht verfügen kann. Subjektivistisch ist aus dieser Sicht
nur die wissenschaftliche Interpretationsweise – gerade, insofern sie sich bemüht, so
›objektiv‹ wie möglich zu sein.

Umgekehrt muss die ›weibliche‹ Identifikation mit dem Text nicht bedeuten, sich
einfach in ihm zu verlieren. In ihr wird der Text vielmehr zum ›Geburtshelfer‹. Im
Sich-Verlieren an ihn löst sich das Ich aus seiner Verkrampfung und gewinnt die
Fähigkeit zu einer echten Selbstüberschreitung – eine Selbstüberschreitung, die jedoch eher in einer Rückkehr zum eigentlichen, leiblichen Selbst besteht. Es ist klar,
dass dieser Umgang keinen akademisch verwertbaren Text konstituieren kann. Eine
dieser Schlussfolgerung entsprechende Umgangsweise mit Nietzsche ist vielleicht
die Luce Irigarays, die in *Marine Lover of Friedrich Nietzsche*[31] und *Ecce Mulier?
Fragments*[32] versucht, Nietzsche nicht so sehr zu interpretieren als ihn vielmehr in
einen virtuellen Dialog zu verwickeln. Die Distanz zum Text wird so gerade aufgegeben und eine Treue im Sinne Nietzsches erreicht. Andererseits ermöglicht die Bejahung der Kontingenz vielleicht auch dem philosophischen Interpreten erst die nötige Distanz, um die Schönheit und eigentliche ›Tiefe‹ des Textes wirklich zu genießen. Sie kann ihm so, ähnlich dem Klang der Glocke bei Zarathustras Gesang, als
leibliche Fundierung seiner, nun freilich durch das sich bejahende Wissen um ihre
Unabschließbarkeit hindurchgegangenen, Interpretation dienen.[33]

---

[30] Vgl. GD Fabel, KGW VI/3, S. 74 f.

[31] New York / Oxford 1991

[32] In: Burgard (Hg.), Nietzsche and the Femine, S. 316 ff.

33 Auch wenn es überflüssig erscheinen mag, möchte ich doch an dieser Stelle den Veranstaltern
der Nietzsche-Lektüretage 2012 danken sowie allen Teilnehmern für die intensiven philosophischen Gespräche und Diskussionen. Besonders möchte ich aber meinen Freunden Lena Sophie
Trüper und Emanuel Kapfinger, der ebenfalls an den Lektüretagen teilnahm, danken. Letzterer

Literatur:

Butler, Judith: Das Unbehagen der Geschlechter, Frankfurt a. M. 2003

Deutsches Wörterbuch von Jacob und Wilhelm Grimm, Bd. IV, bearb. von Jacob Grimm, Karl Weigand und Rudolf Hildebrand, Leipzig 1878

Deutsches Wörterbuch von Jacob und Wilhelm Grimm, Bd. XIV, bearb. von Alfred Götze, Leipzig 1955

Deutsches Wörterbuch von Jacob und Wilhelm Grimm. Neubearbeitung, Bd. VIII, bearb. von H. Albrand u.a., Stuttgart 1999

Deleuze, Gilles: Nietzsche and Philosophy, London 1983

Derrida, Jacques: Spurs. Nietzsche's Style, Chicago 1979

Heidegger, Martin: Ders., Wer ist Nietzsches Zarathustra?, in: Gesamtausgabe Bd. 7, Frankfurt a. M. 2000, S. 99 ff.

Irigaray, Luce: Marine Lover of Friedrich Nietzsche, New York / Oxford 1991

Dies: Ecce Mulier? Fragments, in: Peter J. Burgard (Hg.), Nietzsche and the Femine, Charlesville / London 1994, S. 316 ff.

Koelb, Clayton: Castration Envy: Nietzsche and the Figure of Woman, in: Peter J. Burgard (Hg.), Nietzsche and the Femine, Charlesville / London 1994, S. 71 ff.

Köhler, Joachim: Zarathustra's Secret. The Interior Life of Friedrich Nietzsche, New Haven/London 2002

Niemeyer, Christian: Friedrich Nietzsches Also sprach Zarathustra, Darmstadt 2007

Picart, Caroline: Classic and Romantic Mythology in the (Re)Birthing of Nietzsche's Zarathustra, in: Journal of Nietzsche Studies, 12 (1996), S. 40 ff.

Roth-Bodmer, Eugen: Schlüssel zu Nietzsches Werken. Ein interpretierender Kommentar zu Nietzsches Werk Also sprach Zarathustra, Meilen 1975

Truman, Andrea: Feministische Theorie. Frauenbewegung und weibliche Subjektbildung im Spätkapitalismus, Stuttgart 2002

zeigte mir insbesondere in zahllosen Diskussionen auf, wie zentral die Problematik der richtigen Methode der Nietzsche-Interpretation ist. Für wichtige Korrekturen und Ratschläge danke ich Thomas Land und Johanna Seifert.

Springende Brunnen und Tanzende Mädchen

Tugend, Weisheit, Leben und Liebe in *Zarathustras* Lehre vom Nacht- und Tanzlied

Gaia Domenici

Einführung.

Die Hauptfigur des nietzscheanischen Textes ist Zarathustra — eine vierzigjährige Romanfigur basierend auf der historischen Person des persischen Weisen Zoroaster, d.h. des Begründers des Zoroastrismus und der dualistischen Konzeption der Moral. In der Vorrede wird erzählt, dass er sich nach zehn Jahren der Einsamkeit in den Bergen – ein Zeitraum, in dem er in einer Höhle mit seinen Tieren, einem Adler und einer Schlange, gelebt hat – nun bereit fühlt, um wieder zu den Menschen zurückzukehren und mit ihnen seine überschüssige Weisheit zu teilen (ZA, KSA 4, S. 11). An diesem Versuch wird er aber bald scheitern, weil die Menschen noch nicht bereit sind, um seine Lehre zu begreifen, und trotz der kleinen Gruppe von Schülern, die er immer um sich herum hat, fehlt ihm doch ein Gegenüber, der ihn wirklich verstehen kann.

Die *Weisheit*, die Zarathustra Kraft solcher Einsamkeit angesammelt hat, könnte Abhilfe für jene Leere schaffen, die durch den Gedanken vom Tod Gottes hinterlassen wurde. Er will nämlich den *Übermenschen* lehren (ZA, KSA 4, S. 14), der als Symbol für die *Über*windung der Metaphysik und des Nihilismus steht. Im Zuge dessen hat Zarathustra die wesentliche Aufgabe, jene Lehre eines wesentlichen Gedankens zu vermitteln, welche all die erwähnte Begriffe verbindet: die ewige Wiederkunft. Obwohl dieser Gedanke bereits im Aphorismus 341 der *Fröhlichen Wissenschaft* („Das grösste Schwergewicht", FW, IV 341, KSA 3, S. 570) ausgedrückt wurde, kann er für Nietzsche nur durch seinen Zarathustra wirklich und *wirksam* mitgeteilt werden. Der Stil des *Zarathustra* stellt nämlich eine besondere Struktur dar, welche die Spannung des Werdens und seiner Widersprüche widerspiegelt und die sich in eine mimetische Beziehung zur Existenz setzt. Auf diese Weise geht Nietzsche über das bloße Darlegen von *Begriffen* hinaus und versucht dagegen, den Leser das Werden *erleben* zu lassen. Man liest dazu in einem mit dem *Zarathustra* zeitgleichen Fragment: »Je abstrakter die Wahrheit ist, die man lehren will, um so mehr muß man erst die Sinne zu ihr verführen« (Nachlaß 1882, KSA 10, S. 23, 1[45]). Damit wird der Stil des *Za-*

rathustra gerechtfertigt, der nur solcherart zu tiefen Gedanken verführen kann. Die traditionelle Philosophie erscheint jedenfalls unzureichend, um solche Reflexionen zum Ausdruck zu bringen, die hier zur Aufgabe stehen.[1]

Zarathustra als »Lehrer der ewigen Wiederkunft« (ZA, KSA 4, S. 276) und des Übermenschen muss daher versuchen durch die *Lehre* selbst zu vermitteln, die jede feste, dogmatische und transzendente Vorstellung per se ablehnt. Seine Aufgabe bedeutet ein *Erziehen*, das von der Äußerlichkeit unabhängig ist. Was die Lesenden am Anfang überraschen kann – aber sich mit der gut bekannten Begierde Nietzsches nach dem vorsokratischen Griechenland verbindet – ist dabei die enge Beziehung im Text zwischen den Wörtern »*Tugend*« und »*Weisheit*«, die in einem neuen Sinn und oft gleichbedeutend benutzt werden: Wenn Nietzsche von der Lehre Zarathustras spricht, dann scheint es für ihn keinen Unterschied zwischen beiden Begriffen zu geben, sie werden regelrecht synonym verwendet. Insbesondere, obwohl sie schon in vorherigen Kapiteln leicht behandelt wurden, tauchen sie im Abschnitt „Von der schenkenden Tugend" auf und zeigen sich deutlicher in den darauf folgenden Stellen. Im Zweiten Teil des Werkes wird der Begriff der Tugend schließlich erweitert, entwickelt und tiefer behandelt, sodass man hierüber eigene Reflexionen versuchen kann. Es ist möglich, die Kapitel von „Das Kind mit dem Spiegel" bis „Das Grablied" zu lesen, als wären sie eine Klimax, durch welche die Idee einer anderen Tugend dargestellt wird: zuerst durch ihre Unterscheidung von den traditionellen Vorstellungen, dann durch die drei in der ersten Person geschriebenen Lieder, dank denen er seinen wichtigsten Beitrag, d.h. seine innere, persönliche Erfahrung, vermitteln kann.

Wie ich weiter unten näher ausführen werde, erscheinen dabei einige Merkmale als besonders wichtig und notwendig, um diese Lehre Zarathustras auslegen zu können: die *Langsamkeit*, die *Einsamkeit*, der *Überfluss*, die *Echtheit*, die *Un-*

---

[1] 2. Juli 1885 (d.h nachdem er mit allen vier Teilen des Buchs fertig war) wird er z.B. an Overbeck schreiben: »meine „Philosophie", wenn ich das Recht habe, das, was mich bis in die Wurzeln meines Wesens hinein malträtirt, so zu nennen, ist nicht mehr mittheilbar, zum Mindesten nicht durch Druck» (KSB 7, Nr. 609). Über die Eigenschaften der Sprache Nietzsches und des *Zarathustra* seien erwähnt: Karl Löwith, Nietzsches Philosphie der ewigen Wiederkehr des Gleichen, Die Runde, Berlin 1935/1956, Gilles Deleuze, Nietzsche, sa vie, son œuvre: avec un exposé de sa philosophie (1965), PUF, Paris 2005, Ferruccio Masini, Lo scriba del caos, Il mulino, Bologna 1978; Vivetta Vivarelli, L'immagine rovesciata, Marietti, Genova 1992; Benedetta Zavatta, La potenza dell'immagine, AIEP, Repubblica di S. Marino, 2001. Natürlich ist der Stil Nietzsches in Hinsicht auf die traditionelle Philosophie immer ungewöhnlich (viele Interpreten haben z.B. den Aphorismus als Vorbild einer innovativen aber gleichzeitig alten Art von Philosophie gedeutet, die sich einer argumentative Sprache entgegensetzt; in dieser Richtung wird der Philosoph von den bekanntesten Autoren wie dem schon erwähnten Löwith oder Jaspers gelesen) aber mit dem *Zarathustra* wird er eigentlich unbestimmbar. Die Musikalität streift nämlich die Poesie, ohne ihre philosophische Kraft zu verlieren, und die tiefsten Inhalte wären ohne „milde" und „leichte" Bilder ebenso unausdrückbar. Die Macht eines solchen Stils liegt tatsächlich darin, diese notwendige Spannung zwischen Form und Inhalt darzustellen, damit dieselbe Bindung als wesentliche Bedingung des Lebens gezeigt werden kann.

vermeidlichkeit des Schenkens und die *Liebe zum Leben* in seiner Ganzheit. All diese Merkmale sind von der Weisheit nicht zu trennen und bestimmen zugleich am besten, was die Weisheit Zarathustras bedeuten soll. Besonders aus den letzten zwei Gründen wird sie auch als »*wild*« und – nicht zu vergessen, genauso wie das Leben – als *Weib* definiert.

1. Zarathustra als Lehrer von Tugend.
1.1 Tugend.

Im Kapitel „Von der schenkenden Tugend" beginnt Zarathustra von einer Vorstellung der Tugend zu sprechen, die sich der traditionellen entgegensetzt, weil sie nicht auf *Groll* und *Mangel* basiert, sondern auf *Reichtum* und *Überfluss*. (Am Ende desselben Kapitels erklärt er auch, dies am Rande bemerkt, die Rolle der Figur des Lehrers und seine Verhältnis zu den Schülern. Daraus kann man vor allem die Gefahr der Verehrung sowie der Nachahmung ersehen, die sich als Grund des üblichen Verhaltens sowohl in der Beziehung zwischen Lehrer und Schüler als auch der gewöhnlichen Bedeutung von Lehre bemerkbar macht. Solche Haltungen sind aber Zeichen eines Mangels an Selbsterkenntnis und auch Merkmale des traditionellen Sinnes, in dem der Prozess von Lehren und Lernen bisher gedacht wurde.[2]) Im Besonderen gewinnt hier der Begriff der Tugend an Bedeutung in zweifachem Sinne: Einerseits bezieht er sich auf die traditionelle Konzeption und nimmt, da dieser überwunden werden muss, zunächst eine negative Konnotation an; andererseits wird er aber in der neuen, mit der Überwindung verbundenen Perspektive, benutzt und erhält dadurch einen positiven Sinn. Die erste Kategorie untergliedert sich dann noch in eine weitere Zweiteilung: Neben der negativen Vorstellung findet man den Vorteil einer *tugendhaften Haltung*, d.h. die Hingabe an eine *einzige* Tugend, als Voraussetzung zum Übermenschen. Eine solche Bedingung (d.h. die Einzigartigkeit der Tugend) ist, Nietzsches Meinung nach, zwar notwendig, aber noch nicht hinreichend: Man müsse seine eigene Tugend auch *lieben* und sie als Grund stellen. Schon in der Vorrede liest man:

> Ich liebe Den, welcher seine Tugend liebt: denn Tugend ist Wille zum Untergang und ein Pfeil der Sehnsucht.
> Ich liebe Den, welcher nicht einen Tropfen Geist für sich zurückbehält, sondern ganz der Geist seiner Tugend sein will: so schreitet er als Geist über die Brücke.

---

[2] Vgl. ZA, I 22, KSA 4, S. 97-102. Vor allem: »Wahrlich, ich rathe euch: geht fort von mir und wehrt euch gegen Zarathustra! Und besser noch: schämt euch seiner! Vielleicht betrog euch. Der Mensch der Erkenntniss muss nicht nur seine Feinde lieben, sondern auch seine Freunde hassen können. Man vergilt einem Lehrer schlecht, wenn man immer nur der Schüler bleibt. Und warum wollt ihr nicht an meinem Kranze rupfen? Ihr verehrt mich; aber wie, wenn eure Verehrung eines Tages umfällt? Hütet euch, dass euch nicht eine Bildsäule erschlage! Ihr sagt, ihr glaubt an Zarathustra? Aber was liegt an Zarathustra! Ihr seid meine Gläubigen: aber was liegt an allen Gläubigen! Ihr hattet euch noch nicht gesucht: da fandet ihr mich. So thun alle Gläubigen; darum ist es so wenig mit allem Glauben« (S. 101).

Ich liebe Den, welcher aus seiner Tugend seinen Hang und sein Verhängniss macht: so will er um seiner Tugend willen noch leben und nicht mehr leben.
Ich liebe Den, welcher nicht zu viele Tugenden haben will. Eine Tugend ist mehr Tugend, als zwei, weil sie mehr Knoten ist, an den sich das Verhängniss hängt (ZA, Vorrede 4, KSA 4, S. 17).

Es ist deshalb nicht so wichtig, viele im traditionellen Sinne aufgefasste Tugenden zu besitzen, sondern eine wesentliche Voraussetzung zur Mensch-Überwindung, eine echte tugendhafte Haltung zu haben. Dadurch kann man dann die negative Perspektive verlassen und eine neue Richtung einschlagen. Dasselbe Konzept wird in vielen vorbereitenden Notizen behandelt; im Besonderen taucht die Einzigartigkeit durch den folgenden Satz auf: »Ihr sollt nicht viele Tugenden haben wollen — ihr seid nicht reich genug dazu. Eine Tugend ist schon viel Tugend: damit sie lebe, müßt ihr schon zu Grunde gehen« (Nachlaß 1882-1883, KSA 10, 4[223]). Die Verbindung zwischen Tugend und Übermenschen kann man dann z. B. im Fragment 4[228] lesen:

Ich liebe die Menschen welche ihre Tugend zu Grunde richtet. Seht, ich zeige euch die Brücke zum Übermenschen! Ich liebe die, welche ihre Seele verschwenden, die nicht danken und nie zurückgeben, weil sie immer schenken (Nachlaß 1882-1883, KSA 10, 4[228]).[3]

Im Laufe des ganzen ersten Teils des *Zarathustra* werden die falschen tugendhaften Haltungen kritisiert und am Ende wird der Begriff einer „echte" Tugend eingeführt. Wenn eine einzige Tugend zu lieben dem ersten Schritt zum Übermenschen entspricht, so gilt dies aber nur in Bezug auf die Haltung und nicht auf

---

[3] Vgl. auch die Fragmente 5[1].269: »Was liegt an eurer Tugend, wenn ihr nicht den Moment erlebt habt, wo ihr den Menschen in euch tief verachtetet, aus Liebe zu dem Übermenschen? und eure Tugend mit verachtete« (Nachlaß 1882-1883, KSA 10) und, mehr in Allgemeinen, 5[17]: »Ich liebe den, der die Zukünftigen rechtfertigt und die Vergangenen erlöst: während er an den Gegenwärtigen zu Grunde geht. Ich liebe den, der aus seiner Tugend seine Pflicht und sein Verhängniß macht. Ich liebe den, der nicht einen Tropfen Geist übrig behält und ganz der Geist seiner Tugend ist: Ich liebe den, der seine Seele verschwendet, der nicht Dank haben will und nicht zurückgiebt, weil er immer schenkt. Ich liebe den, der das Unrecht solcher auf sich nimmt, die es nicht tragen können Ich liebe den, der lebt, damit er erkenne und der erkennen will, damit der Übermensch lebe. Ich liebe den, welcher der Welt nicht absterben will und nicht hinter den Sternen sein Heil sucht: den der das Wort vom Übermenschen verstanden hat. Ich liebe den, dessen Seele tief ist auch in der Verwundung und der an einem kleinen Erlebnisse zu Grunde gehen kann. Ich liebe den, der zu voll ist, so daß er sich selber vergißt, und alle Dinge in ihm sind: aber er wird zu Grunde gehen. Ich liebe den, der freien Geistes ist, wie er auch freien Herzens ist: und der Kopf sei ihm nur das Eingeweide des Herzens. Ich liebe den, der so mitleidig ist, daß er aus der Härte seine Tugend und seinen Gott macht. Ich liebe den, der goldne Worte seinen Thaten vorauswirft und immer noch mehr hält als er verspricht. Ich liebe den, welcher sich schämt, daß die Würfel immer zu seinen Gunsten fallen und welcher sich fragt: bin ich denn ein falscher Spieler? Ich liebe den, welcher seinem Gegner nicht nur seine Fehlgriffe verzeiht, sondern auch seinen Sieg. Ich liebe den, welcher seinen Gott züchtigt, weil er seinen Gott liebt. Ich liebe den, welcher nicht Lohn, sondern Strafe und Untergang von seiner Tugend erwartet. Ich liebe den, welcher im Nächsten den leidenden Gott sieht, der in ihm versteckt ist und sich des Thiers schämt, welches an ihm sichtbar war« (Nachlaß 1882-1883, KSA 10).

die Idee einer echten Tugend, weil das bei der Bedeutung einer Ablehnung von »Krieg« und »Schlacht« stehenbleibe (ZA, I 5, KSA 4, S. 43-44).[4] Falsch seien nämlich alle die Tugenden, die nach Glück suchen – dabei keinen Konflikt vertragen, anstatt die Kraft zu haben, ihn anzunehmen – und die etwas als äußerliches Prinzip voraussetzen möchten.[5]

1.2. Weisheit.

In Bezug auf den Abschnitt „Von der schenkenden Tugend" sei ferner angemerkt, dass die neue Tugend einer anderen Art von Weisheit entsprechen muss. Was im vorherigen Kapitel diesbezüglich nur angedeutet, wird in den ersten acht Texten des zweiten Teils deutlicher. In „Das Kind mit dem Spiegel" werden schließlich die Eigenschaften der Weisheit Zarathustras tiefer geschildert; sie werden als ein *langsamer*, allmählicher Prozess vorgestellt, der der Reifung einer Frucht gleichgesetzt werden kann:

> Hierauf gieng Zarathustra wieder zurück in das Gebirge und in die Einsamkeit seiner Höhle und entzog sich den Menschen: wartend gleich einem *Säemann*, der seinen Samen ausgeworfen hat. Seine Seele aber wurde voll von Ungeduld und Begierde nach Denen, welche er liebte: denn er hatte ihnen noch Viel zu geben. Diess nämlich ist das Schwerste, aus Liebe die offne Hand schliessen und als Schenkender die Scham bewahren. Also vergiengen dem Einsamen Monde und Jahre; seine *Weisheit* aber wuchs und machte ihm Schmerzen durch ihre Fülle (ZA, II 1, KSA 4, S. 105).

---

[4] Interessanterweise können die falschen Tugenden durch das Fragment 4[218] mit dem Kamel der „drei Verwandlungen" verbunden werden: »Und er wußte seine Tugend nicht zu überwinden. Der Löwe in ihm zerriß das Kind in ihm: und endlich fraß der Löwe sich selber. Grausam war dieser Held und wild — — — Seht, ich lehre euch die Liebe zum Übermenschen. — — — lud er auf sich und zerbrach unter der Last« (Nachlaß 1882-1883, KSA 10).

[5] Speziell sei die geeignetste Tugend zur Verwandlung zum Übermenschen die *Redlichkeit*, die auch die jüngste sei: »Vieles krankhafte Volk gab es immer unter Denen, welche dichten und gottsüchtig sind; wüthend hassen sie den Erkennenden und jene jüngste der Tugenden, welche heisst: Redlichkeit« (ZA, I 3, KSA 4, S. 37). Zu diesem selben Thema, vgl. M, V 456, „Eine werdende Tugend":»Solche Behauptungen und Verheissungen, wie die der antiken Philosophen von der Einheit der Tugend und der Glückseligkeit, oder wie die des Christenthums „Trachtet am ersten nach dem Reiche Gottes, so wird euch solches Alles zufallen!" — sind nie mit voller *Redlichkeit*, und doch immer ohne schlechtes Gewissen, gemacht worden: man stellte solche Sätze, deren Wahrheit man sehr wünschte, keck als die Wahrheit gegen den Augenschein auf, und empfand dabei nicht religiösen oder moralischen Gewissensbiss — denn man war in honorem majorem der Tugend oder Gottes über die Wirklichkeit hinausgegangen und ohne alle eigennützigen Absichten! Auf dieser Stufe der Wahrhaftigkeit stehen noch viele brave Menschen: wenn sie sich selbstlos fühlen, scheint es ihnen erlaubt, es mit der Wahrheit leichter zu nehmen. Man beachte doch, dass weder unter den sokratischen, noch unter den christlichen Tugenden die Redlichkeit vorkommt: diese ist eine der jüngsten Tugenden, noch wenig gereift, noch oft verwechselt und verkannt, ihrer selber noch kaum bewusst, — etwas Werdenedes, das wir fördern oder hemmen können, je nachdem unser Sinn steht« (KSA 3, S. 275; unsere Kursivschrift).

Die Weisheit braucht daher am Anfang *Einsamkeit*, als müsste sie gerade eine „Strecke" durchlaufen, um den Überfluss zu erreichen. Nachdem das Reichtum erhielten wurde, kann der Prozess von *Schenken* – wie im Falle der Tugend Zarathustras – nicht gehalten werden, und die Weise, auf die er sich entwickelt, scheint als unabhängig vom Willen (Nietzsche spricht von »ungeduldiger Liebe«; sieht Ebd., KSA 4, S. 106).

Aus der zitierten Stelle taucht ein Problem auch auf, das im „Nachtlied" zentral sein wird, und eine interessante Sache betonen lässt: Was Zarathustra am schwierigsten findet, ist der Liebe zum Menschen zu widerstehen. Das Mitleid wird nämlich die Ursache der Leidenschaft und des Scheiterns Zarathustras im letzten Teil des Buchs sein (ZA, IV 2-22, KSA 4, S. 300-408).

1.3 Echtheit.

Am Ende des Kapitels kann man noch einen weiteren Aspekt der Lehre Zarathustras sehen, der in folgenden Stellen entwickelt werden wird, d.h. die *Echtheit*: »meine Lehre ist in Gefahr, Unkraut will Weizen heissen!« (Ebd., KSA 4, S. 105).

> Meine Feinde sind mächtig worden und haben meiner Lehre Bildniss entstellt, also, dass meine Liebsten sich der Gaben schämen müssen, die ich ihnen gab. Verloren giengen mir meine Freunde; die Stunde kam mir, meine Verlornen zu suchen! (Ebd., KSA 4, 106).

Mit diesen Wörtern deutet Zarathustra seinen eigenen Alptraum und die furchtbare Aussicht durch den Spiegel. Seine Lehre kann missverstanden werden und als allgemeines Vorbild *nachgeahmt*, anstatt wirklich begriffen zu werden. Schließlich, bevor er in den folgenden Kapiteln mit der Kritik der falschen Tugenden anfängt, stellt Zarathustra in „Auf den glückseligen Inseln" noch eine letzte Bedingung auf: »Dass der Schaffende selber das Kind sei, das neu geboren werde, dazu muss er auch die Gebärerin sein wollen und der Schmerz der Gebärerin« (ZA, II 2, KSA 4, S. 111). Dadurch taucht der letzte Punkt der Lehre Zarathustras auf: die Notwendigkeit, die *Ganzheit des Lebens* (d.h. so viel Freude wie Leid) zu akzeptieren und zu *lieben*, zu wollen.

Dann erklärt Nietzsche, was die Lehre Zarathustras nicht ist und was mit ihr nicht verwechselt werden darf. In „von den Mitleidigen" und „Von den Priesten" geht die Kritik die auf Mitleid basierten Vorstellungen von Tugend an: Das Mitleid ist ein „allzu menschliches" Gefühl, das überwunden werden müsse. »Grosse Verbindlichkeiten machen nicht dankbar, sondern rachsüchtig; und wenn die kleine Wohlthat nicht vergessen wird, so wird noch ein Nage-Wurm daraus« (ZA, II 3, KSA 4, S. 114), deswegen könne keine *echte* Tugend darauf basieren. Da kommt das mit diesem Aspekt verbundene Thema des unvermeidbaren Schenkens ebenfalls wieder:

Ich aber bin ein Schenkender: gerne schenke ich, als Freund den Freunden. Fremde aber und Arme mögen sich die Frucht selber von meinem Baume pflücken: so beschämt es weniger. Bettler aber sollte man ganz abschaffen! Wahrlich, man ärgert sich ihnen zu geben und ärgert sich ihnen nicht zu geben (Ebd.).

In „Von den Priesten" wird das Mitleid mit dem Bild eines »verfälschten Lichtes« vorgeschlagen, um den Begriff des *Wahnes* durch Bilder besser zum Ausdruck zu bringen. An dieser Stelle wird die Vorstellung einer auf dem Mangel basierten Tugend insbesondere betont, und damit die Notwendigkeit, ein äusserliches Prinzip zu brauchen, um sie zu erhalten, aber es kann nur als Illusion Sinn haben. Durch die Idee eines Gottes könnten die »Lücken«, aus denen der religiöse Geist bestehe, gefüllt werden, und ein solches Bedürfnis wird gerade durch die mitleidige Haltung am besten ausgedrückt. Sie bringt jedoch mit sich keine „Füllung" des Geistes; eher bedeutet sie vielmehr sogar eine Verstärkung solcher Lücken: Genau vom Zusammentreffen von »Schwüles Herz und kalter Kopf« entstehe nämlich »der Brausewind, der „Erlöser"« (ZA, II 4, KSA 4, S. 118-119). In „Von den Tugendhaften" schildert Zarathustra die traditionell für solche gehaltenen Tugenden. Als solche werden alle definiert, welche sich vorgeblich außerhalb des *Selbst* begründen und sich als äußere Vorbilder und universale Werte auferlegen. Alle die kritisierten Konzeptionen von Tugend erscheinen auf *Rache*, *Groll* und der Hoffnung eines *Lohnes* begründet und was Zarathustra beabsichtigt, ist seine Schülern dazu einzuladen, solche Vorurteile zu beseitigen: »Müde würdet der Wort „Lohn", „Vergeltung," „Strafe," „Rache in der Gerechtigkeit" – Müde würdet zu sagen „dass eine Handlung gut ist, das macht, sie ist selbstlos"«. Deshalb wendet er sich so an sie: »Dass euer Selbst in der Handlung sei, wie die Mutter im Kinde ist: das sei mir euer Wort von Tugend!« (ZA, II 5, KSA 4, S. 121-123).[6]

In Abschnitt „Vom Gesindel" wird der Begriff des *Ja Sagens* zum Leben als wesentliche Bedingung zur echten Tugend wiederholt. Man soll das Gesindel (als Symbol für die schlimmsten Seiten der menschlichen Existenz) nicht vermeiden, sondern man muss auch ihn lieben, weil er zum Leben gehört. So wird im Text jede Art von Tugend kritisiert, in der sie als Ablehnung des Lebens gesehen wird. In der Stelle erscheinen die mit dem Wasser verbundenen Bilder schon oft, die in

---

[6] Zur Konzeption des Selbst bei Nietzsche, siehe Volker Gerhardt, Die Funken des freien Geistes. Neuere Aufsätze zu Nietzsches Philosophie der Zukunft, De Gruyter, Berlin / New York 2011, S. 1-49 und 50-86. Seiner Meinung nach könne das Selbst als »die Fähigkeit des Leibes, sich selbst zu verhalten« definiert werden (S. 10). Es habe »gleiche ontologische Dignität« wie der Leib, und der Unterschied zwischen den Beiden sei bloß konzeptuell: Es werde als Darstellung eines »Vermittlers zwischen Leib und Ich«, d.h. »was Körper und Seele, Leib und Ich zusammenhält«, »der als Einheit verstehbare Ausdruck des Leibes« verstanden (S. 52). Das bedeutet aber nicht, dass das Selbst bei Nietzsche auf eine physiologische Funktion reduziert werden muss, sondern sollte es in Beziehung mit der beschränkten Wahrnehmung-Fähigkeit des Leibs gelesen werden, während muss man aber bei ihm die Möglichkeit erkennen, Unbewusste Perzeptionen zu postulieren (vgl., z. B., JGB, 17, KSA 5, S. 30).

den folgenden Kapiteln ziemlich wichtig sein werden (ZA, II 6, KSA 4, S 124-127). In „Von den Taranteln" wendet dann Zarathustra seine Kritik an diejenigen, die die Gleichheit als Prinzip der Tugend setzten möchten. Seiner Meinung nach sei das Leben vom Widerspruch charakterisiert und entspreche der Wille zur Gleichheit noch einer von auf der Rache basierten Haltung. Die Widersprüche des Werdens müssten jedoch akzeptiert werden und darauf basiert die Tugend, die Zarathustra beibringen wöllte (ZA, II 7, KSA 4, S. 128-131).

Aus „Von den berühmten Weisen" taucht das Thema des *Aberglauben* auf, der sich mit der *Verehrung* auf die *Echtheit* gegensetzt. Dieses Thema war schon in „Von der schenkenden Tugend" zentral, besonders durch die Wörter: »Ihr verehrt mich; aber wie, wenn eure Verehrung eines Tages umfällt? Hütet euch, dass euch nicht eine Bildsäule erschlage!« (ZA, I 22, KSA 4, S. 102). Was sich mit einem solchen Problem verbindet, ist die Notwendigkeit, von jedem Vorbild oder Muster unabhängig zu sein und seinen eigenen Weg selbst zu finden. Schließlich, wenn man schon in „Vom Gesindel" viele Andeutungen zum Wasser mit den Metaphern des Bornes und Brunnens in Bezug aufs Leben beobachten konnte, kehrt das Bild nun wieder und bezieht sich auf die *Weisheit* Zarathustras, die zwei Seiten hat, d.h. sowohl die kalte, ruhige, als auch die heisse, *wilde*:

> Dem Segel gleich, zitternd vor dem Ungestüm des Geistes, geht meine Weisheit über das Meer — meine wilde Weisheit! Aber ihr Diener des Volkes, ihr berühmten Weisen, — wie könntet ihr mit mir gehn! (ZA, II 8, KSA 4, S. 134-135).

2. Seele, Leben und dionysische Weisheit.

2.1 „Das Nachtlied"

Der Abschnitt vom „Nachtlied" ist in der ersten Person geschrieben und ist wahrscheinlich der an Bildern reichste Text des *Zarathustra*. Das ganze Buch hat zwar eine symbolische Form, aber einige Stellen brauchen eine besonders an Bildern reiche Sprache, denn je tiefer der Begriff des Ausdrucks bedarf, desto weniger nützlich erscheint die traditionelle, philosophische Sprache, und desto mehr erhöht sich die Notwendigkeit, Symbole und Metaphern zu verwenden. Im Laufe der vorherigen Kapiteln hat Zarathustra alle die falschen Tugenden schon kritisiert und jetzt muss er seine eigene Vorstellung präsentieren, aber seine Idee geht über die traditionellen, bekannten Arten von Tugend und braucht eine Sprache, die das Leben und die Vielzahl seiner Perspektiven und so seiner Widersprüchen widerspiegelt, noch mehr als der *Zarathustra* selber. Dank dem Bild des *Wassers* kann man das Leben und die Weisheit mit der Seele zusammenfügen. Man liest am Anfang: »Nacht ist es: nun reden lauter alle springenden Brunnen. Und auch meine Seele ist ein springender Brunnen« (ZA, II 9, KSA 4, S. 136). Dasselbe

Bild, das vorher dem Leben und der Weisheit entsprach, beschreibt jetzt auch die *Seele*.[7]

Um die *Vollständigkeit* des Lebens als Bild einer neuen und höheren Tugend darzustellen, spricht tatsächlich nun die Erkenntnis Zarathustras nicht mehr, sondern überläßt diese Aufgabe seiner Seele, die komplementäre Seite der traditionellen Weisheit. Seine eigene Seele zu kennen, entspricht der ersten Bedingung, durch die man eine breitere, d.h. mit der „wilden" Seite bereicherte Weisheit erreichen kann. Aus diesem Grund wird es dann nicht nur unnötig, sondern auch falsch, nach irgendeinem äußerlichen Prinzip zu suchen.

Man hat manchmal versucht, die Stelle als Zugang zum Unbewussten Nietzsches zu lesen. C. G. Jung hat es 1934-1939 im Laufe seines dem *Zarathustra* gewidmeten Seminars gemacht, indem er den Text als eine der manchen Stellen gedeutet hat, wobei das vom Ich abgelehnte Unbewusste frei sprechen und das Paradox des Selbst zeigen könne.[8] Schon in seinem früheren Aufsatz *Die transzendente Funktion* (1916) wurde dieses Kapitel als Beispiel genommen, um die nächtige Ruhe als wesentliche Bedingung zum Auftauchen des Unbewussten zu zeigen.[9] C. Pietzcker bietet eine ähnliche Interpretation an, indem er den Text als »narzißtischer Objektbeziehungen« liest.[10]

Solche Lektüre scheint zwar möglich, aber wenn man die Stelle in Bezug auf einen weiteren Willen zum Lehren bei Nietzsche liest und sie mit den Begriffen von Tugend und Weisheit verbindet, dann versteht man, wie reduktiv eine psychologische Deutung ist. Nietzsche zeigt zwar das Paradoxe und die Widersprüche, aber nicht ohne Absicht, sondern um die unbekannten, tiefen und unlogischen Teilen des Lebens als Bedingungen einer neuen „dionysischen" Weisheit erkennen zu lassen. Vor allem, da Zarathustra und seine Seele sprechen, nicht

---

[7] Was Nietzsche unter „Seele" schon an dieser Stelle meint, wird in JGB, 12 (KSA 5, S. 27) gut behandelt. Der Philosoph ablehnt sowohl die religiösen oder metaphysischen Konzeptionen als auch die bloß physiologischen Theorien und schlägt die Vorstellung von Seele als »Vielheit« vor. Denn er braucht im *Zarathustra* einen poetischen Stil, ist es da kaum wunderlich, eine so traditionelle, ästhetische Expression zu finden. Gerade beim Verwenden ein so metaphysisches Wort kann die *Ganzheit* der Existenz wirklich zum Ausdruck gebracht werden.

[8] Carl Gustav Jung, Nietzsche's Zarathustra. Notes of the seminar given in 1934-9 (fortan SNZ), edited by James. - L. Jarrett, Bollingen Routledge, London 1989 (part I, Nachdr. 2005; part II, Nachdr. 1994), II, S. 1142-1148.

[9] Carl Gustav Jung, Werke in 20 Bände, Walter, Olten / Düsseldorf 1966 ff., Bd. 8, S. 78-108 (bes. 105-107).

[10] Carl Pietzcker, »Aber ich lebe in meinem eigenen Lichte; ich trinke die Flammen in mich zurück, die aus mir brechen«: „Das Nachtlied" in F. Nietzsches „Also sprach Zarathustra", in: Freiburger literaturpsychologische Gespräche. Jahrbuch für Literatur und Psychoanalyse 18, 1999, S. 233-252. Trotzdem ist dieser Beitrag nützlich, weil er die Ähnlichkeit dieser Stelle mit dem romantiken *Abendständchen* von Brentano (1802) zeigt: »Hör', es klagt die Flöte wieder, / Und die kühlen Brunnen rauschen. / Golden weh'n die Töne nieder, / Stille, stille, laß uns lauschen! // Holdes Bitten, mild Verlangen, / Wie es süß zum Herzen spricht! / Durch die Nacht, die mich umfangen, / Blickt zu mir der Töne Licht!«.

Nietzsche, dessen psychologischen Probleme man nicht mit seiner Philosophie und seinen stilistischen Entscheidungen verwechseln darf. Man liest am Anfang:

> Nacht ist es: nun erst erwachen alle Lieder der Liebenden. Und auch meine Seele ist das Lied eines Liebenden. Ein *Ungestilltes, Unstillbares* ist in mir; das will laut werden. Eine *Begierde nach Liebe* ist in mir, die redet selber die *Sprache* der Liebe (Ebd.; unsere Kursivschrift).

Die Bilder der Nacht sind äußerst wichtig, um die Vollständigkeit der neuen Tugend besser festzustellen. Bisher war die Weisheit Zarathustras immer durch die Sonne dargestellt, aber nun wird es notwendig, das Leiden und die Tiefe zu zeigen, damit man auch diese Seiten des Lebens erkennen und lieben kann. Und da die Haltung und die Empfindungen Zarathustras immer der Sonne und ihren Momenten entsprechen,[11] können die Traurigkeit und das „Unlogische" nur durch die Nacht dargestellt werden. Aber um *alle* die Aspekte des Lebens zu akzeptieren, muss man auch die *Unvollständigkeit* erleben, und die Unvollständigkeit einer vollständigen Seele ist die paradoxe Unmöglichkeit des Nehmens:

> Licht bin ich: ach, dass ich Nacht wäre! Aber diess ist meine Einsamkeit, dass ich von Licht umgürtet bin. Ach, dass ich dunkel wäre und nächtig! Wie wollte ich an den Brüsten des Lichts saugen! Und euch selber wollte ich noch segnen, ihr kleinen Funkelsterne und Leuchtwürmer droben! — und selig sein ob eurer Licht-Geschenke. Aber ich lebe in meinem eignen Lichte, ich trinke die Flammen in mich zurück, die aus mir brechen. Ich kenne das Glück des Nehmenden nicht; und oft träumte mir davon, dass Stehlen noch seliger sein müsse, als Nehmen. Das ist meine Armuth, dass meine Hand niemals ausruht vom Schenken; das ist mein Neid, dass ich wartende Augen sehe und die erhellten Nächte der Sehnsucht.
>
> Oh Unseligkeit aller Schenkenden! Oh Verfinsterung meiner Sonne! Oh Begierde nach Begehren! Oh Heisshunger in der Sättigung! Sie nehmen von mir: aber rühre ich noch an ihre Seele? Eine Kluft ist zwischen Geben und Nehmen; und die kleinste Kluft ist am letzten zu überbrücken. Ein Hunger wächst aus meiner Schönheit: wehethun möchte ich Denen, welchen ich leuchte, berauben möchte ich meine Beschenkten: — also hungere ich nach Bosheit (ZA, II 9, KSA 4, S. 136-137).

Wer so reich ist, dass er nur schenken kann, kann nie nehmen, und da liegt sein Leiden, seine Einsamkeit. Dann kommt die Begierde, *fehlend* sein zu können, ein noch größeres Paradox. Daraus folgt, dass das Schicksal der Vollständigsten daraus besteht, einsam und *unfähig zum Mitteilen* (wenn nicht einseitig) zu sein. Nicht nehmen zu können, bedeutet nämlich die Sprache der anderen nicht zu verstehen:

> Viel Sonnen kreisen im öden Raume: zu Allem, was dunkel ist, reden sie mit ihrem Lichte, — *mir schweigen sie* (Ebd., KSA 4, S. 137; unsere Kursivschrift).

---

[11] Vgl. Zavatta, La potenza dell'immagine, S. 30-33. Siehe auch V. Vivarelli, L'immagine rovesciata, S. 38: Sie zeigt deutlich, dass die Erkenntnis Zarathustras sowie seine Weisheit im Gegensatz mit Schopenhauers Vorstellung von Ablösung vom Leben und Willen seien und durch die Sonne deshalb zum Ausdruck gebracht würden. Zur Identifikation Zarathustras mit der Sonne, siehe auch Pautrat, Versions du soleil, Éditions du Seuil, Paris 1971.

Der psychologischen Deutungen nach spiegelte der Satz die Vorherrschaft des Ichs über das Unbewusste in Nietzsches Psyche – d.h. Narzißmus im Falle von Pietzcker und Inflation bei Jung – wider.[12] Aber auf diese Weise würden die tiefe Absicht Nietzsches nochmals übergesehen, durch Zarathustras Seele eine neue Weisheit beizubringen, und seine Psychologie mit seiner Philosophie verwechselt.

Das Paradox braucht keine rationelle Lösung, es kann nur akzeptiert werden, indem man die Muster der Vernunft verlässt und die neue Sprache des *Zarathustra* beginnt zu sprechen. Einfach beim Erleben kann diese unleugbare Seite der Seele und des Lebens ebenfalls erkennt, und dann angenommen werden. Das ist nicht nur ein Teil der Seele sondern auch ihre wesentliche Eigenschaft, ihr Merkmal. Und nur beim Annehmen der Seele kann das Leben wirklich komplett gemacht werden. Man liest in „Das Nachtwandler-Lied":

Ihr höheren Menschen, was dünket euch? Bin ich ein Wahrsager? Ein Träumender? Trunkener? Ein Traumdeuter? Eine Mitternachts-Glocke? Ein Tropfen Thau's? Ein Dunst und Duft der Ewigkeit? Hört ihr's nicht? Riecht ihr's nicht? Eben ward meine Welt vollkommen, Mitternacht ist auch Mittag, — Schmerz ist auch eine Lust, Fluch ist auch ein Segen, Nacht ist auch eine Sonne, — geht davon oder ihr lernt: ein Weiser ist auch ein Narr (ZA, IV 21, KSA 4, S. 403).

2.2 Eine weibliche Weisheit.

In den nächsten zwei Kapiteln kehrt das Bild der Nacht nochmals wieder, um den „dunklen" Teil Zarathustras herauskommen zu lassen. Im „Tanzlied" taucht sie in Bezug auf den »*Geist der Schwere*« auf: Man muss sowohl die freudigen Momente als auch die schwersten und furchtbaren Seiten akzeptieren. Außerdem wird die Annahme der schwierigsten und ängstlichen Aspekte die notwendige Bedingung, damit die echte „Leichtigkeit" erreicht werden kann. Nur durch eine Bejahung zur Schwierigkeit können die Vergangenheit wirklich eingelöst, und der ewige Augenblick vollständig erwünscht werden.[13] Wenn seine Aufmerksamkeit im vorherigen Kapitel auf die Notwendigkeit der Seele und seiner Para-

---

[12] Pietzcker, »Aber ich lebe in meinem eigenen Lichte; ich trinke die Flammen in mich zurück, die aus mir brechen« und Jung, SNZ, II, S. 1145-1148. Jungs Meinung nach seien nämlich diese Zeilen, von »Das ist meine Armuth« bis »Einem Sturme gleich fliegen die Sonnen ihre Bahnen, das ist ihr Wandeln. Ihrem unerbittlichen Willen folgen sie, das ist ihre Kälte« (ZA, II 9, KSA 4, S. 137-138) der einzige Teil im Kapitel, wo das Unbewusste sich weniger frei zum Ausdruck bringe und der Ich seine übliche Haltung von Ablehnung der Unabhängigkeit des Selbst zeige. Auf diesem Grund liest er auf Deutsch den ersten und den dritten Teil des Kapitels, da die Unbewusste Sprache unübersetzbar sei, während er diese mittleren Zeilen auf Englisch – wie alle anderen Stellen des Texts – liest.

[13] Siehe auch die Geschichte des Baums im ersten Teil: »es ist mit dem Menschen wie mit dem Baume. Je mehr er hinauf in die Höhe und Helle will, um so stärker streben seine Wurzeln erdwärts, abwärts, in's Dunkle, Tiefe, — in's Böse« (ZA, I 8, KSA 4, S. 51).

doxe zur echten *Weisheit* ganz gerichtet war, ist sie jetzt ans Bedürfnis der Schwere zur Leichtigkeit anwendet. Es ist nicht nämlich zufällig, dass das Thema des Kapitels der Tanz ist.

Am Anfang taucht die Figur Cupidos als Symbol gleichzeitig von Schwere und Liebe auf, d.h. als einziges Bild, das der komplizierte Prozess von Annahme des Lebens ausdrücken kann. Er stellt nämlich die beiden Bedingungen (die Schwere und die Liebe) dar, durch die der Unsinn des Nihilismus überwunden werden kann. Die „Lehre", die Zarathustra beibringen möchte, ist tatsächlich die ewige Wiederkunft des Gleichen, einzige Möglichkeit, durch die das Leben akzeptiert, und der Nihilismus wirklich überwunden werden können, und da die traditionelle Sprache nicht ausreichend ist, um einen solchen schockierenden Begriff auszudrücken, braucht Nietzsche wie nie zuvor Symbole und Bilder (ZA, II 10, KSA 4, S. 139).

Die komplexe Beziehung zwischen Liebe, Leben, Seele, Weisheit und Tugend wird am Ende des Kapitels durch das Erscheinen einer Personifikation des Lebens und nochmals eines Bildes des Wassers erklärt. Dieses war im Nachtlied mit der Seele Zarathustras verbunden, hier bezieht sich es hingegen aufs Leben (Ebd., KSA 4, S. 140). Zarathustra ist weiser geworden, denn er hat gelernt, das Leben zu lieben, aber einerseits kann man ohne Seele nicht lieben, und andererseits kann das Leben selbst nur durch die Seele ganz komplett gemacht werden. Deswegen ist er in einem neuen Sinne auch *tugendhaft*.[14]

Das Leben Fragt dann Zarathustra danach, von seine Weisheit zu sprechen und beim Antworten beschreibt er sie als eine Komplexität von Paradoxe und Widersprüche und das Leben schließt:

> Von wem redest du doch? [...] wohl von mir? Und wenn du Recht hättest, — sagt man das mir so in's Gesicht! Aber nun sprich doch auch von deiner Weisheit! (Ebd.).

Zarathustra kann aber keine neue Antwort geben. Die Grenze zwischen Leben und Weisheit sind nicht mehr deutlich und obwohl das Leben selber lacht und seine Auge zumacht, gibt es bei ihm keine alternative Lösung.

Man muss am Anfang seine eigene Seele kennen, aber dann muss man sie auch akzeptieren, muss man sein eigenes Schicksal *willen* (*amor fati*), und deswegen muss die Weisheit Zarathustra *weiblich* sein. Was für ein besseres Symbol für ein solches Bedürfnis als Ariadne, die Ehefrau Dionysos; die Frau, die zu ihm Ja gesagt hat? Das Weibliche entspricht dem Jasagen zum Leben und stellt zwei Bedingungen dar: sowohl die Ähnlichkeit zwischen Leben und Weisheit (also, die *wilde* Weisheit) als auch die Notwendigkeit der Seele zum Jasagen.[15] Man kann

---

[14] Sehr interessant ist, dass das Leben behauptet, dass es sowie weiblich auch (im traditionellen, negativen Sinne) »kein tugendhaftes« sei (Za, II 10, KSA 4, S. 140).

[15] Vgl. auch Gilles Deleuze, Nietzsche, sa vie, son œuvre: avec un exposé de sa philosophie, S. 31-40 und David Farrell Krell, Postponements, Woman, Sensuality, and Death in Nietzsche, Indiana University Press, Bloomington 1986, besonders S. 14-31.

auch die weibliche Figur des zweiten Tanzlied (ZA, III 21, KSA 4, S. 282-287) und einige nachgelassene Fragmente in dieser Richtung lesen. Diese komplizierte Verbindung zeigt Nietzsche selber auch; in *Ecce Homo* schreibt er in Bezug auf „Das Nachtlied":

> Dergleichen ist nie gedichtet, nie gefühlt, nie gelitten worden: so leidet ein Gott, ein Dionysos. Die Antwort auf einen solchen Dithyrambus der Sonnen-Vereinsamung im Lichte wäre Ariadne... Wer weiss ausser mir, was Ariadne ist!... Von allen solchen Räthseln hatte Niemand bisher die Lösung, ich zweifle, dass je Jemand auch hier nur Räthsel sah. — Zarathustra bestimmt einmal, mit Strenge, seine Aufgabe — es ist auch die meine —, dass man sich über den Sinn nicht vergreifen kann: er ist jasagend bis zur Rechtfertigung, bis zur Erlösung auch alles Vergangenen (EH, III 30, KSA 6, S. 348).

Im Fragment 10[95] liest man diesbezüglich:

> „Oh Ariadne, du selbst bist das Labyrinth: man kommt nicht aus dir wieder heraus"... „Dionysos, du schmeichelst mir, du bist göttlich"... (Nachlaß 1887, KSA 12, S. 510, 10[95]).

Und schließlich am Ende des Dithyrambus „Klage der Ariadne" :

> Sei klug, Ariadne!... Du hast kleine Ohren, du hast meine Ohren: steck ein kluges Wort hinein! — Muss man sich nicht erst hassen, wenn man sich lieben soll?... Ich bin dein Labyrinth... (DD, KSA 6, S. 401).

Im „Grablied" wird die Notwendigkeit ausgedrückt, die jugendliche Unschuld wiederzubekommen. Das kann nur durch die Akzeptanz und Assimilation des Geistes der Schwere erfolgreich gemacht werden (ZA, II 11, KSA 4, S. 142-145). Nur auf dieser Weise kann das kompletteste Jasagen zum Leben stattfinden und die höchste Weisheit erreicht werden. Wenn die dunkelsten, nächtigen und schwersten Aspekten der Seele angenommen und integriert werden, dann hat man ein breiteres und tieferes Wissen vom Leben, und wenn sie *geliebt* sind, dann erreicht man die Weisheit Zarathustras, die dem höchsten Grad von Tugend entspricht.

3. Schlussfolgerungen.

Der offensichtliche Mangel an Präzision beim Verwenden »Tugend« oder »Weisheit« kann in Bezug auf Zarathustra nur durch die starke Verbindung der beiden Begriffe mit den Konzepten von »Leben« und »Liebe« erklärt werden. „Weise" ist nämlich derjenige, welcher gelernt hat, das Leben zu lieben; und nur diese Art von Weisheit macht auch „tugendhaft", da sie auf keinem äußerlichen Vorbild gegründet ist, sondern beibringt, nach Reichtum und Macht aus eigenem *Selbst* zu suchen. Tugend und Weisheit sollten aufhören, getrennt zu sein, und würden eine Wiederkehr zu ihrer originellen Verbindung brauchen (dank der Vermittlung von Leben und Liebe).

Um den Vorgang vollständig, deutlich und genau zu machen, muss man die Wichtigkeit der *Seele* und des Widerspruchs hinzufügen: Sie sind die komplementären Seiten der traditionellen Weisheit und nur durch ihre Akzeptanz kann man zum ganzen Leben wirklich jasagen und es lieben. Nur nachdem es erlebt, erkennt und akzeptiert wurde, kann man sein eigenes Selbst wirklich kennen. Deswegen braucht Nietzsche eine Sprache, die über die üblichen Regeln des Ausdrucks geht, und sowohl die Symbole der Seele (wie das Wasser oder die Nacht, die wichtige Verbindungen zwischen nicht rationell ähnlichen Kategorien erlauben), als auch die Unverständlichkeit des Paradoxes direkt ruft: Es will ein Gespräch mit der tiefen, unlogischen Seite des Lesers sein. Nur auf diese Weise kann die dionysische, *griechische* Weisheit erreicht werden, die als „Gegenmittel" gegen die Krankheit der *Décadence* dienen kann.

Literaturverzeichnis.

Ackerknecht Erwin, Friedrich Nietzsche, der Prophet der schenkenden Tugend, Bücherei und Bildungspflege, Stettin 1926
Biondi Graziano, L'enigma della serpe secondo Nietzsche, Manifesto Libri, Roma 2001
Bloch Peter André, Der Dichter als Lehrer. Friedrich Nietzsches pädagogische Berufung, in: NietzscheForschung. Jahrbuch der Nietzsche Gesellschaft 7 (2000), S. 89-105
Braun Hans-Jürgen, Umwertung der Tugenden: F. Nietzsche, in: Braun Hans-Jürgen (Hrsg.), Ethische Perspektiven: „Wandel der Tugenden", Zürich 1989, S. 237-246 (Zürcher Hochschul-Forum; 15)
Coker John C., On the bestowing virtue (Von der schenkenden Tugend): a reading, In: Journal of Nietzsche studies 8 (Herbst 1994), S. 5-31
Colli Giorgio, Dopo Nietzsche (1974), Adelphi, Milano 1988
–, Scritti su Nietzsche (1980), Adelphi, Milano 1995
Deleuze Gilles, Nietzsche, sa vie, son œuvre: avec un exposé de sa philosophie (1965), PUF, Paris 2005
Farrell Krell David, Postponements. Woman, Sensuality, and Death in Nietzsche, Indiana University Press, Bloomington 1986
Figal Günter, Zarathustra als erfundener Lehrer, in: Mayer Mathias (Hrsg.), Also wie sprach Zarathustra? West-östliche Spiegelungen im kulturgeschichtlichen Vergleich, Ergon, Würzburg 2006, S. 49-57 (Klassische Moderne; Bd. 6)
Gerhardt Volker, Die Funken des freien Geistes. Neuere Aufsätze zu Nietzsches Philosophie der Zukunft, De Gruyter, Berlin / New York 2011

Jaspers Karl, Nietzsche. Einführung in das Verständnis seines Philosophierens (1936), De Gruyter, Berlin / New York 1981

Jung Carl Gustav, Werke in 20 Bände, Walter, Olten / Düsseldorf 1966 ff.

-, Nietzsche's Zarathustra. Notes of the seminar given in 1934-9, edited by James L. Jarrett, Bollingen Routledge, London 1989 (part I, Nachdr. 2005; part II, Nachdr. 1994)

Kaulbach Friedrich, Die Tugend der Gerechtigkeit und das philosophische Erkennen, in: Perspektiven der Philosophie. Neues Jahrbuch 7 (1981), S. 103-117

Kjaer Jørgen, Zarathustras Nachtlied und der Dionysosdithyrambos Von der Armut des Reichsten, in: Nietzsche-Forschung 3 (1996), S. 127-146

Löwith Karl, Nietzsches Philosphie der ewigen Wiederkehr des Gleichen, Die Runde, Berlin 1935/1956

Masini Ferruccio, Lo scriba del caos, Il mulino, Bologna 1978

Mettler Heinrich, Hesses „Demian": Wandel der Tugend und des Begriffs der Tugend, eine „Umwertung aller Werte" unter dem Vorzeichen Nietzsches, in: Braun Hans-Jürgen, Ethische Perspektiven: „Wandel der Tugenden", Zürich 1989, S. 247-261

Nietzsche Friedrich Wilhelm, Nietzsche Briefwechsel. Kritische Gesamtausgabe, Berlin / New York, de Gruyter, 1975 ff.

-, Werke. Kritische Gesamtausgabe. Hrsg. v. G. Colli u. M. Montinari, De Gruyter, Berlin / New York 1967 ff.

Pautrat Bernard, Versions du soleil, Éditions du Seuil, Parigi 1971

Pietzcker Carl, »Aber ich lebe in meinem eigenen Lichte; ich trinke die Flammen in mich zurück, die aus mir brechen«. „Das Nachtlied" in F. Nietzsches „Also sprach Zarathustra", in: Freiburger literaturpsychologische Gespräche. Jahrbuch für Literatur und Psychoanalyse 18, 1999, S. 233-252

Ricoeur Paul, De l'interprétation. Essai sur Freud, Éd. du Seuil, Paris 1965

Schlechta Karl, Nietzsches grosser Mittag, Kloster, Frankfurt / M 1954

Schubert Jochen, Individualität und die Tugend der Gerechtigkeit: Reflexionen zur Kritik des Moralismus bei Friedrich Nietzsche und im ethischen Individualismus Rudolf Steiners, in: Die Drei 64 (1994), S. 798-806

Tögel Fritz, Friedrich Nietzsche und die Lehrerpersönlichkeit, in: Leipziger Lehrerzeitung 24, (1917)

Vivarelli Vivetta, L'immagine rovesciata, Marietti, Genova 1992

Zavatta Benedetta, La potenza dell'immagine, AIEP, Repubblica di S. Marino, 2001

Zibis Alexander-Maria, Die Tugend des Mutes: Nietzsches Lehre von der Tapferkeit, Königshausen und Neumann, Würzburg 2007 (Epistemata: Reihe Philosophie; Bd. 437).

Perspektiven des Willens zur Macht
– oder: Nietzsche in unruhiger Spannung zwischen seinem höchsten und tiefsten Gedanken

Murat Ates

»Falls ich diesen Sommer nach Sils Maria komme, so will ich eine Revision meiner Metaphysica und erkennntistheoret[ischen] Ansichten vornehmen. Ich muß jetzt Schritt für Schritt durch eine ganze Reihe von Disziplinen hindurch, denn ich habe mich nunmehr entschlossen, die nächsten fünf Jahre zur Ausarbeitung meiner ›Philosophie‹ zu verwenden, für welche ich mir, durch meinen Zarathustra, eine Vorhalle gebaut habe«. Friedrich Nietzsche schreibt diese Zeilen in einem Brief an seinen Freund Overbeck, am 7.April 1884, d.h. in einer Phase seines Schaffens, in der Nietzsche den ersten und zweiten Teil seines Werks »Also sprach Zarathustra« bereits fertigstellt und in Druck gegeben hatte. Sein Buch Zarathustra hätte zu diesem Zeitpunkt, mit dem Abschluss des zweiten Teils, bereits vollendet sein sollen. Nicht zuletzt deswegen, weil Nietzsche sich dazu gedrängt fühlte in einem größeren Werk einer grundlegenden Ausarbeitung seiner Philosophie nachzugehen, zu dieser Zarathustra retrospektiv nur eine »Vorhalle«, ein Vorspiel, eine Präambel darstellen sollte. Es sind vor allem die letzten Abschnitte des zweiten Teils seines Zarathustras, die Aufschluss darüber geben dürften, welche Denkerfahrung Nietzsche dazu bewegt hat, von der Notwendigkeit einer grundlegenden Ausarbeitung seiner Philosophie sprechen zu müssen. Es ist dies die Erfahrung von einem radikal gedachtem Prinzip, von dem er später schreiben wird, dass es »den letzten Grund und Charkater aller Veränderung«[1] und somit den innersten Grundsatz seiner Philosophie bildet — die Rede ist vom »Wille[n] zur Macht. [als dem] Versuch einer neuen Auslegung alles Geschehens« (KSA 11, 629).

Zu Lebzeiten Nietzsches wird es bekanntlich zu keiner philosophischen Abhandlung über jenen »letzten Grund aller Veränderung« kommen. Der überwiegende Teil der Ausführungen über den »Willen zur Macht« sind stattdessen fragmentarisch über den Nachlass zwischen den Jahren 1884 bis 1888 verstreut.[2] Umso

---

[1] Fragment aus dem Frühjahr 1888, KSA 13, 303
[2] Die Idee eines Buches unter dem Titel »Wille Zur Macht – Versuch einer Umwerthung aller Werthe« war von Nietzsche zwar konzipiert worden (vgl. Nachlass, KSA 13, 466), doch hat er – vermutlich weil ihm zuletzt auch der Glaube an einer Letztbegründung Namens »Wille«, wie überhaupt der Glaube an jegliche Letztbegründungen zweifelhaft erschien – diese Idee nicht umgesetzt. Es gibt dazu von Nietzsche lediglich eine Kennzeichnung des fragmentarischen Ma-

wichtiger erscheinen daher die seltenen Passagen, wie eben der Schluss des zweiten Teils im Zarathustra, in dem Nietzsche seine Gedanken über »den Willen zur Macht« eigenhändig der Öffentlichkeit übergeben hat. Im Werkabschnitt »Von der Selbst-Überwindung«, sowie später nochmal im Abschnitt »von der Erlösung«, spricht Nietzsches Zarathustra trotz der poetisch-literarischen Form – oder gerade deswegen – in rasanter Dichte eine Vielzahl von Perspektiven an, wie die »Willen [plural!] zur Macht« verstanden werden können. In diesem Sinne stellt sich die folgende Untersuchung die Aufgabe, durch eine intensive Lektüre jener Passagen und mit Hilfe weiterer Texte Nietzsches, insbesondere aus seinem Nachlass, jene vielfältigen Aspekte und ihre Implikationen zu entfalten. Den unterschiedlichen Bewegrichtungen der Willen zur Macht soll schließlich bis zu jenem Punkt nachgegangen werden, wo Nietzsche, in einem »schaurigen Mittag« stehend, die Gedankenbewegung abbricht — und zwar dort, wo die Höhe des Willens zur Macht von einem diametral entgegengesetzten Seinsprinzip, von der Tiefe und Schwere der Wiederkunftslehre in den Abgrund gezogen wird. An dieser höchst konzentrierten, geheimnis- sowie kraftvollen Zusammenkunft, Zusammenprall, Kollision zweier scheinbar völlig gegensätzlichen Grundprinzipien angekommen, sollte zuletzt verständlich werden, was es mit dem Untertitel dieser Untersuchung – »der Spannung zwischen dem höchsten und tiefsten Gedanken« – auf sich hat.

1. Der Wille zur Macht als Erkenntnis(kritik).
Der zu untersuchende Abschnitt im Zarathustra wird von Nietzsche mit den Worten »Von der Selbst-Überwindung« überschrieben. Es ist dies der Aufruf, die Aufforderung, der Ausruf zu einer eigensten Überwindung — das Selbst zu überwinden. Was auch immer es in diesem Abschnitt – möglicherweise überhaupt im Gesamtwerk Nietzsches – auszulegen gibt, muss wohl stets von der Ausgerichtetheit auf eine grundsätzliche Überwindung verstanden bzw. besser: vollzogen werden. In dieser signifikanten Überschrift ist die Rede jedoch nicht nur von einer unbestimmten, allgemeinen Überwindung, sondern konkret von der »Selbst-Überwindung«. Dies lädt unweigerlich zum Fragen ein: Welches ist je-

---

terials, welches hätte hierfür dienen können, doch lässt selbst dies keine architektonische Absicht für ein Buch erkennen (vgl. Nachwort von Giorgio Colli, KSA 13, 657). Trotz dieser durch die Forschung mehrfach klargestellten Sachverhalts werden heute noch Unmengen von Büchern unter dem Titel »Der Wille zur Macht« (nach)gedruckt, als dessen Verfasser Nietzsche angeführt wird. Angesichts dessen sei hier nochmals ausdrücklich darauf hingewiesen, dass es sich dabei nicht nur um willkürlich zusammengestellte, sondern teilweise gar verfälschte Fragmente handelt, die vielmehr auf Nietzsches Schwester Elisabeth Förster zurückzuführen sind. Es war überdies auch im besonderen Maße das schauerliche Engagement von Elisabeth Förster, die Nietzsches kritisches Denken für das aufkommende NS-Regime tauglich zu machen versuchte. Offensichtlich scheint diese Problematik der bodenlosen Entstellung für so manchen (angeblich als seriös bekannten) Verleger weiterhin kein Problem darzustellen.

nes Selbst, das die Überwindung vollziehen soll? Oder soll gar das Selbst überwunden werden? Was überwindet sich, wenn sich das Selbst überwindet? Und was bleibt übrig?

Es scheint das weitere Lesen dieser Zarathustra-Passage jedenfalls gut beraten zu sein, das hier gemeinte Selbst nicht voreilig auf das Subjektive oder gar auf das Individuell-Persönliche herunterbrechen zu wollen. Dafür hat sich Nietzsche bekanntlich nur allzu oft und auf unmissverständliche Weise dahingehend geäußert, dass »›Person‹, ›Subjekt‹ als Täuschung« auftreten, als Fiktion (KSA 11, 623). Es stehe grundsätzlich zur Frage, ob überhaupt ein »Subjekt für das Erkennen anzusetzen« ist (KSA 11, 615). »Was mich am gründlichsten von den Metaphysikern abtrennt« so Nietzsche im Nachlass, »ist: ich gebe ihnen nicht zu, daß das ›Ich‹ es ist, was denkt: vielmehr nehme ich das Ich selber als eine Construktion des Denkens« (KSA 11, 526). »Die falsche Grundbeobachtung ist [also], daß ich glaube, ich bin's, der etwas thut, der etwas leidet, der etwas hat« (KSA 11, 562). Der jeweilige Vorgang des Erlebens ereignet sich demnach nicht als ein »ich sehe«, »ich denke«, »ich spreche«, »ich handle« usw., sondern vielmehr als ein »es sieht«, »es denkt«, »es spricht«, »es handelt«[3]. Wenn also die Überschrift jener Zarathustra-Passage von einer bzw. der »Selbst-Überwindung« spricht, dann ist damit bereits die Illusion eines autonomen Ichs (als Konstitution des Erlebens) überwunden und man muss von jenem »Es« ausgehen, das im Ganzen eingebettet bei jeder Handlung (perspektivisch) das Ganze ausdrückt. Nur scheint sich damit die Frage lediglich zu verschieben, die nun lautet: Wer oder was ist dieses »Es«, wie ereignet sich der Vorgang des »Es«? Was überwindet sich, wenn sich das »Es« überwindet?

Mit diesen Fragen befindet sich die Untersuchung auch schon mitten in der Schwere der Machtproblematik, denn die Art und Weise, wie es denkt bzw. wie man denkt (wie man spricht, wie man handelt usw.) ist die Art und Weise dessen, was sich zur Macht erhoben hat und von diesem mächtigen Ort aus das Denken (Sprechen, Handeln usw.) dirigiert. Es ist dies im weitesten Sinne die »abendländische« Metaphysik, welche – heute mehr denn je – die Welt (mit aller Gewalt) erobert hat. Der Aufruf zur Selbst-Überwindung ist demnach der Ausruf zur Überwindung der abendländischen Metaphysik und ihres verhängnisvollen, allmächtigen Anspruchs auf »die Erkenntnis der Wahrheit«.

Und so beginnt der Abschnitt »Von der Selbst-Überwindung« gerade mit einer Demaskierung dessen, was sich als herrschendes Motiv hinter der scheinbar harmlosen erkenntnistheoretischen Beschäftigungen als »Wille zur Wahrheit«

---

[3] Vgl. dazu etwa in *Jenseits von Gut und Böse*, insbesondere den Aphorismus 17, indem es heißt: »[E]s [ist] eine Fälschung des Thatbestandes, zu sagen: das Subjekt ›ich‹ ist die Bedingung des Prädikats ›denke‹. *Es denkt*: aber dass dies ›es‹ gerade jenes alte berühmte ›Ich‹ sei, ist, milde geredet, nur eine Annahme, eine Behauptung, vor Allem keine ›unmittelbare Gewissheit‹. Zuletzt ist schon mit diesem ›es denkt‹ zu viel gethan: schon dies ›es‹ enthält eine Auslegung des Vorgangs und gehört nicht zum Vorgange selbst« (KSA 5, 31).

verbirgt (KSA 4, 146). Der Beweggrund der Metaphysik, der sich in Eigenerzählung gern als eine naiv-staunende Andacht vor dem Sein darstellt, strebt keineswegs danach das Sein des Seienden, so wie es zu Erscheinung kommt, (nach)vollziehen zu wollen, sondern im Gegenteil steht die Metaphysik dem Sein gegenüber stets in einem »guten Misstrauen«. Das Seiende wird per se angezweifelt, steht per se unter Verdacht — eine Fälschung zu sein.[4] Hinter der Pose einer zweifelnd-prüfenden Erkenntnis operiert schließlich die Absicht, alles Seiende »denkbar machen« zu wollen, damit es sich dem Willen der Erkenntnis »fügen und biegen« soll (KSA 4, 146). Die scheinbare Suche nach Wahrheit wird also von Nietzsche als ein gewalttätiger Wille zur Beherrschung des Seienden entlarvt. Der Akt der Erkenntnis, »der Denkbarkeit alles Seienden« (ebd.), d.h. der Identifizierung, Kategorisierung und Berechnung des Seienden, sowie die Manipulierbarkeit oder gar Machbarkeit des Seienden nach den Prinzipien dieser Erkenntnis, hat letztendlich ihren Grund im Willen zur Beherrschung der Welt.[5] Mit jeder Erkenntnis über die Welt, weitet sich die Macht an der Welt aus.[6] »Das ist euer ganzer Wille, ihr Weisesten, als ein Wille zur Macht« (ebd.).

Es wäre jedoch vorschnell und schlichtweg verfehlt, an dieser Stelle konkludieren zu wollen, dass Nietzsche mit seiner demaskierenden Kritik die Negierung des »Willens zu Wahrheit« beabsichtige. Wenn die Rede von einer Überwindung der Metaphysik ist – wie überhaupt bei jeder Rede von Überwindung – dann stellt sich schier die Frage, ob dies überhaupt durch Negierung erreicht werden kann oder ob nicht zunächst zu Ende kommen, vollendet werden muss, was überwunden sein möchte. Es fragt sich also in diesem Sinne, ob das Prinzip des »Willens zur Macht«, welches Nietzsche als Beweggrund der Erkenntnis feststellt, ob dieses Prinzip nicht geradezu die Vollendung und somit die Möglichkeit der Überwindung der Metaphysik bedeutet.[7] Wie im Laufe der Auslegung noch deutlicher werden sollte, beseht jedenfalls die Absicht Nietzsches keineswegs darin, die diversen Perspektiven und Aspekte des Willen zur Macht zu verneinen,

---

[4] »Das heißt: der Wille zur logischen Wahrheit kann erst sich vollziehen, nachdem eine grundsätzliche Fälschung alles Geschehens vorgenommen ist« (KSA 11, 634).

[5] »In der Bildung der Vernunft, der Logik, der Kategorien ist das Bedürfniß maaßgebend gewesen: das Bedürfniß, nicht zu ›erkennen‹, sondern zu subsumiren, zu schematisiren, zum Zweck der Verständigung, der Berechnung... das Zurechtmachen, das Ausdichten zum Ähnlichen, Gleichen [...] Hier hat nicht eine präexistente ›Idee‹ gearbeitet: sondern die Nützlichkeit« (KSA 13, 334).

[6] Wie später Theodor W. Adorno beeinflusst von Nietzsches Gendankgängen und in Anlehnung an Francis Bacon – pointiert schreiben wird: »Macht und Erkenntnis sind synonym« (HA, 10).

[7] Darin besteht jedenfalls die große These Martin Heideggers, dass nämlich die grundsätzliche Bestimmung der Erkenntnis – wie überhaupt des Lebens – als Wille zu Macht selbst noch eine Metaphysik bedeutet, eine Metaphysik jedoch, welche sich selbst abschließt, beendet. »Im Gedanken des Willens zur Macht vollendet sich zuvor das metaphysische Denken selbst. Nietzsche, der Denker des Gedankens vom Willen zur Macht, ist der letzte Metaphysiker des Abendlandes« (HeN 1, 480). Vgl. den ganzen Abschnitt: *Nietzsche als Denker der Vollendung der Metaphysik* (HeN 1, 473 ff.)

sondern im Gegenteil wird es jedes Mal darum gehen, sich diese anzueignen, zu bejahen, damit sich eine Überwindung ereignen kann. Dies gilt gleichermaßen für den Willen zur Wahrheit. Indem man sich diesen aneignet, ergibt sich überhaupt die Möglichkeit, dem Herrschenden die Definitions- und Deutungshoheit »der« Wahrheit – die es für Nietzsche ohnehin nicht gibt, die ohnehin eine Kampf- und Spielwiese der Machtverhältnisse darstellt – zu entreißen und neu zu bestimmen. Entgegen den berechenbaren, verdinglichten, versteinerten Verhältnissen einer herrschenden Metaphysik, gilt es Kraft des angeeigneten Willens zur Macht »Wahrheiten [zu bestimmen], nach denen sich tanzen läßt « (KSA 12, 550).

2. Der Wille zur Macht als Moral.

Im engen Zusammenhang mit der Erkenntnis steht die Moral und zwar so, dass der Erkenntnis und Wahrheit, stets eine Moral vorausgeht. Wie sich Nietzsche im Nachlass ausdrückt, »auf moralischen Urtheilen beruht [...] vor Allem der Werth der Philosophie! (›des Willens zur Wahrheit‹ —)« (KSA 12, 130). Die geschaffene Ordnung der Erkenntnis setzt eine moralische Bewertung des zu Erkennenden voraus. In den »Wertschätzungen« der Moral, die immer eine Gewalt-Tat[8] bedeuten, bestimmt sich, was für die Erkenntnis, im Weiteren für die Wissenschaft, als wertvoll zu verfolgen oder als wertlos aufzugeben ist. Die Moral bestimmt vorweg die Stoßrichtung der Erkenntnis sowie die Hierarchie und Ordnung ihrer Objekte. Das Herrschende bedeutet hierin selbst ein bestimmter moralischer Wert, dass dem Volk einverleibt ist. Was dabei allgemein als moralisch valide und erstrebenswert gilt, entsteht nicht aus einem wohlwollenden göttlichen Gebot, nicht aus einem umfassenden Interesse gegenüber der Gemeinschaft/Gesellschaft, nicht aus einem kategorischen Imperativ oder, wie wir heute sagen würden, aus einem kommunikativen »Diskurs« über das Gute, sowie auch nicht aus einem eingeborenen Gerechtigkeitssinn, sondern, das, was unter dem Volk als moralisch richtig gilt, wurde und wird jeweils durch jene Einstellung bestimmt, welche die Macht über das Volk hat. Das Herrschende bestimmt jeweils die herrschende Moral. Erst im Nachhinein, retrospektiv, kommt es zu einer so oder so begründeten Verständlichmachung, weshalb jene Moral für das Volk »gut« bzw. »schlecht« ist.[9] Das Tragen-Müssen von Werten wird dabei von Nietzsche geradezu als Wesensbestimmung des »Volkes« eingeführt, zumindest

---

[8] Wie es zum Schluss vom Abschnitt »Von der Selbst-Überwindung« nochmal heißen wird: »Mit euren Werthen und Worten von Gut und Böse übt ihr Gewalt, ihr Wertschätzenden« (KSA 4, 149). Im Anschluss daran interpretiert Michel Foucault den Willen in Zusammenhang mit Wahrheit und Erkenntnis überhaupt als eine »Form des Zwangs und der Überwältigung. Das Bindeglied zwischen beiden [zwischen Wille und Wahrheit] ist nicht die Freiheit, sondern [stets] die Gewalt« (FW, 273).

[9] Wie in *Jenseits von Gut und Böse* mehrfach postuliert, versteht Nietzsche die »Moral nämlich als Lehre von den Herrschaftverhätnissen« (KSA 5, 34).

sei es für das Volk – sofern es Volk, d.h. Herde bleibt – unmöglich sich gegen die moralischen Werte des Herrschenden zu wehren. »Wenig thut's, ob die gebrochene Welle [das unterdrückte Volk] schäumt und zornig dem Kiele [dem Herrschenden] widerspricht« (KSA4, 147). Das Volk muss die moralischen Werte tragen, denn es wird zuallererst von diesen Werten zu einem Volk konstituiert bzw. konstruiert. Angesichts dieser Abhängigkeit und Ohnmacht des Daseins als Volk gegenüber den moralischen Wertungen und Vorschriften des Herrschenden hat sich umgekehrt das Herrschende vor dem »zornigen schäumen« des Volkes nicht zu fürchten. Im Gegenteil wird dies für seine Herrschaft nur Aufschwung bedeuten. Die Kraft zur Überwindung der einverleibten Wertesysteme – und somit die einzige Angst der herrschenden Moral – kann sich auch hier allein in der Aneignung des Willens zur Macht ereignen. »[E]ure Gefahr und das Ende eures Guten und Bösen, ihr Weisesten [ist ...] jener Wille selber, der Wille zur Macht« (KSA 4, 147). Der Wille zur Macht erscheint auch im Zusammenhang der Moral nicht nur als Bewahrer der Herrschaft, als Erhalter des Herrschenden, sondern auch als dessen »Vernichter«. Der Wille zur Macht ist also auch zugleich jenes Vermögen, das die herrschende moralische Ordnung gefährden und die herrschenden »Werthe zerbrechen« kann (KSA 4, 149) und so die Überwindung zu einem Jenseits von Gut und Böse vermag. Die Bejahung des Willens zur Macht ist dem Satz Nietzsches von der »Umwertung aller Werte« vorausgesetzt.

3. Wille zur Macht als Herr-Knecht Dialektik.

Gleich im Anschluss an seine Moralkritik spricht Nietzsche durch seinen Zarathustra von der Macht als einem Verhältnis zwischen Befehl und Gehorsam. Nietzsche antizipiert damit den berühmten Satz Max Webers, wonach der »soziologische Begriff der ›Herrschaft‹ [...] für einen Befehl Fügsamkeit zu finden« (WG62) bzw. »Gehorsam zu finden« (WG214) bedeute. Das Befehl-Gehorsam-Verhältnis, wie überhaupt der Wille zur Macht, wird jedoch bei Nietzsche, und darin bleibt Weber hinter ihm zurück, nicht allein auf die Soziologie des Menschen eingeschränkt, sondern zuvor und wesentlich als ontologische Bestimmung eingeführt: »Alles Lebendige ist ein Gehorchendes« (KASA 4, 147).[10] Das Lebendige folgt, ohne sich dem eigens bewusst sein zu müssen, sofern es überhaupt ein Bewusstsein hat, stets einem Befehl. Es fragt sich dabei nicht, wer etwa den Befehl gab, in diesem Moment Hunger haben zu müssen, Nahrung zu benötigen, wie es sich auch nicht fragt, ob dieser Befehl gar ein tyrannischer Gewaltakt ist, sondern es gehorcht in einem gewissen Automatismus umgehend dem Befehl, kümmert sich um Nahrung, trinkt, futtert, streckt seine Blätter nach der Sonne, atmet Luft usw.[11] Das Lebendige gehorcht schlichtweg dem Leben, das es selbst

---

[10] Vgl. dazu in dieser Untersuchung Punkt 5 bzw. Fußnote 21.

[11] Der Automatismus solch eines Befehl-Gehorsam-Prinzips spielt sich freilich gleichermaßen auch im »Inneren« des jeweiligen Organismus bzw. Individuums ab. Im Nachlass bringt Nietzsche

ist. Streng genommen wäre jedoch jenes Gehorchen (noch) kein Herrschaftsverhältnis, weil es de facto keinen Zwang gibt. In diesem Gehorchen bleibt das Lebendige frei, weil es hierin sein kann, was es ist. Allein wenn das sich selbst ge-
horchenden Verhältnis gestört ist, was eine gewisse Freiheit zur Hand-
lung/Bewegung bzw. zur Verweigerung der Handlung/Bewegung voraussetzt,
fällt das Lebendige aus dem Gleichgewicht, entäußert sich hin zu einer Orientierungslosigkeit, die nun nach einem »äußeren« Befehl sucht. Dieser Befehl – gerade der soziologisch-politische Befehl – entsteht also, wenn der natürliche Gehorsam des Lebendigen ausbleibt. Vor diesem Hintergrund könnte jedenfalls verständlich werden, was Nietzsche meint, wenn er schreibt: »Dem wird befohlen,
der sich nicht selber gehorchen kann« (ebd.). Der Wille zu solch einem Gehorsam ist der Wille des Orientierungslosen, in einem äußeren Befehl sich selbst
wieder finden zu wollen. Dies müsste jedoch umgekehrt auch für jenen gelten,
der den Willen zum Befehl ausführt, der demnach sich selbst nicht (mehr) befehlen kann, sich selbst verloren hat und diese Selbstentfremdung durch den Befehl
beim Anderen zu kompensieren versucht.

Wenn man nun dieses entäußerte Verhältnis von Gehorsam und Befehl betrachtet, würde man wohl intuitiv zunächst annehmen, dass der Vorteil auf jeden Fall
beim Befehlenden liegen müsste. Gerade gegenteilig dazu behauptet jedoch
Nietzsche, dass das »Behelfen schwerer ist, als [das] Gehorchen« (ebd.), denn der
Befehlende trägt die »Last« des Gehorsamen und nur allzu leicht kann er von
»dieser Last zerdrückt« werden (ebd.). Herrschen sei somit ein »Wagnis«, eine
»Gefahr und um den Tod ein Würfelspiel« (KSA 4 148). Spätestens jetzt scheint
im Hintergrund dieser Ausführungen Hegels legendärer Gedankengang zur Herr-
Knecht-Dialektik – obwohl im Prinzip Nietzsche wahrlich kein Hegelianismus
angehängt werden kann[12] – eine bedeutende Rolle gespielt zu haben. Gerade bei
Hegel wird das Herrschaftsverhältnis dadurch entschieden (Vgl.: PhG, 145f.),
dass in einer Auseinandersetzung auf Leben und Tod jenes Selbstbewusstsein zur
Herrschaft gelangt, welches das äußerste Wagnis eingegangen und sein Leben
aufs Spiel gesetzt hat, welches für den Willen zur Macht – der bei Hegel wohl als
Wille zur Anerkennung bezeichnet werden müsste – bereit ist, den Tod in Kauf
zu nehmen. Auf der anderen Seite hingegen unterwirft sich dasjenige Selbstbewusstsein gehorsam, das vor dem tödlichen Würfelspiel zurückschreckt, dem of-

---

etwa das Beispiel des Klavierspielers, wie auch hier die (Möglichkeit) des Gehorsams gegeben
sein muss, damit »vom gröbsten Mechanismus bis hinauf in die feinsten Tast-Nerven« die Musik
durch das gehorsame (Zusammen)Spielen ertönen kann, ohne dass dieser automatische Gehorsam während des Spielens eigens thematisiert wird (siehe: KSA 11, 291).

[12] Wie es Gilles Deleuze in seinem Nietzsche-Buch pointiert formuliert: »Zwischen Nietzsche und
Hegel ist jeder Kompromiß ausgeschlossen« (DeN, 210). Die hegelianische Dialektik (die Kraft
des Negativen und der Negation stets nach einer Versöhnung der – entgegenstehenden – Differenzen unter dem Einen anstrebt), könne, so Deleuze, mit dem Nietzscheanischen *Willen zur
Macht* (der gerade differenziert und das Viele bejaht) grundsätzlich zu keiner Korrespondenz
gebracht werden.

fenbar das Leben wichtiger erscheint als die Macht darüber. Sowohl bei Hegel, wie auch bei Nietzsche gründet jedoch letztlich dieser scheinbare Verzicht des Unterworfenen auf Macht in einer rein strategischen Absicht. Und so spricht Zarathustra an derselben Stelle weiter: Selbst »noch im Willen des Dienenden fand ich den Willen, Herr zu sein« (KSA 4, 148). Der Knecht ist nur auf ersten Blick der Unterwürfige und arbeitet (in einem wort-wörtlichen Sinne) bereits an der Umkehrung des Verhältnisses, indem nämlich der Knecht, so zumindest bei Hegel, in seiner Dienerschaft, indem er für den Herren arbeitet eine ganz andere, fundamentalere Macht erfährt und begreift, dass der Herr nämlich von seiner Arbeit völlig abhängig ist und zwar in solch einem Maße, dass er ohne diese lebensnotwendige Arbeit (die der Herr selbst im Laufe seiner Herrschaft verlernt hat) nicht überleben kann. Insofern der dienende Knecht sich dieser Macht bewusst wird, kehrt er das Verhältnis um, wird er Herr des Herren.[13] Nietzsche bleibt jedoch an jenem Punkt unhegelianisch, an dem er die dialektisch-spiralförmige Bewegung nicht mitmacht, sondern den Verlauf des Herrschaftsverhältnisses hierarchisch-linear denkt. Bei Nietzsche findet keine dialektische Umkehr der Relation statt, der Knecht wird sich seiner Macht über den Herrn nicht bewusst, stattdessen versucht er seinen Willen zur Macht nach unten hin auszuleben, indem er »über noch Schwächeres Herr sein will« (KSA 4 148). Freilich möchte auch Zarathustra die Tafeln, die eine »Predigt zur Knechtschaft« bedeuten, zerbrechen (KSA 4, 258), will letztendlich die Überwindung der Knechtschaft, der Knechts- bzw. der Herdenmoral, des Herdeninstinkts, hin zu einem vermögenden Menschen, der die Macht hat, Leben zu sein. Entgegen einer hegelianischen Versöhnung des antagonistischen Verhältnisses zwischen Herr und Knecht, in der eine geschichtliche Erhöhung des Menschen beabsichtigt wird – der Knecht jedoch (bis zu seinem erneuten Hervortreten) in der (scheinbaren) Erhöhung konserviert bleibt[14] – fordert Nietzsche bekanntlich nicht nur den Untergang der Knechtschaft, sondern überhaupt des Menschen.[15] Der Mensch, mit ihm der Herr und der Knecht, müssen untergehen. Hier spricht keine humane Versöhnung, hier gibt es für den Typus Mensch keine Hoffnung. Zarathustra

---

[13] Gerade diese Möglichkeit der Umkehrung der Verhältnisse baut bekanntlich vom Marxismus bis hin zum Anarchismus die Theorie und Praxis der Arbeiter/innenbewegung auf, dass nämlich die Arbeitenden, weil sie eben unmittelbar die lebensnotwendige Tätigkeit verrichten, auch die Macht besitzen, die Verhältnisse umzustürzen, indem sie schlichtweg ihre Macht durch Streik (durch die Verweigerung der Arbeit) demonstrieren.

[14] »[D]enn zu jeder Verstärkung und Erhöhung des Typus ›Mensch‹ gehört auch eine neue Art Versklavung« (KSA 3, 629).

[15] Der hegelianische Drang nach erhöhender Versöhnung, so die Nietzsche-Interpretation von Deleuze (DeN, 14f.), sei aus der Perspektive des Knechts gedacht, sei somit vom knechtischen Motiv getrieben. In der Tat gibt es auch bei Nietzsche, etwa im Zusammenhang seiner Theorie der Kräfte, die These, wonach der Schwächere stets vom Verlangen getrieben ist, mit dem Stärkeren Eins werden zu wollen, sich – hegelianisch gesprochen – mit dem Stärkeren zu versöhnen (Vgl.: KSA 11, 560). Überhaupt wird bei Nietzsche des öfteren die Dialektik explizit als ein Denken des Knechts, des Pöbels dargestellt. (Siehe auch in dieser Untersuchung Fußnote 20.)

propagiert einen radikalen Transhumanismus — möchte dabei vorbereitend instruieren, wie man den untergehenden Menschen überleben und überwinden kann.

4. Die Psychologie der Liebe als Wille zur Macht.

»Liebesblicke [...] auch da ist Wille, Herr zu sein. Auf Schleichwegen schleicht sich da der Schwächere in die Burg und bis ins Herz dem Mächtigeren und stiehlt da Macht« (KSA 4, 148). Entgegen der üblichen Meinung, dass die Bereitschaft zur Liebe – wie überhaupt alle Formen der Aufopferung für einen Anderen[16] – selbstlose Hingabe bedeute, möchte Zarathustra auch hier den Willen zur Macht auf frischer Tat ertappt haben. Die Liebe erscheint hier als eine Art psychologische Strategie des Dürftigen, der hinter vorgehaltener Hand, still und heimlich beim Anderen Kraft zu entwenden beabsichtigt, um so seinen Mangel zu kompensieren. Die scheinbare Liebe zum Anderen als eine psychologische Technik zur Bereicherung der eigenen Macht ist dabei im Grunde stets durch die heimtückische Selbstliebe motiviert (KSA 8, 556), per se auf sich selbst bezogen, egoistisch.[17] Der Andere tritt für das Eigene lediglich als Objekt der Macht-Erweiterung auf, der Andere wird geliebt – so Nietzsche im Nachlass – weil man es »besitzen will [...] Die Empfindung der Liebe setzt die Empfindung für das Eigenthum voraus« (KSA 9, 50). Dabei muss die/der Andere überhaupt zunächst verdinglicht werden, damit sie/er als Besitz beherrschbar wird. Die »Liebesblicke« sind also nicht nur heimtückische Techniken der Machtberaubung, sondern überhaupt der Versuch, sich des Anderen als Gegenstand völlig zu bemächtigen. Auch wenn diese repressive Form der Liebe für Nietzsche jene sein mag, die in den zwischenmenschlichen Beziehungen (der Herde) zunächst und zumeist praktiziert wird, scheint sein Zarathustra sehr wohl auch eine wesentlich andere Form der Liebe zu kennen. Im Abschnitt »Von der schenkenden Tugend« propagiert Zarathustra in einem gänzlich anderen Ton seinen Jüngern einen »Liebenden Willen« (KSA 4, 99), der aus Überfluss heraus gibt: Eine »schenkende Liebe«, die »breit und voll wallt, dem Strome gleich« (ebd.). Es ist dies die Liebe des Überfliessenden, die, wenn sie sich einmal eingestellt, ohnehin nicht zurück halten lässt, in ihrem Reichtum überläuft — ohne jegliche Strategie, Erwartung und Selektion zum Anderen, zu den Anderen überlaufen, sich im Überfluss verschenken muss. Im Gegensatz zum Mangel des alltäglichen Menschen entscheidet hier die Überfülle. Wie auch immer sich dies ereignen mag: Der Moment des Überflusses scheint nicht nur Dispositiv einer gebenden Liebe zu sein, sondern überhaupt die notwendige Voraussetzung der Überwindung darzustellen.

---

[16] So meint etwa Nietzsche im Nachlass aus dem Jahre 1885 kurz und bündig zur Hilfsbereitschaft: der »»Wille zum Helfen‹, alles [nur] Wille zur Macht« (KSA 11, 624).

[17] Vgl.: *Morgenröthe*, Aphorismus 145 (KSA 3, 137).

5. Von der Selbst-Überwindung.

Um Missverständnissen vorzubeugen, sei nochmal daran erinnert, dass die Frage des Willens (bzw. der Willen) zur Macht für Nietzsche nicht nur als ein Grundaxiom aller zwischenmenschlichen Beweggründe und Verhältnisse auftritt, nicht nur auf das Menschliche reduziert wird, sondern Nietzsche versucht hierin überhaupt das Prinzip alles Lebendigen zu begründen. Und so spricht sein Zarathustra: »Wo ich Lebendiges fand, da fand ich Wille zur Macht« (KSA 4, 147). Selbst noch der Begriff »das Lebendige« könnte in dieser Aussage missverständlich aufgefasst werden, zumal der Begriff traditionell, spätestens mit dem Werk De anima von Aristoteles, im Gegensatz und in Abgrenzung zum Unlebendigen verstanden wird.[18] Nietzsches Verständnis vom Lebendigen möchte jedoch gerade diese metaphysische Dichotomie überwinden. So heißt es in den nachgelassenen Fragmenten aus dem Frühjahr 1885, »daß der Wille zur Macht es ist, der auch die unorganische Welt führt, oder vielmehr, daß es keine unorganische Welt gibt« (KSA 11, 504). Wenn Nietzsche den Willen zur Macht als das Prinzip alles Lebendigen postuliert, dann findet in dieser Aussage keine Exklusion eines scheinbar »Unlebedingen« statt, weil Nietzsche schlichtweg die Existenz dieser metaphysischen Kategorien bezweifelt. Es gibt nichts außerhalb des Lebens. Der Wille zur Macht durchdringt alles Seiende als Lebendiges, durchwaltet somit das Ganze des Seins. Was metaphysisch als unlebendig bzw. unorganisch bezeichnet wird, etwa der Stein, verhält sich lediglich subtiler, seine Metabolismen ziehen sich über längere Zeitspannen hin, doch genauer betrachtet, hat es nicht nur in sich die Möglichkeit zur Bewegung und Veränderung, sondern steht solcherart auch mit anderen Seienden in Interaktion. So etwas wie Starrheit mag es zwar als Begriff geben – ja es mag gerade die Voraussetzung des begrifflichen Denkens darstellen, dass man die Phänomene der Welt im Begriff erstarren lässt – doch in der Erfahrung selbst bleibt jedes Seiendes, jedes Phänomen im ständigem Fluss des Werdens, in veränderlicher Bewegung.[19]

Nietzsche spricht an selber Stelle – keineswegs metaphorisch – jedem Seienden das Gefühl der Affinität zu, jedes Seiende »zieht etwas anderes heran, etwas fühlt sich gezogen« (ebd.) oder es stößt ab, fühlt sich abgestoßen. »Der Trieb, sich anzunähern — und der Trieb, etwas zurückzustoßen, sind in der [...] Welt das

---

[18] In Abgrenzung zum Unlebendigen (bzw. nicht Beseelten) versteht Aristoteles jene Körper als lebendig (bzw. beseelt), die »das Prinzip der Bewegung und der Ruhe in sich selbst« haben (As, 61 | 412b17). Das Lebendige wird dabei in hierarchischer Ordnung nach drei Arten unterteilt: zu unterst die Pflanze (bestimmt durch das Nährvermögen), das Tier (bestimmt durch das zusätzliche Vermögen der Wahrnehmung) und schließlich zu oberst der Menschen (dem zudem das Denkvermögen eignet) (As 65 ff. | 413a20 f.).

[19] So schreibt Nietzsche bereits zur Schaffenszeit der *Geburt der Tragödie* in einer nachgelassen Schrift: Die Welt »zeigt nirgends ein Verharren, eine Unzerstörbarkeit, ein Bollwerk im Strome. [...] In eurem kurzen Blick liegt es, nicht im Wesen der Dinge, wenn ihr irgendwo festes Land im Meere des Werdens und Vergehens zu sehen glaubt. Ihr gebraucht Namen der Dinge als ob sie eine starre Dauer hätten« (KSA 1, 823).

Band« (KSA 11, 560). In diesen zwei grundsätzlichen Verhaltensweisen alles Lebendigen waltet freilich weiterhin das Prinzip der Macht, indem sich nämlich das Schwächere stets vom Stärkeren angezogen fühlt, mit diesem in Eins werden will. »Der Stärkere wehrt umgekehrt ab von sich, er will nicht in dieser Weise zu Grunde gehen; vielmehr, im Wachsen, spaltet er sich zu Zweien und Mehreren« (ebd.)[20] In dieser so oder so ausgerichteten Interaktion der sich begegnenden Körper, im Verlauf ihres Kräftespiels und endlich in der jeweiligen Bewegung und Veränderung ihrer Form spricht sich jedes Mal der Wille zur Macht aus und verrät darin die Lebendigkeit ihres Daseins.[21]

Und dieses Leben selbst teilte schließlich Zarathustra sein tiefstes Geheimnis mit: »›Sieh, sprach es [das Leben], ich bin das, was sich immer selbst überwinden muss« (KSA 4 148). Die Aktivität des Lebendigen, die vita activa als ständiger Prozess der Kraft, als Trieb zur *Ex*-pansion beabsichtige stets die Überwindung – – das meint hier: ein ständiges Mehr an Sein. Könnte es nicht wachsen und expandieren würde dies seinem Zerfall und seiner Auflösung gleichkommen. Positiv ausgedrückt scheint dies sagen zu wollen, dass der Wille zur Macht-Erweiterung der Dinge im Wesentlichen einem Willen zum Dasein entspringt.

An diesem Punkt der Gedankenbewegung angelangt, richtet sich das Spotlight unweigerlich auf jenen Denker, der in den bisherigen Ausführungen Nietzsches im Background stets als »Erzieher« mitspielte. Die Rede ist von Arthur Schopenhauer und seinem prominenten Grundsatz, wonach die Welt und jedes Seiende in ihrem/seinem Innersten (»an sich«) Wille bedeute, Wille zum Sein. Nietzsche,

---

[20] An dieser Stelle heißt es weiter: »Je größer der Drang ist zur Einheit, um so mehr darf man auf Schwäche schließen; je mehr der Drang nach Varietät, Differenz, innerlichem Zerfall, um so mehr Kraft ist da. […] Leben wäre zu definieren als eine dauernde Form von Prozeß der Kraftfeststellungen, wo die verschiedenen Kämpfenden ihrerseits ungleich wachsen (KSA 11, 560). – Diesen Absatz lesend mag vielleicht nochmals verständlich werden, dass Nietzsche in der Tat kein Dialektiker war. Es findet hier schlichtweg keine Synthese zwischen zwei diametralen Postionen statt, sondern es wird alles als ein Spiel der Kräfte verstanden. Es gibt hier keine konservierende Versöhnung, die auf ständigen Fortschritt abzielen würde — eher noch Zerstörung auf dessen Boden Neues gedeihen kann.

[21] Dementsprechend müsste Zarathustras Rede »Alles Lebendige ist ein Gehorchendes« neu bedacht werden, nämlich a) müsste der Satz auf alles Seiende (also auch auf das, was wir gemeinhin als unlebendig bezeichnen) ausgeweitet werden und b) müsste das natürliche Befehlen und Gehorchen als eine Art »Kausalität« der Dinge (im Sinne des Kräftespiels) neu gelesen werden. Solch ein Verständnis von »Kausalität« setzt bei jedem Seienden die offene Möglichkeit des Gehorsams voraus. Ohne diese aufnahmefähige Offenheit zum »Hören«, zum Gehorsamsein könnte überhaupt keine Bewegung stattfinden, wäre das Seiende völlig starr, unlebendig, somit nicht existent. Der Befehl bedeutet hingegen hierin den Initiator, den intervenierenden Ausdruck der Kraft, welches das Gehorsame zur Veränderung *bewegt*. In diesem Sinne kann Nietzsche behaupten, dass »die angeblichen ›Naturgesetze‹ […] Formeln für ›Machtverhältnisse‹« sind (KSA 11, 504). Doch sind diese Verhältnisse bzw. diese Gesetzmäßigkeit (wie bereits in Punkt 3 dieser Untersuchung erwähnt) keine Herrschaftsverhältnisse. Wenn etwa ein Körper dem »Gesetze« folgend, diesem Gehorsam, von der Höhe hinunter fällt, dann geschieht hier keine Nötigung, kein Gewaltakt gegen einen Widerwillen, sondern eine Macht als selbstverständlicher Automatismus — als Leben.

der sich über die Nähe seiner Ausführungen zu Schopenhauers Kerngedanken des Willens freilich bewusst ist, versucht nun seine Konzeption des Willens zur Macht davon abzugrenzen[22] und konfrontiert die Lehre seines Zarathustra mit der Lehre seines Erziehers: »Der [gemeint ist Schopenhauer] traf freilich die Wahrheit nicht, der das Wort nach ihr schoss vom ›Willen zum Dasein‹: diesen Willen – giebt es nicht! Denn: was nicht ist, dass kann nicht wollen; was aber im Dasein ist, wie könnte das noch zum Dasein wollen! Nur, wo Leben ist, da ist auch Wille: aber nicht Wille zum Leben, sondern – so lehre ich's dich – Wille zur Macht« (KSA 4, 148). Während Schopenhauer den Willen gerade als Ankunft im Sein und als die Selbsterhaltung im Sein versteht – eines Seins, das er, ganz im Sinne des fernöstlichen Denkens, insbesondere der Upanischaden, als leidvoll und in seinem Wesen als sinnlos betrachtet – setzt dem Nietzsche entgegen, dass das Seiende bereits im Sein ist und demnach nicht danach streben kann. Es gibt für Nietzsche prinzipiell nichts, das außerhalb des Seins wäre und somit auch keinen Trieb zu einem »Ort«, an dem man sich ohnehin befindet. Was das Seiende vielmehr beabsichtige, ist, innerhalb des Seins seine Macht, d.h. seinen Spielraum, seine Existenzmöglichkeiten, sein Vermögen zu erweitern. Nur Sein-Wollen wäre hingegen Stagnation, Stillstand, käme einem Ende des Seins gleich. Daher will das Selbst, wie alles Seiende, stets ein Mehr an Sein, will sich über-steigen, »sich immer selbst über[-]winden«. In diesem Sinne ist der Über-Mensch bei Nietzsche gedacht als des Menschen Schicksal.[23]

---

[22] Überhaupt könnte man, etwa mit den kritisch-historischen Untersuchungen von Volker Gerhardt, behaupten, dass »der ›Wille zur Macht‹ erst in der Abgrenzung vom ›Willen zum Leben‹ Kontur gewinnt (WM, 173).

[23] Es stellt sich jedoch unweigerlich die Frage, ob hier Nietzsche tatsächlich mehr sagt als Schopenhauer. Das sich selbst übersteigende und erweiternde »Mehr-Wollen« scheint auch hier letztlich seinen Sinn darin zu haben, dass das Sein nicht stagniere, in Bewegung, d.h. am Leben bleibe. Die Dynamik des Willens zur Macht sichert die Lebendigkeit des Seins. Der ganze Akt ist somit weiterhin und wesentlich von Nichts getrieben, nämlich vor der (mehr oder weniger »bewussten«) Angst, dass ein Stillstand das Nicht-mehr-sein-können des Ganzen zur Folge hätte. Damit wird das Problem zumal auf einen größeren Kontext übertragen und könnte von dort wieder auf den Einzelnen zurückgeführt werden: Selbst wenn der Bestand des Seins an sich und auf ewig gesichert wäre, wenn das Sein kein Anfang und Ende hätte, stellt sich für den Einzelnen weiterhin die Frage, ob er in der (unendlich existierenden) Ganzheit des Seins als einzelne Monade am Leben bleiben kann. Kurzum: Nietzsches Argument, wonach nicht zum Leben streben kann, was bereits am Leben ist, erscheint nur solange evident, solange man das Negative der Selbsterhaltung (des Ganzen wie auch des Einzelnen) außer Acht lässt. Der Satz vom *Willen zum Sein* meint schließlich nicht (nur), dass man am Leben bleiben, sondern dass man *nicht sterben will*. Alles dynamische Mehr-Wollen als Prinzip der Lebendigkeit scheint letztlich in dieser Angst vor dem Tod, vor dem Nichts ihren (Ab)Grund zu haben. Wäre hingegen diese existenzielle Angst vor dem Stillstand, vor der ewigen Stille des Nichts nicht gegebenen, wäre nicht nur der Wille zum Dasein, sondern auch der Wille zur Macht relativiert — und alles Sein in der Tat »nur« noch Spiel, Fest, richtungsloser Tanz.

6. Widerwille.

Wenige Seiten weiter, im Abschnitt mit der Überschrift »Von der Erlösung«, setzt Nietzsche seine Ausführungen zur Thematik fort, doch diesmal mit einem kritischen Einsatz gegen sein eigenes Konzept. Der Wille wird jetzt nicht mehr in seiner spielend-produktiven Potenz, sondern in seiner tiefsten Ohnmacht beschrieben, in einem destruktiven »Trübsal und Zähneknirschen«. Es gibt schließlich einen »Stein, den er nicht wälzen kann« – und das ist die Zeit, insbesondere in ihrer Form der unwiederholbaren Vergangenheit. »Nicht zurück kann der Wille wollen; dass er die Zeit nicht brechen kann und der Zeit Begierde, – das ist des Willens einsamste Trübsal. [...] Dass die Zeit nicht zurückläuft, das ist sein Ingrimm« (KSA 4, 180). Auf das, was geschehen ist und zwar genau so, wie es geschehen ist, kann der Wille keinen Einfluss mehr nehmen. Angesicht dieser Machtlosigkeit bleibt ihm nichts weiter übrig als allem Vergangenen gegenüber ein »böser Zuschauer« zu sein. In Ohnmächtigkeit am Fluss unwiederholbaren Werdens läuft der Wille Gefahr, sich in ein völlig (selbst-)destruktives Verhalten zu begeben. Erbost gegen das Unmögliche des Vergangenen versucht der Wille nun dort Rache zu nehmen, wo er weiterhin zu intervenieren vermag: beim Gegenwärtigen. Statt im present moment ein Schaffender zu sein, wird er zu einem Gespenst der Vergeltung und rächt sich »an Allem, was leiden kann« (ebd.). Weil es »nicht zurück wollen kann, – also sollte Wollen selber und alles Leben – Strafe sein« (ebd.). Der reaktionäre Ausdruck des Unvermögens als Wille zur Rache und Strafe am Gegenwärtigen steigert sich schließlich bis zu jenem Moment, wo es nur noch im Nicht-Wollen Erlösung zu finden glaubt. Die vollendete Destruktivität drückt sich im Nicht-Wollen, in diesem »Fabellied des Wahnsinns« (KSA 2, 181) – gemeint ist weiterhin der fernöstlich geprägte Schopenhauer – aus. Dieser Gefahr kann nur entgangen werden, so die Lehre des Zarathustra, indem das Vergangene als der eigene Wille bejaht wird: »[A]lles ›Es war‹ umzuschaffen in ein ›So wollte ich es!‹ – das hiesse mir Erlösung!« (KSA 4, 179) Oder anders gesagt: Alles Vergangene war einst Gegenwart und sofern der Wille gegenwärtig stets ein Schaffender ist, wird alles Vergangene Ausdruck seines Willens gewesen sein. Die Erlösung geschieht also dadurch, dass der Schaffende die Vergangenheit nicht als Erzeugnis einer fremden Macht vorstellt, sondern als Sedimentierung seines gegenwärtig-gewollten Augenblicks bejaht. Und so in alle zukünftige Ewigkeit: »So will ich es! So werde ich's wollen« (KSA 4, 181).[24]

---

[24] (Vgl. dazu ebenso KSA 4, 249) Die Frage ist jedoch, ob dieser Lösungsvorschlag Zarathustras nicht ein Aufruf zum Selbstbetrug bedeutet. Die Erfahrung kennt schließlich unzählige Momente, in denen etwas gewollt wurde, dies jedoch nicht eingetroffen ist und die Erfahrung des Scheiterns sich in die eigene Geschichte manifestiert hat. Ist es nicht glatter Selbstbetrug wenn der Einzelne sagt »ja, ich wollte es so« oder gar »ja ich wollte das Scheitern«, obwohl er doch genau weiß, dass dies nicht der Fall war, dass man ursprünglich etwas anderes wollte, doch die Macht dafür nicht gereicht hat? Oder möchte Nietzsches Zarathustra sagen, der Einzelne habe sich im

An dieser Stelle der Gedankenbewegung, an der die Zukunft mit ihrer Eigenschaft der Ungewissheit ins Spiel kommt, erfährt die Dramaturgie schlagartig eine unerwartete Zäsur. Mitten in der Lehre eines affirmativen Zugangs zur Geschicklichkeit des Lebens hält Zarathustra plötzlich inne. Es überfällt ihn eine ungeheuerliche Konsequenz seiner Lehre, er erschrickt zu einem unheimlich drastischen Schweigen. Der Wille zur Macht als der höchster Gedanke trifft auf den tiefsten: auf die ewige Wiederkehr des Gleichen.

7. Der Wille zur Macht als ewige Wiederkunft.

Ein Blick in das vorläufige Manuskript, wie es für den Druck vorgesehen war, zeigt, dass Nietzsche den Abschnitt »Von der Erlösung« mit folgendem Satz zu beenden gedachte: »Zarathustra hält in seiner Rede inne, da er vor der Verkündung der Wiederkunftslehre zurückschrickt« (KSA 14, 307). Das Zurückschrecken vor dem Gedanken der Wiederkunftslehre muss in der Erfahrung Nietzsches tatsächlich eine derartige Wucht besessen haben, sodass Nietzsche in der letztendlich publizierten Fassung selbst noch diesen Satz streichen muss. Wir erfahren zwar, dass Zarathustra vor einem Gedanken erschauert, diesen nicht aussprechen kann, werden jedoch nicht in Kenntnis darüber gesetzt, worin dieser Gedanke besteht und wie dieser mit dem Willen zur Macht in Zusammenhang steht. So endet die schlussendlich publizierte Version des zweiten Teils – welcher zu diesem Zeitpunkt, da Nietzsche nicht vor hatte, darüber hinaus noch einen dritten und vierten Teil zu schreiben, überhaupt das Ende des Werkes darstellen sollte – mit den Worten: »Oh Zarathustra, deine Früchte sind reif, aber du bist nicht reif für deine Früchte! Ach meine Freunde! Ich hätte euch noch Etwas zu sagen, ich hätte euch noch Etwas zu geben! Warum gebe ich es nicht? Bin ich denn geizig?« (KSA 4, 190)

Freilich ist es nicht der Geiz, weshalb Nietzsche seinen an Reichtum überfließenden Zarathustra plötzlich schweigen lässt, sowie auch nicht etwaige Bedenken, ob die Adressaten seiner Lehre den tiefsten und schwersten aller Gedanken nachvollziehen können oder nicht; sondern vielmehr soll das Publikum geschont, vor der Spannung und Belastung einer unerträglich erscheinenden Wahrheit regelrecht geschützt werden. Das entsetzlich Furchterregende an diesem Gedanken – den Nietzsche selbst seinem Zarathustra nicht zumuten möchte, selbst Zarathustra noch unreif für diese Frucht – gründet in einer unbeschränkten Abgründigkeit,

---

Sinne des Ganzen zu verstehen, denn für den Willen als Ganzes wird stets alles (selbst das vermeintliche Scheitern des Einzelnen) sein Wille (gewesen) sein. Nur kommt dann Nietzsche exakt dort an, wo sich Schopenhauer mit seiner Upanischaden-Lektüre je schon befindet, wonach nämlich der Einzelne (als Âtman) eben lernen muss, nicht zu wollen, um im Wollen des Ganzen (Brahman) aufzugehen. Der Widerwille wird hier verstanden als eine Modifikation, als ein weiterer Aspekt des Willens und hebt sich in dem, was Nietzsche als »böses Zuschauen« diffamiert, auf. Das Zuschauen, Zeuge-sein, erscheint dann gerade als höchste Form der Aktivität, die das (unaufhaltsame) Werden der Dinge zulässt, ihnen keine Gewalt antut.

im Abgrund zu einem zutiefst bodenlosen Nihilismus. Alles kehrt als das Gleiche ewig wieder, d.h. die gleichen Begegnungen, die gleichen Gegebenheiten und Dinge, die ewig gleichen (vermeintlich freien) Handlungen, immer wieder das gleiche Geschehen, das gleiche Leben.[25] Der absolute Nihilismus besteht darin, dass sich angesichts dessen unweigerlich die schaurige Frage stellt: Was macht solch eine Welt noch für ein Sinn? Das sich stets als das Gleiche wiederholende Sein der Welt erscheint letztlich ohne Zweck und Ziel —— ohne Sinn. Und wie kann überhaupt noch die Rede von einem Willen zur Macht, von Überwindung und Revolution sein, ja überhaupt von jeglicher Intervention in das Geschehen, wenn sich ohnehin alles im Grunde ziellos, trostlos wiederholt?[26] Der Wille zur Macht schien bis hierher in gewisser Weise den heraklitischen Satz, dass sich alles in einem unaufhörlichen Werden befinde, unterstreichen zu wollen und zwar so, dass das Werden stets ein Weiter, ein Mehr an Sein, eine Selbst(über)steigerung beabsichtige. Doch die Koinzidenz mit der ewigen Wie-

---

[25] Im Nachlass heißt es: »[D]ieselbe Gewalt von Ursachen, welche dich dies Mal schuf, wird wiederkehren und wird dich wiederschaffen müssen: du selber, Stäubchen vom Staube, gehörst zu Ursachen, an denen die Wiederkehr aller Dinge hängt. Und wenn du einstmals wiedergeboren wirst, so wird es nicht zu einem neuen Leben oder besseren Leben oder ähnlichen Leben sein, sondern zu einem gleichen und selbigen Leben, wie du es jetzt beschließest, im Kleinsten und im Größten« (KSA 11, 11).

[26] Wie Heidegger in seinem Nietzsche-Buch schreibt: »Das Öde und Trostlose dieser Lehre [der ewigen Wiederkunft] springt sogleich in die Augen. Daher lehnen wir sie auch schon ab, indem wir sie hören. Wir sperren uns um so heftiger gegen diese Lehre, je mehr wir finden, daß sie sich nicht ›beweisen‹ läßt nach der Art, wie man sich gewöhnlich einen ›Beweis‹ vorstellt « (HeN 1, 255). Nietzsche selbst hat im Übrigen nur einmal versucht, seine Wiederkunftslehre (auf logisch-naturwissenschaftliche Weise) zu »beweisen«. In einem nachgelassen Fragment (aus dem Jahre 1881) argumentiert Nietzsche, dass der jeweilige Körper als Kraft in seinen Werdegängen stets *endlich*, doch die Zeit *unendlich* sei. Sonach müssen innerhalb einer ewigen Zeit die endlichen Kräfte und Gestalten – nachdem alle möglichen Variationen der Manifestation durchgespielt wurden – das Ganze Spiel im selben Ablauf von Neuem beginnen. »Welchen Zustand diese Welt auch nur erreichen kann, sie muß ihn erreicht haben und nicht einmal, sondern unzählige Male. So diesen Augenblick: er war schon einmal da und viele Male und wird ebenso wiederkehren, alle Kräfte genau so vertheilt, wie jetzt« (KSA 9, 498). In der Tat erscheint diese »Beweisführung« im Sinne der Logik evident und vermutlich hätte Nietzsche solcherart mehr zu sagen gewusst und doch hat er die Beweisführung zur Wiederkunftslehre bei diesem einen kurzen Fragment belassen. Es scheint für ihn nebensächlich gewesen zu sein, ob sich der Gedanke naturwissenschaftlich beweisen lässt oder nicht. (Die Vorherrschaft des naturwissenschaftlichen Denkens ist innerhalb der Wiederholung ohnehin nur eine Phase.) Die Lehre von der ewigen Wiederkehr des Gleichen scheint vielmehr eine Art Sinn-Meditation intendieren zu wollen, wonach man sich in aller Radikalität zu *vergegenwärtigen*, in der reinen Totalität der Gegenwart die Frage zu stellen hat, ob dieser Moment, wie er sich jetzt ereignet – in dem ich gerade diese Worte schreibe, du sie liest – ob dieser Moment in seiner ganzen Totalität *wert* ist, ewig wieder zu kehren. Die Parole lautet dabei nicht »lebe jeden Augenblick als wäre es dein letzter«, sondern lebe ihn in der Gewissheit, dass er genau so ewig wieder kehren wird. Und wer in solch absoluter Vergegenwärtigung des Augenblick zu keiner Überwindung und Revolution sich genötigt fühlt, wer stattdessen mut- und trostlos davor zusammenbricht, dem schenkt die Radikalität dieser Lehre keinen Trost, sondern einen Tritt: »Wer zu vernichten ist mit dem Satz ›es giebt keine Erlösung‹, der soll aussterben« (KSA 11, 85).

derkehr, bedeutet gerade das Zusammentreffen mit einem entgegengesetzten Prinzip. Die Wiederkunft des Gleichen macht vielmehr wie Parmenides oder die Upanischaden die Idee eines absoluten Seins stark, indem das Werden im Grunde eine Illusion bedeutet — alles immer schon so sein wird, wie es war und immerfort ist27. Da die ewige Kreisbewegung des Gleichen um das Gleiche im (Ab)Grunde des Seins keine Entwicklung zulässt, der Ausgangspunkt seiner Bewegung zugleich und ständig auch sein Ziel bedeutet, macht diese ständig-identische Wiederholung das Sein zuletzt eben völlig sinnlos: »'die ewige Wiederkehr'. Das ist die extremste Form des Nihilismus: das Nichts (das 'Sinnlose') ewig!« (KSA 12, 213). Diese Erkenntnis lässt schließlich den »großen schauerlichen Augenblick« (KSA 10, 530) einbrechen. Zarathustra befindet sich nun hoffnungslos vor dem vollendeten Nihilismus einer vollendeten Sinnlosigkeit. Ab diesem Punkt gibt es für ihn kein Zurück mehr. Der einzige (Aus)Weg scheint nur noch darin möglich zu sein, die Paradoxie der Situation nochmals zu steigern, um so die Situation zu übersteigen. Es gilt jetzt der Wiederkunftslehre und ihre Konsequenzen in der gesamten Radikalität – nämlich als »die höchste Formel der Bejahung, die überhaupt erreicht werden kann« – inne zu werden (KSA 6, 335). Die Totalität der Wiederholung im Augenblick vollziehen, bedeutet, ohne jeglichen Zweifel selbst noch das Widerstreben gegen die Sinnlosigkeit der Wiederholung fallen zu lassen, in völliger Aufmerksamkeit los zu lassen, sich dem Augenblick gänzlich zu übergeben, eben absolut zu bejahen.[28] Erst in diesem »unbegrenzten Ja- und Amen-sagen« (KSA 6, 345), in einem regelrecht schicksalhaften Sich-Übergeben an das Absolute des Augenblicks, kann sich jener Bruch ereignen, der mit der Zugehörigkeit zum Sich-Wiederholenden bricht. Reaktiver Überdruss wandelt sich zum vermögenden Überfluss. Im affirmativen Loslassen, in der totalen Affirmation des Augenblicks bildet sich jener totale Überschuss, der den »Kopf der Schlange« abzubeißen (KSA 4, 201f.), d.h. einen Abbruch der ewigen Wiederkunft zu ereignen vermag.[29]
Es wiederholt sich zwar auch jetzt weiterhin in seiner Essenz unausweichlich immer wieder das Gleiche, doch durch die in absoluter Bejahung des Augen-

---

[27] Oder anders ausgedrückt: »Daß Alles wiederkehrt, ist die extremste Annäherung einer Welt des Werdens an die des Seins« (KSA 12, 312).

[28] So ist der weltbejahende Mensch, wie Nietzsche in *Jenseits von Gut und Böse* beschreibt, derjenige, »der sich nicht nur mit dem, was war und ist, abgefunden und vertragen gelernt hat, sondern es, *so wie war und ist*, wieder haben will, in alle Ewigkeit hinaus, unersättlich *da capo* rufend, nicht nur zu sich, sondern zum ganzen Stücke und Schauspiele, und nicht nur zur zu einem Schauspiele, sondern im Grunde zu Dem, der gerade dies Schauspiel nötig hat – und nötig macht« *ja* sagt (KSA 5, 75).

[29] Zugegebenermaßen bleibt Nietzsche selbst in der Frage wie sich aus der Bejahung der Wiederholung ein Abbruch dessen ereignen kann, der den Willen zur Macht erneut ins Spiel bringen könnte, weitgehend dunkel und kryptisch. Das Folgende ist – ganz im Sinne der Hermeneutik – der Versuch aus dem Text mehr zu lesen, als da steht, um diesen seiner Intention nach verstehen und entfalten zu können.

blicks freigesetzte Kraftquelle – und nur dadurch – öffnet sich die Weite eines möglichen Spielraums, in dem es nun möglich ist, das Wie des wesentlich Gleichen neu zu erfahren. Das ewig Gleiche ist solcherart nicht mehr das Identische.[30] Die absolute Bejahung, die zunächst einen passiv-erduldenden Eindruck macht, transformiert in ihrem zulassenden Aushalten, das was sie aushält. In der Transformation des Augenblicks öffnet sich die Potenzialität neuer Perspektiven und Interpretationsmöglichkeiten, die von sich eine fundamentale Umwertung des Gleichen erkennen lassen. Die Auflösung der Wiederholung des Identischen, der Abbruch des gewohnten Werdegangs als der ständig große Mittag der Umwertung, die Möglichkeit innerhalb der Wiederholung solcherart ständig neu beginnen zu können, bringt schließlich den Willen zur Macht unter unbekannten Voraussetzungen erneut auf die Bühne des Geschehens. Der Wille zur Macht bedeutet nun das Vermögen eines Loslassens, indem die gleichen Erscheinungen der Welt in einer unbekannten Sphäre neu begegnen, mit sich neu spielen und tanzen lassen.

---

[30] Mit Deleuze gesprochen, geschieht durch den Willen zur Macht die *Differenz in der Wiederholung*. Die ewige Wiederkunft, so auch Deleuze, könne prinzipiell »nicht die Wiederkehr des Identischen meinen, da sie im Gegenteil eine Welt (die Welt des Willens zur Macht) voraussetzt, in der alle vorgängigen Identitäten abgeschafft und aufgelöst sind. [...] Die ewige Wiederkunft läßt nicht ›das Selbe‹ wiederkehren, die Wiederkehr bildet vielmehr das einzige Selbe dessen, was wird.« (DW, 65) Der Wille zur Macht garantiere die differente Singularität in der Wiederholung. Die Wiederholung, so meint Deleuze, betreffe dabei nicht das Singuläre, sondern das Sein. Die »ewige Wiederkehr ist das Selbe *des* Differenten, das Eine *des* Vielen, das Ähnliche *des* Unähnlichen« (DW, 165).
Nur scheint Deleuze bei dieser letzten Behauptung, dass die Wiederholung lediglich das Sein betreffe, Nietzsche selbst umgehen zu wollen. In der Lehre des Nietzsche, wie oben mehrfach zitiert, wiederholt sich nicht nur das Sein des Singulären, sondern das faktisch Singuläre selbst kehrt als das Gleiche immer wieder zurück auf die Bühne des (scheinbaren) Werdens. Diese Form der (trostlosen) Wiederholung des Selben gibt es bei Nietzsche. Nicht nur das es sie gibt, sondern sie muss laut Nietzsche zudem völlig bejaht werden. Erst durch die Bejahung kann der Wille zur Macht nochmals ins Spiel kommen, der nun nicht mehr ohne weiteres (als ein Allgemeinprinzip) vorausgesetzt ist, sondern in der Bejahung überhaupt erst aufwachen, zu Tage treten muss.

Abkürzungen verwendeter Quellen

As   Aristoteles: *Über die Seele* [De Anima], übersetzt und hrsg. von Gernot Krapinger |
      Reclam: Stuttgart | 2011.

DeN   Gilles Deleuze: *Nietzsche und die Philosophie* | übers. Bernd Schwibs | Rogner &
      Bernhard: München | 1976.

DW   Gilles Deleuze: *Differenz und Wiederholung* | übers. Joseph Vogl | Wilhelm Fink:
      München | 1992.

FW   Michel Foucault: *Über den Willen zum Wissen* – Vorlesungen am College de France
      1970-1971 | übers. Michael Bischoff | Suhrkamp: Frankfurt | 2012.

HA   Max Horheimer und Theodor W. Adorno: *Dialektik der Aufklärung* – Philosophi-
      sche Fragmente | Frankfurt am Main.: Fischer | 2004.

HeN   Martin Heidegger: *Nietzsche* | in 2 Bänden | Neske: Pfullingen | 1961.

KSA   Friedrich Nietzsche: *Sämtliche Werke* – Kritische Studienausgabe | Berlin/New
      York: Walter de Gruyter | 1988.

PhG   G. W. Friedrich Hegel: *Phänomenologie des Geistes* | Suhrkmap: Frankfurt | 1975.

SoW   Arthur Schopenhauer: *Die Welt als Wille und Vorstellung* | Textkritische Ausgabe in
      2 Bänden | Insel: Frankfurt/Leipzig | 1996.

WG   Max Weber: *Wirtschaft und Gesellschaft* | Voltmedia: Paderborn | 2008.

WM   Volker Gerhardt: *Vom Willen zur Macht* – Anthropologie und Metaphysik der
      Macht am exemplarischen Fall Friedrich Nietzsches | Walter de Gruyter: Ber-
      lin/New York | 1996.

Weiterführende Literatur zur Thematik

Günter Abel: Nietzsche – Die Dynamik der Willen zur Macht und die ewige Wiedekehr |
Walter de Gruyter: Berlin/New York | 1984.

Gerd-Günther Grau: Ideologie und Wille zur Macht – Zeitgemäße Betrachtugnen über
Nietzsche | Walter de Gruyter: Berlin/New York | 1984.

Anke Bennholdt-Thomsen: Nietzsches Also Sprach Zarathustra als literarisches Phänomen
– Eine Revision | Athenäum: Frankfurt | 1974.

Claus-Arthur Scheier: Nietzsches Labyrinth – Das ursprüngliche Denken und die Seele |
Alber: Freiburg/München | 1985.

Gerhardt Volker [Hg.]: Friedrich Nietzsche, Also sprach Zarathustra | Akademie Verlag:
Berlin | 2000.

Le « Devin » de Zarathoustra

– Du nihilisme et de son dépassement.
L'expérience du rêve.

Anna Taton

Le chapitre intitulé « Le devin » (« *Der Wahrsager* »)[1] du livre II de *Also Sprach Zarathoustra* (*ASZ*) s'ouvre sur le récit d'une étrange maladie dont les symptômes sont une fatigue et une tristesse qui accablent le monde. Cela crée un effet de contraste avec la fin du chapitre précédent « Des grands événements », et du « grand temps » sur lequel s'est clos le chapitre. A présent, c'est l'annonce de l'anéantissement du monde, accablé par une maladie singulière, qui conduit à la mort[2]. Elle est la conséquence directe de l'annonce de la mort de Dieu proférée[3] au début de l'ouvrage, comme perte de tout point archimédique : une fois que Dieu est mort, l'absence de sens laisse place au vide, à la vacuité qui conduit à la fatigue générale, ce qui n'est pas sans rappeler le motif biblique de l'Apocalypse[4] et la fin des temps. Sans que cela soit mentionné explicitement, le mage établit le diagnostic de la pandémie nihiliste : une aphasie généralisée qui touche le monde et les hommes. Les paroles du devin, prophétisant l'arrivée de ce grand mal, touchent Zarathoustra qui, à son tour, tombe dans l'aphasie et la mélancolie. Mais il parvient à vaincre la maladie par l'interprétation d'un rêve énigmatique qui le confronte à l'angoissante question de la mort. L'herméneutique du songe semble le libérer de ce mal. Du même coup, la maladie, par l'herméneutique, est curable. Tout le passage se construit autour d'une succession temporelle nette : le récit, la maladie, enfin le rêve et son interprétation. Elle met en avant la question du temps, que Nietzsche va aborder dans son *ASZ* avec l'enseignement de l'Eternel Retour[5] délivré par Zarathoustra. Or, cet enseignement nécessite l'arrivée du nihi-

---

1. KSA 4, 172-176 – *Ainsi parlait Zarathustra*, « Le Devin ». Sauf mention spécifique, nous utiliserons la traduction de H. Albert, révisée par J. Lacoste, *Œuvres*, tome 2, R. Laffont, Paris 1993. Le chapitre se trouve aux pages 388 à 390.

2. Jung Carl Gustav, Trad. personnelle : « c'est le secret, c'est la clef de la signification de cette descente aux enfers. C'était un avertissement : bientôt vous serez dissous. » in *Jung's seminar on Nietzsche's Zarathustra*, établi par J. L. Jarett, Princeton University Press, 1988.

3. Op. cit. p. 291. Voir *ASZ*, KSA 4, 14.

4. Nietzsche expliquait que *ASZ* était un cinquième Evangile. Le nihilisme, c'est la fin du sens c'est-à-dire la fin de la vie, définie comme lutte incessante pour le sens, en somme la fin du Temps. Voir notamment l'étude de L. Lampert qui compare les 22 chapitres des parties 1 et 2 aux 22 chapitres de l'Apocalypse, in *Nietzsche's Teaching. An Interpretation of « Thus Spoke Zarathustra »*, Yale University Press, 1986, p. 240.

5. Voir *ASZ*, III, « Le convalescent » (« *Der Genesende* »), KSA 4, 270-277.

lisme, comme condition de possibilité de l'Eternel Retour : c'est dans la solitude de la mort, solitude permise par la maladie nihiliste, que peut advenir ce Retour. Dans les fragments posthumes de *Lenze Heide* de 1888, Nietzsche écrit : « 'L'Eternel Retour du Même'. C'est la forme suprême du nihilisme : le rien (l'absence de sens) éternellement ! »[6]. Au travers des étapes successives du récit, nous tâcherons de voir comment ce processus nihiliste se développe et est dépassé par Zarathoustra : devenir créateur par delà le vide du sens à travers l'interprétation de son propre rêve.

*   *   *

I. Le récit du devin : le néant du nihilisme
I. 1. Le nihilisme comme maladie aphasique

Le texte s'ouvre sur le discours direct du devin qui décrit une aphasie généralisée : cette maladie sans précédent dans l'histoire n'est autre que le nihilisme. Le devin tait l'origine du nihilisme, concept qui par ailleurs, n'est pas explicitement mentionné dans *ASZ*. Cette indétermination terminologique renvoie symptomatiquement à l'être propre de ce qui est l'absence même de sens : puisque le nihilisme est essentiellement le vide de sens, le devin n'est pas en mesure d'en donner les contours. C'est la conséquence de la mort de Dieu qui conduit à une perte des valeurs : le Bien n'existe plus dans ce nouveau monde sans suprématie divine, où toute hiérarchie est annulée et où la morale elle-même n'a plus lieu d'être[7]. Cet aplanissement hiérarchique est la réponse immédiate à la dépossession du sens. Le nihilisme est néant (*nihil* en latin signifie rien) et conduit à l'aphasie, à la fatigue du corps, à un état dépressif. On comprend que l'existence du sens est nécessaire à la conservation du corps, qui, s'il s'en trouve dépourvu, tombe dans la maladie.

La maladie se manifeste par une tristesse qui est fatigue de l'activité créatrice inhérente à l'individu. Or, cette activité constitue, chez Nietzsche, le fondement de l'ordre symbolique, et donc du langage même, comme on peut le voir dès la *Geburt der Tragödie* (1872) : la force jaillit dans l'acte créateur et dans le langage, tout d'abord musical, qui vient donner au corps sa pleine puissance. Ici, cette force est contaminée au point que même les meilleurs, sont fatigués par leur

---

[6]   Trad. Personnelle. Fragments posthumes, *Lenzer Heide*, juin 1887, « Nihilisme européen », 5 [71] 6 - KSA 12, 213.

[7]   KSA 10, 2 [4], p. 43-44. Frag. posth. de l'automne 1882 Trad. personnelle : « Si nous ne nous ne nous conservons pas, alors tout s'achève. Nous-même par le biais d'une organisation. /La joie de la vie. /Le nihilisme comme prélude (…)/ Les bons, voilà la fatigue. / La morale, voilà la fatigue. »

œuvre. Il est intéressant de voir que le nihilisme s'attaque aussi aux hommes créateurs, et non pas uniquement aux faibles : c'est une dissolution de toute hiérarchie où les meilleurs sont finalement dans le même état aphasique que les autres.

En ce sens, la maladie conduit une égalité devant la perte du sens : sans valeur, tout semble uniforme et plat. Le nihilisme est ontologiquement vide : « Tout est vide, tout est pareil, tout est passé»8. La répétition de l'incantation par l'écho témoigne de la propagation rapide par la pandémie nihiliste. Ainsi l'être est « tout », dans une indifférence totale, vidé de sa substance, en somme, privé de vie. Il n'y a plus de présent, tout est advenu, résolument passé : la cadence de la phrase decrescendo (3/3/2) renvoie au déclin. En allemand, « *alles war* » renvoie peut-être à l'oreille à « *alles wahr* », tout *était* vrai. En effet, avec le nihilisme, le « *Wahr-sager* », littéralement, celui qui dit vrai, annonce l'abolition de toute vérité : il n'y a plus de vrai suprême. La *gigantomachia peri tès ousia*, ce fameux combat platonicien pour la vérité de l'être, disparaît avec la maladie nihiliste : il n'y a alors plus de lutte de valeurs, c'est-à-dire pour Nietzsche, plus de vie. La valeur est simplement passée, et non point dépassée (*überwunden*). Advient le règne de l'indistinction où le principe d'individuation est perdu à jamais, et la force réduite à néant.

I. 1. a. Le nihilisme comme corruption de la nature

Le nihilisme est une mort lente, une putréfaction, un obscurcissement : le devin décrit le pourrissement et l'assombrissement nocturne qui s'abat avec le nihilisme. Le solaire zoroastrien disparaît, advient la mauvaise nuit qui détériore toute la moisson : avec le nihilisme, la *physis* elle-même est inféconde. L'épidémie met en avant la vanité de toute chose : le vin se transforme en poison, le mauvais œil transforme les champs féconds, leur donne la jaunisse ; la nature est malade. La nourriture disparaît, comme disparaît le sens. Le nihilisme dénature et affaiblit : nous sommes asséchés et redevenons poussière, il est déjà mort dans la vie. Le feu, que l'homme a cherché de tout temps à dominer, image de la lutte, est lui-même fatigué par les hommes. Le nihilisme est dévitalisation pure : les hommes ne sont plus que du bois sec et la chaleur du feu ne touche plus ces corps morts. Du feu, Nietzsche passe à l'eau : aucun des éléments n'est épargné par la pandémie. L'oxymore, selon laquelle les fontaines sont taries, marque que la vie elle-même fait défaut. Sans profondeur et énervé au sens propre, le monde apparaît comme pauvre, inféconde et vide. Où peut-on encore trouver une mer d'idées qui saurait répondre à notre soif de connaissance ? La grandeur de la

---

8 Op. cit, p. 389. «*Alles ist leer, alles ist gleich, alles war* ». La formulation définitionnelle du nihilisme telle qu'elle apparaît ici réapparaît ensuite au quatrième livre sous la forme « *Alles ist gleich, es lohnt sich Nichts, Wissen würgt.* » KSA 4, 300. trad. H. Albert « Tout est pareil, rien ne vaut la peine, le savoir étrangle. », Op. Cit., p. 472.

mer n'est plus qu'un noir et plat marécage : tout est identique et raplati dans le règne de l'indistinct. Il n'y a plus de place pour la hiérarchie ni pour la réflexion dans ce monde malade.

Au-delà de l'élément vital de l'eau, c'est la perspective de la mort elle-même qui est touchée par la paralysie inhérente au nihilisme : les hommes sont trop fatigués pour mourir. Paradoxe à son comble, la maladie nihiliste ne conduit pas tant à la mort, au suicide, mais à une léthargie telle que la mort elle-même est encore trop active ! La vie, dans la maladie, n'est plus qu'une mort lente. La finitude ne permet plus la sublimation, la recherche du sens, elle est le lieu de la paralysie et de l'enfermement. La mort n'est plus le stimulant qui conduit à l'art et à l'agir, mais la simple fatalité. Avec le nihilisme, l'inactif supplante la force, la puissance, c'est-à-dire l'être profond de l'individu.

I.2. Zarathoustra face à la maladie

Le ton prophétique du devin touche au plus haut point le personnage éponyme, bientôt contaminé par l'aphasie. Zarathoustra, qui est celui qui dit la mort de Dieu, subit de plein fouet la fatigue décrite, la perte des valeurs où l'individu ne sait plus quel est le but, dépossédé de l'espoir de l'au-delà qui justifiait son existence. Le cœur de Zarathoustra est alors rempli de la fatigue des individus : la contagion nihiliste se répand par la parole, par le vide de sens proféré par ce devin. Le corps répond à la parole du *Wahr-sager*.

Le nihilisme est conçu par Zarathoustra comme un « crépuscule » qui met fin à sa propre lumière. Cette dualité entre ombre et lumière, si classique dans l'histoire de la métaphysique[9], apparaît ici sous de nouveaux traits. La lumière de Zarathoustra, comparée à de nombreuses reprises au soleil dans *ASZ*, n'est plus le symbole extra-mondain d'un ailleurs divin mais l'émanation d'une lumière humaine qui doit dire le surhomme et se répandre par delà les frontières. Or, face au nihilisme, sa lumière s'éteint. Le rayonnement actif et créateur zoroastrien s'obscurcit. Le nihilisme guette le plus affirmatif des hommes. Elle touche aussi bien le corps biologique (Zarathoustra ne mange, ni ne boit trois jours durant) que le corps symbolique : il perd la parole, c'est-à-dire ce par quoi il pouvait répandre la lumière. Il est contaminé par le mouvement négateur[10] nihiliste dont le symptôme est la fatigue généralisée qui le contraint au sommeil et à l'inactivité. Cette perte des facultés témoigne de la dépersonnalisation à l'œuvre dans le nihilisme : celui qui est touché par la maladie nie sa propre volonté de puissance,

---

[9] Voir J. Derrida, « La mythologie blanche - la métaphore dans le texte philosophique », in *Marges de la philosophie*, 1972, p. 247-324.

[10] Voir notamment G. Deleuze et la double distinction entre « nihilisme négatif » et « nihilisme réactif ». Le premier est l'horizon de négation du monde, qui s'appuie sur la valorisation d'un au-delà. Le second, dont nous parlons ici, est la volonté de néant, qui nie Dieu et toute valeur et en cela, l'être même de l'homme, à savoir chez Nietzsche, sa volonté de puissance, in G. Deleuze, *Nietzsche et la philosophie* (1962), PUF, p. 170.

qu'il détourne. Le nihilisme ressemble en tout point à un stade dépressif : il est négation de ce qui fut, impossibilité de voir l'avenir et affaiblissement de sa propre force.

II. Analytique du rêve : du dire au guérir
II.1. L'angoissant récit du rêve
A la suite de sa contagion, Zarathoustra tombe dans le sommeil et rêve. A partir du songe, il trouve la force de guérir. Au réveil, il parle à nouveau, témoignant déjà qu'il est partiellement délivré du mal et que grâce au sommeil, il a, en partie, recouvré la santé. Sa voix, encore « lointaine », reprend vie. Par le langage actualisé de la parole, le personnage éponyme quitte son état léthargique et veut partager son rêve avec ses disciples, renouant avec la tradition de la Grèce antique d'oniromancie : le songe est porteur d'un enseignement qu'il convient de mettre au jour.

Il semble que l'idée de rêve chez Nietzsche, dès la *Geburt der Tragödie*, soit toujours métaphore de la force créative inhérente à l'individu qui tisse et déroule le texte de son for intérieur. De plus, la construction artistique du rêve requiert l'interprétation, c'est-à-dire le travail de l'herméneute, ici soumis à l'assemblée par Zarathoustra. L'interprétation du rêve n'offre pas une vérité statique dont la teneur ne se lit qu'en un seul sens : au contraire, elle est perspectivité actualisée. Le nihilisme est chassé par la force du désir du sens : le rêve dans son apparente illogique, recèle encore un pouvoir créateur que seule l'interprétation libre peut essayer de saisir. Ici, le rêve angoissant témoigne d'une présence lugubre, et peut-être dionysiaque, mais sa mise en forme, apollinienne, demande encore à être mise en mot. En somme, le rêve, comme création inconsciente, montre que l'individu est toujours en mesure de dépasser le nihilisme, pourvu qu'il cherche non pas la vérité, mais l'interprétation de sa singularité. Au commencement était la pulsion artiste, celle du rêve, et celle-ci peut conduire non pas à la pulsion pernicieuse de la vérité (*Wille zur Wahrheit*) mais à une pulsion active interprète, qui se crée sans cesse, en multiples sens et qui ne cherche pas à enfermer la nature humaine. Le rêve en tant que tel témoigne de cette force artistique mais à lui seul, ne peut vaincre le nihilisme : il faut qu'à partir du rêve, le désir du sens soit plus fort que l'absence de sens, la béance téléologique et théologique auxquelles nous faisons face lorsque Dieu est mort. Paradoxalement, le rêve réveille : le cauchemar de Zarathoustra l'habite parce qu'il lui faut trouver un sens pour apaiser la douleur ressentie dans le songe. Ce n'est pas seulement le rêve qui permet de sortir du nihilisme, mais bien la réflexion qui s'impose face à la violence du songe, qui n'est autre que la violence même de Dionysos. On constate que le rêve est métaphorisé par un oiseau dont on attend qu'il prenne son envol. Cela permet de comprendre que la liberté du sens doit advenir, comme l'oiseau s'envoler, pour

pouvoir prendre de la hauteur face aux vues étriquées des hommes et des taren-
tules morales qui croupissent au sol. Il faut, pour dire le surhomme, s'écarter des
lois de la pesanteur, des esprits de lourdeur, puisqu'il est, pour reprendre Bachelard, doté d'un « psychisme de l'aérien »11.

Paradoxalement, le songe est à la fois le théâtre de la maladie et de la convales-
cence12, et rappelle la catharsis grecque13. Zarathoustra, dans le rêve, a « renon-
cé à la vie » et se voit privé de sa lumière : il est au service de la mort comme
veilleur de nuit qui garde les tombes transparentes et effrayantes d'un cimetière.
Dans ce lieu sordide du château de la Mort, il est privé de toute vie et esseulé. G.
Ungeheuer explique qu'il se trouve déjà dans l'antre de son propre cercueil14,
déjà du côté des vies passées ou, en allemand, des vies « dépassées »
(« *überwunden* »). Or, ne faut-il pas justement dépasser l'homme pour
qu'advienne le surhomme ? Tout y paraît étrange, froid et mortifère, et pourtant,
ces cercueils contiennent des vies qui doivent être dépassées pour qu'advienne un
renouveau. D'ailleurs, ces tombes sont comparées à des trophées, c'est-à-dire à
une image qui témoigne d'une force, d'une puissance phallique, bien qu'à ce
stade, Zarathoustra ne puisse prendre conscience de cette force qui se libère peu à
peu. Les cercueils sont perçus comme des consciences terribles qui regardent celui qui les veille, et qui les a tuées par la force de ses paroles – paroles de la mort
de Dieu. Or, bien que la mort soit vécue ici sur le mode de l'angoisse, c'est elle
qui va permettre le dépassement du nihilisme : tout mouvement de dépassement
implique la mort, ce qui n'est pas sans rappeler la dialectique hégélienne. Ce
n'est que de cette noirceur que pourra advenir la lumière zoroastrienne. Il est intéressant de voir ici que le rêve est une allégorie de la mort, tout autant que du
nihilisme lui-même : on peut penser qu'il est identifié analogiquement à la mort
parce qu'il est négation du principe de vie.

---

[11] G. Bachelard, *L'Air et les songes. Essai sur l'imagination du mouvement*, « Nietzsche et le psychisme ascensionnel », p. 183. Si G. Deleuze critique l'interprétation de Bachelard selon laquelle
la poésie nietzschéenne est aérienne et ascensionnelle, il le fait en vertu d'une volonté de signifier la force de la terre chez Nietzsche. Or, nous semble-t-il, les deux ne sont pas contradic-
toires : il s'agit bien d'élucider chez Nietzsche le sens de la terre, et rester fidèle à l'immanence
en ce qu'elle seule porte le sens du monde. Pour autant, pour qu'advienne le sens, il faut que
l'homme se dépasse, et que métaphoriquement, il s'élève et devienne le surhomme, celui qui ne
vit plus sur terre par contrainte, mais peut, par le sens, élever cette terre à la dignité de l'aérien et
de la hauteur.

[12] Ce thème est repris également dans le chapitre « le convalescent » (« *Der Genesende* »), livre III,
ASZ, KSA 4, 270-277. La maladie semble toujours le guetter, lui qui doit se faire violence face
au dégoût que lui inspirent certains hommes.

[13] Bien que Nietzsche se distancie de celle-ci dès la *Geburt*. Selon Nietzsche, la tragédie ne trouve
pas sa raison d'être dans la catharsis chez Nietzsche mais dans l'alliance singulière dionyso-
apollinienne.

[14] G. Ungeheuer, « Nietzsche Über Sprache und Sprechen, Über Wahrheit und Traum », *Nietzsche-
Studien* 12, 1984, p. 163.

D'une description visuelle, Zarathoustra passe à une description olfactive des odeurs âcres qui l'empêchent d'accéder à l'air frais et pur. Tandis qu'il respire les odeurs d'éternité, celles de toutes les idoles qui ont conduit à la négation même de la vie, il veut faire respirer son âme et échapper à cette pesanteur pour devenir l'oiseau libre. L'âme, qui est mentionnée ici, a une double acception : elle est à la fois l'âme de celui qui rêve mais elle est aussi l'âme comme concept-clé de l'histoire de la métaphysique. Elle est poussiéreuse parce qu'on l'a trop long-temps crue immortelle.

La solitude de Zarathoustra est signifiée par la personnification de ses trois seuls amis : la solitude, la nuit noire ainsi que le silence. On reconnaître ici les attributs de la mort elle-même, silencieuse, solitaire et obscure. Cette description témoigne de l'angoisse de la mort pour Zarathoustra ; elle empêche le contact avec les autres et le prive de ses amis. Or, c'est tragiquement déjà le reflet de la vie même de Zarathoustra, sans cesse privé des hommes : il vit en connaissant la mort certaine de leurs croyances et ne peut que s'exiler pour vivre, plutôt que de rester parmi eux.

Dans le rêve, Zarathoustra est en possession de clés, lourdes et rouillées : il peut ouvrir les portes les plus terribles où se cache la réalité sordide du monde, clés d'un « autre » savoir, celui de l'Eternel Retour et du tragique qui en découle. De nouveau, la clé, symbole phallique, comme les cercueils que Nietzsche percevait comme des trophées, témoigne d'une puissance de la vie contre la mort, comme volonté de puissance affirmative, qui s'affiche ici au travers de ces motifs virils. Ici, ces clés vont réveiller l'oiseau de mauvaise augure, le corbeau, l'émissaire de la mort : la mise en abîme (le motif du réveil dans le songe) souligne la théâtrali-sation de la scène. Ce réveil est peut-être à interpréter comme une prise de cons-cience affirmative de la finitude – prise de conscience « pénible » puisque l'oiseau ne veut pas être réveillé – , contre une fatalité apeurée devant la mort qui conduit à la croyance anxieuse en un au-delà. Car on ne peut rester sur cette posi-tion béate devant l'omnipotence divine, pas plus que l'on ne peut rester dans la position fataliste du nihilisme selon lequel rien n'a de valeur, et qui sommerait au suicide finalement. Au contraire, la liberté zoroastrienne doit se confronter à la perspective de la mort. Le bruit des clés est la prise de conscience contre la pré-sence oppressive du silence de la mort : on ne peut rien en dire mais il faut l'accepter et non plus la subir.

Avec la question de la mort, le rêve de Zarathoustra interroge profondément la question de la finitude et encore au-delà, comme nous l'avons évoqué dans l'introduction, la question fondamentale du temps : nous sommes implicitement renvoyés à la question de l'Eternel Retour. Zarathoustra se demande s'il peut en-core être question du temps : « qu'en sais-je, moi ? »[15] lance-t-il, comme si la

---

[15] p. 389. Op. cit., « *was weiss ich davon* » KSA 4, 174.

question même de la temporalité outrepassait déjà l'appréhension humaine. W. Stegmaier explique qu'avec Zarathoustra, le temps se construit à partir de l'idée du sens. Puisqu'il est « éternel », peut-être cyclique, ce sont les interprétations successives du monde qui créent une périodicité dans un flux qui revient sans cesse : le sens fixe le temps16. Dans le rêve, cette fixation par le sens est métaphorisée au travers des réveils successifs : le rêve se tisse à partir des bruits, des réveils, qui viennent en délimiter l'espace et construire des séquences temporelles distinctes. Ils entrecoupent ainsi le silence de la mort : trois coups se font entendre à la porte et rappellent les heures frappées par la cloche de l'Eglise durant la nuit. Ces coups sont les interprétations qui viennent heurter la conscience. Zarathoustra les compare au tonnerre, et d'une dimension acoustique, on retrouve la description visuelle des éclairs, c'est-à-dire le retour de la lumière au sein de l'orage, d'un actif au sein du tragique du monde.

Pour la première fois depuis la maladie, le discours direct intégré au rêve reprend : « *Alpa* » répète Zarathoustra à trois reprises comme pour conjurer les trois coups frappés à la porte. Nietzsche a d'ailleurs raconté un rêve très similaire à Reinhardt von Seydlitz17 où il était aussi question de cette onomatopée. Elle renvoie sans doute, de façon performative, au songe même : en allemand à « *Alptraum* », qui signifie cauchemar, dont Nietzsche souffrait beaucoup, notamment dans l'enfance, habité par les morts bouleversantes de son père et de son frère18. De plus, le mot allemand « *der Alb* », qui veut dire démon ou lutin, renvoie au registre fantastique qui se dégage du rêve. Si ce mot est sujet à multiples interprétations, il a en soi toute son importance parce qu'il redonne la parole au malade dans le rêve. Zarathoustra est bien celui qui parle19, le titre du livre

---

[16] W. Stegmaier, « Zeit der Vorstellung. Nietzsches Vorstellung der Zeit », « *Eine Zeit ist ein Sinnzusammenhang. Das „Rechte" der Zeit, mag sie einen Augenblick oder Sekunden oder Stunden dauern, bemesst sich (...) nach dem Reichtum oder der Armut des Sinns, der in ihr erfahren wird (...)* ». Trad. personnelle : « Le temps de la représentation. La représentation du temps chez Nietzsche », « Le temps est une cohérence de sens. La « droiture » du temps, qu'il dure un instant ou quelques secondes ou encore des heures, se mesure (...) à l'aune de la richesse ou de la pauvreté de sens qui va en découler (...) » in *Zeitschrift für philosophische Forschung* 41, 1987, p. 206.

[17] R. von Seydlitz, *Wann, warum, was und wie ich schrieb, eine autobiographische Skizze* (1900) « *Nietzsche erzählte lachend, er habe im Traum einen endlosen Bergpfad hinauf steigen müssen ; ganz oben, unter der Spitze des Berges, habe er an einer Höhle vorbei gehen wollen, als aus der finstern Tiefe ihm eine Stimme zurief : « Alpa, Alpa – wer trägt seine Asche zu Berge ?* » Gotha, p. 36. Trad. personnelle : « Nietzsche racontait en riant qu'en rêve, il avait dû grimper un sentier cavalier infini ; tout en haut, sous la cime de la montagne, alors qu'il voulait passer devant une caverne, une voix l'appela depuis les sinistres profondeurs : « Alpa, Alpa – qui porte ses cendres vers la montagne ? »

[18] Voir notamment J. Köhler, Zarathustras Geheimnis, F. Nietzsche und seine verschlüsselte Botschaft, eine Biographie, Rowohlt Taschenbuch, Hamburg, 1992, p. 36-41.

[19] Voir notamment M. Heidegger « Qui est le Zarathoustra de Nietzsche ? », où Zarathoustra est présenté comme le porte-parole par excellence (*Für-sprecher*) qui doit délivrer ses enseignements au monde, en traduction française in *Essais et conférences*, 1958, p. 116-145.

même pose la parole zoroastrienne au centre de la réflexion : Zarathoustra « *sprach* » (parlait). Il est celui qui n'existe que pour dire le message d'un avenir autre. Et c'est la parole, comme acte, qui permet de fixer le temps, de structurer le non-sens.

Puis Zarathoustra demande qui porte ses cendres vers la montagne. C'est un retour salutaire après la mort vers le vol de l'oiseau et vers les hauteurs, ici, les montagnes. Les cendres de l'ancien moi doivent être portées plus haut. Le personnage éponyme, qui cherche en vain à ouvrir une porte, nous montre qu'il n'a pas d'emprise sur les choses tant qu'il est encore prisonnier de la peur de la mort, prisonnier du « *umsonst* » ('en vain') nihiliste. Le vent alors devient l'agir du rêve et brise cette porte, à grand bruit et lançant à sa suite un cercueil devant le personnage éponyme. Le bruit vient rompre le silence de mort et, de la tombe, émanent des rires. Il y a là une rupture nette entre le paysage sordide silencieux et dépourvu d'âme, et ces rires soudains, si machiavéliques qu'ils apparaissent. Le cercueil se brise, et il semble ici qu'il métaphorise la maladie nihiliste même : le rire vient couper court à la langueur, à la mort subie. Le rêve s'achève par une énumération grotesque de divers personnages et animaux : anges, enfants, hiboux, fous, papillons qui se moquent de Zarathoustra paralysé par l'angoisse. G. Ungeheuer, interprète ici l'incapacité de Zarathoustra à s'exprimer : il est privé de communication et ne peut pas se confier à ces êtres chimériques. Il relie ce passage au problème plus global du langage tel qu'il se pose dans la *Geburt* et *Wahrheit und Lüge im aussermoralischen Sinne*20 (1873), confirmant l'impossible communication entre les êtres. Or, il nous semble au contraire que Zarathoustra reprend la parole, il crie pour sortir de la torpeur imposée par le rêve, contre les rires, et veut acquérir une nouvelle conscience par le réveil, être un pôle actif qui n'a plus à craindre le couperet de la mort. Les rires, sans doute, sont ceux du cynisme du non-sens : qu'à cela ne tienne, Zarathoustra est encore en mesure de leur en donner. Ces rires rappellent cependant une chose : pour autant qu'il est l'image du nihilisme, le songe est aussi l'image de la folie même, folie de la personnalisation dans la mort, copie de l'activité inconsciente d'une folie latente, folie schizophrénique où Zarathoustra est hanté par ses peurs[21].

II. 2. La « Traumdeutung » (Freud) : le sens du rêve comme quête du sens
Renouant avec les pratiques antiques de lecture des rêves et, anachroniquement, très proche de l'herméneutique psychanalytique du rêve (la « *Traumdeutung* » freudienne), le disciple que préfère Zarathoustra vient lui permettre d'accoucher du sens. Déjà, le récit du rêve par Zarathoustra montre sa volonté de renouer avec le sens. C'est une maïeutique inversée qui fait du disciple le porteur du sens. Cette rencontre entre subjectivités distinctes, où s'élèvent deux perspectives par

---

[20] G. Ungeheuer, op. Cit., p. 166.
[21] Voir notamment le séminaire de Jung sur Nietzsche.

le biais des deux sujets, va conduire à une élucidation du rêve et donc à la conquête du sens. Celui-ci est allégorique (dans *ASZ*, la figure du texte n'est autre que le « *Gleichnis* »22, c'est-à-dire l'image allégorique), mouvement même de l'herméneutique du vrai chez Zarathoustra : il faut non pas dire le vrai, mais interpréter les phénomènes physiologiques, comme le rêve ici.

Le disciple explique le rêve à la lumière d'une nouvelle perspective : Zarathoustra n'est pas seulement le gardien apeuré par la mort et la solitude, il est aussi le vent ravageur qui brise la porte et rompt le silence du cimetière. Cette opération de décentrement (un « déplacement » au sens freudien) permet une révolution - au sens copernicien - du point de vue. L'auteur du rêve n'est plus simplement la victime de la langueur mortifère nihiliste, il est lui-même celui qui va braver la maladie. Il est la tempête du renversement des valeurs, dont la voix aiguë fait tonner une nouvelle vérité. Le disciple interprète les multiples créatures du rêve comme les multiples facettes de Zarathoustra : il n'a pas à craindre les fous, les anges et autres, puisqu'il est lui-même l'auteur de chacun d'eux dans le processus créatif du songe. Sa projection reflète la pluralité essentielle inhérente à tout individu : il n'y pas d'Un mais toujours du Multiple ; il est chacun d'eux. Artiste du rêve, le personnage éponyme devient alors lui-même acteur dans la mort, à laquelle il a donné un visage par son rêve. Il lui faut aimer la vie dans la mort et se moquer de tous ceux qui croient en l'éternité poussiéreuse : la mort lente, la maladie nihiliste, ne sont rien. C'est ainsi qu'il reprend pleinement son pouvoir, sa puissance (« *Macht* »), c'est-à-dire sa force active. Il n'est plus tributaire d'un mouvement réactif de paralysie due au nihilisme.

Le réveil vient donc rompre la position passive du rêve : Zarathoustra, en interprétant le songe, devient maître de sa créature. Il n'a donc plus à craindre l'obscurité et le crépuscule. Sa lumière brave, par sa force, la maladie dont parlait le devin. L'affirmateur de la vie devient l'affirmateur *de* et *dans* la mort, elle qui n'est que la continuation du cycle. Son message fait découvrir de « nouvelles étoiles » et de « nouvelles splendeurs nocturnes » : cette métaphore lumineuse tend à montrer que les valeurs sont comprises comme de véritables constructions cosmologiques, et sera reprise dans ce que Nietzsche lui-même appelle son commentaire de *ASZ*, *Jenseits von Gut und Böse*23. Le monde est toujours construction de valeurs, affirmatives ou réactives, c'est-à-dire ontologiquement pluriel, et une infinité de mondes est possibles dès que les individus (im)posent leurs valeurs qui donnent sens au monde. La lumière zoroastrienne ouvre des horizons inconnus, des mondes encore inexplorés qui commencent par la physiologie d'un corps qui affirme sans réserve le tragique de la vie. Rire supplante la mort, et dé-

---

22 Voir notamment la thèse de L. Becdelièvre, *Rémunérer le « mal d'être deux » axiomatique de la métaphore chez F. Nietzsche et S. Mallarmé,* dir. J-L Backès Prof. Émérite, Paris 4 - littérature comparée, 2006.
23 *JGB*, 7, 215 - KSA 5, 152.

joue l'élan nihiliste qui se perd dans le sarcasme du non-sens. En regard de la *Geburt*, on peut dire que les puissances apollinienne et dionysiaque sont unies dans la force zoroastrienne. Le rêve, dont Apollon est le dieu24, sublime le chaos dionysiaque du tragique de la mort, la pulsion menaçante de la fin. Dionysos est bien le dieu qui guide ce rêve angoissant, celui de la pulsion de mort où s'élèvent les forces chthoniennes, et Zarathoustra, par l'élucidation, dompte ce tragique et s'affirme créateur.

S'il s'agit bien du rêve le plus « pénible » (« *schwer* » en allemand veut dire à la fois pénible et lourd) de Zarathoustra, parce qu'il induit les « ennemis » de Zarathoustra, à savoir la maladie du nihilisme et donc la mort, les cercueils et la folie du chaos, cette difficulté est abolie par l'action interprétative du disciple. Zarathoustra parvient à saisir que ces variations ne sont que des projections de lui-même, ils sont les reflets de la multiplicité de la volonté de puissance qui n'est jamais une mais composite, comme l'a montré très justement W. Müller-Lauter. Le rêveur n'est toujours que le metteur en scène qui construit et ne subit rien, il est artiste qui doit interpréter son œuvre pour sortir de l'angoisse. Cet acte devient le dépassement. Par le rêve, les ennemis sont domptés : ils coexistent en Zarathoustra mais de façon plus pacifique une fois que celui-ci les a identifiés comme tels. L'interprétation du rêve (la « *Traumdeutung* ») est le temps de l'intégration de la complexité au fondement de toute subjectivité, elle n'a pas de sens *a priori*, elle devient sens par l'affirmation de l'interprétation. Alors que Zarathoustra, et peut-être Nietzsche, était tout d'abord impuissant face à la terreur provoquée, une fois la délivrance du sens, il se libère de l'effroi dont il était la victime. C'est une propédeutique à la saisie de soi, comme le pense la psychanalyse. D'ailleurs, le disciple acquiert un nouveau statut : il est justement le « *Traumdeuter* », celui qui donne une signification du rêve, celui qui vient interpréter le songe et non plus simplement un « jeune » (en allemand, « *Jünger* » vient de l'adjectif « *jung* » qui signifie jeune).

G. Ungeheuer voit dans le dernier signe de tête de Zarathoustra un certain recul par rapport à l'interprétation du disciple trop marquée par la fougueuse jeunesse. Si, sans doute, Zarathoustra saisit son rêve d'une façon plus profonde que ne le fait le disciple, il n'en demeure pas moins vrai qu'il tait sa propre interprétation. En ce sens, il laisse son lecteur face à cette première approche qui recèle déjà une vérité : elle a permis la prise de distance face à l'angoisse provoquée par le rêve. On lit dans un fragment posthume de juin-juillet 1883 :

Ich träumte meinen schwersten Traum (…). Aber siehe, mein Leben selber deutet diesen Traum. Siehe, mein Heute erlöste mein Sonst und den in ihm gefangenen Sinn.(…) Als

---

[24] Fragments posth.,1869, 3 [36] - KSA 7, 70« *Musik wird zum Wort./ Apoll als Wahrsager.* ». Trad personnelle : « La musique devient le verbe. /Apollon comme devin. »

ich *euch* [Nacht- und Gräberhüter] träumte, tr<äumte> ich meinen schwersten Traum. Also will ich euer Schrecken sein – eure Ohnmacht und euer Wachwerden[25].

C'est exactement ce que fait le disciple lorsqu'il dit que « c'est ta vie elle-même qui explique ton rêve »[26]. La signifiance n'est jamais idée figée, mais elle provient de la concrétude de l'expérience de la vie, de l'expérience de l'immanence. Mais cette affirmation demeure incertaine : peut-on vraiment dépasser l'angoisse nihiliste ? C'est sans doute cette question qui habite Zarathoustra, la possibilité du dépassement est sans cesse menacée par une impossibilité : l'affirmation 'peut' être, comme elle 'peut' ne pas être. Il n'y a pas de chemin obligatoire, de route balisée hors du sentier nihiliste. Il est horizon nécessaire et donc, il peut être dépassé comme ne pas l'être. Le mouvement de tête acquiesce les dires mais témoigne aussi de la force obscure du nihilisme.

3. La convalescence comme dépassement du nihilisme

A la suite de l'interprétation, Zarathoustra se lève et semble affecté par les paroles thérapeutiques qui viennent apaiser le corps, encore affaibli. Alors qu'il était couché, il se lève et réaffirme ainsi sa force. La cure a fonctionné : la dépression nihiliste a disparu grâce à la compréhension du rêve qui a amené à une réelle prise de distance face à l'angoisse de la mort puisqu'il est le vent qui souffle la mort de Dieu, et enseigne le surhomme ainsi que l'éternel retour..
Pour que Zarathoustra ne tombe pas dans le nihilisme, il lui faut vouloir la vie certes, mais il lui faut vouloir la mort même, l'*amor fati*. Ce rêve est nécessaire à la transformation de Zarathoustra, « condition préalable à la vraie métamorphose »[27] (O. Dier) pour conduire à une acceptation totale de l'Eternel Retour, dans la vie comme dans la mort. Dans le texte, le regard même change : Zarathoustra est habité par une nouvelle perspective sur les choses, une maturité rendue possible par l'herméneutique du rêve. Et tandis que l'œil change, la voix aussi reprend sa force, le corps reprend ses droits. La convalescence requiert à pré-

---

[25] KSA 10, 368, Frag. posthumes juin-juillet 1883, 10 [10]. Trad. personnelle : J'ai rêvé mon rêve le plus pénible. / (…) Mais vois, ma vie elle-même donne la signification de ce rêve. Vois, mon aujourd'hui délivre ma peine et le sens qui y était prisonnier. (…)/ Lorsque j'ai rêvé de *vous* [le veilleur de nuit et le veilleur des tombes], j'ai rêvé mon rêve le plus pénible. / Donc je veux être votre effroi – votre impotence et votre réveil. »

[26] Op. cit. p. 390. « dein Leben deutet uns diesen Traum » ASZ, II, KSA 4, 174.

[27] O. Dier « *Im Kapitel „Der Wahrsager" unternimmt Zarathustra eine zum Erwachen* führende *Traumreise ins Reich des Todes. Sie ist Vorbedingung zur eigentlichen Verwandlung, die in der Fortsetzung des Kapitels „Vom Gesicht und Räthsel" geschildert wird.* ». « Die Verwandlung der Wiederkunft », *Nietzsche-Studien* 30, 2001, p. 155. Trad. personnelle : « Dans le chapitre « Le devin », Zarathoustra entreprend un voyage onirique dans l'empire de la mort, qui l'amène à se réveiller. Il est la condition préalable à la métamorphose qui va suivre dans le chapitre « De la vision et de l'énigme ». »

sent la nourriture et le retour à un état de force. Par le dîner en commun, Zarathoustra dit expier le péché de l'emprise de la maladie : le corps redevient maître des errances de l'âme. Il convie le devin pour lui montrer que son diagnostic n'est pas le point final de l'humanité. Il y a un après, un futur possible, une convalescence qui dépasse la maladie et qui se manifeste comme affirmation du temps et du corps : une aurore radieuse d'où pourra naître le surhomme. Zarathoustra est alors lui-même devenu pleinement devin28 : il existe donc encore « une mer, où il pourrait se noyer », en d'autres termes, une vérité plus haute qui dépasse l'écueil nihiliste. C'est celle de l'Eternel Retour : vouloir encore et encore, donner du sens permet justement de pouvoir revivre sans ressentiment, parce que cela a conduit à quelque chose, parce qu'il est permis de donner du sens.

*　　*　　*

Zarathoustra semble bien parvenir à dépasser la maladie nihiliste, qui menace l'humanité confrontée la mort de Dieu, par l'affirmation de la vie au nom même de son principe fini. Or, paradoxalement, le nihilisme est donc bien la condition de possibilité de l'art tragique, comme sublimation qui vient panser la béance du sens : pour qu'advienne cet avenir, le « Grand Midi », il faut parvenir à l'affirmation même du nihilisme, l'*amor fati*, le vouloir de toutes choses, contre l'esprit de vengeance ou l'aphasie. C'est-à-dire vouloir la vie comme la mort, pénétrer la joie du deuil et le vouloir à nouveau, saisir l'innocence du devenir, se laisser envahir par l'état dépressif et savoir le surmonter. Ce dépassement nécessite l'acceptation du deuil, où l'individu est dépossédé de sa force interne propre : il faut mûrir l'annonce de la mort de Dieu ; une mort qui, en plus de signifier la perte du sens, de l'horizon eschatologique, implique également le non-sens de la mort humaine elle-même. Et c'est bien ce non-sens – cette folie – de la finitude que Zarathoustra lui-même doit intégrer : il est auprès des morts dans son rêve et souffre. Le temps devient le nœud de la question du nihilisme : il peut être l'horizon du sens, et conduire à l'affirmation de l'Eternel Retour par delà la tentation nihiliste. Mais il est aussi structuré par le nihilisme : il est toujours déclin, et le dépassement du nihilisme n'est jamais acquis. Ce n'est que par l'interprétation affirmative du rêve que se transforme l'énergie zoroastrienne : l'angoisse du rêve se change en puissance du dire, le corps puise dans la terreur la force de la sublimation ; plus d'ombres pour plus de lumière. Par ce dépassement advient l'affirmation de la force du devenir. Ce nouveau temps est pleine-

---

[28] Zarathoustra d'ailleurs, à la fin du 3ème livre, se place directement dans cette perspective lorsqu'il écrit « *Wenn ich ein Wahrsager bin und voll jenes wahrsagerischen Geistes, der auf hohem Joche zwischen zwei Meeren wandelt, (…)* » KSA 4, 287. Trad. H. Albert, J. Lacoste « Si je suis un devin et plein de cet esprit divinatoire qui chemine sur une haute crête entre deux mers, - (...) », Op. Cit., p. 465.

ment créateur parce qu'il intègre la joie tragique de la vie. Il faut dépasser l'homme pour qu'advienne le surhomme, dépasser la mort et la question de l'angoisse liée à la finitude pour enfin affirmer la cyclicité irrémédiable des choses et aimer le destin inconditionnellement ; dépasser pour qu'advienne la joie, la perspective heureuse de l'étoile dansante dans la ronde du temps. Mais le tragique demeure. Tandis que le temps du nihilisme est historialement signifié par Nietzsche, celui du dépassement n'est qu'une allégorie. Le dépassement du nihilisme par Zarathoustra, vécu sur un mode existentiel, est une expérience hautement singulière, elle n'est pas la clé du dépassement, dont la possibilité demeure incertaine.

Bibliographie

Sources primaires

Friedrich Nietzsche, *Friedrich Nietzsche: Kritische und Studienausgabe (KSA)*, oeuvres complètes en 15 tomes, éditées par Gorgio Colli & Mazzimo Montinari, de Gruyter, « Deutscher Taschenbuch Verlag (dtv), nouvelle édition 1999, *Deutscher Taschenbuch Verlag* GmbH & Co. KG, München, Walter de Gruyter GmbH & Co. KG, Berlin – New-York, 1ère édition 1967-77 et 1988 (réédition corrigée).

Œuvres, tome 2, collection Bouquins, Robert Laffont éd dir. Par J. Lacoste et J. Le Rider, *Ainsi parlait Zarathoustra*, traduction de l'allemand par H. Albert, révisée par J. Lacoste, Paris, 1993.

Ouvrages généraux de philosophie

Derrida Jacques, *Marges de la philosophie,* « La Mythologie blanche - la métaphore dans le texte philosophique » (p. 247 - 324), 1972, 396p.

Freud Sigmund, *Traumdeutung* (1900), Verlag Franz Deuticke, Leipzig und Wien, présente édition S.Fischer, Frankfurt/Main 1999, 518p.

Seydlitz (von) Reinhardt, Wann, warum, was und wie ich schrieb : autobiographische Skizze, Gotha, Perthes, 1900, 119p.

Sources secondaires sur Nietzsche

Ouvrages :

Bachelard Gaston, *L'Air et les songes, Essai sur l'imagination du mouvement* (1943), édition Livre de Poche, coll. Biblio Essais, partie III, chap. V, « Nietzsche et le psychisme ascensionnel », Paris, 1992, 175p.

Deleuze Gilles, *Nietzsche et la philosophie* (1962), PUF Quadrige, Paris, 5è édition 2005, 232p.

Heidegger Martin, *Nietzsche I – II*, 1ère édition Günther Neske Verlag 1961, traduction P. Klossowski, nrf Gallimard, 1971, t1 512 p., t2 402p.

Essais et conférences, « Qui est le Zarathoustra de Nietzsche ? » (p.116-147), *Vorträge und Aufsätze* (1954), Pfullingen, traduction A. Préau, préface J. Beaufret, Tel Gallimard, 1958, 349p.

Jung Carl Gustav, *Jung's seminar on Nietzsche's Zarathustra*, établi par J. L. Jarett, Princeton University Press, 1988.

Köhler Joachim, Zarathustras Geheimnis, F. Nietzsche und seine verschlüsselte Botschaft, eine Biographie, Rowolht Taschenbuch, Hamburg, 1992, 641p.

Lampert Laurence, *Nietzsche's Teaching. An Interpretation of « Thus Spoke Zarathustra »*, Yale University Press, New Haven/Londo, 1986, 378p.

Mattéi Jean-François (sous la direction de), *Nietzsche et le temps des nihilismes*, Thémis philosophie, PUF, Paris, 2005.

Müller-Lauter Wolfgang, *Nietzsche Physiologie de la volonté de puissance,* précédé par *Le Monde de la volonté,* édition Allia 1998, traduction J. Champeaux, préface P. Wotling,189p.

« Über Werden und Wille zur Macht », *Nietzsche Interpretationen 1*, Berlin/New York, W. de Gruyter, 1999, 398p.

Articles

Baier Horst, « Das Paradies unter dem Schatten der Schwerter », *Die Utopie des Zarathustra jenseits des Nihilismus , Nietzsche-Studien 12, Internationales Jahrbuch für die Nietzsche Forschung*, W. de Gruyter, Berlin-New-York, 2001,1984, p. 46-68.

Dier Oliver, « Verwandlung der Wiederkunft », *Nietzsche-Studien 30, Internationales Jahrbuch für die Nietzsche Forschung*, W. de Gruyter, Berlin-New-York, 2001, p.133-174.

Launay (de) Marc, « Le prophétisme de Nietzsche », *Les Etudes philosophiques*, PUF, 2005/2 n°73, p. 183-192.

Stegmaier Werner, « *Zeit der Vorstellung. Nietzsches Vorstellung der Zeit* », in *Zeitschrift für philosophische Forschung* 41, H. 2 (Avril. - Juin 1987), Vittorio Klostermann GmbH, p. 202-228.

Ungeheuer Gerold, « Nietzsche Über Sprache und Sprechen, Über Wahrheit und Traum », *Nietzsche-Studien 12, Internationales Jahrbuch für die Nietzsche Forschung*, W. de Gruyter, Berlin/New-York, 1984, p.134-213.

Thèses

Becdelièvre Laure, Rémunérer le « mal d'être deux » axiomatique de la métaphore chez F. Nietzsche et S. Mallarmé, dir. J-L Backès Prof. Émérite, Paris 4 - littérature comparée, 2006.

Vor Sonnen-Aufgang[1]
»Die Welt ist tiefer als je der Tag gedacht hat«

Berislav Podrug

---

[1] In *Ecce homo* spricht Nietzsche in Bezug auf den *Zarathustra* von einer grundsätzlichen »Distanz, von der a z u r n e n Einsamkeit, in der dies Werk lebt.« (EH, Also sprach Zarathustra 6) – Diese Aussage kann man kaum streng und tief genug nehmen. Vielleicht ist hier Martin Heideggers Mahnung zur Vorsicht angemessen (Was heißt Denken?, Frankfurt a. M., 2002, S. 74): »Für eine Auslegung der Gestalt von Nietzsches Zarathustra oder gar für eine Auseinandersetzung mit den metaphysischen Grundlehren Nietzsches, welche Aufgaben beide im Grunde eine einzige sind, fehlt dem heutigen Denken, wenn man es so nennen darf, nahezu alles.« Und weil *Zarathustra* außerdem im höchsten Grade dichterisch ist, und dennoch kein Kunstwerk, sondern vor allem ein besonderes Philosophieren darstellt, und weil schon seit den »Vorsokratikern« und Platon alle große, klassische Philosophie in sich zugleich denkerisch *und* dichterisch ist, fällt es um so schwerer, hier eine strikte Unterscheidung zwischen Dichterischem und Philosophischem herauszufinden oder, falls das überhaupt möglich ist, eine solche »objektiv« zu beweisen. In eine vergleichbare Richtung gehen schon Eugen Finks Überlegungen (Nietzsches Philosophie, Stuttgart 1960, S. 61 f.): Nietzsches Denken »vollzieht sich selbst bildhaft, visionär. Nicht in spekulativen Begriffen, die ihm ja nur als leere Abstraktionen erscheinen, in der Konkretion bildhafter Anschaulichkeit bewegt er sich. Seine höchsten Gedanken nehmen gleichsam selbst Aussehen und Gestalt an, sie verdichten sich in die Zarathustra-Figur. [...] [E]r philosophiert jetzt selbst in der Weise der Kunst, er denkt dichterisch, – aber das *Problem* der Begegnung von Poesie und Philosophie, die Kentauren-Natur des dichtenden Denkens und denkenden Dichtens wird nicht ausgetragen, ja im Grunde nicht einmal entschieden gestellt.« Zuletzt drängt sich die Frage auf: »Ist es eine Philosophie im Gewande der Dichtung, oder eine Dichtung, die philosophiert, ist es eine religiöse oder pseudo-religiöse Prophetie oder eine pathetische Weltanschauungslehre? Sind es Sprüche des Tiefsinns oder Narrenpossen, geistige Saturnalien? Ist es ein neuer Mythos oder eine Selbstidealisierung Nietzsches?« (Ebd.) In jedem Fall ist es aber so, dass Nietzsches *Zarathustra* schon »deshalb ein u n v e r s t ä n d l i c h e s Buch ist, weil er auf lauter Erlebnisse zurückgeht, die [er] mit Niemandem theil[t]« (Nietzsche an Franz Overbeck, den 5. August 1886, KSB 7, Nr. 729, S. 223). Auch deswegen ist jene radikale, kompromisslose Vorsicht mehr am Platze. Schon die Form und Ausdrucksweise dieses Ausnahme-Werkes bezeugen überdeutlich, dass das mit »sieben Siegeln« versehene Buch in sich selbst eine Folge von Gleichnisreden ist, die insgesamt eine Art Rätsel bilden. Das wird sogar ausdrücklich gesagt: »Auf jedem Gleichniss reitest du hier zu jeder Wahrheit.« (Za, Die Heimkehr, KSA 4, S. 231) Doch zugleich wird gewarnt: Gleichnisse »sprechen nicht aus, sie winken nur. Ein Thor, welcher von ihnen Wissen will!« (Za, Von der schenkenden Tugend 1) – Mit alledem entsprechend und dem treu, und ganz im Einklang mit der Hauptintention und dem Zweck dieses Textes, bleiben wir hierbei immer und ausschließlich »nur« in der Vorhalle desselben Themas; wir sprechen darüber nicht nur ganz kurz und unvollständig, skizzenhaft, grob und vereinfacht, sondern immer von »außen« her, und zwar nur einige präliminare Vorbemerkungen und Verweise, vorwiegend aufgrund seines Hauptwerkes, aber auch seiner anderen Schriften und reichen Nachlasses, sowie schon bestehender Interpretationen: was ist eigentlich mit dem thematisierten Kapitel gemeint; was ist dabei der philosophische Grundgedanke Nietzsches, sein größtes und kardinales Problem, nicht nur von *Zarathustra*?

»Oh Himmel über mir, du Reiner! Tiefer! Du Licht-Abgrund!« (Za, Vor Sonnen-Aufgang, KSA 4, S. 207) – Diese festlichen, prachtvollen Worte führen unmittelbar *in medias res* der Philosophie Nietzsches. Es ist nämlich so, dass das Elementare und Unmittelbare, vor allem die ursprünglichen kosmischen Urmächte, in Nietzsches Philosophie grundsätzlich als Symbole für das immerwährende Werden gelten. Der Himmel und die Erde, die Nacht und ihr Abgrund, der ewig fließende Fluss und das unendliche Meer: – all das sind nur die verschiedenen Bilder und Namen für das, was Nietzsche zwar verschieden nennt, aber dabei im Grunde immer wieder meint: das reine, »absolute« Werden.[2]

Nietzsche selbst benennt seine eigene Philosophie als »eine eigentliche Philosophie des Werdens, welche an ein »An-sich« überhaupt nicht glaubt und folglich ebensowohl dem Begriffe »Sein« als dem Begriffe »Erscheinung« das Bürgerrecht verweigert.« (KGW IV/4, S. 164)[3] Die Philosophie des Werdens hält also das 'An-sich' nicht länger für das, was in Wahrheit ist. Wird mit tradiertem Platonismus 'An-sich' einfach mit 'Sein' gleichgesetzt, dann kann diese »neue« Philosophie den Begriff 'Sein' im maßgeblich bestimmenden Sinne überhaupt nicht mehr zulassen. Und mit der Absetzung des Begriffs 'Sein' entfällt auch der Gegenbegriff 'Erscheinung' im Sinne des Scheins von Sein, welche im Lichte des Platonischen Denkens ja das Werdende ist. Damit ist aber das Rangverhältnis

---

[2] Für Zarathustra ist die ganze Welt »ein abgründliches reiches Meer«. (Za, Das Honig-Opfer, KSA 4, S. 296) Und so spricht Nietzsche von seiner Philosophie als einer Fahrt ins offene Meer, in den Ozean der Unendlichkeit, – eine Fahrt, die das feste Land ganz und gar, für immer verlassen hat. (Vgl. FW 124) Angesichts dessen konstatiert Rüdiger Safranski (Nietzsche. Biographie seines Denkens, Frankfurt a. M. 2005, S. 365): »Sollen wir das festgegründete Reich der Vernunft verlassen und aufs offene Meer des Unbekannten hinausfahren, hatte Kant gefragt und dafür plädiert, hier zu bleiben. Nietzsche aber war hinausgefahren.« *Morgenröthe* erzählt noch einmal von den »kühnen Vögel[n]«, die es gewagt haben, »ins Weite, Weiteste« hinauszufliegen, dorthin nämlich, »wo Alles noch Meer, Meer, Meer ist!« Das, wohin sie, getrieben von »mächtige[m] Gelüste, das uns mehr gilt als irgend eine Lust«, streben, ist also das Unendliche. (M 575)
Und in der *Fröhlichen Wissenschaft*, in dem Lied *Nach neuen Meeren*, singt Nietzsche so:
»Alles glänzt mir neu und neuer,
Mittag schläft auf Raum und Zeit –:
Nur d e i n Auge – ungeheuer
Blickt mich's an, Unendlichkeit!« (FW, Lieder des Prinzen Vogelfrei, KSA 3, S. 649)
– Dazu, dass gerade dieses »Thema«, oder, besser gesagt, diese Grundeinsicht, eine entscheidende, zentrale und je maßgebende Rolle in Nietzsches Philosophieren spielt, vgl. Damir Barbarić, Im Angesicht des Unendlichen. Zur Metaphysikkritik Nietzsches, Würzburg 2011, S. 10: »Unser Versuch beruht auf der Vermutung, dass die wahre Bedeutung und der philosophische Sinn dieser Schildzeichen der Philosophie Nietzsches [nämlich des Willens zur Macht, der ewigen Wiederkehr des Gleichen, des Übermenschen, der *Amor fati*, usw.; B. P.] erst auf dem Grund einer hinreichenden Erfahrung dieses seinen tiefsten und gleichsam einzigen Problems zum Aufleuchten zu bringen ist.« Vgl. hier auch ebd., S. 12 ff.
[3] Und in der Tat, schon sehr früh sagt Nietzsche eindeutig und entschieden: »Das ewig Werdende ist das Leben [...].« (Schriften der Studenten- und Militärzeit 1864-1868, München 1994, S. 387)

von Sein als Bleiben und als Werden völlig umgedreht.[4] So kann Nietzsche sagen: »Meine Philosophie umgedrehter Platonismus: je weiter ab vom wahrhaft Seienden, um so reiner schöner besser ist es.« (Nachlaß 1870/71, KSA 7, 7[156])

Diese »historische« und »allerjüngste« Philosophie (MA 1) sagt ganz direkt: »es gibt kein »Ding««« (MA 19), d. h. in sich Bleibendes, Ständiges, Festes; es gibt überhaupt kein Seiendes und kein Sein. Es gibt nur den flutenden Strom des Werdens. Nichts ist, alles wird; das unentwegt fließende Werden ist die einzige Realität.

In diesem haltlosen Fließen des reinen Werdens ist ein Kontinuum zu finden: »in Wahrheit steht ein continuum vor uns [...].« (FW 112) Die innere Natur des Kontinuums ist sowohl ein ununterbrochenes Bewegtsein als auch die prinzipielle Teilbarkeit ins Unendliche, ja das Unendliche selbst. Und für Nietzsche ist gerade die »Unendlichkeit die uranfängliche Thatsache: es wäre nur zu erklären, woher das Endliche stamme.« (Nachlaß 1872/73, KSA 7, 19[139])

Nach Nietzsche darf man also »nichts Seiendes überhaupt zulassen, – weil dann das Werden seinen Werth verliert und geradezu als sinnlos und überflüssig erscheint.« (Nachlaß 1887/88, KSA 13, 11[72]) Denn, »[d]er Sinn des Werdens muß in jedem Augenblick erfüllt, erreicht, vollendet sein.« (Nachlaß 1887/88, KSA 13, 11[82]) Dabei ist zu beachten, dass das so verstandene Werden – als das absolute und alleinige – streng und folgerichitg genommen, auch unangemessen, ja unmöglich ist. Denn mit Bestimmungen und Feststellungen ist »einem solchen« Werden schlechterdings nicht beizukommen.

Wie kann denn das Werdende überhaupt *sein*? Muß das Seiende, das für die Philosophie seit jeher vorbildhaft bestimmend ist, nicht das immer Seiende sein? So ist es: »aber es ist jetzt als das Werdende das immer Seiende und Ewige, also als das immer *wieder* Seiende, und das immerfort.«[5] Die innere Dialektik dieser ontologischen Begriffe sieht das Gegensatzpaar, das Sein und das Werden, nicht als einander bloß gegenübergestellt, als einfach diametral verschieden, sondern als in sich selbst miteinander unzerreißbar verwoben. Formelhaft gesagt: Das Werden *ist* nur, wenn es mit dem Sein innig verbunden ist.

Diese Grundkonzeption des Seins als des Werdens bezieht sich auf die *lebendige Wirklichkeit* als die einzige Realität, in welcher es also gar kein Bestehendes und Beharrendes, überhaupt kein Seiendes, gibt. Sein heißt lebendig sein, und nichts anderes; das Sein selbst ist für Nietzsche »Verallgemeneirung des Begriffs »Leben« (athmen) »beseelt sein« »wollen, wirken« »werden««. (Nachlaß 1887,

---

4 Vgl. Karl-Heinz Volkmann-Schluck, Die Philosophie Nietzsches. Der Untergang der abendländischen Metaphysik, Würzburg 1991, S. 47, sowie Claus-Artur Scheier, Nietzsches Labyrinth. Das ursprüngliche Denken und die Seele, Freiburg 1985, S. 27 und Wolfgang Müller-Lauter, Über Werden und Wille zur Macht, Berlin 1999, S. 174.
5 Volkmann-Schluck, Die Philosophie Nietzsches, S. 92.

KSA 12, 9[63])[6] Das wirklich, d. h. lebendig Seiende ist nur in der Art und Weise des Werdens. Alles, was es überhaupt gibt, wird.

Das schließt ein, dass auch ein jedes Individuum sich innerlich tief im Werden befindet; die verstreichende Flüchtigkeit und Vergänglichkeit des »Subjekts« bezeugt, dass wir selbst »nur« als Wechselnde und Werdende da sind. Auch der Mensch, diese »Welle im nothwendigen Wellenspiele des Werdens« (VM 33), zeigt sich als etwas, was in jedem kleinsten Augenblick nicht dasselbe bleibt, sondern immer und im Ganzen vollständig, ja absolut Neues und ganz Anderes wird. (Vgl. Nachlaß 1881, KSA 9, 11[156]) Der Mensch ist nach *Zarathustra* demgemäß nicht ein Wesen, das in sich schon völlig und für immer wesentlich bestimmt ist; ganz im Gegenteil ist er immer unterwegs, er ist »eine Brücke und kein Zweck«, »ein Ü b e r g a n g und ein U n t e r g a n g«. (Za, Vorrede 4) Er ist nicht ein für alle Mal umgrenzt und bestimmt, weder als zw`/on lovgon e[con noch als *imago Dei*, o. ä., sondern er »bleibt« stets als etwas, was immer wieder völlig anderes werden kann. Dementsprechend ist Zarathustra »der Wanderer«; er bewegt sich im Horizont des Unendlichen bzw. im unendlichen Horizont, möglichst in unmittelbarem Kontakt mit dem Werden.

Das originale und ursprüngliche, absolute Werden kann aber, streng genommen, mit dem Denken gar nicht gedacht, mit der Sprache nicht einmal angesprochen werden. Und eben darin liegt die ganze »Sache«. Auf die drängende Frage, warum dem eigentlich so sei, sagt uns Nietzsche schlicht: »E r k e n n t n i ß und W e r d e n schließt sich aus.« (Nachlaß 1887, KSA 12, 9[89]) – Das ist hier entscheidend. Schon mit aller Wahrnehmung, ebenso wie mit dem Denken und Sprechen, besonders mit ihrem Schema bzw. Syntax (Subjekt, Objekt, Prädikat, ...) überspringt man immer schon das reine Werden, und so verlässt man es endgültig mit aller Notwendigkeit. Das Werden versteht man eigentlich und paradoxerweise – wenn man es nicht versteht. Denn das Werden schlechthin ist überhaupt nicht denkbar. Und wenn nach der Konzeption der Wahrheit als *adequatio* gesagt wird, dass etwas, was gedacht wird, eine Wahrheit bzw. Lüge ist, dann hat das doch einen Sinn, aber nach Nietzsche ist es völlig unadäquat, ja sinnlos, in diesem Fall über die Wahrheit und Lüge zu sprechen: Denn die Wahrheit des reinen Werdens kann weder erkannt noch ausgesprochen werden, – und so gibt es keine Wahrheit, ebenso keine Lüge. Oder wenn doch, dann ist jedes Wort und jeder Gedanke notwendigerweise eine Lüge, aber nur »im aussermoralischen Sinne«.

Obzwar Nietzsche emphatisch und verabsolutierend hervorhebt: »wir glauben an das Werden allein auch im Geistigen, wir sind h i s t o r i s c h durch und durch« (Nachlaß 1885, KSA 11, 34[73]), gibt er zugleich zu: »die A n n a h m e d e s S e i e n d e n ist nöthig, um denken und schließen zu können«. (Nachlaß 1887,

---

[6] Vgl. dazu auch Günter Figal, Nietzsche. Eine philosophische Einführung, Stuttgart 1999, S. 236.

KSA 12, 9[89]) Da aber das Denken – wie explizit schon Parmenides festgestellt und Platon im *Sophistes* noch einmal systematisch entwickelt hat – immer das Denken von *etwas*, das *ist*, ist, fügt Nietzsche gleich hinzu: »Parmenides hat gesagt »man denkt das nicht, was nicht ist« – wir sind am anderen Ende und sagen »was gedacht werden kann, muß sicherlich eine Fiktion sein«.« (Nachlaß 1888, KSA 13, 14[148]) Das Denken als Erkenntnis ist nämlich nichts anderes als die Erkenntnis der Dinge, des Seienden. Für Nietzsche ist sie aber gar nicht möglich. Schon deshalb nicht, weil es, wie gesagt, kein Seiendes, keine Dinge gibt; obwohl dieser Intuition und »negativen Ontologie« unser Augenschein offenbar widerspricht. Insofern ist »die Wahrheit« und ihre Erkenntnis eine bloße Festmachung des an sich Werdenden und Wandelnden, und diese Festmachung ist diesem grundsätzlich *un*angemessen und nur seine Umbildung, ja Verunstaltung.[7] Das Wahrhafte würde sich dann gerade *nicht* nach dem einzig wahren Werden richten, und die Wahrheit wäre dann ein Irrtum, eine Illusion, Lug und Trug. Jedoch, »[e]rst nachdem eine imaginäre Gegenwelt im Widerspruch zum absoluten Flusse entstanden war, konnte auf dieser Grundlage etwas erkannt werden – ja zuletzt kann der Grundirrthum eingesehen werden worauf alles beruht [...].« (Nachlaß 1881, KSA 9, 11[162]) Denn um den »muthmaaßlichen absoluten Fluß des Geschehens« (Nachlaß 1881, KSA 9, 11[293]) fassbar und bestimmbar, d. h. wahrnehmbar, vorstellbar, sagbar, denkbar und erkennbar zu machen, muss der Mensch diesem unaufhörlichen Fluss etwas Verharrendes bzw. Ruhendes entgegensetzen. Diese »logische Weltverneinung und Nihilisirung folgt daraus, daß wir Sein dem Nichtsein entgegensetzen müssen, und daß der Begriff »Werden« geleugnet wird« (Nachlaß 1887, KSA 12, 9[62]), und zwar dadurch, dass dem Werden irgend Etwas zugrunde gelegt wird, so dass es zu etwas Hinzugefügtem (to; sumbebekov~, *accidens*) gemacht wird, zu etwas, was sich immer auf der Grundlage des Unterliegenden (oujsiva, *substantia*) gründet und abspielt. Also wenn man z. B. eine Veränderung denken will, so muss man eine Substanz der Veränderung als Grundlage dafür voraussetzen; es scheint überhaupt nicht möglich, auf irgendwelche andere Weise eine Veränderung denken zu können. Aber der konstante Wandel und Wechsel ist wirklich nicht akzidentiell für die angebliche Substanz bzw. für das Subjekt desselben; aber dem Kontinuum liegt keine Substanz zugrunde, der das Kontinuum nur nachträglich beigelegt wird: »Aber es giebt kein solches Substrat; es gibt kein »Sein« hinter dem Thun, Wirken, Werden; »der Thäter« ist zum Thun bloss hinzugedichtet, – das Thun ist Alles.« (GM 13, KSA 5, S. 279) Unsere mögliche Annäherung zu

---

[7] Vgl. Martin Heidegger, Nietzsche I, Frankfurt a. M. 1996, S. 493. – In diesem Sinne fragt sich Volker Gerhardt (Die Funken des freien Geistes. Neue Aufsätze zu Nietzsches Philosophie der Zukunft, Berlin 2011, S. 147): »Aber warum eigentlich Erkenntnis, wenn man schon weiß, dass sie letztlich nur zur Erstarrung des Lebens führt?«

dieser »wirbelnden Mitte« der Philosophie Nietzsches bleibt also immer nur eine *via negationis*.

Dennoch, erst durch die von »uns« stets vollzogene und wiederholte »Weltverneinung« wird das Ganze des Seienden sowohl ermöglicht als auch hervorgestellt, hervorgebracht: »Wir, die Denkend-Empfindenden, sind es, die wirklich und immerfort Etwas m a c h e n, das noch nicht da ist: die ganze ewig wachsende Welt von Schätzungen, Farben, Gewichten, Perspectiven, Stufenleitern, Bejahungen und Verneinungen.« (FW 301)[8] Diese organische Ganzheit vom Denken und Empfinden bezeugt, dass es keine schon im Voraus bestehenden Dinge gibt – sie alle entstehen erst im Denken Empfinden Sehen Hören... Der Mensch und sein Wesen ist dabei aber keinesfalls passiv, sondern wesentlich und höchst aktiv; er ist ein Schaffender. Philosophen sind eigentlich diese einzigartigen Dichter des Lebens im Ganzen.[9] Dieses Schaffen der ganzen »Wahrheit« von dem Erkennen im weitesten Sinne des Wortes, das nach Nietzsche auch seinerseits »ein beständiger Fluss« ist (WS 11), bezeugt, dass die Ganzheit der Dinge immer wieder erst *gemacht* werden muss, und zwar so, dass Alles als eine unvermeidliche, immer schon gemachte Falsifizierung des absolut reinen Werdens hervorkommt. »Wahrheit ist somit nicht etwas, was da wäre und was aufzufinden, zu entdecken wäre, – sondern etwas, d a s z u s c h a f f e n i s t und das den Namen für einen P r o z e ß abgiebt'[...].« (Nachlaß 1887, KSA 12, 9[91], S. 385) »Die Wahrheit« ist also etwas, das immer erst zu schaffen ist, sie ist ein Name für einen unermesslich umfangreichen Prozess. Dieser Prozess ist ein »processus in infinitum« (ebd.), d. h. der Gang der Geschichte und des Menschentums in ihrer Ganzheit.

Genauer genommen heißt das, dass das Wesen der Erkenntnis der Wahrheit nach Nietzsche nicht unmittelbar im Vorliegenden besteht, was man zuerst findet und dann noch feststellt, sondern in einer »E r m ö g l i c h u n g d e r E r f a h r u n g, dadurch daß das wirkliche Geschehen, sowohl auf Seiten der einwirkenden Kräfte, als auf Seiten unserer gestaltenden, ungeheuer vereinfacht wird: s o d a ß e s ä h n l i c h e u n d g l e i c h e D i n g e z u g e b e n s c h e i n t.« (Nachlaß 1884/85, KSA 11, 34[252]) Nietzsche lehnt dabei die Meinung, dass das 'Ich' es ist, was denkt und erkennt, kategorisch ab. Er nimmt »das I c h s e l b e r a l s e i n e C o n s t r u k t i o n d e s D e n k e n s, von gleichem Range, wie »Stoff« »Ding« »Substanz« »Individuum« »Zweck« »Zahl«: also nur als r e g u l a t i v e F i k t i o n, mit deren Hülfe eine Art Beständigkeit, folglich »Erkennbarkeit« in eine Welt des Werdens hineingelegt, h i n e i n g e d i c h t e t wird.« (Nachlaß 1885, KSA 11, 35[35]) – Sonst

---

[8] Für eine authentische und fruchtbare Interpretation dieses Satzes wäre besonders *Über Wahrheit und Lüge im aussermoralischen Sinne* geeignet. Darauf muss aber hier verzichtet werden, denn es würde uns zu weit führen.

[9] Dass Nietzsche diesen Begriff und diese Auffasung von poivhsi~ Platon schuldet, liegt auf der Hand, wie schon Picht (Nietzsche, S. 226 ff.) deutlich gezeigt hat.

finden wir nichts davon in der Wirklichkeit, sondern wir legen alles das in die so genannte Wirklichkeit hinein. Unsere Erkenntnis ist in ihrer ganzen Umfassbarkeit von Wahrnehmung bis zum vernünftigen Denken in Wahrheit also nichts anderes als ein ständiger Prozess, der das stets Fließende und immer und in jedem kleinsten Moment unbedingt Verschiedene zum Festen und Bleibenden, zur Identität des Seiendes, zu einem dauernden und wesentlich mit sich selbst gleichen Ding umbildet, »dichtet«. Aber es gibt gar keine Dinge, geschweige denn Gleichheit zwischen ihnen: Logik, als eine Wissenschaft, die eine solche Voraussetzung immer voraussetzen muss, ist daher eine erste und fundamentale Unwahrheit, damit aber auch alle Metaphysik, ebenso wie die ihr zugehörigen Kategorien und Begriffskomplexe, denen gemäß der Mensch das Seiende als ein Ding denkt, als Substanz mit Eigenschaften. Nietzsche aber bestreitet grundsätzlich die substanziale Existenz der Gegenstände, der Dinge, des Seins schlechthin. Der Mensch aber überträgt immerfort 'das Ich' und seine scheinbare Ständigkeit auf die Dinge: Dinge sind nach menschlichem Ebenbild geschaffen; der Substanzbegriff ist Nietzsche zufolge eine Folge des Ich-Begriffs.

Damit wird allmählich verständlicher, wie Nietzsche auf einen so fatalen Schluss kommen kann, oder sogar muss: »Wir können nur eine Welt begreifen, die wir selber gemacht haben.« (Nachlaß 1884, KSA 11, 25[470]) Mit Begriffen legt sich nämlich der Denker das Seiende zurecht, er stellt den Fluß des Werdens still, und dann, mit einem Gerüst von Worten und Begriffen, wirft er gleichsam ein Netz in den Fluß des Werdens und fängt dabei doch nur die Fische, die er selbst bereits hineingelegt hatte.[10] Aber, »[m]an soll diese Nöthigung, Begriffe, Gattungen, Formen, Zwecke, Gesetze – »eine Welt der identischen Fälle« – zu bilden, nicht so zu verstehen, als ob wir damit die wahre Welt zu fixieren im Stande wären; sondern als Nöthigung, uns eine Welt zurechtzumachen, bei der unsre Existenz ermöglicht wird [...].« (Nachlaß, 1887, KSA 12, 9[144]) Die Wahrheit als solche ist daher nur »die Art von Irrthum, ohne welche eine bestimmte Art von lebendigen Wesen nicht leben könnte.« (Nachlaß 1885, KSA 11, 34[253])

Schon das »bloße« Sein, schon ein einfaches Ding ist nach Nietzsche also nur ein fiktives Konstrukt, eine subjektive Bedingung unseres Lebens wie auch unseres Denkens.[11] Und der Mensch kann seinem Wesen nach wirklich nie wissen, »was Dinge unabhängig von unserer Interpretation noch sein können.«[12] Jede Erkenntnis bei dem Menschen ist insofern anthropomorph, subjektiv und perspektivistisch. Dass ein solches Sein in Wahrheit notwendig »nur« ein Schein ist, zeigt

---

[10] Wie es Fink (Nietzsches Philosophie, S. 77 f.) anschaulich darstellt. Vgl. dazu insbesondere M 117.

[11] Zum Thema s. Britta Glatzeder, Perspektiven der Wünschbarkeit. Nietzsches frühe Metaphysik-kritik, Berlin 2000.

[12] Holger Schmid, Nietzsches Gedanke der tragischen Erkenntnis, Würzburg 1984, S. 22.

sich auch daran, »daß jedes Lebendige durch den Akt der Individuation seinen je eigenen Horizont, seine je eigene Perspektive hat.«[13]

»Der Gesamt-Charakter der Welt ist dagegen in alle Ewigkeit Chaos [...].« (FW 109) Mit dieser Leitvorstellung »Chaos« soll vermutlich das ständig Werdende bei sich selbst, in seiner eigenen Reinheit belassen werden, und zugleich soll es die Abwehr einer »Vermenschung« des Seienden leisten. Die ganze Welt wird so zu etwas, das prinzipiell unsagbar ist, verwandt mit der »negativen Theologie«, die das Absolute auch dadurch möglichst rein zu fassen sucht, dass sie alle relativen, d. h. auf den Menschen bezüglichen Bestimmungen unbedingt fernhält. Jede Auffasung des Seienden im Ganzen ist aber schon als Auffassung durch den Menschen auf den Menschen bezogen. Die Auslegung des Alls ist somit immer ein Hineinlegen menschlicher Vorstellungen in das Seiende, und jede Weltauslegung ist deswegen unausweichlich eine Vermenschlichung.[14] Aus dieser Sackgasse gibt es, wie es scheint, keinen Ausweg.

Vielleicht sind wir aber jetzt im Stande, auf dieser Grundlage mit etwas mehr Verständnis auf unser Kapitel zurückzukommen und sich diesem jetzt unmittelbar zu widmen.[15] Anfangs wurde gesagt: »Oh Himmel über mir, du Reiner! Tiefer! Du Licht-Abgrund!« Aus Nietzsches danach folgenden Worten konnten wir schon etwas vorläufiges über die Reinheit, über die ungetrübte Lauterkeit, von der dieser Eröffnungssatz spricht, entnehmen. Aber was heißt eigentlich, dass der Himmel »tief« ist, warum wird er hier als »Licht-Abgrund« genannt? Der Himmel ist das total dursichtige Licht, in das hinein die Dinge in ihr Erscheinen aufgehen, sobald die Sonne erscheint, aber so, dass er selber von jedwedem unberührt bleibt und über jeglichem steht. Das Sehen kommt bei ihm an keine Grenze, sondern er zieht es in seine Grenzenlosigkeit-Unendlichkeit hinein. So ist er besonders tief und, weil das Sehen bei ihm auf keinen Grund kommt, ein Licht-Abgrund.[16] Und Zarathustra will gerade »aller Dinge Grund schaun und Hintergrund« (Za, Der Wanderer, KSA 4, S. 194)[17] – und so sagt er zum Himmel: »In deine Höhe mich zu werfen – das ist meine Tiefe!« Die Größe und Höhe gehören mit der Tiefe und Abgründigkeit auf das Engste zusammen; je ursprünglicher das eine, desto größer ist das andere. (Vgl. Za, Der Wanderer, KSA 4, S. 194 f.)[18]

Als ein Licht-Abgrund, ist der Himmel eine immer vorausgehende Vorbedingung der Sonne und somit alles Erleuchtens: Erst durch dieses All-Erleuchtende

---

[13] Picht, Nietzsche, S. 265.

[14] Vgl. Heidegger, Nietzsche I, S. 312 ff. Vgl. dazu insbesondere FW 109.

[15] Wenn nicht anders angegeben, stammen alle folgende Zitate vom demselben Kapitel (Za, Vor Sonnen-Aufgang, KSA 4, S. 207-210).

[16] Vgl. Volkmann-Schluck, Die Philosophie Nietzsches, S. 115.

[17] »[U]nd wo stünde der Mensch nicht an Abgründen! Ist Sehen nicht selber – Abgründe sehen?« (Za, Vom Gesicht und Räthsel 1)

[18] Vasile Pădurean (Spiel – Kunst – Schein. Nietzsche als ursprünglicher Denker, Stuttgart 2008, S. 220) behauptet: »[I]n Nietzsches Denkprozess [gibt es] keinen letzten Grund [...], auf das alles Geschehen zurückzuführen wäre.« – Eben. Denn »es gibt« Abgrund.

kommt Etwas überhaupt zum Vorschein und zwar als ein bestimmtes 'Das'. Der uralte *Ouranos* macht dergestalt auch die wesentliche, qualitative Bestimmtheit des Seienden, bleibt aber selbst ein Ab-Grund, d. h. ohne Grund bzw. jenseits vom Grund. Er ist der Abgrund, insofern er der Grund aller Erscheinung und Bestimmung von irgend Etwas macht, dabei aber selber absolut unberührt, unbestimmt und lauter bleibt, jedoch nicht als ein bloßer Mangel oder eine völlige Neutralität, sondern als eine »positiv« verstandene Ermöglichung für Alles – sowohl für das Mögliche als auch für das Wirkliche.

Schon auf der hierher gehörigen szenischen Ebene des Buches und im Titel unseres Kapitels geht es zunächst um die *Nacht*. Für Nietzsche hat das Leben selbst ein »Nacht-Auge«. (Za, Das andere Tanzlied 1) Auch im Kapitel *Der Wanderer*, mit dem der dritte Teil – der Kern des *Zarathustra* – eröffnet wird, steht vor diesem »gewohnte[n] Nachtgänger« (Za, Vorrede 8) das Meer, gleichfalls nächtig schwarz, unberührt vom Tageslicht. Gilt sie für gewöhnlich nur als »zweite Seite« des Tages, wird die Nacht, zusammen mit ihren wechselseitigen Bedingungen, hier wesentlich tiefer gedacht. Das Versinken des Tages in die Nacht ist ein Zu-Grunde-gehen. Und dieser Grund ist vielmehr ein Ab-Grund. Die Nacht ist nämlich etwas, das in einer ontologischen Hierarchie noch »früher«, »tiefer« und »höher« steht als die Sonne und der von ihr erleuchtete Tag, sie ist eben – der Abgrund. Die Ganzheit der Welt als das mit der Sonne Geöffnete und Ermöglichte hat in ihr ihren Ursprung: Die Nacht und ihre abgrundtiefe Dunkelheit sind die Voraussetzung für jedes Licht, für jeden Tag. Die Nacht und ihre Dunkelheit sind also keineswegs ein bloßes Fehlen des Lichtes. Vielmehr geht aus der in sich geschlossenen Dunkelheit der Nacht immer wieder die Sonne auf, und sie verlöscht in ihr. In der Nacht ist alles eins, ganz und gar unterschiedslos; in sich einig und unzerteilt besteht da das Sein; verstreut und zergliedert aber in der Vielfalt des Mannigfaltigen am Licht des Tages. Unser Kapitel folgt und umschreibt also den Weg des Urgrundes, der über alles Bedingte und Gelichtete geht, und schließlich in den Abgrund führt, der alles in sich birgt und alles aus sich entlässt.

Das Analogon zur Nacht und zum Dunkel im Umkreis des Sehens ist im Umkreis des Hörens die Stille, auch im Umkreis des innerlichen Hörens. Beide, die Nacht und die Stille, lassen kein Bestimmtes zu. Und trotzdem sind sie kein bloßes Nichts, keine bestimmungs- und qualitätslose Leere. »Vielmehr kann ebenso das Auge wie das Ohr eines gespannt-gelassenen Ahnenden gerade in ihnen die gesammelte Kraft eines sich vorbereitenden Gebärens wahrnehmen.«[19] Die Stille ist insofern die notwendige Vorbedingung für jede Sprache und Rede, gleichsam die unerschöpfliche Wort-Quelle. Und eben in der tiefen Nacht alles »weltliche« und »menschliche«, d. h. durch den Tag gelichtete und zum Vorschein gekommene, einfach – schweigt. Übrigens sind es in Nietzsches Schriften wirklich nicht selte-

---

[19] Damir Barbarić, Anblick Augenblick Blitz. Ein philosophischer Entwurf zum Seinsursprung, Tübingen 1999, S. 26.

ne Äußerungen, die dazu führen, in einer solchen Stille die höchste und vollkommenste Stufe des Existierens schlechthin zu spüren. Auch der Himmel – wie es in unserem Kapitel heißt – redet nicht und gerade damit kündet er seine Weisheit, seine eigene Offenbarung. Wie die Liebe oder die Scham schämt er sich seine Weisheit einfach so zu zeigen, sie bloss zu stellen, unmittelbar zu offenbaren. – Du kommst zu mir »verhüllt in deine Schönheit«, du sprichst »stumm zu mir«, »offenbar in deiner Weisheit: Oh wie erriethe ich nicht alles Schamhafte deiner Seele!« Und »[w]ir reden nicht zu einander, weil wir zu Vieles wissen –: wir schweigen uns an, wir lächeln uns unser Wissen zu«: – all diese Worte, mit denen sich Zarathustra an den Himmel wendet, sind also nur relativ paradoxal.

Dieses innerliche lautlose Gespräch mit dem reinen Element des Himmels wird also nicht mit jemandem geführt; es steht jenseits von Subjekt und Objekt und auch jenseits von allem Reden und Sprechen; es geht bis zur Grenze der möglichen Aussagbarkeit. Das geschieht in vollkommener Stille. In ihr geht es um einen grundsätzlich höheres Denken-Sprechen hörenden Aufenthalt, der eine abgründliche Ermöglichung für jeden Wort-Gedanken bzw. jedwedes Seiende ausmacht. In diesem sammelnden Verweilen um das Namenlose ist nichts (da), wenn (noch) unbennant; und mit jedem Wort-Gedanken ist das Ganze dieser Unaussagbarkeit schon übersprungen und negiert. Stille ist die absolute Laut- und Namenlosigkeit, aber wie die Nacht ist auch sie gar nicht leer und von allem beraubt, entbehrt, oder gar abstrakt, sondern eher eine Art von innerlichem Gebären und Entstehen, von der Gärung und Reifung, sie ist ein Sammeln und eine Kräftigung, die alle notwendig und stimulativ sind für die stets neue, möglichst bessere und tiefere Verlautbarung und Sprache. Die Stille ist innerlich schwanger und trächtig, die volle Fülle der Möglichkeiten-Welten, eine unertragbare Fülle, die aus sich ausströmen muss. Sie ist in sich so unerschöpflich reich, dass in ihr ein über die Maßen ausströmender Überfluss vorkommt. So ist sie der Ursprung alles möglichen Sprechens-Denkens. Weil sie gerade keine Leere ist, ist auch die *stillste Stunde* – die immer ohne Stimme spricht – nicht eine Stunde, in der alles stumm bleibt: Sie ist ganz im Gegenteil die unerschöpfliche Quelle, ein eigentümliches Epizentrum des ganzen Hauptwerks Nietzsches. Sie ist innerlich verwandt mit dem »Begriff Offenbarung, in dem Sinn, dass plötzlich, mit unsäglicher Sicherheit und Feinheit, Etwas s i c h t b a r, hörbar wird, Etwas, das Einen im Tiefsten erschüttert und umwirft, beschreibt einfach den Thatbestand.« (EH, Also sprach Zarathustra 3)[20] In dieser Stunde findet sich Zarathustra auf einmal einem ungeheuer Tiefen, Unbekannten und Unaussprechlichen ausgeliefert. Und eben da erfährt er den Anruf seiner innersten, verborgensten Wahrheit; seinen abgründlichsten Gedanken, diesen »abgründlich Schweigende[n]« (Za, Von der

---

[20] An derselben Stelle in *Ecce Homo* spricht Nietzsche auch über den »Schauder« und die »Göttlichkeit« – eben wie am Anfang unseres Kapitels: Den Himmel schauend, sagt da Zarathustra, »schaudere ich vor göttlichen Begierden.«

Seligkeit wider Willen, KSA 4, S. 205), wie auch sein tiefstes Rätsel, spricht er erst nach mehrtägigem Schweigen aus: Es geht also um eine stillschweigend konzentrierende *Anwesenheit und Sammeln um die Sache selbst*, worum sich alles Seiende dreht. Aus dieser durch und durch intimen, abgründlich tiefen Quelle und Erfahrung entsteht und strömt das »Buch für Alle und Keinen«. Woher denn *Zarathustra*?

In dem hier kommentierten Kapitel sprach Zarathustra, an den Himmel sich wendend, noch einmal über die Reinheit, diesmal unter dem »negativen« Aspekt von ihr, d. h. als Befleckung: »Und wen hasste ich mehr, als ziehende Wolken und Alles, was dich befleckt?« Was macht Befleckung bzw. Unreinheit des Himmels aus? Es ist vor allem das, was Nietzsche hier zuerst als Dampf und Regen für den reinen Himmel sieht: »Zwang und Zweck und Schuld«. Alle diese Begriffe, alle diese »Wolken« sind etwas, was schon irgendwie bedingt, begrenzt und unfrei ist, also nicht wolkenlos, nicht rein, nicht absolut und abgründig. Ihrer eigenen Natur nach, beflecken, bedecken sie den lichten und sternenklaren Himmel. Auf diese Weise, wie es im Text heißt, nehmen sie etwas weg, das gemeinsam für den Himmel und Zarathustra ist: »das ungeheure unbegrenzte Ja- und Amen-sagen.« Zarathustra sagt dazu: »Ich aber bin ein Segnender und ein Ja-sager, wenn du nur um mich bist, du Reiner! Lichter! Du Licht-Abgrund! – in alle Abgründe trage ich da noch mein segnendes Ja-sagen.« Dieses Ja- und Amen-sagen ist eine gleichsam unbedingte und universale Affirmation des Seienden. Wie schon gesagt, der Himmel als solcher lässt alles und jedes in sein Erscheinen aufgehen: Als das reine Dass des ganzen Seins ist er zugleich das nichts verneinende, darum von jeglichem Nein ungetrübte, reine Ja über allen Dingen.

Den Himmel um seine Reinheit und Unschuld bringen, heißt – wie Nietzsche, in gewisser Hinsicht nicht ganz angemessen und der philosophischen Tradition treu, sagt – ihn mit den bestehenden »Intellekt/Vernunft«-Kategorien zu »beflecken«, unrein zu machen. Damit das unbegrenzte Ja- und Amen-sagen zu jedwedem Ding, zum Vorschein komme, muss Zarathustra den Himmel also von allen überlieferten, alten Idealen und »verdunkelnden Ansprüchen« frei bekommen.[21] Und so sagt er: »Zum Segnenden bin ich worden und zum Ja-sagenden: und dazu rang ich lange und war ein Ringer, dass ich einst die Hände frei bekäme zum Segnen. Das aber ist mein Segnen: über jedwedem Ding als sein eigener Himmel stehn, als sein rundes Dach, seine azurne Glocke und ewige Sicherheit [...].« Diese azurne, Alles überwölbende Glocke des Himmels, der, licht und klar, seine Sterne als Ideale nicht mehr erkennen lässt, ist, im Grunde genommen, eine in sich immer schon umschlossene und vollkommene Immanenz.

»Denn alle Dinge sind getauft am Borne der Ewigkeit und jenseits von Gut und Böse; Gut und Böse selber aber sind nur Zwischenschatten und feuchte Trübsale

---

[21] Vgl. Gustav Naumann, Zarathustra-Commentar, III, Leipzig 1900, S. 36 f. und Eugen Roth-Bodmer, Schlüssel zu Nietzsches Zarathustra, Zürich 1975, S. 121.

und Zieh-Wolken.« Born der Ewigkeit ist eigentlich der ewige Fluss des Werdens: Und gerade *das* ist der Ursprung aller Dinge, gerade *da* haben sie ihre Wesensbedeutung erhalten und behalten diese unbekümmert um alle ethische Wertung.[22] Den Himmel sieht Zarathustra zugleich als »Mittags-Abgrund« und als »Brunnen der Ewigkeit«. (Za, Mittags, KSA 4, S. 345) Zudem ist die Entscheidung über das Gute und Böse, als die Grundunterscheidung und Beurteilung aller Moral, gar nicht möglich, ohne dabei eine Ursache vorauszusetzen. Aber die prinzipielle Unbedingtheit und Unschuld des Werdens bedeutet bei Nietzsche: Es gibt keine Ursache; alles ist Tun, ist reines Geschehen. Im Kontinuum geschieht nämlich alles auf einmal und ohne Ursache und Wirkung; eine dem entgegengesetzte Diskontinuierung bzw. Lösung und Loslösung des Kontinuums ist ein nur scheinbar notwendiges Prinzip der Unterscheidung von Kausalität und Effekt. Das Hauptgeschehen der Welt spielt sich nach Nietzsche unschuldig und unverantwortlich ab, ohne Gesetze und irgendwelchen Grund und Ursache; es ist die vollkommene Unberührtheit des grundlosen Abgrundes.

Dementsprechend sprach Zarathustra: »über allen Dingen steht der Himmel Zufall, der Himmel Unschuld, der Himmel Ohngefähr, der Himmel Übermuth.« Rein als Seiende in ihrem Sein genommen, sind Dinge nicht um willen von etwas, da es der Grund ihres Seins wäre. Dass sie sind und sind, wie sie sind, daran ist niemand schuld.[23] So steht über jedem Ding der Himmel Unschuld, zu dem Nietzsche sagt: »in deine Reinheit mich zu bergen – das ist m e i n e Unschuld!« »Von Ohngefähr«, sprach ferner Zarathustra, » – das ist der älteste Adel der Welt, den gab ich allen Dingen zurück, ich erlöste sie von der Knechtschaft unter dem Zwecke.« Schon seit Anaxagoras und Platons *Phaidon*, besonders seit Aristoteles, ist die Zweckhaftigkeit eine Grundlehre der Metaphysik. Der Zweck und um ... willen, das ou| e[neka, ist die Ursache und Schuldzuweisung, aijtiva, das Weswegen ist etwas, das schuld daran wird, dass etwas seinetwegen geschieht, und zweckhaft geschieht. Im Zufall aber »geht es sinnlos zu, es geht, steht und fällt darin, ohne dass Jemand sagen könnte wesshalb? wozu?« (M 130)[24] Der Himmel ist also frei von Zwecken; oder wenn er doch einen Zweck hat, dann immer schon in sich selbst. Zarathustras Segnen besteht nun in dem, dass alle Dinge von der Einordnung in einen Weltplan und Unterordnung unter bestimmte Zwecke befreit sind. Jedes Ding ist um seiner selbst Willen da. Das Sein der Dinge steht unter keiner von ihnen wegsehenden und auf ein Wozu hinsehenden Absicht. So sind sie »von Ohngefähr«. Dieses Wort heißt ursprünglich: frei von Absicht. Was unter einer Absicht steht, was also um willen von etwas ist, ist un-

---

[22] Vgl. Hans Weichelt, Zarathustra-Kommentar, Leipzig 1922, S. 130 f.

[23] Vgl. Volkmann-Schluck, Die Philosophie Nietzsches, S. 116.

[24] Aber konsequent gedacht: Wenn es schon keine Zwecke gibt, dann ist auch jeder Zufall ausgeschlossen. (Vgl. FW 109) Vgl. auch Roland Duhamel, Nietzsches Zarathustra, Mystiker des Nihilismus, Würzburg 1991, S. 56.

frei. Was nur ist, um zu sein und um so zu sein, wie es ist, das ist wahrhaft frei. »Was unter einem Auftrag steht, nämlich unter einer als metaphysisches Ideal vorgestellten Idee, das bedarf des Mutes, denn es ist ihm zugemutet, einen es übersteigenden Auftrag zu vollbringen. Das Zweck- und Absichtsfreie ist über allem Mut. In dem Sinne ist ein jegliches als Seiendes in seinem Sein übermütig.«[25] – Das Höchste bzw. das Abgrundtiefste, alles wesentliche und entscheidende in der Philosophie Nietzsches besteht gerade in dieser völlig ausnehmenden ätherischen Sphäre, in dieser reinen Lauterkeit und olympischen Wolkenlosigkeit.

Und so sagt er: »Diese Freiheit und Himmels-Heiterkeit stellte ich gleich azurner Glocke über alle Dinge, als ich lehrte, dass über ihnen und durch sie kein »ewiger Wille« – will.« Es gibt also keinen ewigen Willen, »der den ewigen Kreislauf der Dinge zur vernünftigen Entwicklung umgestalten wollte oder könnte.«[26] Sondern: »Diesen Übermuth und diese Narrheit stellte ich an die Stelle jenes Willens, als ich lehrte: »bei Allem ist Eins unmöglich – Vernünftigkeit!«« – Möglicherweise sind wir durch das oben zusammenfassend Dargestellte einer Ahnung näher zum Verständnis dieser Vernünftigkeit und ihrer prinzipiellen Unentsprechung für den reinen Himmel.

Also sprach Zarathustra: »Oh Himmel über mir, du Reiner! Hoher! Das ist mir nun deine Reinheit, dass es keine ewige Vernunft-Spinne und -Spinnennetze giebt: – dass du mir ein Tanzboden bist für göttliche Zufälle, dass du mir ein Göttertisch bist für göttliche Würfel und Würfelspieler!« – Tiefer und zugleich ursprünglicher als der Tag und erst durch ihn und »Vernunft-Spinne und -Spinnennetze« gegründete, geordnete und in sich selbst rangierte Welt, »ist« das reine Werden. (Vgl. z. B. Nachlaß 1888, KSA 13, 17[3]) Und weil es tiefer reicht, tiefer bohrt und dringt als irgendein *Etwas*, muss Zarathustra immer vom neuen gleichsam in das Werden tauchen, um die echten Wertschätzungen hervorbringen zu können. Schon seiner inneren Natur nach, ist dieses Tauchen ohne Grund, also abgründig; denn es taucht ins fließende Element des Werdens hinein. Es ist wie eine permanente weltschaffende Tätigkeit, die alle möglichen Welten experimentiererderweise immer wieder (um)schafft; wie eine Schöpfung unerschöpflicher Lebensmöglichkeiten, ein Erfindungsreichtum im Einklang mit dem Wissen, dass der Mensch *die* Wahrheit nicht hat. Da die Welt auf keinen Schöpfungsplan abzielt, beglückt Nietzsche »daß nicht schon durch einen ewigen »vernünftigen« Willen alles im voraus geordnet ist: dann wäre ja kein Raum für [...] den schöpferischen Menschen.«[27] Damit ist aber eine ungeheure, fast wäre man versucht zu sagen, eine lebensgefährliche Freiheit und Offenheit des unendlichen Horizontes – besonders seit dem Tode Gottes und seit dem Nihilismus – für den

[25] Volkmann-Schluck, Die Philosophie Nietzsches, S. 116 f.
[26] Weichelt, Zarathustra-Kommentar, S. 130.
[27] August Messer, Erläuterungen zu Nietzsches Zarathustra, Stuttgart 1922, S. 109.

Menschen geöffnet: Der Abgrund gähnt und klafft. (Vgl. Za, Vom höheren Menschen 2; vgl. auch FW 343 und Nachlaß 1885, KSA 11, 35[36])
Zeitweilige Stabilisierung und Bestimmung des Werdens ist bei diesem Leben-Schaffen zwar nötig, um irgend ein Seiendes zu stellen, aber nur als ein nie aufhörender Prozess, nicht als ein unbedingtes und endgültiges Ziel oder Endzustand. Denn das Leben ist für Nietzsche »das, was sich immer selber überwinden muss.« (Za, Von der Selbst-Ueberwindung, KSA 4, S. 148) An ihm gemessen, zeigt sich das Verlangen nach Sein und Einheit, welches das Wesentliche am Willen zur Wahrheit und Vernünftigkeit ist, hingegen als eine bedeutsam reduzierte, sogar negierte Lebendigkeit, als der Wille »zum Nichts« (GM III 28), letztlich als der »Wille zum Tode« (FW 344, KSA 3, S. 576). Im Gegensatz zu aller Versteinerung und »Mumifizierung« des Seins, lebt das Leben in der innerlich verwachsenen Einheit von Entstehen und Vergehen, also gerade als das absolute Werden, indem es seiend wird und werdend ist. Um sich angemessen und ursprünglich zu überwinden, muss sich das Leben selbst immer wieder zerstören und zugleich von neuem schaffen, eben wie das Kind – diese für den Menschen bestmögliche, zugleich bejahende und potenzierende Einverleibung des reinen Werdens, in aller Unschuld; als ein überaus gelungener »Repräsentant« desselben –; es muss »ein Neubeginnen, ein Spiel, ein aus sich rollendes Rad, eine erste Bewegung« sein.[28] (Za, Von den drei Verwandlungen; vgl. Za, Vom Wege des Schaffenden, KSA 4, S. 80 und Za, Von Kind und Ehe)
Da, wo sich »das Gespensterreich der übersinnlichen Hinterwelt« auflöst, wo »die moralische und metaphysische Deutung des Seienden« zusammenstürzt, wo alle »Kategorien wie »göttliche Vorsehung«, moralische Bedeutung, Vernünftigkeit vom Lauf der Dinge in der Zeit« weggehalten sind[29]: – da wird dieser Lauf als ein »Tanz« genommen. Mit diesem außerordentlichen Tanz in innerer Harmonie verbunden zu sein, vermöge aber allein ein Geist, der »auf leichten Seilen und Möglichkeiten sich halten [könnte] und selbst an Abgründen noch [tanzte]. Ein solcher Geist wäre der freie Geist par excellence.« (FW 347) Der freie Geist und das freie Denken bewährt sich also im abgründigen Schweben. – Ein solches Denken ist übrigens vielleicht grundsätzlich verwandt mit der ebenso »voraussetzungslosen«, ja »grundlosen« (ajnupovqeto~) Dialektik Platons.
Die »göttlichen Zufälle«, von denen Zarathustra hierbei spricht, sind eigentlich die für das Leben selbst einzig wichtigen Entscheidungen; es ist ein immer schon beschiedenes Geschick und Schicksal, das einfach bringt und unwiderruflich entscheidet, das etwas so ist, wie es ist. Die griechische Göttin Tyche führt dabei das Wort, wobei Moira über dem »Göttertisch für göttliche Würfel und Würfelspieler« thront. (Vgl. dazu insbesondere Za, Die sieben Siegel 3) – Und gerade da scheint alles Werden wie ein Götter-Tanz (vgl. Za, Von alten und neuen Tafeln

---

[28] Platon *ante portas*. Vgl. vor allem Phaedr. 245c 5 ff. und Legg. 895a 6 ff.
[29] Fink, Nietzsches Philosophie, S. 90 f.

2); erst ein solcher Gott versteht zu tanzen, und tanzt durch Zarathustra (vgl. Za, Vom Lesen und Schreiben); nur auf diesem »Tanzboden« geht Zarathustra »wie ein Tänzer« (Za, Vorrede 2).

Am Ende aber lässt das zurückziehende Schweigen Zarathustras den Licht-Abgrund an seiner eigenen Ortschaft, in einer ganz besonderen, sprachlich und denkerisch unerreichbaren Sphäre. Alles was »vor Sonnen-Aufgang« geschieht, scheint so wie eine blitzschnelle, tiefgreifende Einsicht, jenseits der Aussagbarkeit und aller erleuchteten, bekannten Welt, des Seienden überhaupt und im Ganzen; wie ein abgründiger Gedanke der Welt, die tiefer ist »als je der Tag gedacht hat.« Nach diesem Versuch, der zugleich auch die größte Versuchung darstellt, etwas über den Abgrund und das Werden überhaupt zu sagen, wendet sich Zarathustra an den Himmel zuletzt mit diesen Worten: »Doch du erröthest? Sprach ich Unaussprechbares? Lästerte ich, indem ich dich segnen wollte?« Wirklich, »[n]icht Alles darf vor dem Tage Worte haben. Aber der Tag kommt: so scheiden wir nun!«

Literaturverzeichnis

Damir Barbarić, Anblick Augenblick Blitz. Ein philosophischer Entwurf zum Seinsursprung, Tübingen 1999.

Damir Barbarić, Im Angesicht des Unendlichen. Zur Metaphysikkritik Nietzsches, Würzburg 2011.

Roland Duhamel, Nietzsches Zarathustra. Mystiker des Nihilismus, Würzburg 1991.

Günter Figal, Nietzsche. Eine philosophische Einführung, Stuttgart 1999.

Eugen Fink, Nietzsches Philosophie, Stuttgart 1960.

Volker Gerhardt, Die Funken des freien Geistes. Neue Aufsätze zu Nietzsches Philosophie der Zukunft, Berlin 2011.

Britta Glatzeder, Perspektiven der Wünschbarkeit. Nietzsches frühe Metaphysikkritik, Berlin 2000.

Martin Heidegger, Nietzsche I, Frankfurt a. M. 1996.

Martin Heidegger, Was heißt Denken?, Frankfurt a. M. 2002.

August Messer, Erläuterungen zu Nietzsches Zarathustra, Stuttgart 1922.

Wolfgang Müller-Lauter, Über Werden und Wille zur Macht, Berlin 1999.

Gustav Naumann, Zarathustra-Commentar, III, Leipzig 1900.

Vasile Pădurean, Spiel – Kunst – Schein. Nietzsche als ursprünglicher Denker, Stuttgart 2008.

Georg Picht, Nietzsche, Stuttgart 1988.

Eugen Roth-Bodmer, Schlüssel zu Nietzsches Zarathustra, Zürich 1975.

Rüdiger Safranski, Nietzsche. Biographie seines Denkens, Frankfurt a. M. 2005.

Claus-Artur Scheier, Nietzsches Labyrinth. Das ursprüngliche Denken und die Seele, Freiburg 1985.

Holger Schmid, Nietzsches Gedanke der tragischen Erkenntnis, Würzburg 1984.

Karl-Heinz Volkmann-Schluck, Die Philosophie Nietzsches. Der Untergang der abendländischen Metaphysik, Würzburg 1991.

Hans Weichelt, Zarathustra-Kommentar, Leipzig 1922.

Vom Gesicht und Räthsel
Die ewige Wiederkehr und die Schatten Gottes

Selena Pastorino

„[...] ich bin noch *weit* davon entfernt, ihn aussprechen und darstellen zu können."
Nietzsche an Franz Overbeck, Nizza, 8. März 1884 (KSB 6, Nr. 494)

Nach dem Aphorismus 341 der *Fröhlichen Wissenschaft* stellt der Werkabschnitt *Vom Gesicht und Räthsel* in *Also sprach Zarahtustra* den ersten veröffentlichten Text dar, in dem der ‚abgründliche Gedanke' der ewigen Wiederkehr des Gleichen, wenn nicht ausführlich vorgestellt, so doch zumindest eingeleitet wird[1]. Es dürfte kaum einen Nietzsche-Forscher geben, der sich mit dem Thema der ewigen Wiederkehr auseinandergesetzt hat, ohne *Vom Gesicht und Räthsel* und die verwickelte Welt seiner Gleichnisse und Symbole in Betracht zu ziehen[2]. Mit Bezug auf den ersten Teil des dritten Buches werde ich in meinem Aufsatz versuchen, die Merkmale der Kommunikation in der Rede Zarathustras zu den Schiffsleuten zu beleuchten. Besonders berücksichtigt werden dabei die Schwierigkeiten, welche eine eigentliche Mitteilung erschweren, und die Gründe, warum

---

[1] Nach Marco Brusotti hat Nietzsche bekanntlich »in seinen Schriften den Gedanken der ewigen Wiederkunft eher angedeutet als mitgeteilt« (Marco Brusotti, Die ewige Wiederkehr des Gleichen in *Also sprach Zarathustra*, in: Gilbert Merlio (Hg.), Lectures d'une œuvre. Also sprach Zarathustra. Friedrich Nietzsche, Paris 2000, S. 139-154, S.140). Aus dieser teilbaren Perspektive könnte die Behauptung von Mihailo Djurić, dass im dritten Teil des *Zarathustra* »Nietzsche am vollständigsten seine Lehre von der ewigen Wiederkunft des Gleichen veröffentlicht hat« (Mihailo Djurić, Die antiken Quellen der Wiederkunftslehre, in: Nietzsche-Studien 8 (1979), S. 1-16, S. 8), so verstanden werden, dass sogar der vollkommenste Ausdruck der ewigen Wiederkehr nicht mehr als eine Andeutung ist.

[2] Auf eine ausführliche Bibliographie zur ewigen Wiederkehr muss hier verzichtet werden. Unter den bedeutendsten ‚großen Interpretationen' verweise ich lediglich auf: Gilles Deleuze, Nietzsche et la philosophie, Paris 1962; Martin Heidegger, Nietzsche, in: Brigitte Schillbach (Hg.), Nietzsche. Gesamtausgabe Bände 6.1, 6.2, Frankfurt am Main 1996/1997; Pierre Klossowski, Nietzsche et le cercle vicieux, Paris 1969; Karl Löwith, Nietzsches Philosophie der ewigen Wiederkehr des Gleichen, Stuttgart 1956. Da es sich um Auslegungen der Philosophie Nietzsches als Ganze handelt, habe ich mich aus Gründen der gebotenen Kürze dieses Aufsatzes entschieden, eine Auseinandersetzung mit ihnen zu vermeiden, um mich eher auf eine Reihe von Texten zu beziehen, die eine spezifisch philologisch orientierte Erläuterung der ewigen Wiederkehr bzw. des hier analysierten Abschnittes von *Also sprach Zarathustra* liefern. Außer den in Fußnoten zitierten Texten möchte ich noch auf das Werk Abels (Günther Abel, Nietzsche. Die Dynamik des Willens zur Macht und die ewige Wiederkehr, Berlin/New York 1984) sowie auf die exzellente Arbeit D'Iorios (Paolo D'Iorio, Cosmologie de l'éternel retour, in: Nietzsche-Studien 24 (1995), S. 62-123) verweisen.

diese Erschwerungen gewissermaßen unvermeidlich sind. In dem nicht nur für *Also sprach Zarathustra*, sondern auch für die ganze Philosophie Nietzsches geltenden Konflikt zwischen dem Verlangen und der Unmöglichkeit der Mitteilung, gründet die Notwendigkeit einer radikalen praktischen Verwandlung, die noch heute eine echte Herausforderung darstellt, und zwar für jeden Leser, welcher durch Nietzsches Worte seiner eigenen Existenz gegenübergestellt wird, sowie für jene gegenwärtige philosophische Reflexion, die verstanden hat, dass die ungeheure Aufgabe, Nietzsche zu verstehen, nicht ohne das Wagnis von Versuchen (und der Konfrontation mit Versuchungen) unternommen werden kann.

Zarathustras Versuch, seinen abgründlichen Gedanken zum Ausdruck zu bringen, darf als eigentliches ‚Schwergewicht' des dritten Buches betrachtet werden[3]. Diese Erfahrung, die in *Der stillsten Stunde* vorbereitet wird, in *Der Genesende* seinen Gipfel erreicht und sich bis zum Ende des Buches erstreckt, baut bzw. beleuchtet die Distanz, die Zarathustra von allen anderen Wesen trennt und ihn zum Einsamsten macht. Sichtbar wird seine ‚siebenhäutige Einsamkeit' (EH, KSA 6, S. 342) nicht so sehr in den Abschnitten, in denen Zarathustra augenscheinlich allein ist (*Der Wanderer, Von der Seligkeit wider Willen, Vor Sonnen-Aufgang, Auf dem Oelberge*), sondern eher, wenn er sich um Kommunikation mit einem Gegenüber bemüht[4]. In *Von Gesicht und Räthsel, Von der verkleinernden Tugend, Vom Vorübergehen* und *Von den Abtrünnigen* stößt Zarathustra auf das eigentümliche Phänomen seines Unvermögens sich mitzueilen, so dass seine Worte keine Antwort bzw. keine Ohren finden[5]. Als zwei Pole einer schmerzhaften Spannung erschweren die Einsamkeit und die fehlende Mitteilbarkeit des eigenen

---

[3] »Der dritte „Zarathustra" zeigt eher Zarathustras Auseinandersetzung mit der ewigen Wiederkunft, als daß er die Wiederkehr selbst darstellt. [...] Zarathustra hat seine Vision gegen Anfang seiner einsamsten Wanderung; erst nach seiner Heimkehr kann er seinen abgründlichen Gedanken endlich heraufbeschworen („*Der Genesende*")« (Brusotti, Die ewige Widerkehr des Gleichen, S. 152). Früher hatte Brusotti »die Heraufbeschwörung der ewigen Wiederkunft« als »zentrales Ereignis« des dritten Zarathustra bezeichnet (Marco Brusotti, Die Leidenschaft der Erkenntnis. Philosophie und ästhetische Lebensgestaltung bei Nietzsche von *Morgenröthe* bis *Also sprach Zarathustra*, Berlin/New York, 1997, S. 587).

[4] »La troisième partie présent quant à elle des caractéristiques qui la distinguent nettement des deux précédents. Le „prophète" n'y cherche plus à évangéliser, que se soient les derniers hommes ou ses disciples ; il s'agit essentiellement d'un monologue, même s'il fait part, de façon métaphorique, de ce qu'il pressent aux marins dans „Vom Gesicht und Räthsel"; car ce qu'il a à leur faire partager, de façon forcément indirecte, c'est la vision du plus solitaire. [...] [Le] chapitre qui clôt la deuxième partie incite à concevoir toute la troisième comme un débat de Zarathoustra avec lui-même. Il ne pouvait l'avoir que dans la solitude plus totale, qui lui permet d'entrer en lui-même« (Gérand Raulet, Zarathoustra, le retour, in : Merlio, Lectures d'une œuvre, S. 57-86, S. 62). Laut Brusotti wird Zarathustra »nicht erst am Ende zum Einsamsten unter den Menschen, er ist es von Anfang an« (Brusotti, Die Leidenschaft der Erkenntnis, S. 586)

[5] In Bezug auf das vierte Buch schreibt Raulet: »la prophétie de Zarathoustra, à nouveau, parle à l'oreille de sourds« (Raulet, Zarathoustra, le retour, S. 65). Nicht zum ersten Mal, sondern auf eine merkwürdige Weise predigt Zarathustra auch im dritten Buch tauben Ohren.

Erlebens und Erkennens den Verkehr Zarathustras mit den Menschen. Hinweise dafür dürften insbesondere aus vier Textstellen entnommen werden:
In *Von Gesicht und Räthsel,* als er auf dem Schiff ist, um weg von den Freunden bis zu seiner Einsamkeit zu gehen, braucht seine Zunge zwei Tage, um sich zu lösen (ZA, KSA 4, S. 197);
In *Vor Sonnen-Aufgang* wird eine eigenartige Freundschaft mit dem stillen Himmel vorgestellt (ZA, KSA 4, S. 207);
Zumindest in drei verschiedenen Texten (*Von der verkleinernden Tugend, Vom Vorübergehen, Von den Abtrünnigen*) bemerkt er beim Treffen mit anderen Menschen, wie sehr sie ihm klein, verächtlich und lächerlich geworden sind – den Narr, den das Volk »den Affen Zarathustras« heißt, sowie seine ehemaligen Freunde eingeschlossen (ZA, KSA 4, S. 211 ff., 222 ff., 226 ff.);
Am Ende der Rede *Von der verkleinernden Tugend* und des Zwiegesprächs mit ,seinem Affen', verweist er vorhersagend und drohend auf ein »laufendes Feuer« bzw. eine »Feuersäule«, die, einer vernichtenden Reinigung der Menschheit gleich, dem großen Mittag vorangehen und ihn vorbereiten sollen (ZA, KSA 4, S. 217, 225).

Frustriert werden sowohl Zarathustras Suche nach seinesgleichen, insofern er sich paradoxerweise eben bei der Begegnung mit Menschen radikal allein fühlt, als auch sein Begehren nach Zuhörern, weil ihm keine eigentliche Mitteilung gelingt, obwohl er nie zu reden aufhört. Nicht nur die, die ihm zuhören, sondern auch das, was er sagt, betrifft das oben genannte Phänomen der Nicht-Mitteilbarkeit: Er spricht, aber er kann nichts sagen bzw. wie das Orakel von Delphi nichts aussprechen und nichts verbergen, sondern nur andeuten[6]. In *Ecce homo* beschreibt Nietzsche seine ,Inspiration', d.h. den Augenblick, wo ihm der Gedanke der ewigen Wiederkehr einfällt, als folgend:

> Die Unfreiwilligkeit des Bildes, des Gleichnisses ist das Merkwürdigste; man hat keinen Begriff mehr, was Bild, was Gleichniss ist, Alles bietet sich als der nächste, der richtigste, der einfachste Ausdruck (EH, KSA 6, S. 340).

---

[6] Bekanntlich stammt das Zitat aus einem von Plutarch dem Vorsokratiker Heraklit zugeschriebenen Text (vgl. Hermann Diels, Die Fragmente der Vorsokratiker. Griechisch und Deutsch, Berlin 1903, 22b93). Interessanterweise lässt Nietzsche Zarathustra in seiner Rede *Von der schenkenden Tugend* urteilen: »Gleichnisse sind alle Namen von Gut und Böse: sie sprechen nicht aus, sie winken nur. Ein Thor, welcher von ihnen wissen will!« (ZA, KSA 4, S. 98). Eben in dem Text, der die Erfahrung der Mitteilung der ewigen Wiederkehr abschließt, tauchen das Sprechen und die Torheit kontextuell verknüpft wieder auf: »Es ist eine schöne Narrethei, das Sprechen: damit tanzt der Mensch über alle Dinge« (ZA, KSA 4, S. 272). »Hinter [dem] mitgeteilten Wissen verbirgt sich also noch ein anderes Wissen, das Zarathustra nicht nur vor den Menschen, sondern auch vor sich selbst verschlossen hält, und das er durch alle Verkündigungen hindurch bislang verschwiegen hat« (Karl-Heinz Volkmann-Schluck, Die Stufen der Selbstüberwindung des Lebens (Erläuterungen zum 3. Teil von Nietzsches Zarathustra), in: Nietzsche-Studien 2 (1973), S. 137-156, S. 138).

Nach den Worten Nietzsches scheint die ewige Wiederkehr *per se* wohl ausdrückbar zu sein, wie *Der Genesende* weiter beweisen wird. Aus dieser Sicht erweist sich die Nicht-Mitteilbarkeit des Gedankens, die Zarathustra in *Vom Gesicht und Räthsel* erfährt, nicht als eine völlige, sondern eher als eine gewisse, näher zu spezifizierende Unmöglichkeit der Mitteilung. Mein Vorschlag ist, diese Unmöglichkeit als nur im Rahmen der begrifflichen Sprache geltend zu verstehen. Die begriffliche Sprache ist nämlich durch den Glauben an die Logik beherrscht. Auf die Gesetze und Prämissen der Logik – vor allem auf den Satz vom Widerspruch und auf die Definierbarkeit der Wirklichkeit – stützt sich die Herrschaft der Metaphysik und der Moral, die nach Nietzsche die Welt durch Dualismen und Kausalitätsprinzip, Wertgegensätze und Finalität bzw. Absichtlichkeit auslegen bzw. zurechtmachen. In gewisser Hinsicht bestimmen die Grenzen der begrifflichen d.h. der gewöhnlichen Sprache diejenigen des Denkens. Wenn wir von meinem Vorschlag ausgehen, können wir Zarathustras Kampf um die Mitteilung seines Gedankens zugleich als subversiven Versuch gegen das bisher herrschende Gefüge des Denkens und des Handelns begreifen.

Aus diesen Betrachtungen lässt sich auch erklären, warum *Vom Gesicht und Räthsel* mit dem zweitägigen Schweigen Zarathustras beginnt – ein Schweigen, das erst unterbrochen wird, wenn er sich beim Hören »viel[es] Seltsame[n] und Gefährliche[n]« (ZA, KSA 4, S. 197) unter Freunden fühlt. In der Kühnheit der Schiffsleute erkennt Zarathustra die notwendigen Voraussetzungen, um das Unerhörte hören zu können. Seine Mitreisenden werden zunächst als Sucher und Versucher gekennzeichnet – ein Merkmal, das im Aphorismus 42 von *Jenseits von Gut und Böse* (JGB, KSA 5, S. 59) als neuer Name der zukünftigen Philosophen wiederauftaucht[7]. Aus dieser Perspektive scheint ihre Methode des Suchens und Versuchens von zwei Grunddogmen der Metaphysik befreit zu sein: Einerseits gilt ihre Vorliebe zu Rätseln, Zwielichten und Irr-Schlunden als Ablehnung des metaphysischen Glaubens an die Gegensätze bzw. des metaphysischen Dualismus; andererseits stellen sie sich der Logik entgegen, indem sie das Erraten höher schätzen als das Erschließen. Daher dürfen sie durch die Worte Zarathustras am Gesicht des Einsamsten teilnehmen, obwohl sie das Rätsel nicht lösen werden[8].

---

[7]   »Die Schiffer sind diejenigen Menschen, die das feste Land verlassen und sich dem Ungewissen des flüssigen Elements anheimgegeben haben. Es sind alle diejenigen, die nach dem Einsturz der Theologischen Metaphysik in die Unruhe des Suchens und Versuchens getrieben sind« (Ebd., S. 142-143).

[8]   »Den „Kühnen Suchern, Versuchern" allein will er sein Erlebnis erzählen, und die Widmung weist auf den tiefen Zusammenhang zwischen Rätsel und Versuch hin. Zarathustra, der sich selbst im Zusammenhang mit der Erlösung der Vergangenen auch als „Räthselrather" bezeichnete, hat nun sein rätselhaftes Gesicht zu lösen und wendet sich an die „Räthsel-Trunkenen", die zu erraten lieben – die einen dichten Symbolismus entziffern wollen und sich auf eine schwierige Auslegung einzulassen wagen – und sich nicht darauf beschränken wollen, einer deduktiven Argumentation und einem durchsichtigen logischen Faden zu folgen. Er weist also den Leser von

Zu Beginn seiner Erzählung zu den Schiffsleuten befindet sich Zarathustra bei der Dämmerung auf einem ansteigenden Pfad und geht durch die öde Einsamkeit derjenigen, welche alle Anker bzw. Schwergewichte verloren haben, und die jetzt, den Schiffsleute gleich Versucher, als einsamste Wesen der Welt ihre Schritte aufwärts zwingen[9]. Über seiner Schulter trägt er den Geist der Schwere, ein Wesen, das als »halb Zwerg, halb Maulwurf« beschrieben wird. Diese Figur scheint eine doppelte Rolle zu spielen: Als Teufelsgestalt personifiziert er die Versuchung Zarathustras, abwärts zu gehen, indem er seinen Gang erschwert und zugleich an die Möglichkeit der Rückkehr zur Metaphysik und ihr Behagen erinnert; als Erzfeind aber stellt er alle möglichen Einwände nicht nur zur Überwindung der Tradition und des Gewöhnlichen, d.h. zum Aufwärts- und Hinübergehen, sondern auch zur ewigen Wiederkehr selbst dar[10].

Will man den Geist bekämpfen, dann muss man einerseits Mut gegenüber Gefahren, und andererseits einen Willen zum ‚gefährlichen Vielleicht‘[11] haben, weil es nötig ist, nicht nur ‚Nein‘ zum Abwärtsgehen, sondern auch ‚Ja‘ zum Aufwärts-

---

Anfang an darauf hin, daß seine Erzählung in eine komplexe metaphorische Textur gekleidet ist. Die rätselhafte Darstellung hält, was die Exklusivität dieser Widmung verspricht« (Brusotti, Die Leidenschaft der Erkenntnis, S. 596).

[9] Wie Brusotti berichtet, war »Vom Gesicht des Einsamsten« der ursprüngliche Titel der Rede (vgl. Ebd., S. 586). Über den Zusammenhang zwischen der »leichenfarbne[n] Dämmerung« und dem Tod Gottes vgl. Ebd., S. 596-597.

[10] Laut Brusotti ist der Geist der Schwere kontinuierlich vom ersten bis zum dritten Teil der eigene Todfeind Zarathustras (vgl. Ebd., S. 559). Er versucht – so Brusotti – »Zarathustra „abgrundwärts" zu ziehen – in den Abgrund der Lebensverneinung« (Ebd., S. 598). Falls es ihm gelingt, Zarathustra den Mut zur Lebensbejahung zu berauben, dann würde es auch unmöglich, das Leben in seiner ewigen Wiederkunft zu bejahen. Diese Entmutigung steht in Zusammenhang mit der Versuchung einer Rückkehr zur Metaphysik: »Die religiösen, metaphysischen und moralischen Werte überdauern nur in dieser Entmutigung; sie können dem Dasein keinen Sinn mehr geben, aber sie sind noch fähig, es zu verurteilen« (Ebd., S. 599). Über den Geist der Schwere als *genius gravitationis* vgl. Ebd., S. 580-581.

[11] Im Aphorismus 2 von *Jenseits von Gut und Böse*, der eine starke Kritik am Grundglauben aller Metaphysiker, d.h. am Glauben an die Gegensätze der Werte, enthält, zieht Nietzsche die Möglichkeit in Erwägung, dass die Realität adualistisch sei und dort kaum ein reiner Gegensatz zu finden wäre: »Es wäre sogar möglich, dass w a s den Werth jener guten und verehrten Dinge ausmacht, gerade darin bestünde, mit jenen schlimmen, scheinbar entgegengesetzten Dingen auf verfängliche Weise verwandt, verknüpft, verhäkelt, vielleicht gar wesensgleich zu sein. Vielleicht! – Aber wer ist Willens, sich um solche gefährliche Vielleichts zu kümmern! Man muss dazu schon die Ankunft einer neuen Gattung von Philosophen abwarten, solcher, die irgend welchen anderen umgekehrten Geschmack und Hang haben als die bisherigen, – Philosophen des gefährlichen Vielleicht in jedem Verstande« (JGB, KSA 5, S. 17; Über den A-Dualismus, d.h. über das Streben Nietzsches, zu philosophischen Alternativen jenseits von Dualismus und Monismus zu gelangen, vgl. Günther Abel, Bewusstsein ☐ Sprache ☐ Natur. Nietzsches Philosophie des Geistes, in: Nietzsche-Studien 30 (2001), S. 21-43, S: 6-7, Manuel Dries, Toward Adualism: Becoming and Nihilism in Nietzsche's Philosophy, in Ders. (Hg.), Nietzsche on Time and History, Berlin 2008, S. 113-145). Unter verschiedenen Nuancen werden die Themen der Seefahrt und des Vielleicht in *Von alten und neuen Tafeln* beleuchtet: »Da steht der Nachen, – dort hinüber geht es vielleicht in's grosse Nichts. – Aber wer will in diess „Vielleicht" einsteigen?« (ZA, KSA 4, S. 259).

gehen sagen zu können. Mit den Worten Nietzsches muss man ein zerstörender Geist, »trotzdem der Gegensatz einer neinsagenden Geistes sein« (EH, KSA 6, S. 345). Eben kraft seines Mutes darf Zarathustra auf die Mahnung des Geistes, dass er wie jeder geworfene Stein fallen muss, antworten:

> „Halt! Zwerg! [...] Ich! Oder du! Ich aber bin der Stärkere von uns Beiden –: du kennst meinen abgründlichen Gedanken nicht! D e n – könntest du nicht ertragen!" (ZA, KSA 4, S. 199)

Nach diesen Worten springt der Zwerg von der Schulter Zarathustras, welcher endlich beginnt, seinen Gedanken zu formulieren. In seiner Rede lassen sich drei Phasen zunehmender Annäherung zum völligen Ausdruck der ewigen Wiederkehr erkennen, die in der Unterbrechung des Sprechens durch das Auftreten des Gesichtes kulminieren[12].

Erstens deutet Zarathustra mit dem Verweis auf den Torweg, bei dem sie angekommen sind, und die zwei Gassen, die sich dort treffen, zwei Ewigkeiten an, die sich im Augenblick widersprechen, vor den Kopf stoßen und zusammenkommen. Die Möglichkeit einer Ablehnung des Satzes vom Widerspruch, d.h. die Möglichkeit, dass die zwei Ewigkeiten ebenso wie die »scheinbar entgegengesetzten Dinge« in *Jenseits von Gut und Böse* 2 »auf verfängliche Weise verwandt, verknüpft, verhäkelt, vielleicht gar wesensgleich« seien (JGB, KSA 5, S. 17)[13], bleibt zunächst nur als hypothetische Frage formuliert[14]. Die Antwort des Zwergs manifestiert sich als eine metaphysische Zurechtmachung, die jenes ‚gefährliche Vielleicht' zu den traditionellen Denkkategorien zurückführt, um seine subversive Kraft zu erschöpfen[15]:

---

[12] Eine Erläuterung der ganzen Rede findet man u.a.: Ebd., S. 596-610; Volkmann-Schluck, Die Stufen der Selbstüberwindung des Lebens, 137-156, der sich nicht so entfernt von Heideggers Auslegung bewegt (vgl. Martin Heidegger, Wer ist Nietzsches Zarathustra?, in: Friedrich-Wilhelm von Hermann (Hg.),Vorträge und Aufsätze, Gesamtausgabe Band 7, Frankfurt am Main 2000, S. 99-124). Brusotti gliedert die Rede nach den drei Zeitdimensionen (vgl. Brusotti, Die ewige Wiederkehr, S. 152).

[13] Mit ähnlichen Worten wird Zarathustra im *Nachtwandler-Lied* singen: »Alle Dinge sind verkettet, verfädelt, verliebt, – / – wolltet ihr jemals Ein Mal Zwei Mal, spracht ihr jemals „du gefällst mir, Glück! Husch! Augenblick!" so wolltet ihr A l l e s zurück! / – Alles von neuem, Alles ewig, Alles verkettet, verfädelt, verliebt, oh so l i e b t e t ihr die Welt [...]« (ZA, KSA 4, S. 402).

[14] Trotzdem, wie uns D'Iorio erinnert: »l'infinito temporale passato e quello futuro sono ben lungi dall'essere due infiniti eterogenei: sono solo il modo con cui noi suddividiamo arbitrariamente *l'unico* infinito temporale esistente, che corrisponde all'incessante movimento della realtà. La somma dell'infinito passato e di quello futuro non dà come risultato *due* infiniti temporali. Infinto più infinito dà sempre infinito, è proprio questa la caratteristica delle operazioni con il concetto di infinità: la parte è uguale al tutto« (Paolo D'Iorio, La linea e il circolo. Cosmologia e filosofia dell'eterno ritorno in Nietzsche, Genova 1995, S. 368-369).

[15] Auf eine vergleichbare Weise reagiert Zarathustra auf die Worte seiner Tiere in *Der Genesende* (ZA, KSA 4, S. 273). »Dans „Vom Gesicht und Räthsel", le nain se fait rabrouer parce qu'il assimile un peu vite la parabole du portique avec une conception cyclique de la temporalité. Zarathustra rabroue même ses animaux dans „Der Genesende" [...], manifestement parce que toute

„Alles Gerade lügt, murmelte verächtlich der Zwerg. Alle Wahrheit ist krumm, die Zeit selber ist ein Kreis." (ZA, KSA 4, S. 200)

Als Antwort versucht der zürnende Zarathustra zweitens, eine genauere Erklärung seines Gedankens zu liefern. Obwohl er nicht völlig die hypothetische Struktur aufgibt, gelingt es ihm, eine unerhörte Möglichkeit des Denkens zum Ausdruck zu bringen, indem er nicht nur die Einmaligkeit der Existenz – und so die Gültigkeit des Satzes vom Widerspruch – in Frage stellt, sondern auch eine andere, zum Kausalitätsprinzip und Nacheinanderfolgen alternative Verknüpfung der Dinge vorstellt, die eher eine radikale Veränderung als eine bloße Umkehrung im Denken der Zeitlichkeit ermöglicht.

> Muss nicht, was laufen k a n n von allen Dingen, schon einmal diese Gasse gelaufen sein? Muss nicht, was geschehn k a n n von allen Dingen, schon einmal geschehn, gethan, vorübergelaufen sein? [...] Und sind nicht solchermaassen fest alle Dinge verknotet, dass dieser Augenblick a l l e kommenden Dinge nach sich zieht? A l s o —– sich selber noch? Denn, was laufen k a n n von allen Dingen: auch in dieser langen Gasse h i n a u s – m u s s es einmal noch laufen! – (ZA, KSA 4, S. 200)

Im dritten und letzten Teil seines Gesprächs mit dem Zwerg verlässt Zarathustra die theoretische Ebene und geht in die praktische ein. Mit implizitem Hinweis auf den schon erwähnten Aphorismus 341 der *Fröhlichen Wissenschaft* konfrontiert er nämlich seinen Zuhörer mit einer Reihe von Fragen, die das ewige Wiederkommen ihrer gegenwärtigen Situation als möglich vorstellen. Dieser Bewegung vom bloß theoretischen Betrachten zur persönlichen Einbeziehung entspricht die der Einverleibung des abgründlichen Gedankens[16]: Nur diejenigen, welche ihn oberflächlich nehmen und seine Kraft durch eine metaphysische Einschränkung ungefährlich machen, können ihn bloß theoretisch betrachten; denjenigen aber, die ihn als eine ernste Möglichkeit nehmen, begegnet eine notwendige Verwandlung ihrer selbst und ihrer eigenen Existenz. Deswegen hat Zarathustra Furcht vor seinen Gedanken und Hintergedanken und wagt nicht, das laut auszusprechen und fraglos zu behaupten, was der Dämon in *Fröhlicher Wissenschaft* 341 mit Entschiedenheit vertrat:

---

tentative pour saisir la révlation de l'éternel retour au moyen de mots et de phrases la pervertir en conception cyclique« (Raulet, Zarathoustra, le retour, S. 80). Mit anderen Worten kann der Geist der Schwere »aus den metaphysischen Kategorien nicht herauskommen, er verkörpert sie. [...] Der Gedanke der ewigen Wiederkunft wird in seinem Mund zu einem bloßen pessimistischen Larifari, mit dem er erneut versucht, Zarathustra in den Abgrund zu ziehen. [...] Eine solche Auslegung ist nicht falsch, aber absolut ungenügend. Sie ist genauso einseitig wie das freudige, ekstatische „Leier-Lied", mit dem dann die Tiere vor dem genesenden Zarathustra die Lehre nur als seligmachend preisen« (Brusotti, Die Leidenschaft der Erkenntnis, S. 601).

[16] Nach Brusotti handelt es sich hier nicht mehr um die Einverleibung des Gedankens, wie es noch im Nachlass 1880-1881 am wichtigsten war, sondern eher um die Suche Zarathustra nach dem Mut, die ewige Wiederkunft heraufzubeschwören (vgl. Ebd., S. 595, 602-603). Raulet behauptet, dass die Dimension der Praxis, die vor allem im vierten Buch im Vordergrund steht, den Abgrund »entre la révélation individuelle de l'éternel retour et la victoire définitive sur le nihilisme« darstelle (Raulet, Zarathoustra, le retour, S. 79).

Diese Leben, wie du es jetzt lebst und gelebt hast, wirst du noch einmal und noch unzählige Male leben müssen; und es wird nichts Neues daran sein, sondern jeder Schmerz
und jede Lust und jeder Gedanke und Seufzer und alles unsäglich Kleine und Grosse
deines Lebens muss dir wiederkommen, und Alles in der selben Reihe und Folge – und
ebenso diese Spinne und dieses Mondlicht zwischen den Bäumen, und ebenso dieser
Augenblick und ich selber. Die ewige Sanduhr des Daseins wird immer wieder umgedreht – und du mit ihr, Stäubchen vom Staube! (FW, KSA 3, S. 570).

Der zweite Teil dieses Aphorismus könnte als mögliche Erläuterung des Gesichts
Zarathustras, das hier plötzlich mit dem Heulen eines Hundes in seiner Erzählung
auftaucht, in Betracht gezogen werden. In der *Fröhlichen Wissenschaft* unterstreicht Nietzsche die Notwendigkeit, dem Dämon durch eine praktische Verwandlung, die gewissermaßen unvermeidbar ist, zu antworten:

Wenn jener Gedanke über dich Gewalt bekäme, er würde dich, wie du bist, verwandeln
und vielleicht zermalmen; die Frage bei allem und Jedem „willst du diess noch einmal
und noch unzählige Male?" würde als das grösste Schwergewicht auf deinem Handeln
liegen! Oder wie müssest du dir selber und dem Leben gut werden, um nach Nichts
m e h r z u v e r l a n g e n , als nach dieser letzten ewigen Bestätigung und Besiegelung?

Da es in *Vom Gesicht und Räthsel* Zarathustra nicht gelingt, seinen Gedanken
während des Gesprächs mit dem Zwerg ausführlich zu erläutern, dürfte man
vermuten, dass zum Zeitpunkt der Erzählung seine persönliche Verwandlung
noch nicht so weit ist, um ihn in Worte zu fassen[17]. Außerdem ist es stilistisch im
Höchstmaß effektiv, dass in diesem Text der Gedanke der ewigen Wiederkehr
nicht zum völligen sprachlichen Ausdruck gelangt, sondern durch ein rätselhafte-
res Gesicht dargestellt wird. Dieses scheint durch eine doppelte Eigentümlichkeit
der Erfahrung gekennzeichnet zu sein. Einerseits unterstreicht nämlich Zarathustra vom Anfang bis zum Ende seiner Erzählung die Einmaligkeit seiner Begegnung. Er berichtet, er habe nur einmal in fernster Kindheit einen Hund so heulen
gehört, aber noch nie eine solche Erfahrung erlebt:

A b e r d a l a g e i n M e n s c h ! und da! Der Hund, springend, gesträubt, winselnd, –
jetzt sah er mich kommen – da heulte er wieder, da s c h r i e er: – hörte ich je einen
Hund so Hülfe schreien? Und, wahrlich, was ich sah, desgleichen sah ich nie. Einen jungen Hirten sah ich, sich windend, würgend, zuckend, verzerrten Anlitzes, dem eine
schwarze Schlange aus dem Munde hieng (ZA, KSA 4, S. 201).

---

[17] »Bereits die Mitteilung durch den Dämon in „*Das grösste Schwergewicht*" (FW 341) stellt den
Leser vor die Alternative zwischen erschütternder Verzweiflung und begeisterter Aufnahme des
Gedankens. Einer ähnlichen Entscheidung stellt sich auch Zarathustra. Die Heraufbeschwörung
ersetzt nun die Mitteilung durch den Dämon. Zarathustra muß die Kraft und den Mut finden, die
ewige Wiederkunft heraufzubeschwören und sie bewußt „anzuschauen". Damit kommt er direkt
zur Entscheidung. Dem Akt, in dem Zarathustra den Gedanken heraufruft, schreibt Nietzsche die
Macht an, ihn zu verwandeln. Eine solche Macht hatte der ungeheure Augenblick in „*Das grös-
te Schwergewicht*"« (Brusotti, Die Leidenschaft der Erkenntnis, S. 594-595). Da aber die Heraufbeschwörung erst in *Der Genesende* sich abspielt, ist hier der Augenblick der Entscheidung
»noch nicht gekommen. Zunächst sieht Zarathustra die Erlösung nur in einem rätselhaften „Gesicht" voraus« (Ebd., S. 603). Über FW §341 vgl. auch Ebd., S. 478-489.

Andererseits lässt sich auch die Erfahrung des Hirten selbst als eigentümlich bezeichnen. Obgleich wohl etwas von der Einmaligkeit seiner Abenteuer mit der
Schlange zugeschrieben werden darf, nicht zuletzt, weil am Ende des Texts Zarathustra seine Überzeugung mitteilt: »Niemals noch auf Erden lachte je ein
Mensch, wie e r lachte!« (ZA, KSA 4, S. 202), würde ich vorschlagen, das Sub-
stantiv ‚Eigentümlichkeit' hier wörtlich zu nehmen: Die Erfahrung des Hirten ist
seine eigene Erfahrung, sein Eigentum, und nur auf diese Weise kann er überhaupt eine solche Erfahrung erleben. In dieser Hinsicht gilt das Gesicht als völliger Ausdruck der Bedeutung menschlicher Konfrontation mit dem abgründlichen
Gedanken, wie es im Aphorismus 341 der *Fröhlichen Wissenschaft* unterstrichen
wird: Niemand außer dem Hirten kann die Einwände zur ewigen Wiederkehr,
d.h. die schwarze schwere ekelhafte Schlange, totschlagen; niemand außer ihm
selbst kann an seiner Stelle den abgründlichen Gedanken einverleiben[18].
Eben diese Zweideutigkeit der Eigentümlichkeit ermöglicht es, die beiden Erfah-
rungen zu differenzieren. Während der Hirt persönlich und physisch-praktisch
mit der Schlange kämpft und siegt, ist Zarathustra bloß ein teilnehmender Zuschauer. Sein Sehen, das genauer als ein Vorsehen bezeichnet wird, bleibt noch
im Gebiet des *theorein* und erfährt nicht jene praktische Verwandlung, die der
Gedanke der ewigen Wiederkehr fordert, wie im oben erwähnten Aphorismus der
Fröhlichen Wissenschaft sowie später in *Also sprach Zarathustra* im Text *Der
Genesende* klargestellt wird. Eben deswegen ist für Zarathustra die Einverleibung
der Wiederkehr eine noch zukünftige Erfahrung, und derjenige, den die Figur des
Hirten symbolisiert, muss noch kommen. Die Frage, wer er sei, ist das Rätsel, zu
dem weder Zarathustra noch die Schiffsleute eine Lösung finden, und der Text
schließt mit der Sehnsucht des Erzählers nach dem Lachen des siegreichen Hirten. Statt eine mögliche Lösung zu wagen, möchte ich mich abschließend dem
Abschnitt *Von den Abtrünnigen* zuwenden, um darin eine Antwort auf eine andere Frage zu suchen: Warum gehört ein solcher Mensch zur Zukunft? Oder, mit
anderen Worten, was hindert (nicht nur) Zarathustra noch, und zwar mehr als alle
möglichen Einwände, an der Einverleibung des Gedankens der Gedanken?
In der Stadt seiner ersten Reden, die unter der Name »bunte Kuh« bekannt war,
begegnet Zarathustra älteren und wieder fromm gewordenen Menschen, die

---

[18] »Kein Helfenwollen von außen vermag hier etwas – es sei denn, der Mensch hilft sich selbst,
indem er der Schlange den Kopf abbeißt und ihn wegspeit, d.h. die metaphysische Auslegung
zerbricht und von sich wegwirft. Wenn das geschieht, dann verwandelt sich alles [...]« (Volkmann-Schluck, Die Stufen der Selbstüberwindung des Lebens, S. 144). Über die Schlange als
Symbol der Abgründlichkeit des Gedankens schreibt Brusotti: »Die Schlange ist namentlich „eine schwarze schwere Schlange“. Schwarz ist die Farbe der Rache, und das Schwerste ist wohl
der Geist der Schwere selbst. (Was nebenbei bestätigt, daß Zarathustra diesen noch nicht endgültig besiegt hat.) Die Schlange ist sein ‚abgründlichster' Gedanke selbst, genauer gesagt, jene Gestalt der ewigen Wiederkunft, in der diese die äußerste Konkretisierung von Geist der Schwere
und Geist der Rache darstellt« (Brusotti, Die Leidenschaft der Erkenntnis, S. 605).

wahrscheinlich seine ehemaligen Freunde und Zuhörer sind und die jetzt eher den »Freunds-Gespenstern« von *Aus hohen Bergen* gleich sind (JGB, KSA 5, S. 242).

„Wir sind wieder fromm geworden" – so bekennen diese Abtrünnigen; und Manche von ihnen sind noch zu feige, also zu bekennen. Denen sehe ich in's Auge, – denen sage ich es in's Gesicht und in die Röthe ihrer Wangen: ihr seid Solche, welche wieder b e t e n ! Es ist aber eine Schmach, zu beten! (ZA, KSA 4, S. 227).

Wie schon oben bemerkt, ist die ewige Wiederkehr erst denkbar und erfahrbar, nachdem die bisher herrschenden metaphysisch-moralischen Gefüge des Denkens und des Handelns vernichtet bzw. überwunden worden sind. Als Gleichnis für das Überleben solcher sittlich-praktischen und theoretischen Traditionen verwendet Nietzsche in seinen veröffentlichten Werken sowie in seinem Nachlass häufig den Ausdruck »Schatten Gottes«[19]. Um sich von ihrer Verdunklung zu befreien, muss man den Tod Gottes ernst nehmen, indem man lernt, mit seinen Folgen zu rechnen[20]. Das bedeutet, dass man die bisherige Weltanschauung als nicht mehr gültig ablehnt und den Versuch eines neuen, unerhörten Denkens unternimmt. Als solche Versuche können Nietzsches mehr oder weniger hypothetischen Vorschläge verstanden werden – z.B. der Wille zur Macht, die doppelte Aufgabe einer Entgöttlichung bzw. Entmenschlichung der Natur und einer Vernatürlichung des Menschen[21] sowie die ewige Wiederkehr selbst. Man kann seine Vorschläge nicht in Sätze oder systematisch gefasste Lehren übersetzen, ohne ihre Kraft zu erschöpfen. Will man aber die von ihnen offerierte Gelegenheit ergreifen, das theoretisch-praktische Unerhörte zu erforschen und zu erproben, dann muss man zu den Versuchungen jedes ‚feigen Teufels' (ZA, KSA 4, S. 228)

---

[19] Eine Analyse des Gebrauches dieses Ausdrucks liefert Giuliano Campioni, Die Schatten Gottes, in: Carlo Gentili/ Cathrin Nielsen (Hgg.), Der Tod Gottes und die Wissenschaft. Zur Wissenschaftskritik Nietzsches, Berlin/New York 2010, S. 83-106.

[20] Einen engen Zusammenhang zwischen dem Tod Gottes und der ewigen Wiederkehr konstatiert Gérard Raulet: » en dernière instance *la mort de Dieu n'est définitivement acquise que grâce à la pensée de l'éternel retour*« (Raulet, Zarathoustra, le retour, S. 63). Brusotti erinnert uns daran, dass Zarathustra seine Erzählung erst beginnt, »wenn das Schiff aufs offene Meer gelangt ist. Auf offenem Meer, in einem "*Horizont des Unendlichen*" segelten die Gegenwärtigen nach dem Tod Gottes bereits in der *Fröhlichen Wissenschaft*« (Brusotti, Die Leidenschaft der Erkenntnis, S. 596). Zudem berichtet Brusotti, dass jener tolle Mensch im Aphorismus 125 der *Fröhlichen Wissenschaft* (FW, KSA 3, S. 480-482) »bis zur 'Reinschrift' des Aphorismus" Zarathustra selbst war« (Ebd., S. 552). Umfassender schreibt Volkmann-Schluck: »Der Verkündiger der ewigen Wiederkehr [Zarathustra nach seiner Genesung] vollzieht durch seine Verkündigung in sich selbst die endgültige Überwindung der moralischen Metaphysik, die Befreiung vom Geist der alles niederziehenden Schwere« (Volkmann-Schluck, Die Stufen der Selbstüberwindung des Lebens, S. 154).

[21] Das Thema taucht nicht nur am Ende des Aphorismus 109 der *Fröhlichen Wissenschaft* auf (FW, KSA 3, S. 467-469), der den Tod Gottes vor seiner eigentlichen Mitteilung im Aphorismus 125 einleitet und zum Andauern seiner Schatten anmahnt, sondern auch interessanterweise in jenem Heft aus 1881 (KSA 9, S. 441-575), wo der erste Entwurf von *Der ewigen Wiederkunft* zu finden ist (Nachlass 1881, KSA 9, 11 [141], S. 494-496; vgl. dazu D'Iorio, Cosmologie de l'éternel retour, S. 105 ff.).

‚Nein' sagen können und zugleich den Mut, den Übermut und die Geduld zu den gefährlichen Vielleicht haben. Mögen wir eines Tages auf Zarathustras Enttäuschung mit den abschließenden Worten von *Jenseits von Gut und Böse* antworten können:

> Und allen Ernstes gesprochen: ich sehe solche neue Philosophen heraufkommen (JGB, KSA 5, S. 17).

Literaturverzeichnis

Günther Abel, Nietzsche. Die Dynamik des Willens zur Macht und die ewige Wiederkehr, Berlin/New York 1984.

Günther Abel, Bewusstsein - Sprache - Natur. Nietzsches Philosophie des Geistes, in: Nietzsche-Studien 30 (2001), S. 21-43.

Marco Brusotti, Die Leidenschaft der Erkenntnis. Philosophie und ästhetische Lebensgestaltung bei Nietzsche von *Morgenröthe* bis *Also sprach Zarathustra*, Berlin/New York, 1997.

Marco Brusotti, Die ewige Wiederkehr des Gleichen in *Also sprach Zarathustra*, in: Gilbert Merlio (Hg.), Lectures d'une oeuvre. Also sprach Zarathustra. Friedrich Nietzsche, Paris 2000, S. 139-154.

Giuliano Campioni, Die Schatten Gottes, in: Carlo Gentili/Cathrin Nielsen (Hgg.), Der Tod Gottes und die Wissenschaft. Zur Wissenschaftskritik Nietzsches, Berlin/New York 2010, S. 83-106.

Paolo D'Iorio, La linea e il circolo. Cosmologia e filosofia dell'eterno ritorno in Nietzsche, Genova 1995.

Paolo D'Iorio, Cosmologie de l'éternel retour, in: Nietzsche-Studien 24 (1995), S. 62-123.

Gilles Deleuze, Nietzsche et la philosophie, Paris 1962.

Mihailo Djurić, Die antiken Quellen der Wiederkunftslehre, in: Nietzsche-Studien 8 (1979), S. 1-16.

Manuel Dries, Toward Adualism: Becoming and Nihilism in Nietzsche's Philosophy, in Ders. (Hg.), Nietzsche on Time and History, Berlin 2008, S. 113-145.

Martin Heidegger, Nietzsche, in: Brigitte Schillbach (Hg.), Nietzsche. Gesamtausgabe Bände 6.1, 6.2, Frankfurt am Main 1996/1997.

Martin Heidegger, Wer ist Nietzsches Zarathustra?, in: Friedrich-Wilhelm von Hermann (Hg.),Vorträge und Aufsätze, Gesamtausgabe Band 7, Frankfurt am Main 2000, S. 99-124.

Pierre Klossowski, Nietzsche et le cercle vicieux, Paris 1969.

Karl Löwith, Nietzsches Philosophie der ewigen Wiederkehr des Gleichen, Stuttgart 1956.

Gérand Raulet, Zarathoustra, le retour, in : Merlio, Lectures d'une oeuvre, S. 57-86.

Karl-Heinz Volkmann-Schluck, Die Stufen der Selbstüberwindung des Lebens (Erläuterungen zum 3. Teil von Nietzsches Zarathustra), in: Nietzsche-Studien 2 (1973), S. 137-156.

Zu den Figuren und Strukturen der Wiederholung

Nina Tolksdorf

I.

Der zweite Teil des vierten Buches verschiebt den *Zarathustra* aus einer Reihe historischer Bücher über Zarathustra unter die literarischen und verweist damit gleichzeitig auf seine plurale und wiederholte historische und literarische Verschriftlichung (ZA, KSA 4, S.355 und 396).[1] Von vielen möglichen Büchern über den Zarathustra liegt dieser Studie nur eines zugrunde: *Also sprach Zarathustra. Ein Buch für Alle und Keinen.* Die *Grundconception* dieses speziellen Buches ist laut Friedrich Nietzsche der *Ewige-Wiederkunfts-Gedanke* (EH, KSA 6, S. 335). Auch im Folgenden soll es um jenen Gedanken gehen, der – um im Duktus der Wiederholung zu bleiben – an keiner Stelle des Buches eine theoretische oder traktatische Textgestalt findet.

Was den Text über den „abgründlichsten Gedanken" (ZA, KSA 4, S.199) generiert, sind mannigfache und spezifische Wiederholungsfiguren und -strukturen, die wesentliche Unterschiede wiederholender Verfahren deutlich machen. In dieser Struktur formuliert sich der Gedanke der ewigen Wiederkunft, wenn Textpassagen in Form von Zitationen, Kehrreimen und Figuren ebenso im Text wiederkehren wie der ewigen Wiederkunft zufolge alles im Verlauf der Ewigkeit.

Dass es zwischen der ewigen Wiederkunft und den Wiederholungen im Text eine strukturelle Beziehung gibt, ist der Forschung nicht entgangen.[2] Wie diese Be-

---

[1] In *Das Abendmahl* (ZA, KSA 4, S. 355) heißt es: „Diess aber war der Anfang von jener langen Mahlzeit, welche ‚das Abendmahl' in den Historien-Büchern genannt wird. In *Das Nachtwandler-Lied* macht der Erzähler deutlich, dass das nun Folgende „sich nun so verhalten [hat] oder auch anders", je nach dem wer von dem Fest erzählt habe (ebd. S. 396). Der aristotelischen Unterscheidung von Dichter und Historienschreiber zufolge, wäre der *Zarathustra* dann ein literarisches Buch, denn es wird das Wahrscheinliche/Mögliche, nicht des Gewesenen erzählt. Aristoteles, *Die Poetik*. Übersetzt und herausgegeben von Manfred Fuhrmann, Stuttgart, 1994. Nietzsche wird zitiert nach: Friedrich Nietzsche: *Sämtliche Werke.* Kritische Studienausgabe in 15 Bänden, herausgegeben von Giorgio Colli und Mazzino Montinari, Berlin, New York, 1980. (Im Folgenden im Text abgekürzt: *Also sprach Zarathustra*: (ZA, KSA 4, S.), *Ecce Homo*: (EH, KSA 6, S.)

[2] Vor allem Claus Zittel setzt sich mit den Wiederholungen im Zarathustra auseinander. Zittel: *Das ästhetische Kalkül von Friedrich Nietzsches* Also sprach Zarathustra. Würzburg, 2000. (Im Folgenden abgekürzt: Zittel, *Kalkül*, S.) Auch: Peter Gasser, *Rhetorische Philosophie. Leseversuche zum metaphorischen Diskurs in Nietzsches* Also sprach Zarathustra. Bern, 1992. (Im Folgenden abgekürzt: Gasser, S.)

ziehung jedoch im Text generiert wird, findet weniger Beachtung. Darüber hinaus werden die Passagen der Wiederholung meist als Parodie, leere Repetition[3] und Sinnentleerung gelesen, was entsprechende Folgen für den Gedanken der ewigen Wiederkunft hat. Andere Figuren und Strukturen des Textes, die in direktem oder indirektem Bezug zu den wiederholenden Verfahren der Wiederholung stehen, finden meist keine Beachtung, werden aber vor allem in den beiden für die ewige Wiederkunft wichtigen Kapiteln *Vom Gesicht und Rätsel* und *Der Genesende* deutlich.

Ein genaues Lesen der spezifischen und differenten Wiederholungsmechanismen des Textes zeigt, dass Wiederholung keinesfalls Entleerung bedeuten muss, sondern dass die Bewegung der Wiederholung vielmehr notwendiger Bestandteil eines Dynamisierungsprozesses ist. Denn erst die Wiederholung kann sich aufgrund ihrer in sich differenten Struktur gegen sich selbst wenden und angesichts ihrer Verweisungskraft ein Textgewebe generieren, das sie immerfort destabilisiert und verändert und so der Tendenz entfliehen, statisch oder *leiernd* (ZA, KSA 4, S. 273) zu werden.

II. Rätseln.

Die Rede Vom Gesicht und Rätsel zeigt eindrücklich, wie die Struktur des Textes und scheinbar sekundäre Figuren der Erzählung die inhaltlich aufgeworfenen Bewegungen der Zeit und der ewigen Wiederkunft kommentieren. Denn in Zarathustras Erzählung von seiner Begegnung mit dem Geist der Schwere kommt ein agonales Verhältnis unterschiedlicher Zeitkonzepte zur Sprache, das sowohl auf inhaltlicher als auch auf textueller Ebene ausgetragen wird und auf die Struktur der Wiederholung verweist.

Die recht einseitige Unterhaltung zwischen Zwerg und Zarathustra beginnt bekanntermaßen mit Zarathustras Verweis auf die zwei Gassen der Ewigkeit, welche sich widersprechen, indem sie sich „gerade vor den Kopf" (ZA, KSA 4, S. 199 f.) stoßen. Was dieses Bild also auszeichnet sind zwei lineare Ewigkeiten, deren Kraftflüsse gegeneinander strömen, wenn sie im Torweg „Augenblick" aufeinandertreffen. Wenig später fragt Zarathustra: „Glaubst du, Zwerg, dass diese Wege sich ewig widersprechen?" (ebd. S. 200) Auf die verächtliche Antwort des Zwerges, „Alle Wahrheit ist krumm, die Zeit selber ist ein Kreis" erwidert Zarathustra: „Du Geist der Schwere! Mache es dir nicht zu leicht." (ebd.) Zu leicht macht es sich der Zwerg, weil sich sowohl eine rein zyklische als auch eine rein lineare Bewegung der Zeit leicht denken lassen. Wenn man den Gedanken

---

[3] Vergl. Zittel, welcher er darlegt, dass im *Zarathustra* die ewige Wiederkunft als leiernde Repitivität charakterisiert wird (S. 192). Im *Zarathustra* würden unter anderem durch diese Struktur des Textes „die traditionellen Möglichkeiten, narrativen Sinn zu konstituieren, suspendiert." (*Kalkül*, S. 241.) Inwiefern aber die Wiederholung und damit auch die ewige Wiederkunft anders gelesen werden können, wird im Folgenden deutlich werden.

Zarathustras folgt, lassen sich jedoch kein bestimmter Zeitfluss und keine bestimmte Ordnung der Ewigkeiten erkennen. Denn bald stoßen sich die Ewigkeiten vor den Kopf, bald „läuft eine lange ewige Gasse rückwärts [...]". Einerseits „gieng noch Niemand [die Wege] zu Ende" (ebd. S. 199), andererseits: „Muss nicht, was laufen k a n n von allen Dingen, schon einmal diese Gasse gelaufen sein?" (ebd. S. 199 f.)

Jegliche Bemühungen, die ein vollständiges Verstehen der Bewegungen anstreben, müssen vom Text Abstand nehmen, anderen Textstellen des *Zarathustra* mehr Autorität als dieser verleihen[4] oder weitere Texte zu Rate rufen. Es bietet sich jedoch eine andere Möglichkeit an: Die unterschiedlichen Figuren und Bewegungen können unter Verzicht einer hermeneutischen Übersicht in ihrer dargestellten Form belassen werden.[5] Denn der Entzug des hermeneutischen Zugangs erweist sich als wesentliche Struktur dieser Szenerie und der hier dargestellten Zeit.[6] Radikalisiert wird dieser Eindruck durch Zarathustras fragenden Entwurf der Zeitlichkeit, durch welchen die Szene zusätzlich eine skizzenhafte Form erhält. An keiner Stelle wird deutlich, ob die rhetorischen Fragen eine positive, negative oder überhaupt eine Reaktion fordern, oder ob es nicht vielmehr darum geht, die Fragen und Bewegungen überhaupt erst zu denken.[7]

Eine Betrachtung der Szene als ein Sehen und Denken von unterschiedlichen Figuren, legt die Art der Zuhörerschaft, der Zarathustra seinen Traum erzählt, nahe. Denn nur den „kühnen Suchern, Versuchern" erzählt er von dem Rätsel,

euch, den Rätsel-Trunkenen, den Zwielicht-Frohen, deren Seele mit Flöten zu jedem Irr-Schlunde gelockt wird: – denn nicht wollt ihr mit feiger Hand einem Faden nachtasten; und, wo ihr e r r a t h e n könnt, da hasst ihr es zu e r s c h l i e ß e n – euch allein erzähle ich das Räthsel, das ich sah, – [...] (ZA, KSA 4, S. 197)

---

[4] So zum Beispiel Loeb, der unbegründet einer früheren Aussage Zarathustras mehr Autorität zuschreibt als der vorliegenden: „And since Zarathustra's earlier speech on time explicitly states that time does not run backwards (II. 20) he cannot mean that time converges on the present moment from opposite directions." (S. 49) Paul S. Loeb: *The death of Nietzsches Zarathustra*. New York, 2010. (Im Folgenden abgekürzt: Loeb, S.) Anders Gasser, S.114.

[5] So schreibt auch Deleuze in *Differenz und Wiederholung*: „Wie könnte man glauben, daß er [Nietzsche, NT] auf die fade und falsche Idee eines Gegensatzes zwischen einer zirkulären und einer linearen Zeit, einer antiken und einer modernen Zeit verfiel?" Gilles Deleuze, *Differenz und Wiederholung*. Aus dem Französischen von Joseph Vogel, München 1992. S. 371. (Im Folgenden abgekürzt: Deleuze: *Differenz und Wiederholung*, S.)

[6] Groddeck vergleicht den „abgründlichsten Gedanken" Zarathustras mit einer „mise en abîme" als einer niemals vollständig realisierbaren Anschauung. Wolfram Groddeck, „'Vom Gesicht und Rätsel' Zarathustras physiognomische Metamorphosen' In: *Physiognomie und Pathologie. Zur literarischen Darstellung von Individualität*. Festschrift für Karl Pestalozzi zum 65. Geburtstag. Herausgegeben von Wolfram Groddeck und Ulrich Stadler. Berlin, New York, 1994. S. 301-323. S. 314. (Im Folgenden abgekürzt: Groddeck: *Gesicht und Rätsel*, S.)

[7] Auch die kurze Auseinandersetzung mit dem Zwerg bleibt so ambivalent, dass aus seiner Antwort und Zarathustras Reaktion keine definitive Antwort auf die Fragen herausgearbeitet werden kann.

Zarathustra sah das Rätsel und weist damit auch seine Zuhörer an, das Rätsel und seine Figuren zu sehen.[8] Dabei geht es ihm weder um die Auskristallisation einer eindeutigen Antwort – die *Zwielicht-Frohen* sind seine Zuhörer – noch um analytische oder logische Schlussfolgerungen, – den *Erratenden* wird erzählt, nicht den *Erschließen*. Nur diejenigen, welche die Orientierungslosigkeit des *Irr-Schlundes* zelebrieren und nicht geneigt sind, den Irrweg mit Hilfe des Fadens der Ariadne zu überlisten, erweisen sich als würdig, das Rätsel zu sehen. Mit dieser Rahmenerzählung verweist der Text auf die Betrachtung seiner figurativen Komposition, denn sie verrät anhand von verschiedenen Wiederholungsmechanismen etwas über die ewige Wiederkunft.

Zweimal setzt Zarathustra an, um den Seeleuten von seiner Unterhaltung mit dem Zwerg zu berichten, wobei durch die Wiederholung von Zarathustras Anrede eine syntaktische Verschiebung deutlich wird: „Du! Oder ich!" (ebd. S. 198) heißt es im ersten Teil des Kapitels „Ich! Oder Du!" (ebd. S. 199) heißt es im zweiten. Nach der ersten Anrede unterbricht Zarathustra seine Erzählung und referiert über die Bedeutung von Mut, nach der zweiten Anrede fährt er mit seiner Erzählung fort.[9] Anhand der rhetorischen Figur Epanodos wird Zarathustras Rückweg zu seinem Ausgangspunkt deutlich,[10] wobei der Weg des Erzählens als Umweg (über den Mut) gekennzeichnet ist, der erst mit der Wiederholung zur Darstellung des Traumes führt. Die Wiederaufnahme der Anrede in veränderter Reihenfolge bewirkt, dass der Abschnitt von der Wiederholung des „Du" („Du! Oder ich! [...] „Ich! Oder du!") gerahmt wird und der Text dadurch die rhetorische Figur Kyklos (Kreis) generiert.[11] Die linear angelegte Narration der Erzählung wird durch die wiederholende Rückkehr und die Figur Kyklos in eine zirkuläre Bewegung überführt, die erst mit der Wiederholung der Anrede zum eigentlichen Rätsel und zum Traum führt. Da der ersten Anrede eine Erläuterung über den Mut folgt, der zweiten aber die Darstellung des Rätsels, verweist der Text vor allem auf die Differenz des wiederholenden Moments und auf ihre Folgen. Denn die Differenz der Wiederholung des Gleichen wird nicht nur per Verschiebung in der Anrede Zarathustras deutlich, sondern auch durch die folgenden Reden, die eindeutig unterschieden sind. Anhand dieser Bewegung macht der Text deutlich, dass einer Wiederkunft des Gleichen nicht notwendig ein Gleiches folgt, geschweige denn, dass durch die Wiederkunft das Folgende kausal bedingt wird.

---

[8] Groddeck verweist ausdrücklich auf das Sehen des Rätsels. (Groddeck, *Gesicht und Rätsel*, S. 312) Er, wie auch Gasser (S. 37), vergleichen die Seeleute mit einem idealen Leser.

[9] Shapiro verweist ausdrücklich darauf, dass die Passage über den Mut an die Seeleute und nicht an den Zwerg gerichtet und damit nicht Teil des Traumes ist. Er verschweigt jedoch die Auswirkungen dessen auf seine Interpretation. Gary Shapiro: *Nietzschean Narratives.* Indiana, 1989. S. 76. (Im Folgenden abgekürzt: Shapiro, S.)

[10] Epanodos: aus dem griech.: „der Rückweg". Siehe Groddeck: *Reden Über Rhetorik. Zu einer Stilistik des Lesens.* Frankf. a. M., Basel, 2. durchgesehen Auflage 2008. S. 124 f. (Im Folgenden abgekürzt: Groddeck: *Rhetorik*, S.)

[11] Zur Figur des Kyklos siehe Groddeck, *Rhetorik*, S. 124.

Während der Beginn der Erzählung die Wiederholung also wesentlich als unabhängig von kausalen Strukturen zeigt, weisen die Darstellungen von Zarathustras Hintergedanken und von seiner Begegnung mit dem Heulen des Hundes die Wiederholung als immer schon vollzogene Wiederholung aus. Dass diese Strukturen nicht unabhängig von Zeit und Wiederkunft zu denken sind, zeigt vor allem die Darstellung von Zarathustras Hintergedanken, wenn sie die Struktur des Augenblicks aufgreift. Über diesen heißt es: „Und sind nicht solchermaassen fast alle Dinge fest verknotet, dass dieser Augenblick alle kommenden Dinge nach sich zieht? Also — sich selber noch?" (ZA, KSA 4, S. 200) Wenig später erzählt Zarathustra: „Also redete ich, und immer leiser: denn ich fürchtete mich vor meinen eignen Gedanken und Hintergedanken." (ebd. S. 201) Wörtlich zeichnet sich ein Hintergedanke dadurch aus, dass er sich hinter denjenigen Gedanken befindet, die gedacht, beziehungsweise geäußert werden. Die Hintergedanken selbst verweisen aber auf etwas Zukünftiges, weil sie den geäußerten Gedanken als Mittel zur Erreichung des Hintergedankens verwenden. Zarathustras Gedanke zieht also die Hintergedanken nach sich, die erst in der Zukunft wirklich werden sollen. So zieht auch der Augenblick alle kommenden Dinge nach sich, wodurch alles Kommende als bereits Gewesenes und alles Gewesene als Kommendes ausgezeichnet wird. Sowohl die Struktur des Hintergedankens als auch die des Augenblicks zeigt, dass es weder einen Ursprung gibt, noch irgendetwas, das nicht in sich bereits Wiederholung wäre.

Ganz anders wird der Wiederholung ein bestimmtes Ereignis als Ursprung entzogen, wenn Zarathustra das Heulen des Hundes vernimmt.

> Da, plötzlich, hörte ich einen Hund nahe heulen. Hörte ich jemals einen Hund so heulen? Mein Gedanke lief zurück. Ja! Als ich Kind war, in fernster Kindheit: / - da hörte ich einen Hund so heulen. (ebd. S. 201)

Sowohl die Alliteration – *hörte / Hund / heulen* – als auch die Wiederholungen der Alliteration machen auf die Echo-Bewegung des Heulens aufmerksam, welche die Suche nach einem Ursprung und seiner Wiederholung irritiert. Das im Jetzt vernommene Heulen des Hundes löst nicht die Erinnerung des in der Kindheit vernommenen aus, sondern die Suche nach einem solchen. Erst der zurücklaufende Gedanke spürt das in der Kindheit vernommene Heulen auf, das an das jetzige erinnert. Weder das eine noch das andere akustische Phänomen kann demnach als ‚Urphänomen' und das andere als dessen Echo oder Wiederholung betrachtet werden. Denn das in der Kindheit vernommene Heulen wird nur wiedergefunden, weil Zarathustra jetzt ein Heulen vernimmt. Das wiedergefundene Heulen ist dadurch aber ebenso die Wiederholung des Heulens im Jetzt, wie das Heulen im Jetzt die Wiederholung desjenigen der Kindheit ist.

In beiden Figuren zeigt sich das Potenzial einer unendlichen Fortsetzung der Wiederholung. Wenn Zarathustra sagt „[a]lso redete ich, und immer leiser [...]" (ebd. S. 200), wird eine nie enden wollende Rede angedeutet, die erst durch den

Hund und damit durch die Eröffnung einer neuen Szene unterbrochen wird.[12] Die Gedanken Zarathustras setzen ein zweites Mal an, um sich auf den Weg in die Kindheit zu machen: „da heulte er [der Hund] wieder, da s c h r i e er: – hörte ich je einen Hund so Hülfe schrein?" (ebd. S. 201) Auch diese Wiederholung wird durch eine neue Szene, den Anblick des Hirten, unterbrochen.

Dass die ewige Wiederkunft, die sich sowohl in der Wiederholung des heulenden Hundes, als auch in der Struktur des Augenblicks zeigt, keinesfalls die Wiederkunft des Selben oder Identischen ist, das heißt, dass im *Zarathustra* die Struktur der Wiederholung die Differenz ist, wird bereits hier durch Ereignisse deutlich, die sich wesentlich durch Differenz auszeichnen: „Und, wahrlich, was ich sah, desgleichen sah ich nie." / „Niemals noch auf Erden lachte je ein Mensch, wie e r lachte!" (ebd. S. 201 f.)

III. Überschuss.

Die Differenz der Wiederholung zeigt sich aber vor allem in *Das Nachtwandler-Lied* im vierten Buch des *Zarathustra*[13]. Erneut hört Zarathustra das Lied der Mitternachtsglocke, dass er bereits im dritten Buch, in *Das andere Tanzlied*, im Anschluss an seine Unterredung mit dem Leben vernahm. Dreimal kehrt das folgende Lied in unterschiedlichen Ausführungen im *Zarathustra* wieder.

> [Eins!] / Oh Mensch! Gib Acht! / [Zwei!] / Was spricht die tiefe Mitternacht? / [Drei] / „Ich schlief, ich schlief –, / [Vier!] / „Aus tiefem Traum bin ich erwacht: – / [Fünf!] / „Die Welt ist tief, / [Sechs!] / „Und tiefer als der Tag gedacht. / [Sieben!] / „Tief ist ihr Weh –, / [Acht!] / „Lust – tiefer noch als Herzeleid: / [Neun] / „Weh spricht: Vergeh! / [Zehn] / „Doch alle Lust will   Ewigkeit –, / [Elf!] / „–will tiefe, tiefe Ewigkeit! / [Zwölf!] (ZA, KSA 4, S. 285f.)[14]

Die Verse ertönen im *anderen Tanzlied* im Einklang mit der Mitternachtsglocke, deren zwölf Glockenschlägen jeweils ein Vers folgt, wobei nach dem zwölften Glockenschlag eine Leerstelle bleibt. Die Rede *Das Nachtwandler-Lied* besteht ebenfalls aus zwölf Abschnitten, hier setzt die Wiederholung der Verse aber erst im dritten Abschnitt ein und es entfallen der dritte und vierte Vers. Dadurch werden den Versen im *Nachtwandler-Lied* andere Ziffern zugeordnet als im *anderen Tanzlied*. Signifikant sind Verschiebung und Auslassungen vor allem deswegen, weil der Text damit die Supplementierung der Leerstelle nach dem zwölften Glo-

---

[12] Vergl.: Groddeck, *Gesicht und Rätsel* S. 317.

[13] Die Untersuchung von Werner Stegmaier „Oh Mensch! Gib Acht! Kontextuelle Interpretation des Mitternachts-Lieds aus Also sprach Zarathustra" wurde erst publiziert, als die vorliegende Arbeit bereits geschrieben war und konnte deswegen leider nicht berücksichtigt werden. Werner Stegmaier: „Oh Mensch! Gib Acht! Kontextuelle Interpretation des Mitternachts-Lieds aus Also sprach Zarathustra" in: Nietzsche-Studien 42 (2013), S. 85-115.

[14] Die Ziffern sind nur Teil des Liedes in *Das andere Tanzlied*, nicht aber in den beiden folgenden Wiederholungen und deswegen hier von mir (N.T.) in eckige Klammern gesetzt.

ckenschlag durch den (Unter-) Titel „'Noch ein Mal', dess Sinn ist ‚in alle Ewigkeit'" (ebd. S. 403) erlaubt.

Erst im *Nachtwandler-Lied* wird das Lied der Glocke zu Zarathustras Rundgesang, indem es von ihm zitiert und verändert wird. Erst durch die Wiederholung werden die Räume zwischen den Versen und den Glockenschlägen mit Zarathustras Rede wortwörtlich gefüllt. Die wiederholten Verse fungieren dabei als Kehrreime des Rundgesangs. Während aber die Struktur der Kehrreime, die unveränderte Wiederkehr ist, zeichnet sich der Rundgesang vor allem durch Strophen aus, die entweder improvisiert oder collagenhaft aus anderen Liedern zusammengesetzt sind.[15]

Mit der Bestimmung des Liedes als Rundgesang werden Zarathustras Strophen als nur eine von unendlich vielen Möglichkeiten markiert. Weil die Kehrreime wörtliche Wiederholung, beziehungsweise Zitat sind, zeigt sich in ihrer Wiederholung deutlich ein Überschuss, welchen die Wiederholung mitvergegenwärtigend umfasst. Denn jede Wiederholung der Kehrreime kann eine Vielfalt an Strophen erzeugen und obwohl sie das Mitvergegenwärtigende nicht determinieren, ermöglicht doch sie erst seine Versprachlichung.

Wenn Zarathustra die höheren Menschen auffordert in den Gesang einzustimmen, dann fordert er sie auch zu Veränderung und Improvisation auf. Das heißt, dass die Wiederkehr der Kehrreime die Möglichkeit zur Veränderung, Vervielfältigung und Improvisation generiert.

Die dritte Wiederholung des Liedes zeigt nur die elf Kehrreime des *anderen Tanzliedes* unter Auslassung der Ziffern, also die Wiederholung der Kehrreime als Zitat. Was sich in sie eingetragen hat ist ihre ewige Wiederholung – *Noch ein Mal* und *in alle Ewigkeit* –, die Mannigfaltigkeit möglicher Strophen und die zwölf Glockenschläge. Weil die dritte Wiederholung des Liedes nur die elf Kehrreime verzeichnet, die zwölfte Stelle aber durch die Eintragung vorhanden ist und das Lied in alle Ewigkeit wiederholt wird, sind die Kehrreime immer im Aufschub begriffen. Die zwölfte Stelle des Liedes wird also bei jeder Wiederholung von einem anderen Kehrreim supplementiert. Dadurch eröffnet sich ein (Sprach-) Spielraum, innerhalb dessen geschlossener Struktur, sich die „Differenz der Wiederholung unbegrenzt wiederholt."[16]

Dieser geschlossene Spielraum ist jeder Kehrreim, jedes Wort und jede Strophe Zarathustras und wird durch intra- und intertextuelle Wiederholungen und Bezüge[17] über das Lied und über den *Zarathustra* hinaus erweitert. Dass es in diesem Spielraum vor allem darum geht, mit dem Spielmaterial Ketten und Kontexte zu

---

[15] Vergl.: Gero von Wilpert, *Sachwörterbuch der Literatur*. 6., verb. u. erw. Auflage. Stuttgart, 1979. Zum Rundgesang S. 707, zum Kehrreim, S. 401.

[16] Jaques Derrida: „Das Theater der Grausamkeit und die Geschlossenheit der Repräsentation." In: Ders.: *Die Schrift und die Differenz*. Übersetzt von Rodelphe Gasché. Frankf. a. Main, 1989. S. 379. (Im Folgenden Abgekürzt: Derrida, *Theater der Grausamkeit*, S.)

[17] Zu diesen Bezügen siehe Zittel, *Kalkül*. v.a. S. 25ff.

generieren und aufzulösen, wird an den mannigfaltigen rhetorischen Figuren deutlich, welche die Worte erst zu einem Text „verkette[n], verfädel[n]", um ihn gleich wieder um- und neu zu bilden. Beispielhaft wird ein solches Spiel in folgendem Zitat deutlich:

> Süsse Leier! Süsse Leier! Ich liebe deinen Ton, deinen trunkenen Unken-Ton! – wie lang her, wie fern her kommt mir dein Ton, weit her, von den Teichen der Liebe! (ZA, KSA 4, S. 399)

Die Klangäquivalenz im ersten Teil des Zitats, die durch die Paronomasie *trunkenen Unken-Ton* entsteht, wird im zweiten Teil des Zitats aufgebrochen und anhand des semantischen Paradigmas *Unke/Teich* aus dem Kontext *Ton* in den Kontext *Teiche der Liebe* überführt. Gleichzeitig schließt das Ende des Zitats durch die Wiederholung von *L/liebe* wieder an den Anfang an. Über die Verwendung des Wortes *Unke* und deren semantischen Bezug zu *Teich* wird also eine Verbindung zwischen *Liebe* und dem *liebenden* generiert, die der *Ton* allein nicht vollziehen kann, weil er weder räumlich noch zeitlich zu fassen ist – *wie lang her, wie fern her kommt mir dein Ton*. Die Unke und damit auch der Bezug zum Teich entsteht jedoch nur, weil die Unke aus *trunkenen* herausgelöst wird, so wie der *trunkene Ton* durch diese buchstäbliche Differenz erst jenes Prädikat erhält. Ebenso kann der Teich der Liebe erst zu diesem werden, weil die Unke bereits das semantische Feld für ihn bereitet hat. Das Leierlied der Tiere und das Loblied auf die Sprache (ebd. S. 272 f.) aus *Der Genesende* wiederholend aufgreifend, wird Zarathustras Rede hier über rhetorische Figuren in eine zitathafte Parallelstruktur verschoben, in welcher sich die Signifikanten allein durch ihre differente Wiederholung auszeichnen. Die Wörter beziehen sich nicht auf etwas Außersprachliches sondern auf sich selbst auf und ihre differente Umgebung. Dass dabei selbst die Wiederholung des phonetisch gleichen Wortes vollkommen verschieden ist, zeigt die Wiederholung des Wortes *L/liebe*, das einmal als Verb, einmal als Nomen auftritt.

Anhand der unterschiedlichsten Wiederholungsfiguren bilden sich im *Nachtwandler-Lied* immer wieder neue Wortverkettungen und Kontexte, die, sobald sie entstehen, aufgebrochen werden, indem die Wörter aus ihnen hausbrechen, weil sie aufgrund ihrer Dichte die Rede übersättigen.

> Du alte Glocke, du süesse Leier! Jeder Schmerz riss dir in's Herz, Vaterschmerz, Väterschmerz, Urväterschmerz, deine Rede wurde reif, – / – reif gleich goldenem Herbste und Nachmittage, gleich meinem Einsiedlerherzen – nun redest du: die Welt selber ward reif, die Traube bräunt, / – nun will sie sterben, vor Glück sterben. (ebd. S. 399 f.)

Erneut mobilisiert der Text etliche Wiederholungen, welche hier die Sättigung – *Vaterschmerz, Väterschmerz, Urväterschmerz* – und Reife – *reif, –/– reif [...] die Welt selber ward reif* – der Rede generieren. Die Rede erschöpft und verausgabt sich selbst durch die sich steigernden Wiederholungen und überlässt sich selbst dem Sterben, wodurch sie neu entsteht. Wie Zarathustra zu Beginn des Buches seiner Weisheit überdrüssig ist (ebd. S.11), ist auch die Rede ihrer Reife überdrüssig und will vergehen. Sie ist die Lust, welche „nicht Erben noch Kinder" (ebd. S. 402), sondern nur sich selbst will (ebd. S. 403), sich auch selbst vernichten will. Deswegen folgt dem „trunkene[n] Mitternachts-Sterbeglücke" (ebd. S. 400) bald der Weinstock, der jenen preist, der ihn schneidet, denn „[w]as vollkommen ward, alles Reife – will sterben!" (ebd. S. 401) Der glückgliche Augenblick wird nicht festgehalten sondern verscheucht – „'du gefällst mir, Glück! Husch! Augenblick!'" (ebd. S. 402) – und das nicht „Ein Mal" sondern „Zwei Mal" (ebd.). Die Rede bejaht sich selbst, bejaht ihre ewige Wiederholung, das heißt sie bejaht das Vergehen der einen und das gleichzeitige Entstehen der anderen Wortkette, in welcher die Wiederholung auf ihre eigene Differenz und Nichtidentität verweist. Sie vernichtet jedoch nicht, um neu zu entstehen und entsteht nicht um zu vernichten und vernichtet zu werden, sondern aus reiner Verwendung, Verschwendung und Lust. „Verlernt mir doch diess „Für", ihr Schaffenden: eure Tugend gerade will es, dass ihr kein Ding mit „für" und „um" und „weil" thut." (ebd. S. 362)

IV. Exkurs zur Höhle der Repräsentation.
Vor dem *Nachtwandler–Lied* wird in der Höhle Zarathustras ein Theater der Repräsentation inszeniert, in welchem Zarathustra einen sehr geringen Redeanteil erhält. Vielmehr kommen hier seine Gefährten zur Sprache, deren Reden und Lieder sich deutlich von der sich selbst erschöpfenden, spielerischen und die Wiederholung zelebrierenden Rede Zarathustras unterscheiden.
Das zeigt sich unter anderem an dem rezitierten Lied des Wanderers *Unter den Töchtern der Wüste*. Einmal in der Wüste, von Tänzerinnen inspiriert, gedichtet, entnimmt er es der „helle[n] morgenlänische[n] Luft" (ebd. S. 380) und meint es unverändert in der Höhle repräsentieren zu können. Es wird jedoch deutlich, dass eine Wiederholung des Ereignisses in der Wüste unmöglich ist, denn weder finden sich die Tänzerinnen in der Höhle ein, noch befindet sich der Wanderer und Schatten in der Wüste. Deswegen wird die damals erfahrene Stille der Wüste und die andächtige Einfachheit der Tänzerinnen durch das Lärmen und Lachen (ebd. S. 386) der höheren Menschen gebrochen. Ausgehend von der Annahme einer kontextunabhängigen Bedeutung und Wirkung des Liedes, wird auch die Sprache vom Wanderer anders gedacht als im *Nachtwandler-Lied*: „[...] – u m s p h i n x t, dass ich in ein Wort / Viel Gefühl stopfe: / (Vergebe mir Gott / Diese Sprach-Sünde) [...]" (ebd. S. 382) Gleich zweimal kommentiert der Wanderer seine Sprachwahl, wobei nicht deutlich wird, für welche Sprachsünde ihm Gott vergeben soll: für den Neologismus *umsphinxt* oder für seinen weniger poetischen Kommentar *dass ich in ein Wort / Viel Gefühl stopfe*. Deutlich wird aber, dass er in seinen Augen mit der Sprache eine Sünde begangen, das heißt, dass er ein Regelwerk verletzt hat. Die Bitte an Gott, ihm seine Sprachsünde zu vergeben, ver-

weist obendrein auf ein Zentrum und auf einen Ursprung der Sprache, von welchem sich der *Zarathustra*-Text, wie oben deutlich wurde, löst.

Ein weiterer Kommentar zu seinem eigenen Lied weist den Wanderer und Schatten als ungeschickten Rhetor aus, denn die Verständlichkeit seiner Anspielung muss er erst erfragen: „Heil, Heil jenem Wallfische, / Wenn er also es seinem Gaste / Wohl sein liess! – ihr versteht / Meine gelehrte Anspielung?" (ebd. S. 381) Die Figur der Anspielung als rhetorische Figur[18] ist generell dem Hintergrundwissen der Zuhörer gewidmet und misslingt, wenn das, worauf angespielt wird, dem Zuhörer unbekannt ist. Wenn der Wanderer hier nach der Verständlichkeit der gelehrten Anspielung fragt, stellt er sowohl seine eigenen rhetorischen Fähigkeiten, als auch die Gelehrsamkeit seines Publikums in Frage. Mit seinem Lied spielt der Wanderer und Schatten an, er spielt aber nicht.

Ganz anders verhält es sich mit dem *Lied der Schwermuth* des Zauberers. Bereits die einleitende Beschreibung – „Also sprach der alte Zauberer, sah listig umher und griff dann zu seiner Harfe." (ebd. S. 371) – verweist auf die Instrumentalisierung der Sprache als Mittel der einschleichenden Überzeugung, die auch gelingt: „Also sang der Zauberer; und Alle, die beisammen waren, gingen gleich Vögeln unvermerkt in das Netzt seiner listigen und schwermüthigen Wollust." (ebd. S. 375) Was den Zauberer auszeichnet ist seine Beredsamkeit, was sein Lied auszeichnet ist die Wirkmacht. Beides führt dazu, dass die Zuhörer unvermerkt in den Bann des Liedes und des Zauberers gezogen werden. Während Zarathustra die höheren Menschen nach seinem Rundgesang zur Veränderung und Improvisation ermuntert, soll sich das Lied des Zauberers in den Köpfen festsetzen: „'Sei still! Sagte er [der Zauberer] mit bescheidener Stimmer, gute Lieder wollen gut wiederhallen; nach guten Liedern soll man lange schweigen." (ebd.)

Dass die Intention eines listigen Sängers auch fehlschlagen kann zeigt der Gewissenhafte, der dem Lied des Zauberers seine Wissenschaftsgläubigkeit entgegenhält. Anhand der Wiederholung von denjenigen Qualitäten, die für Zarathustra die Seeleute zu geeigneten Sehern des Rätsels machten – sie waren die „Sucher" und „Versucher", „deren Seele mit Flöten zu jedem Irr-Schlunde gelockt" wurde (ebd. S. 197) – verschiebt sich der Gewissenhafte selbst aus dem Kreis der geeigneten Seher:

> Ich nämlich suche m e h r S i c h e r h e i t [.../...] ihr sucht m e h r U n s i c h e r h e i t [.../...] euch gelüstet nach dem schlimmsten gefährlichsten Leben [...] nach [...] Irr-Schlünden. / Und nicht die Führer a u s der Gefahr gefallen euch am besten, sondern die euch von allen Wegen abführen, die Verführer. (ZA, KSA 4, S.376)

Das Theater der Repräsentation kulminiert in der Anbetung des Esels, denn auch in dieser Zeremonie setzt sich jenes Weltbild fort, das einen Gott, ein Sprachzentrum denkt und eine Repräsentation des göttlichen im Diesseits findet. Denn der

---

[18] Zur Anspielung siehe Groddeck, *Rhetorik*, v.a. S. 217.

Esel wird den höheren Menschen zum Gesandten einer Hinterwelt, der zu allem *I–A* sagt und deswegen eigentlich als „dionysisches Tier par excellance" gelten könne, in Wirklichkeit aber „von Grund auf christlich" ist.[19] Wenn Zarathustra am Ende der Litanei in das I–A des Esels einstimmt, dann nicht, weil er ebenso die Wiederholung dieser christlichen Struktur bejaht, oder weil er selbst der Esel wird, der sich die Lasten aufbürdet, sondern weil er selbst noch diese Wiederholung, die Wiederkunft eines neuen Christentums bejaht. Denn die Szenerie zeigt Zarathustra explizit außerhalb der Höhle (ebd. S. 388), außerhalb des geschlossenen Kreises der Frommen. Dadurch bejaht er die gesamte Szene in der Höhle und keineswegs das Einzelne der Predigt.

Auch in den hier angeführten Liedern und Reden sind Wiederholungen aus dem Zarathustra zu finden, wodurch sie in keinem eindeutigen oder oppositionären Kontrast zu Zarathustras Reden stehen. Was diese Lieder und Reden hier auf je unterschiedliche Weise unter dem Begriff der Repräsentation subsummiert, ist ihre statische Struktur. Der Wanderer und Schatten versetzt ein vielleicht einst lebendiges Lied in einen neuen Kontext und erhofft die identische Wiederholung einer gesamten Szenerie. Der Zauberer intendiert die Festsetzung seines Liedes in den Köpfen der anderen, der Gewissenhafte will Sicherheit und sucht in Zarathustra den festen Turm (ebd. S. 376), an dem er sich halten kann, während der Rest der Erde „wackelt" und „bebt" (ebd).

V. Sprachbrücken und Brüche.

In *Der Genesende*, dort, wo Zarathustra seinen abgründlichsten Gedanken zu einem Duell auffordert, wo der Leser eine Ausführung des Gedankens der ewigen Wiederkunft erwartet, da bietet der Text ein Loblied Zarathustras auf die Sprache und ein Leierlied der Tiere, welches sie im Namen Zarathustras zum Besten geben. Wie in *Vom Gesicht und Rätsel* verrät auch hier erst die Verknüpfung von Zarathustras Sprachkritik und dem Lied der Tiere wesentliche Aspekte über Wiederholung und ewige Wiederkunft.

> Wie lieblich ist es, dass Worte und Töne da sind: sind nicht Worte und Töne Regenbogen und Schein-Brücken zwischen Ewig-Geschiedenem? / Zu jeder Seele gehört eine andre Welt; für jede Seele ist jede andre Seele eine Hinterwelt. /Zwischen dem Ähnlichsten gerade lügt der Schein am schönsten; denn die kleinste Kluft ist am schwersten zu überbrücken. / Für mich - wie gäbe es ein Ausser-mir? Es giebt kein Aussen! Aber das vergessen wir bei allen Tönen; wie lieblich ist es, dass wir vergessen! / Sind nicht den Dingen Namen und Töne geschenkt, dass der Mensch sich an den Dingen erquicke? Es ist eine schöne Narrethei, das Sprechen: damit tanzt der Mensch über alle Dinge. / Wie lieblich ist alles Reden und alle Lüge der Töne! Mit Tönen tanzt unsre Liebe auf bunten Regenbögen. – (ZA, KSA 4, S. 272)

---

[19] Deleuze bestimmt das „Ja" des Esels als unterschieden vom dionysischen „Ja", da es kein „Nein" kennt, keine „Verneinungen als Mächte zum Jasagen." Gilles Deleuze: *Nietzsche und die Philosophie*. Aus dem Französischen von Bernd Schwibs. Frankf. a. Main, 1985. S. 192f.

Der *lügende Schein* zwischen dem Ähnlichsten verweist auf jene phonetisch gleichen Worte, Namen und Töne, deren Differenz nicht wahrgenommen, sondern als starre Wiederholung, beziehungsweise als Repräsentation gedacht wird. Worte sind *Scheinbrücken* zwischen *Ewig-Geschiedenem*, weil sie als auf ein Signifikat bezogen und als das Signifikat erfassend gedacht werden. Sprache hat für Zarathustra laut Zitat aber den Sinn des *über die Dinge hinweg Tanzens*, den Sinn einer Bewegung also, die Abgelöst von den Dingen Dynamik erzeugt. Denn durch Sprache wird weder Vermittlung zwischen Seelen noch ein außerhalb des Scheins angesiedelter Bezug zu einer Welt möglich.

Wenn Zarathustra sagt *für mich,* dann folgt er einer tradierten Verwendung von Sprache, indem er eine vorhandene Scheinbrücke betritt. Erst die Reflexion über die sprachliche Verwendung führt zum performativen Abbruch der Brücke und der tradierten Sprachverwendung – *wie gäbe es ein Ausser-mir?* Dem Abbruch folgt ein veränderter Wiederaufbau: *Aber das vergessen wir bei allen Tönen.* Was sich durch Bruch und Aufbau in die Brücke einträgt, ist das Vergessen, das die Brücke als Scheinbrücke kennzeichnet. Zarathustra ist aber nur in der Lage diese Scheinbrücke zu begehen und sie einzureißen, weil sie vor ihm schon aufgebaut wurde und zwar durch Nachahmung, Tradition, Konvention; kurz: durch Wiederholung. Denn, so Derrida: „[E]s gibt kein Wort, noch ganz allgemein ein Zeichen, das nicht durch die Möglichkeit seiner Wiederholung konstruiert ist. Ein Zeichen, das sich nicht wiederholt, das nicht schon durch die Wiederholung in seinem ‚ersten Mal geteilt' ist, ist kein Zeichen."[20] Nur die Wiederholung kann Scheinbrücken erschaffen und vergessen machen, dass es Scheinbrücken sind. Nur aufgrund der Wiederholung kann Zarathustra die Scheinbrücken einreißen und verändert wieder aufbauen.

Durch die performativ vollzogene Sprachkritik wird in Zarathustras Rede erneut eine Dynamik deutlich, welche dem Leierlied der Tiere fehlt.

> Alles geht, Alles kommt zurück; ewig rollt das Rad des Seins. Alles stirbt, Alles blüht wieder auf, ewig läuft das Jahr des Seins. / Alles bricht, Alles wird neu gefügt; ewig baut sich das gleiche Haus des Seins. Alles scheidet, Alles grüsst sich wieder; ewig bleibt sich treu der Ring des Seins. (ZA, KSA 4,. S. 272 f.)

Die Tiere besingen die ewige Wiederkunft und erfüllen die ewige Wiederkunft mit ihrer Rede. Denn, so Gasser: „[…] wie im Text das Sein der Natur und des Kosmos in festen Rhythmen zyklisch verläuft, führt es sich auf wie die metaphorische Rede, die sich der Kreissymbolik bedient und sich durch ihre Wendung rhythmisch strukturiert."[21] Anders als Zarathustra reden die Tiere zwar über Brüche – *Alles bricht* – und Neufügungen – *Alles wird neu gefügt* – vollziehen sie aber sprachlich nicht. Sie verstehen Sprache nicht als unendliche Wiederholung in einem Sprachspielraum, in welchem sich die Rede selbst genügt, sondern ihr

---

[20] Derrida: Theater der Grausamkeit, S. 373.
[21] Gasser, S. 118.

Reden erschöpft sich im Zeigen und Erklären. Deswegen (miss)verstehen die Tiere die ewige Wiederkunft des Gleichen als Wiederkunft des Selben (ebd. S. 276). [22] In ihrem Lied referieren die Tiere auf die ewige Wiederkunft als einem starren Prinzip, dem sie unterworfen sind. Dadurch wird der Gedanke der ewigen Wiederkunft selbst verhärtet und ihm wird jegliche Dynamik abgesprochen, die er durch Zarathustras Reden performativ erhält.

VI. Zersprechen.

> „– Zerbrecht, zerbrecht mir, oh meine Brüder, diese alten Tafeln der Frommen! Zersprecht mir die Sprüche der Welt-Verleumder! (ZA, KSA 4, S. 257)"

Anhand dieses Zitats zeigt Groddeck, dass die Wiederholung, die vor allem in der Rhetorik primär organisiert und stabilisiert, im *Zarathustra* den Text destabilisiert. Wird zu Beginn des Zitats mittels der Wiederholung noch stabilisiert und intensiviert – *Zerbrecht, zerbrecht mir* – destabilisiert der zweite Teil den Text durch die divergierende Wiederholung. Denn anhand der Paronomasie *Zerbrecht / Zersprecht*, wird durch minimale phonetische Differenz, durch die Ersetzung des „b" durch „sp", der Text erschüttert. [23]

Was hier die Differenz im Kleinen verdeutlicht ist keine Ausnahme, sondern eine der grundlegenden Strukturen des *Zarathustra*. Denn durch die verschiedenen Wiederholungsmechanismen erzeugt der Text permanent Veränderung, Unsicherheit und Verschiebung. Die Veränderung zeigt sich vor allem im *Nachtwandler-Lied*, wo Zarathustra mit der Wiederholung des Glockenliedes über die Dinge hinwegtanz, indem er mit Worten und Tönen ein Textgewebe erzeugt, das durch sowohl inner- als auch außertextliche Wiederholungen einen Spielraum generiert, der die Wiederholung zelebriert. Unsicherheit wird einerseits durch jene Textpassagen entworfen, die widersprüchlich zu sein scheinen, [24] wie auch durch Zarathustras Unfähigkeit oder Unwillen, den Gedanken der ewigen Wiederkunft des Gleichen zu erörtern. Wenn Zarathustra das Lied der Tiere nicht konstruktiv kri-

---

[22] Auch Shapiro meint, dass die Tiere Zarathustra falsch verstehen, führt es aber darauf zurück, dass die Tiere Zarathustras Problem mit der Sprache nicht verstehen, das darin bestehe, eine eigene Sprache, eine Privatsprache zu entwickeln (S. 81). Meines Erachtens ist ein wesentlicher Teil der ewigen Wiederkunft jedoch die Wiederholung der nicht eigenen, sondern der alten Sprache. Das wird unter anderem durch den hässlichsten Menschen deutlich, der gurgelnd versucht sich auszudrücken, wenn aber endlich Wörter entstehen, um das auszudrücken, was er sagen will, ist es wieder eine Wiederholung, eine Wiederholung von Zarathustras Worten: „War d a s das Leben? Wohlan! Noch Ein Mal!" (ZA, KSA 4, S. 199 und 396.) Allgemeiner zu dieser Überlegung der neuen und alten Sprache bei Nietzsche: Paul deMan: „Rhetorik der Tropen *(Nietzsche)*" In: Ders., *Allegorien des Lesens.* Aus dem Amerikanischen von Werner Hamacher und Peter Krumme. Frankf. am Main, 1988. S. 146-162.

[23] Wolfram Groddeck: „Wiederholen". In: *Literaturwissenschaft. Einführung in ein Sprachspiel.* Herausgegeben von Heinrich Bosse und Ursula Renner. Freiburg, 1999. S. 177-192. S. 182f.

[24] Zum Beispiel die oben dargestellte Problematik der Zeit, die sich in keine geordneten Bahnen bringen lässt.

tisiert, gewährt der Text zwar eine Interpretation der ewigen Wiederkehr, stellt diese aber auch gleich wieder in Frage. Unsicherheit entsteht auch, wenn Zarathustra den Seeleuten und wenig später den Tieren von seiner Begegnung mit dem Hirten erzählt. Während er in *Vom Gesicht und Rätsel* dem Hirten nur Hilfestellung im Kampf mit der Schlange leistet, ist er in *Der Genesende,* im Gespräch mit den Tieren selbst der Hirte, der den Kampf mit der Schlange aufnimmt. Dadurch werden vom Text zwei unterschiedliche Bilder so übereinandergelegt, dass sie sich weder gegenseitig ausschließen, noch deckungsgleich sind. Denn es gibt sowohl Gemeinsamkeiten – eine Figur, die mit einer Schlange kämpft – als auch einen Rest – Zarathustra oder der Hirte – der im jeweils anderen Bild keine Entsprechung findet.

Anhand dieser verschiebenden Bewegungen instrumentalisiert der *Zarathustra* die Wiederholung insofern gegen die Wiederholung, als ihre Aufgabe der Einprägung und Stabilisierung durch sie selbst vernichtet wird. Das kann aber nur dann geschehen, wenn, wie in *Der Genesende* und letztendlich auch im *Nachtwandler-Lied,* die Sprache und die Wiederholung nicht als Repräsentation, sondern als in sich differente Wiederholung, als unendlicher Sprachspielraum gedacht und in die Dynamik des Tanzes überführt wird:

> Zarathustra der Tänzer, Zarathustra der Leichte, der mit Flügeln winkt, ein Flugbereiter, allen Vögeln zuwinkend [.../...] Zarathustra der Wahrsager, Zarathustra der Wahrlacher, kein Ungeduldiger, kein Unbedingter, Einer, der Sprünge und Seitensprünge liebt; [.../...] Ihr höheren Menschen, euer schlimmstes ist: ihr lerntet alle nicht Tanzen, wie man tanzen muss – über euch hinwegtanzen! [...] so l e r n t doch über euch hinweglachen! Erhebt eure Herzen, ihr guten Tänzer, hoch! Höher! Und vergesst mir auch das gute Lachen nicht! (ZA, KSA 4, S.367)

Weil die tanzende, wiederholende, springende, spielerische Sprache jene des Zarathustras ist, ist er *Wahrsager* und *Wahrlacher.* In gezielter Differenz zur Inszenierung der Repräsentation werden Zarathustras Reden von Wiederholungsstrukturen generiert, die auf ihre Differenzen verweisen und ständigen Bedeutungstransformationen unterliegen. Wenn die Tiere ihr Leierlied singen, ist es eben deswegen ein Leierlied, weil sie etwas darstellen, das sie nicht wieder einreißen, das keine Veränderung und Variation zulässt. Weil das Denken seiner Gefährten in der Repräsentation verharrt, muss Zarathustra feststellen „[...] lernten sie von m i r lachen, so ist es doch nicht mein Lachen, das sie lernten." (ebd. S. 386)

Es ist eine Möglichkeit, das von der Wiederholung Überschriebene, Suspendierte, Vernichtete oder Veränderte als Ausradiertes zu verstehen, es als ersten Entwurf zu lesen, der durch Erscheinen eines zweiten an Gültigkeit verliert. Ein solches Lesen der Wiederholung führt jedoch unweigerlich zum Denken des Statischen. Denn erst die Bejahung des ersten Entwurfs, als auch die Bejahung des zweiten im Angesicht des ersten, bringt beide in jenes tänzerische, dynamische oder auch spielerische Verhältnis, das der Zarathustra inszeniert.

Wie die Wiederholung aber den Text erst in seine perpetuierende Dynamik über-führt, so wird auch erst durch die ewige Wiederkunft des Gleichen eine Dynamik denkbar. Nur aufgrund der ewigen Wiederkunft können Ereignisse immer wieder und erneut auftauchen, bestehende Systeme erschüttert und aufgrund ihrer diffe-renten Struktur anders gedacht werden. Deswegen ist Zarathustra als Wiederho-lung seiner selbst, als Wiederkunft jenes Propheten, der die metaphysische Un-terscheidungen von Gut und Böse einführte, derjenige, der eben diesen Unter-schied wieder aufhebt, indem er als Immoralist auftritt: „Den Vernichter der Mo-ral heissen mich die Guten und Gerechten" (ebd. S. 87 sowie EH, KSA 6, S. 367). Der Immoralist Zarathustra ist aber ohne den Moralisten Zarathustra nicht denkbar, denn der Immoralist ist nur die differente Wiederkunft des Moralisten, der sich durch das Präfix im und durch all das, was das im mitvergegenwärtigt, unterscheidet.

Bibliographie:

De Man, Paul, *Allegorien des Lesens*. Aus dem Amerikanischen von Werner Hamacher und Peter Krumme, Frankf. am Main, 1988

Deleuze, Gilles, *Differenz und Wiederholung*. Aus dem Französischen von Joseph Vogel, München 1992.

Deleuze, Gilles, *Nietzsche und die Philosophie*. Aus dem Französischen von Bernd Schwibs, Frankf. a. Main, 1985.

Derrida, Jacques, *Die Schrift und die Differenz*. Übersetzt von Rodelphe Gaschè, Frankf. a. Main, 1989.

Gasser Peter, Rhetorische Philosophie. Leseversuchte zum metaphorischen Diskurs in Nietzsches Also sprach Zarathustra. Bern, 1992

Groddeck, Wolfram, *Reden Über Rhetorik. Zu einer Stilistik des Lesens*. Frankf. a. M., Basel, 2. durchgesehen Auflage 2008.

Groddeck, Wolfram, „'Vom Gesicht und Rätsel' Zarathustras physiognomische Metamorphosen' In: *Physiognomie und Pathologie. Zur literarischen Darstellung von Individualität*. Festschrift für Karl Pestalozzi zum 65. Geburtstag. Herausgegeben von Wolfram Groddeck und Ulrich Stadler, Berlin New York, 1994.

Groddeck, Wolfram, „Wiederholen". In: Literaturwissenschaft. Einführung in ein Sprachspiel. Herausgegeben von Heinrich Bosse und Ursula Renner. Freiburg, 1999.

Loeb, Paul S., The death of Nietzsches Zarathustra. New York, 2010.

Shapiro, Gary, Nietzschean Narratives. Indiana, 1989

Stegmaier, Werner: Oh Mensch! Gib Acht! Kontextuelle Interpretation des Mitternachts-Lieds aus Also sprach Zarathustra, in: Nietzsche-Studien 42, Berlin, 2013

Wilpert, Gero von, Sachwörterbuch der Literatur. 6. verb. u. erw. Auflage. Stuttgart, 1979.

Zittel, Claus: Das ästhetische Kalkül von Friedrich Nietzsches Also sprach Zarathustra. Würzburg, 2000..

„Overleaping" oder „Surpassing"?
Die problematische Lektüre der Geschichte des Seiltänzers bei C. G. Jung

Gaia Domenici

Einführung.

Von Mai 1934 bis Februar 1939 hielt Carl Gustav Jung bei seinem Analytischen Verein in Zürich Seminare auf Englisch, die sich auf den *Zarathustra* Nietzsches bezogen. Sie wurden wegen des Kriegs unterbrochen und die Interpretation stoppte im dritten Teil des Textes. Allerdings hatte der Autor mindestens schon zweimal das Buch gelesen (es wird nämlich sehr häufig in seiner ganzen literarischen Produktion daraus zitiert – mehr als aus allen anderen Büchern des Philosophen). Es ist dabei ersichtlich, dass Nietzsche großen Einfluss auf Jung hatte. Die Bilder, vor allem die aus dem *Zarathustra,* wurden oft in der Theoretisierung seiner Begriffe als Vergleich oder als Beispiel verwendet.[1]

Zentral war dabei die Idee eines introvertierten, intuitiven und dichterischen Nietzsche. Trotz solcher Anspielungen auf das Künstlerische erscheint das Thema der Kunst bei Jung nicht eindeutig entwickelt. Während der Trennung von Freud bestand die Fähigkeit eines Künstlers für ihn vor allem darin, dass dieser als ein „Medium" zwischen dem kollektiven Unbewussten und dem Bewusstsein erscheint. Die Kunst wurde als autonomer Komplex im Gegensatz zur traditionellen, psychoanalytischen Interpretation gelesen: Freuds Meinung nach würden nur der persönliche Gesichtspunkt des Künstlers und die geschichtliche Funktion tatsächlich zählen und seine Vorstellung war deshalb nur auf die Vergangenheit und die persönlichen Ursachen bezogen.[2] Stattdessen war die Jungsche Idee auf die Zukunft, die Kollektivität und den Sinn, d.h. die symbolische Bedeutung eines

---

[1] Siehe Paul Bishop, The Dionysian Self. C. G. Jung's Reception of Friedrich Nietzsche, De Gruyter, Berlin, New York 1995 und Pul Bishop, Jung's Annotations of Nietzsche's Works: An Analysis, in: Nietzsche-Studien 24 (1995), S. 271-314 (bsd. 272-277). Ausgenommen diesen Seminaren wird der *Zarathustra* in den publizierten Schriften siebenundachtzig Mal zitiert.

[2] Sigmund Freud, Der Dichter und das Phantasieren (1907) in: Freud Sigmund, Gesammelte Werke: chronologisch geordnet (fortan GW), 7, Imago Publishing Co., Ltd., London 1991 ff., S. 203-212; Das Interesse an der Psychoanalyse (1913) (GW 8, 403-420); Eine Kindheitserinnerung des Leonardo da Vinci (1910) (GW 8, S. 118-213), Der Wahn und die Traüme in W. Jensens „Gradiva" (1907) (GW 7, S. 31-128; bsd. Nachtrag, S. 123-128) und Drei Abhandlungen zur Sexualtheorie (1900-1905) (GW 5, S. 13-148).

künstlerischen Phänomens gerichtet.[3] Aber dann, je tiefer die Analyse wird, desto mehr wird die Kunst von Jung in die Nähe zur Krankheit gerückt und in den 20iger -30iger Jahren wird der Künstler als im totalen Besitz des Unbewussten gesehen. Deswegen höre der *Zarathustra* (wie jedes dichterische Werk) während des Lesens auf, eine Wahrheit auszudrücken, und werde ein Zeichen, das nur mit der Inflation verbunden werden könne.[4]

Aus diesem Grund wird der *Zarathustra* schließlich als »morbider« Text gelesen und psychologisch interpretiert. In der folgenden Analyse werden wir beispielhaft die Interpretation der Figur des Seiltänzers bei Jung betrachten, und die Schwierigkeiten einer solchen Deutung zeigen.

1. Die psychologische Deutung des *Zarathustra*.

1.1 Allgemeine Bemerkungen.

Die Interpretation C. G. Jungs in seiner Lektüre von *Also sprach Zarathustra* basiert auf zwei Voraussetzungen: der Annahme, dass der ganze Text unter dem Einfluss des Unbewussten geschrieben worden und der Behauptung, dass die Figur Zarathustras eine Erscheinungsform des Archetypus des *Alten Weisen* sei.[5]

---

[3] Aus diesem Grund liest der Psychologe Nietzsche als alternatives Vorspiel einer Idee der Kunst, die als gültige Quelle einer Unbewussten Wahrheit gemeint wird. Vgl. Carl Gustav Jung, Symbole der Wandlung. Analyse des Vorspiels zu einer Schizophrenie (1912-1956), in: Carl Gustav Jung, Werke in 20 Bände (fortan GW), 5, Walter, Olten / Düsseldorf 1966 ff., S. 100-105; 138-140; 423-425; und Psychologische Typen (1935) (GW 6, S. 167-199; 283-292; 322-324). Zur Wichtigkeit Nietzsches in Beziehung mit der Trennung von Freud siehe Patricia Dixon, Sailing a Deeper Night, Peter Lang, New York; Washington, D.C. / Baltimore; Boston; Bern; Frankfurt am Main; Berlin; Vienna; Paris 1999, S. 147-193 und Martin Liebscher, Jungs Abkehr von Freud im Lichte seiner Nietzsche-Rezeption, in: Zeitenwende-Wertewende. Internationaler Kongreß der Nietzsche-Gesellschaft zum 100. Todestag Friedrich Nietzsches vom 24.-27. August 2000 in Naumburg, Protokollband des Naumburger Nietzsche-Kongresses, Akademie Verlag, Berlin 2001, S. 255-260.

[4] Zu einer solchen Konzeption der Kunst vgl. Carl Gustav Jung: Über die Beziehungen der analytischen Psychologie zum dichterischen Kunstwerk (1922/1931) (GW 15, S. 75-96); Psychologie und Dichtung (1930/1950) (GW 15, S. 97-120); "Ulysses". Ein Monolog (1932) (GW 15, S. 121-149). In Bezug auf seine solche Weise, den *Zarathustra* selber zu lesen, siehe Carl Gustav Jung: Picasso (1932) (GW 15, S. 151-157); Wotan (1936) (GW 10, S. 203-218); Nach der Katastrophe (1945) (GW 10, S. 219-244); Psychologie und Religion (1933-1954) (GW 11, S. 1-168); Versuch einer psychologischen Deutung des Trinitätsdogmas (1942-1948) (GW 11, S. 219-323); Geleitwort zu D. T. Suzuki: Die große Befreiung (1939) (GW 11, S. 581-602).

[5] Zu den Archetypen und dem kollektiven Unbewussten, siehe Carl Gustav Jung: Die Struktur des Unbewußten (1916) (GW 7, S. 292-337); Die Beziehungen zwischen dem Ich und dem Unbewußten (1935) (GW 7, S. 131-264); Psychologie und Alchemie (1944/1952) (GW 12, S. 11-20; 57-269); Über die Archetypen des kollektiven Unbewussten (1954) (GW 9, 1, S. 1-51 und 53-66); Aion. Beiträge zur Symbolik des Selbst (1951) (GW 9, 2, S. 1-45). Der Alte Weise stellt eine der Figuren des *Geistes* dar, einziger Archetypus (d.h. einer der Inhalte des kollektiven Unbewussten), den das Ich von Nietzsche erkenne. Weitere bedeutende Archetypen sind: das Wasser, der Schatten, die Anima/der Animus, das Kind und das Selbst. Dieses symbolisiert die Widersprüche der Ganzheit der sowohl psychischen als auch der äußerlichen Wirklichkeit und ist daher das wichtigste Bild des Individuationsprozesses. Der entspricht einem normalen Prozess,

Die erste Voraussetzung begründet Jung auf den Worten Nietzsches in *Ecce Homo*, mit denen er das Schreiben des Buches als eine Erfahrung mit fremden Kräften beschreibt (EH, III 25, KSA 6, S. 339). Mit einer solchen Idee glaubt er, dass der ganze Text ein Kampf zwischen Bewusstsein und Unbewusstem Nietzsches sei.[6] Aus historischen Gründen könne Nietzsche das Unbewusste als unabhängiges Prinzip nicht akzeptieren und deswegen lehne er jeden Versuch des *Selbst* ab, erkannt zu werden. Wegen eines schlechten Verhältnisses des Philosophen zu seiner *Anima* (d.h. seinem weiblichen Teil, und auch die Funktion, die als ein *Psychopompos* eine Verbindung zwischen Bewusstsein und Unbewusstem erlaubt) sei er zu einem Überfall des Unbewussten nicht bereit und wegen der Verweigerung einer solchen Unabhängigkeit würden die Unbewussten Inhalte projiziert. Das führe ihn in Unheil: durch ein Spiel von zunehmenden *Enantiodromien* werde sein Verhalten vom Ende des *Zarathustra* bis in den letzten Teil seiner Produktion zu seinem Gegenteil, d.h. zur chthonischen Extraversion des Dionysischen.

Die zweite Voraussetzung basiert hauptsächlich auf dem Gedicht „Sils Maria", in dem Zarathustra als eine fremde Figur (also unabhängig vom Bewusstsein) beschrieben wird (FW, Anhang 13, KSA 3, S. 649). Wenn Zarathustra entscheidet, den Berg zu verlassen, und – wie die Sonne – unterzugehen, beginne die Auseinandersetzung mit dem Unbewussten und damit die „Tragödie" *Zarathustras*: ohne die Vermittlung der Anima könne der Philosoph die Unbewussten Inhalte nicht erkennen und eine solche Auseinandersetzung nicht ertragen.[7]

Mit der Verkündung des Todesgottes beginne die Inflation eigentlich: Gott stelle nämlich die Unabhängigkeit des Unbewussten dar, die mit der Idee seines Todes wirklich verweigert werde. Denn der Alte Weise sei der einzige Teil des Unbewussten, den Nietzsche akzeptiere, werde er auch der einzige Weg, durch den das Unbewusste vom Philosophen könne erfahren werden. Dieser versuche während des ganzen Textes, erkannt zu werden, um mit der Inflation aufzuhören; deshalb sende er dem Ich immer stärkere Signale. Das Ich befinde sich aber vollständig in Besitz eines Archetypus und verweigere alles, was es als fremd empfinde. Dadurch entstehe ein Teufelskreis, der sich mit der abschließenden Enantiodromie des Dionysischen zur Tragödie zuspitze. Wegen der Einsamkeit Nietzsches sei es ihm tatsächlich unmöglich, sich mit der Kollektivität zu verbinden und die Inflation hinter sich zu lassen.

---

in dem man sein eigenes Selbst entdeckt und „man wird, wer man ist". Es besteht darin, dass man sich mit dem Unbewussten und seinen Inhalten auseinandersetzt. Der Begriff von Inflation ist damit verbunden und bedeutet die Gefahr, das Ich mit einem Teil des Umbewussten zu identifizieren, und daher keinen Unterscheid zwischen Bewusstsein und Umbewusstem stellen.

[6] Carl Gustav Jung, Nietzsche's Zarathustra. Notes of the seminar given in 1934-9 (fortan SNZ), edited by James. - L. Jarrett, Bollingen Routledge, London 1989 (part I, Nachdr. 2005; part II, Nachdr. 1994), Part I, S. 3-11.

[7] Ebd., S. 11-36.

Wegen der Identifikation Nietzsches mit dem Alten Weisen tauche aus dem Text eine deutliche Vorliebe für alles auf, was männlich, hell, geistig, inkonsistent sei, gegenüber dem, was weiblich, dunkel, chthonisch und irdisch sei und das die inferioren Funktionen (d.h. der Archetypus des »Schattens«) darstelle. Diese könnten aber nicht ignoriert werden und würden sich am Ende revanchieren, indem sie das bewusste Verhalten in sein Gegenteil verwandeln würden: Dionysos sei tatsächlich ein Gott und das geeignete Bild für die extrovertierte Empfindung.[8] Die Vorliebe fürs Männliche werde auch durch die häufige Ablehnung des Körpers und die Anwesenheit Wotans (hinter dem zerstörenden Wind versteckt) ausgedrückt, d.h. eines weiteren Archetypus, der sich mit der Zerstörung verbindet.[9] Trotzdem gebe es im Text einige Momente, in denen das Unbewusste ohne die Vermittlung des Alten Weisen sprechen könne (z.B. im „Nachtlied"), und daraus tauche das Paradox des Göttlichen auf.

Jungs Interpretation des *Zarathustra* lässt sich in sechs Punkte unterteilen: die Intuition der Individuation; die Ablehnung des Schattens; die Identifikation mit der Anima; die Identifikation des Selbst mit dem Übermenschen; die Versuche des Unbewussten, mit der Inflation aufzuhören; die Anwesenheit von kollektiven Elementen der protestantischen Tradition und Prophezeiungen über das zeitgenössische und zukünftige Deutschland. Die ersten fünf Punkte betreffen die persönliche Psychologie Nietzsches und die Inflation; der letzte den kollektiven Aspekt des Textes. Hierin wird es möglich sein, nur die Probleme des Schattens und des Selbst anzugehen.

1.2 Der Seiltänzer.

Nachdem Zarathustra in der Vorrede an seinem Versuch gescheitert ist, den Übermenschen dem Volk zu lehren, versteht er, dass die Menschen noch nicht bereit sind, um ein so beunruhigendes Konzept zu begreifen und zu akzeptieren. Deshalb erkennt er, dass er einen Teil seiner Klugheit aufgeben muss, um Männern ähnlicher zu werden. Darin entdeckt Jung die Intuition eines Prozesses, der durch die »drei Verwandlungen« offenbart werde, und der an seinen Individuationsprozess erinnere.[10] Viele Mal wiederhole sich der Prozess durch ähnliche Bilder oder Bezüge in den folgenden Kapiteln (z.B. „Vom Krieg und Kriegsvolke", „Das Kind mit dem Spiegel", „Auf den Glückseligen Inseln", „Vom Geist der Schwere" und „Von alten und neuen Tafeln"). Wegen der Inflation könne die Individuation aber nicht durchgeführt werden: Die unbewussten Inhalte würden nämlich nicht erkannt und projiziert; auf diese Weise könnten sie vom Ich nicht integriert werden. Infolgedessen, obwohl Schatten, Anima und Selbst korrekt erahnt würden, seien sie immer projiziert.

---

[8] Vgl. SNZ, II, S. 902-903.
[9] Ebd., S. 844-872, 903-904, 1074-1075, 1204-1206, 1227-1228.
[10] SNZ, I, S. 255-271.

Die Geschichte des Seiltänzers wird von Jung gelesen, als wäre sie eine Prophezeiung gleichzeitig über die Unmöglichkeit der Verwirklichung des Übermenschen und des Schicksals Nietzsches.[11] Die zweite Deutung werde durch die Antwort Zarathustras auf die Sorge des Seiltänzers offenbart »Deine Seele wird noch schneller todt sein als dein Leib« (ZA, Vorrede 6, KSA 4, S. 22): Wie vom Philosoph vorhergesagt, hat der Leib Nietzsches noch elf Jahre nach dem Tod seiner Seele (Januar 1889) eigentlich weiter gelebt. Der Seiltänzer stelle nämlich den Schatten Nietzsches dar, d.h. seine Körperseite, die menschliche Seite des Alten Weisen.

Die erste Prophezeiung scheine hingegen durch die Beziehung zwischen dem Seiltänzer, dem Possenreißer und Zarathustra dargestellt. Der Seiltänzer spiegele nämlich auch den Versuch Nietzsches wider, Übermensch zu werden, während der Possenreißer ebenfalls ein Bild des Schattens sei. Deshalb kündige das tragische Ende des Vorfalles die effektive Unmöglichkeit an, ein Lebewesen jenseits des Menschen zu verwirklichen, das wie der Seiltänzer in der Luft und in der Leere schwebt. Dieses werde vom Übermenschen symbolisiert und durch die Schwierigkeit Nietzsches konkret dargestellt, seine inferioren Funktionen zu akzeptieren und zu integrieren. Nicht nur das: Weil sich der Seiltänzer nicht überwinden könne, sei er ein Symbol auch für den *letzten Menschen*, d.h. noch eine weitere Projektion des Schattens. Der Schatten aber – denn er verkörpert nicht nur die inferioren Funktionen, sondern bittet auch darum, dass sie erkannt und akzeptiert werden – werde vom Possenreißer ebenfalls dargestellt. Und durch das Ende zeige er die Gefährlichkeit und die Schädlichkeit seines verfehlten *Erkennens*.[12]

Der selbe Kampf gegen den Schatten wiederhole sich im Laufe des Textes und durch viele Figuren (z.B den Zwerg in „Vom Gesicht und Rähtsel", ZA, III 2, KSA 4, S. 197-202; oder die ganze Szene von „Vom Übergehen", ZA III 7, KSA

---

[11] Ebd., S. 81-124. Dieselbe Interpretation findet man auch in Car Gustav Jung, Über die Psychologie des Unbewußten. (1916-1943), GW 7, S. 1-130.

[12] Was am interessantesten ist, dass Jung, um die Identifikation Nietzsches mit allen den Persönlichkeiten des Texts zu rechtfertigen, gerade auf der Geschichte des Seiltänzers basiertes »*sōreítēs syllogismós*« vorschlagt. Er konstatiert, da Nietzsche und der Seiltänzer dasselbe Schicksal haben, seien sie mit einander identisch, genau wie Zarathustra und der Übermensch, und der Possenreißer und der Schatten des Seiltänzers hätten dieselbe psychologische Funktion. Da sowohl der Übermensch als auch der Possenreißer eine dämonische Kreatur darstellen würden, würden sie mit einander zusammenfallen, und da Zarathustra identisch mit dem Übermenschen sei, und dieser mit einem Dämon identifiziert sei und daher mit dem Possenreißer, sei Zarathustra auch der Possenreißer. Aber Zarathustra sei ihm nur in seiner *dämonischen Natur* gleich, daher sei er eigentlich sein *Schatten* und darum ebenfalls der Schatten des Übermenschen. Folglich, weil Nietzsche und der Seiltänzers übereinstimmen würden, stelle der Possenreißer den Schatten Nietzsches auch dar. Aber indem der Possenreißer gleichzeitig den Schatten Zarathustras symbolisiere, sei Nietzsche identisch mit Zarathustra und so mit allen den Persönlichkeiten des Buchs, weil jede von ihnen den Schatten Zarathustra darstelle (Ebd., S. 129-131).

4, S. 222-226), aber Nietzsche siehe unfähig aus, den Unterschied zwischen *Überspringen* [Overleaping] und *Überwinden* [Surpassing] zu verstehen, und lehne den letzten Menschen ab, anstatt ihn anzunehmen. Jung schreibt im Kommentar:

> Nietzsche says man is something that must be surpassed, which is what the fool showed him. He showed what one ought or ought not to do, for the rope-dancer died, there Nietzsche should have learned that man is killed by that overleaping, that he himself would be killed and he made there the famous prophecy that his mind would die before his body. You see, here again he remembers the fool, so here again he has a chance to understand that he is identical with him in that he is overleaping man. For what does it mean by surpassing man? He has never shown us that it is done. He definitly feels here that something is wrong; he feels that he should make a distinction so that the fool man may be removed, so that he has not to acknowledge the buffoon. [...] Nietzsche should by all means stop here and explain the difference between overleaping and surpassing. But having touched it a bit, he goes off as he had touched a red hot iron.[13]

2. Die Beschränktheit einer psychologischen Interpretation.

2.1 Allgemeine Probleme.

Obwohl die Absicht Jungs ganz weit von einer philosophischen Analyse entfernt war, wird es, da er den Gedanken Nietzsches berührt, nicht nur möglich, sondern auch notwendig, seine Interpretation anzugehen. Die Deutung Jungs ist in vielerlei Hinsicht problematisch. Nicht nur ist die Hypothese der Inflation nur mit Schwierigkeit annehmbar, sondern auch der Text kann nicht einfach als Kampf zwischen Bewusstsein und Unbewusstem gelesen werden. Die Gründe, denen seine Voraussetzungen entspringen, sind äußerst schwach. Über die Voraussetzung, die auf dem Begriff der »Inspiration« in *Ecce Homo* basiert, kann man sagen, dass die Aufregung nicht mit Unbewusstheit verwechselt werden darf. Wegen des Ausmaßes an nachgelassenem Material hat man nämlich die Möglichkeit, die Entwicklungen des Denkens Nietzsches ausführlich zu rekonstruieren. Deshalb kann der Vergleich zwischen veröffentlichtem Material und Nachlaß nicht ignoriert werden. Außerdem darf man nicht vergessen, dass Nietzsche viele Mal die Täuschung der Unmittelbarkeit Wagners kritisiert. Es wäre dann viel zu gewagt, Nietzsche einer solchen Unbewusstheit für fähig zu halten.

Also, die Worte in *Ecce Homo* beziehen sich sicher auf eine Art von Schaffen, die man korrekt »dionysisch« nennen und die man unbedingt als unabhängig betrachten kann. Der Sinn aber, mit dem der Begriff gelesen werden sollte, unterscheidet sich nicht wenig von der Bedeutung Jungs. Nach der Perspektive Nietzsches sei dieser keine orgiastische Körperlichkeit (wie Jung ihn lesen wollte), sondern ein volles »Ja sagen« zum Leben und allen seinen Aspekten (vgl. GD, X 5, KSA 6, 160). Deshalb kann man nicht glauben, dass Nietzsche einige Teile des

---

[13] SNZ, II, S. 1504-105 (Zitat von S. 1505).

Lebens (wie die Dunkelheit oder die Kollektivität) beseitigen will: Vielleicht ist seine Psychologie unfähig, sie zu akzeptieren, aber seine Philosophie scheint sehr weit davon entfernt.[14]

Die Plötzlichkeit und die Aufregung, mit denen die Zusammensetzung des *Zarathustra* in *Ecce Homo* beschrieben wird, können eigentlich für ein gültiges Beispiel gehalten werden, mit dem der nietzscheanische Begriff von „dionysisch" erklärt werden kann: Was im ganzen Buch am häufigsten auftaucht, ist die Wichtigkeit der Langsamkeit und der „Strecke", des langsamen Reifens, der Tanz Zarathustras, der viel Übung braucht (»in Ketten zu tanzen«)[15] und es wäre deshalb undenkbar, an die Plötzlichkeit zu denken, ohne einen langen und langsamen Lauf als Grund vorauszusetzen: Nietzsche war vor allem ein *Philologe* und in *Morgeröthe* gibt er z.B. viel Wert auf die Langsamkeit sowohl des Lesens als auch des *Schreibens*.[16]

Das ist alles mit der besonderen, von Jung übersehenen Funktion des *Zarathustra* als allegorischer Text verbunden.[17] Die Symbologie wird nämlich von Nietzsche wissentlich benutzt, obwohl Jung Recht hat, wenn er sagt, dass es unmöglich ist,

---

[14] Aus dieser Bemerkung folgt, dass, wenn man irgendeinen Begriff unter den Bildern des *Zarathustras* suchen will, der dem *Selbst* entsprechend ist, sollte man nicht an den Übermenschen, sondern an das „Dionysische" denken. Natürlich unterscheiden sich die Begriffe nicht wenig voneinander, aber sie haben beide vor, die Ganzheit des Werdens darzustellen. Der Übermensch stellt sich nur als die individuelle Bedingung einer solchen Annahme dar, und deswegen scheint er allenfalls dem Jungschen individualisierten Menschen ähnlicher als dem Konzept von Selbst.

[15] Vgl. Giuliano Campioni, Sulla strada di Nietzsche, ETS, Pisa 1998, S. 156-159.

[16] Vgl. M, Vorrede 5, KSA 3, S. 17: »Zuletzt aber: wozu müssten wir Das, was wir sind, was wir wollen und nicht wollen, so laut und mit solchem Eifer sagen? Sehen wir es kälter, ferner, klüger, höher an, sagen wir es, wie es unter uns gesagt werden darf, so heimlich, dass alle Welt es überhört, dass alle Welt uns überhört! Vor Allem sagen wir es langsam... Diese Vorrede kommt spät, aber nicht zu spät, was liegt im Grunde an fünf, sechs Jahren? Ein solches Buch, ein solches Problem hat keine Eile; überdies sind wir Beide Freunde des lento, ich ebensowohl als mein Buch. Man ist nicht umsonst Philologe gewesen, man ist es vielleicht noch, das will sagen, ein Lehrer des langsamen Lesens: — endlich schreibt man auch langsam. Jetzt gehört es nicht nur zu meinen Gewohnheiten, sondern auch zu meinem Geschmacke — einem boshaften Geschmacke vielleicht? — Nichts mehr zu schreiben, womit nicht jede Art Mensch, die „Eile hat", zur Verzweiflung gebracht wird. Philologie nämlich ist jene ehrwürdige Kunst, welche von ihrem Verehrer vor Allem Eins heischt, bei Seite gehn, sich Zeit lassen, still werden, langsam werden —, als eine Goldschmiedekunst und -kennerschaft des Wortes, die lauter feine vorsichtige Arbeit abzuthun hat und Nichts erreicht, wenn sie es nicht lento erreicht. Gerade damit aber ist sie heute nöthiger als je, gerade dadurch zieht sie und bezaubert sie uns am stärksten, mitten in einem Zeitalter der „Arbeit", will sagen: der Hast, der unanständigen und schwitzenden Eilfertigkeit, das mit Allem gleich „fertig werden" will, auch mit jedem alten und neuen Buche: — sie selbst wird nicht so leicht irgend womit fertig, sie lehrt gut lesen, das heisst langsam, tief, rück- und vorsichtig, mit Hintergedanken, mit offen gelassenen Thüren, mit zarten Fingern und Augen lesen... Meine geduldigen Freunde, dies Buch wünscht sich nur vollkommene Leser und Philologen: lernt mich gut lesen!«.

[17] Zum diesen Aspekt siehe Peggy Nill, Die Versuchung der Psyche: Selbstwerdung als schöpferisches Prinzip bei Nietzsche und C. G. Jung, in: Nietzsche Studien 17 (1988), S. 250-279.

ein Symbol zu „schaffen".[18] Es entsteht selbständig, wie auch Jung annahm, aber nicht um irgendeiner unbewussten Teleologie zu folgen, sondern wie eine goldene, reife Frucht, die tief, stark verankert am Baum des Werdens ist. Mit einer solchen Idee des Denkens und Schaffens verbindet sich die Bedeutung der Langsamkeit auch mit dem Überwinden, eher als mit dem Überspringen: Das Leben zu akzeptieren, bedeutet ein „Ja sagen" zu allen seinen Teilen, ohne etwas zu überspringen.

Über die andere Voraussetzung Jungs muss man bemerken, dass die Erklärung »Zarathustra ging an mir vorbei« kein genügender Grund zur unbedingten Annahme der archetypischen Natur Zarathustras ist.[19] Die Behauptung kommt aus einem veröffentlichten Text und nicht aus einer persönlichen Notiz: im Nachlass gibt es weitere Überarbeitungen der Persönlichkeit und der ganzen Szene.[20] Außerdem findet man schon am Ende des vierten Buches der *Fröhlichen Wissenschaft*, wörtlich geschrieben, den Anfang der Vorrede und es scheint unmöglich, die Sache zu übersehen, dass im Vorbereitungsmaterial der »tolle Mensch« (FW, 125, KSA 3, 480) eigentlich Zarathustra hieß. Jung lässt die Werke weg, die zwischen *Zarathustra* und *Dionysos Dithyramben* geschrieben wurden, aber in solchen Werken fehlt jedes Anzeichen von Inflation und die Sprachstile, die der Philosoph verwendet, unterscheiden sich voneinander und vom Stil des *Zarathustras*.

Nicht nur das: Nietzsche erscheint alles andere als im Besitz eines Archetypus. Er zeigt nämlich mehr als einmal Einsicht und Selbsterfahrung, z.B. in *Ecce Homo* durch die Worte »Abgerechnet nämlich, dass ich ein décadent bin, bin ich auch dessen Gegensatz« (EH, I 2, KSA 6, 266). Mit diesem Satz wird die Hypothese eines seiner Ähnlichkeit mit der Kollektivität ahnungslosen Nietzsches widerlegt und die Möglichkeit einer Zugehörigkeit zur zeitgenössischen Gesellschaft taucht auf. Wenn Jung richtig läge, dann wäre die Haltung Nietzsches in diesem Buch dieselbe wie im *Zarathustra*, und wenn man irgendeine Spur von Inflation in einem der zwei Texte finden würde, dann sollte es sie auch im anderen geben. Sowieso gibt es Zeichen auch im *Zarathustra*, die gegen die Idee der Inflation gelesen werden sollten (z.B. in all den Kapiteln, die Jung nicht interpretiert, weil er

---

[18] Carl Gustav Jung, Definitionen, in Carl Gustav Jung: Psychologische Typen, S. 444-528. Gerade auf der Spannung zwischen »Sinn« und »Unsinn« zum *Ziel* eines »*Übersinn*« basieren das ganze Rote Buch und die Entwicklung seiner Symbole (Carl Gustav Jung, Das Rote Buch: Liber Novus, 1913-1930, Patmos-Verlag, Düsseldorf 2010). Siehe auch Bernardo Nante, "El libro rojo" de C. G. Jung. Claves por la comprension de una obra inexplicable, Siruela, Madrid 2011.

[19] Zur Schwierigkeit beim Annehmen Zarathustra als Alten Weisen siehe Martin Liebscher, Zarathustra – Der Archetypus des „Alten Weisen", in: Nietzscheforschung. Jahrbuch der Nietzsche-Gesellschaft 9 (2002), S. 234-245 und Peggy Nill, Die Versuchung der Psyche, S. 264.

[20] Z. B. Nachlaß 1882-1883, KSA 10, 4 [145]: »Ganz Meer, ganz Mittag, ganz Zeit ohne Ziel / Ein Kind, ein Spielzeug / Und plötzlich werden Eins zu Zwei / Und Zarathustra gieng an mir vorbei«.

sie als Ausdruck eines Grolls auf den Schatten liest)[21]. Außerdem sind all die Menschen des vierten Teils eigentlich eine klare Maske für die *Décadence* und das lässt vermuten, dass Nietzsche ganz wirkliche Ziele hatte.[22] Deswegen würde eine Lektüre Zarathustras als toller Mensch und nicht als Alter Weiser besser aussehen. Er könnte wahrscheinlich derselbe Mann sein, der zu den Menschen zurückgekommen ist, um ihnen den alten Gedanken des Gottestodes noch einmal beizubringen. Dieses mal könnte er es besser machen, denn er hat durch die Intuitionen der ewigen Wiederkehr und des Übermenschen einen Weg gefunden, um den Nihilismus zu überwinden. Natürlich wird er noch einmal scheitern, weil das Volk zu solchen so überwältigenden Gedanken noch weniger bereit ist.

Es ist dann nicht zu vergessen, dass das Weibliche, obwohl Nietzsche sicher mit seiner Anima Probleme hatte, im Text nicht fehlt: in Stellen wie „Das andere Tanzlied" (ZA, III 15, KSA 4, S. 82-87) versteckt sich Ariadne, die Ehefrau des Dionysos und damit die notwendige Bedingung zum „Ja sagen" zum Leben.

Schließlich sind all die Bilder des Windes im Text klare Bezüge nicht zu Wotan, sondern zum Mistral und der provenzalischen Kultur, die als Beispiel zum Gegensatz zur deutschen Tradition häufig von Nietzsche verwendet wird.[23]

2.2 Eine alternative Lektüre des Seiltänzers.

Aus den oben genannten Gründen kann der Seiltänzer kein Überspringen von Nietzsche darstellen, sondern spiegelt vielmehr die Gefährlichkeit der nihilistischen Bedingung und besonders des *höheren Menschen* wider. Die Hauptfigur des Vorfalls hat nämlich aus »der Gefahr« seinen »Beruf gemacht« (ZA, Vorrede 6, KSA 4, S. 22), genauso wie dieser versucht, auf der Leere der Abwesenheit Gottes zu leben, Leere in der man aber ganz einfach fallen kann, wenn das verspottende Abflachen des »Geists der Schwere« die Oberhand gewinnt. Diese Figur ist nämlich neben der Schwere auch mit der Oberflächlichkeit verbunden, und stellt in allgemeinen jede Haltung dar, die keine Verpflichtungsfähigkeit aus-

---

[21] Sie sind: „Von den Erhabenen", „Vom Land der Bildung", Von der unbefleckten Erkenntnis" (ZA, II 13-15, KSA 4, S. 150-159) (vgl. SNZ, II, S. 1215) und „Auf dem Oelberge" (ZA, III 6, KSA 4, S. 218-221) (vgl. SNZ, II, S. 1386).

[22] Vgl. Giuliano Campioni, Sulla strada di Nietzsche, S. 250 und Giuliano Campioni, La morale dell'eroe, ETS, Pisa 2009, S. 65. Außerdem fällt der ganze Syllogismus mit einer solchen Absicht natürlich ab, denn es gibt keine Identifikation mehr zwischen Nietzsche und dem Übermenschen. Es ist nicht zu vergessen, dann, dass diese Figur nur im *Zarathustra* und in Bezug auf diesen von Nietzsche zitiert wird.

[23] Zur Wichtigkeit von Frankreich und der Provence für Nietzsche siehe Giuliano Campioni, Les lectures françaises de Nietzsche, PUF, Paris 2001, S. 2-5; Giuliano Campioni, «Gaya scienza» und «gai saber» in Nietzsches Philosophie, in: Chiara Piazzesi, Giuliano Campioni, Patrik Wotling (Hrsgg.), Letture della Gaia scienza. Lectures du Gai savoir, ETS, Pisa 2010, S. 15-37. Siehe auch: JGB, 254, KSA 5, S. 198-200; JGB, 260, KSA 5, S. 208-212; EH, III 22, KSA 6, S. 333-334.

schließt.[24] Der Possenreißer stellt eigentlich die Gefahr dar, sich an der ersten Schwierigkeit zu halten und an der Gleichschaltung des *letzen Menschen* zum Erliegen zu kommen.[25]

Um eine solche Deutung zu rechtfertigen, darf man die Figur des Possenreißers mit dem Zwerg vom „Vom Gesicht und Räthsel" vergleichen, und die beiden mit der Angelegenheit der Assimilation der Schwere verbinden. Die ewige Wiederkehr muss selbst in dieser Richtung gelesen werden: sie ist nicht ein Versuch, die Schwere des Augenblicks zu ignorieren (wie Jung selber sie interpretiert!), sondern der höchste Ausdruck, eine solche Schwere darzustellen. Man darf nicht denken, dass wir, weil alles schon passiert ist, total unschuldig an unseren Entscheidungen sind, sondern dass alles noch unendliche Male wiederkommen muss und das ist der beste Grund, höchst verantwortlich sein zu sollen. In Bezug auf die zwei Möglichkeiten, durch die die ewigen Wiederkunft verstanden werden kann, ist die Figur des Zwergs emblematisch: Er entspricht nämlich eigentlich der Haltung des Geistes der Schwere und seinem Willen zum Abflachen, der durch die Wörter der Tiere Zarathustras in „Der Genesende" ganz klar sein wird. Sie sagen:

— „Oh Zarathustra, sagten darauf die Thiere, Solchen, die denken wie wir, tanzen alle Dinge selber: das kommt und reicht sich die Hand und lacht und flieht — und kommt zurück. Alles geht, Alles kommt zurück; ewig rollt das Rad des Seins. Alles stirbt, Alles blüht wieder auf, ewig läuft das Jahr des Seins. Alles bricht, Alles wird neu gefügt; ewig baut sich das gleiche. Haus des Seins. Alles scheidet, Alles grüsst sich wieder; ewig bleibt sich treu der Ring des Seins. In jedem Nu beginnt das Sein; um jedes Hier rollt sich die Kugel Dort. Die Mitte ist überall. Krumm ist der Pfad der Ewigkeit." — (ZA, III 13, KSA 4, S. 272-273).

Eine Weise, auf die die ewige Wiederkehr gemeint werden kann, besteht darin, an sie ganz einfach als bloße Wiederholung von Ereignissen zu denken. Aber

---

[24] So schreibt Nietzsche in „Vom Geist der Schwere": »Der aber hat sich selber entdeckt, welcher spricht: Das ist mein Gutes und Böses: damit hat er den Maulwurf und Zwerg stumm gemacht, welcher spricht „Allen gut, Allen bös." Wahrlich, ich mag auch Solche nicht, denen jegliches Ding gut und diese Welt gar die beste heisst. Solche nenne ich die Allgenügsamen. Allgenügsamkeit, die Alles zu schmecken weiss: das ist nicht der beste Geschmack! Ich ehre die widerspänstigen wählerischen Zungen und Mägen, welche „Ich" und „Ja" und „Nein" sagen lernten. Alles aber kauen und verdauen — das ist eine rechte Schweine-Art! Immer I-a sagen — das lernte allein der Esel, und wer seines Geistes ist! — Das tiefe Gelb und das heisse Roth: so will es mein Geschmack, — der mischt Blut zu allen Farben. Wer aber sein Haus weiss tüncht, der verräth mir eine weissgetünchte Seele. In Mumien verliebt die Einen, die Andern in Gespenster,; und Beide gleich feind allem Fleisch und Blute — oh wie gehen Beide mir wider den Geschmack! Denn ich liebe Blut. Und dort will ich nicht wohnen und weilen, wo Jedermann spuckt und speit: das ist nun mein Geschmack, — lieber noch lebte ich unter Dieben und Meineidigen. Niemand trägt Gold im Munde« (ZA III 11, KSA 4, S. 243-244).

[25] Unter »letztem Menschen« nennt man denjenigen, dem der Tod Gotts kein Leid tut und in einer Bedingung von „Verkleinerung" lebt. Zu diesem Thema siehe Giuliano Campioni, Les lectures françaises de Nietzsche, S. 189-190.

Zarathustra antwortet seinen Tieren mit Wörtern, die kein Missverständnis erlauben:

> — Oh ihr Schalks-Narren und Drehorgeln! antwortete Zarathustra und lächelte wieder, wie gut wisst ihr, was sich in sieben Tagen erfüllen musste: — — und wie jenes Unthier mir in den Schlund kroch und mich würgte! Aber ich biss ihm den Kopf ab und spie ihn weg von mir. Und ihr, — ihr machtet schon ein Leier-Lied daraus? Nun aber liege ich da, müde noch von diesem Beissen und Wegspein, krank noch von der eigenen Erlösung. Und ihr schautet dem Allen zu? Oh meine Thiere, seid auch ihr grausam? Habt ihr meinem grossen Schmerze zuschaun wollen, wie Menschen thun? Der Mensch nämlich ist das grausamste Thier. [...]

> Der kleine Mensch, sonderlich der Dichter — wie eifrig klagt er das Leben in Worten an! Hört hin, aber überhört mir die Lust nicht, die in allem Anklagen ist! Solche Ankläger des Lebens: die überwindet das Leben mit einem Augenblinzeln (Ebd.).

Überwinden bedeutet tatsächlich, sowohl die Leichtigkeit als auch die Schwere zu akzeptieren und zu assimilieren, und an die Wiederholung als eine *wirkliche* Bedingung zur Verantwortlichkeit zu denken. Der Geist der Schwere bringt man zum Vereinfachen, in dem er der Gedanke abflacht, aber seine Haltung muss nicht abgelehnt werden, sondern akzeptiert, weil er zum Leben gehört.

Aus diesem Grund kann der Begriff von Überwinden im *Zarathustra* und im Vorfall des Seiltänzers keine bloße Vorstellung von *Overleaping* entsprechen: Die Bedeutung, die Nietzsche der Langsamkeit, der Verantwortlichkeit und aller Aspekten des Lebens gibt, zu gross ist, um seine Idee als Überspringen zu verstehen. Man muss nicht vergessen, dass »Je mehr er hinauf in die Höhe und Helle will, um so stärker streben seine Wurzeln erdwärts, abwärts, in's Dunkle, Tiefe, — in's Böse« (ZA, I 8, KSA 4, S. 51).

Schlussfolgerungen.

Wenn Jung die Absichtlichkeit Nietzsches im Schreiben des *Zarathustras* bemerkt hätte, hätte er wahrscheinlich den Begriff des Dionysischen nicht missverstanden und den Willen zum Reflektieren des ganzen Werdens sehen können. Wegen seiner Idee der Symbologie konnte er aber den Text nicht anders als Produkt der Psychologie lesen. Wie auch schon einige Interpreten beobachtet haben, und wie er selbst mehr als einmal sagt, scheint Jung Angst vor einer möglichen Ähnlichkeit mit Nietzsche zu haben. Deswegen behandelt er ihn immer wie einen Patienten, einen klinischen Fall.[26] Außerdem darf der umfangreiche Einfluss Nietzsches auf Jungs Begriffe nicht übersehen werden: wenn sie meistens auf Nietzsches Bildern und Figuren basiert sind, ist es normal, dass Jung, als er zum dritten Mal den Text las, dieselben Gründe seiner Theorie fand.

---

[26] Vgl. Romano Madera, Mitografie del senso perduto, in: , S. 111-123; Lucy Huskinson, Nietzsche and Jung. The Whole Self in the Union of Opposites, Brunner-Routledge, Hove and New York 2004, S. 133-150; und Pier Aldo Rovatti, Riflessioni sull'ombra, in: Aut-aut 229-230 (Januar-April 1989), S. 99-110.

Schließlich ist der Mangel an einer kritischen Ausgabe, durch die das veröffentlichte Material mit dem Nachlaß verglichen werden können hätte, sicher wichtig. Das ist aber nicht genug, um die Haltung Jungs zu rechtfertigen: die nachgelassenen Texte fehlen nämlich nicht, Heidegger verwandte sie oft und derselbe Jung konsultierte sie jedes Mal, wenn er Nietzsches Träume deuten musste. Deshalb kann der Grund des Verhältnisses des Psychologen zu Nietzsche in einer allgemeinen Stimmung von Vorurteil gegen den Philosophen und sein Schicksal gesucht werden.[27]

Jung hat wahrscheinlich die experimentelle Seite der Philosophie Nietzsches missverstanden und hat sich nur auf ein psychologisches Lesen konzentriert. Der Satz von *Ecce Homo* »Wie viel Wahrheit erträgt, wie viel Wahrheit wagt ein Geist? das wurde für mich immer mehr der eigentliche Werthmesser« (EH, Vorrede 3, KSA 6, S. 259) scheint von ihm ganz weggelassen zu werden, und damit die Möglichkeit einer solchen Absichtlichkeit in der Auseinandersetzung mit seiner Innerlichkeit.

Der Schlüssel liegt in dem Unterschied zwischen den zwei Begriffen von „Symbol" versteckt: die Idee Jungs ist – wie schon gesagt – an Transzendenz gerichtet, während die Vorstellung Nietzsches daran gewandt zu sein scheint, dass alle Arten von Transzendenz beseitigt werden sollen und die Symbole deshalb nur wie ein „Rückstand" von den ursprünglichen »Gebärden« bleiben, nachdem eine Sprache geschaffen wurde (MA, I 215-216, KSA 2, S. 175-177). Also schlägt er keine Möglichkeit von Transzendenz vor und die Symbole werden notwendig, im Falle *Zarathustras*, um eine neue Sprache zu schaffen, die das Leben und den Strom seines Werdens zurückspiegeln kann: Der Prozess von Schaffen und Zerstörung des Werdens erscheint eigentlich gleich wie jener der Schöpfung der Sprache des Textes. *Also sprach Zarathustra* bietet eine Unmenge Lektüre-Ebenen an – es ist nämlich „ein Buch für alle und keinen" – und eine psychologi-

---

[27] Als dreiundachtzigjähriger erzählte er, dass er schon in seiner ersten Lektüren des Texts ihn für »morbid« hielt und darum Angst davor hatte, er mit Nietzsche und seinem Schicksal verwechselt zu können (Carl Gustav Jung, Erinnerungen, Träume, Gedanken von C. G. Jung. Aufgezeichnet und herausgegeben von Aniela Jaffé, Walter, Zürich Düsseldorf 1961, S. 109-111): »Trotz meiner Befürchtungen war ich neugierig und entschloß mich, ihn zu lesen. Es waren die „Unzeitgemäßen Betrachtunge", die mir zunächst in die Hände fielen. Ich war restlos begeistert, und bald las ich auch „Also sprach Zarathustra". Das war, wie Goethes „Faust", ein stärkstes Erlebnis. Zarathustra war der Faust Nietzsches, und Nr. 2 war mein Zarathustra, allerdings mit der angemessenen Distanz des Maulwurfshügels vom Montblanc; und Zarathustra war - das stand mir fest - morbid. War Nr. 2 auch krankhaft ? Diese Möglichkeit versetzte mich in einen Schrecken, den ich lange Zeit nicht wahrhaben wollte, der mich aber trotzdem in Atem hielt und sich immer wieder zu ungelegener Zeit meldete und mich zum Nachdenken über mich selber zwang. Nietzsche hatte sein Nr. 2 erst später in seinem Leben entdeckt, nach der Lebensmitte, während ich Nr. 2 schon seit früher Jugend kannte. Nietzsche hat naiv und unvorsichtigerweise von diesem Arrheton, dem nicht zu Nennenden, gesprochen, wie wenn alles in Ordnung wäre. [...] Wie mir der „Faust" eine Türe öffnete, so schlug mir „Zarathustra" eine zu, und dies gründlich und auf lange Zeit hinaus«.

sche Deutung muss deshalb nicht ausgeschlossen werden. Man sollte aber wissen, dass sie nicht die einzige mögliche ist. Wenn man dem Unterschied zwischen den zwei Begriffen von Symbol folgt, werden die Voraussetzungen Jungs schwächer und damit seine ganze Interpretation, aber eine solche Deutung muss gehalten werden, wenn man Nietzsche wie einen Patienten betrachten können will.

Es wäre allerdings nicht richtig, keinen Verdienst in einer psychologischen Interpretation Nietzsches zu erkennen. Der beste Beitrag Jungs ist, dass er die Kategorien der analytischen Psychologie in der Philosophie angewandt hat, indem er eine weitere Analyse ermöglichte. Am interessantesten ist einerseits die Teilung zwischen introvertierter Intuition und extrovertierter Empfindung für die Begriffe „Apollinisch" und „Dionysisch" in der *Geburt der Tragödie* – und für die Arten des Schaffens im Allgemeinen –[28] und andererseits die Interpretation von Nietzsche als ein introvertierter Dichter, der durch die Intuition geführt wird. Dann ist sicher eine Deutung Nietzsches als Hyperrationalist bemerkenswert, die sich jenem z.B. von G. Lukács[29] entgegenstellen kann (obwohl die beiden dieselbe Schlussfolgerung am Ende erreichen), und eine Lektüre des *Zarathustra* als geistliche Tragödie, die viele andere (z.B. jene K. Schlechtas)[30] unterstützen kann. Es darf schließlich nicht vergessen werden, dass die Erkenntnis des Einflusses Nietzsches auf die analytische Psychologie ebenfalls neue und interessante Beiträge für die Forschung über Jung herbeiführen könnte. Aus all diesen Gründen sollte die Beziehung zwischen Nietzsche und Jung – trotz aller der Schwierigkeiten, die eine psychologische Lektüre des *Zarathustra* mit sich bringt – in der Forschung öfter angegangen werden.

---

[28] Zu „Apollinisch" und „Dionysisch" Carl Gustav Jung, Psychologische Typen, S. 144-155; zum introvertierten oder extrovertierten Schaffen Jung, Über die Beziehungen der analytischen Psychologie zum dichterischen Kunstwerk.

[29] György Lukács, Die Zerstörung der Vernuft (1954), Aufbau-Verlag, Berlin 1988.

[30] Karl Schlechta, Nietzsches grosser Mittag (1954), Kloster, Frankfurt / M 1954.

Literaturverzeichnis.

Bishop Paul, The Dionysian Self. C. G. Jung's Reception Of Friedrich Nietzsche, De Gruyter, Berlin, New York 1995

–, Estrangement from the Deed and the Memory thereof: Freud and Jung on the Pale Criminal in Nietzsche's Zarathustra, in: Orbis Litterarum 54 (1999), S. 424-438

–, Jung's Annotations of Nietzsche's Works: An Analysis, in: Nietzsche-Studien 24 (1995), S. 271-314

–, The Jung/ Förster-Nietzsche Correspondence, in: German life and letters 46 (1993), S. 319-330

Campioni Giuliano, «Gaya scienza» und «gai saber» in Nietzsches Philosophie, in: Chiara Piazzesi, Giuliano Campioni, Patrik Wotling (Hrsgg.), Letture della Gaia scienza. Lectures du Gai savoir, ETS, Pisa 2010, S. 15-37

–, La morale dell'eroe, ETS, Pisa 2009

–, Les lectures françaises de Nietzsche, PUF, Paris 2001

–, Sulla strada di Nietzsche, ETS, Pisa 1998

Dixon Patricia E., Sailing a Deeper Night, Peter Lang, New York; Washington, D.C. / Baltimore; Boston; Bern; Frankfurt am Main; Berlin; Vienna; Paris 1999

Freud Sigmund, Gesammelte Werke: chronologisch geordnet, Imago Publishing Co., Ltd., London 1991 ff.

Huskinson Lucy, Nietzsche and Jung. The whole Self in the Union of Opposites, Brunner-Routledge, Hove / New York 2004

Jung, Carl Gustav, Das rote Buch: Liber Novus (1913-1930), erste Ausgabe The Red Book: Liber Novus (2009), Patmos-Verlag, Düsseldorf 2010

–, Erinnerungen, Träume, Gedanken von C. G. Jung. Aufgezeichnet und herausgegeben von Aniela Jaffé, Walter, Zürich Düsseldorf 1961

–, Nietzsche's Zarathustra. Notes of the seminar given in 1934-9, edited by James. - L. Jarrett, Bollingen Routledge, London 1989 (part I, Nachdr. 2005; part II, Nachdr. 1994)

-, Werke in 20 Bände, Walter, Olten / Düsseldorf 1966 ff.

Liebscher Martin, Libido und Wille zur Macht. C.G. Jungs Auseinandersetzung mit Nietzsche, Beiträge zu Friedrich Nietzsche 15, Schwabe, Basel 2012

–, Nietzsche und Jung, Rezension an L. Huskinson, The wohle Self in the Union of Opposites, Hove / New York (Brunner-Routledge) 2004, in: Nietzsche Studien 35 (2006), S. 393-397

–, Die "unheimliche Änlichkeit". Nietzsches Hermeneutik der Macht und analytische Hermeneutik der Macht und analytische Interpretation bei Carl Gustav Jung, in: Ecce Opus. Nietzsche-Revisionen im 20. Jahrhundert 81 (2003), S. 37-50

–, Zarathustra – Der Archetypus des „Alten Weisen", in: Nietzscheforschung. Jahrbuch der Nietzsche-Gesellschaft 9 (2002), S. 234-245

–, „Wotan" und „Puer Aeternus". Die Zeithistorische Verstrickung von C. G. Jungs Zarathustrainterpretation, in: Nietzsche Studien 30 (2001), S. 329-350

–, Jungs Abkehr von Freud im Lichte seiner Nietzsche-Rezeption, in Zeitenwende-Wertewende. Internationaler Kongreß der Nietzsche-Gesellschaft zum 100. Todestag Friedrich Nietzsches vom 24.-27. August 2000 in: Naumburg, Protokollband des Naumburger Nietzsche-Kongresses, Akademie Verlag, Berlin 2001, S. 255-260

Lukács György, Die Zerstörung der Vernuft (1954), Aufbau-Verlag, Berlin 1988

Lupo Luca, «Also spricht meine Seele». Lo "Zarathustra" di Nietzsche nel "Libro rosso" di Jung: la verità come vita tra esperienza ed esperimento, in: P. Gori, P. Stellino (Hrsgg.), Teorie e pratiche della verità in Nietzsche, ETS, Pisa 2012

–, Le colombe dello scettico. Riflessioni di Nietzsche sulla coscienza negli anni 1880-1888, ETS, Pisa 2006

Madera Romano, Mitografie del senso perduto, in: Aut-aut 229-230 (Januar-April 1989), S. 111-123

Nante Bernardo, "El libro rojo" de C. G. Jung. Claves por la comprension de una obra inexplicable, Siruela, Madrid 2011

Nietzsche Friedrich Wilhelm, Nietzsche Briefwechsel. Kritische Gesamtausgabe, Berlin / New York, de Gruyter, 1975 ff.

-, Werke. Kritische Gesamtausgabe. Hrsg. v. G. Colli u. M. Montinari, De Gruyter, Berlin / New York 1967 ff.

Nill Peggy, Die Versuchung der Psyche: Selbstwerdung als schöpferisches Prinzip bei Nietzsche und C. G. Jung, in: Nietzsche Studien 17 (1988), S. 250-279

Pezzella Mario (Hrsg.), Lo spirito e l'ombra. I seminari di Jung su Nietzsche, Moretti & Vitali Editori, Bergamo 1995

Ricoeur Paul, De l'interprétation. Essai sur Freud, Éd. du Seuil, Paris 1965

Rocci Giovanni, La maschera e l'abisso. Una lettura junghiana di Nietzsche, Bulzoni Editore, Roma 1999

Rovatti Pier Aldo, Riflessioni sull'ombra, in: Aut aut 229-230 (Januar-April 1989), S. 99-110

Schlechta Karl, Nietzsches grosser Mittag (1954), Kloster, Frankfurt / M 1954

Trevi Mario, Metafore del simbolo, Cortina, Milano 1986

–, Metafora e simbolo nella lettura junghiana del testo onirico. Una discussione, in: Aut aut 229-230 (Januar-April 1989), S. 65-84

Trevi Mario, Romano Augusto, Studi sull'ombra, Marsilio, Venezia-Padova 1975

Venturelli Aldo, Nietzsche in Berggasse 19 e altri studi nietzscheani, Pubblicazioni dell'Università di Urbino, Urbino 1983.

»Nachtlied«
Erläuterungen zu einer Komposition.

von *Elnaz Seyedi*

[Der folgende Text bezieht sich auf den Vortrag von *Elnaz Seyedi* zur ihrer Komposition »Nachtlied«, welche sie während den Nietzsche-Lektüretagen 2012 im Nietzsche Haus Sils Maria vorgestellt hatte.
Unter http://www.nietzsche-colloquium.de/downloads/Nachtlied.mp3 ist die Komposition online zu hören.]

Die 2009 bis 2010 entstandene Komposition »Nachtlied«, versucht nach Friedrich Wilhelm Nietzsches *Das Nachtlied* in *Also sprach Zarathustra* für 5 Stimmen, Klarinette und Schlagzeug die Konfrontation mit dem von Nietzsche dargestellten Bild des Menschen musikalisch zu bearbeiten: Der Mensch, der in einem Universum ohne Gott allein seinen Lebensentwurf wählen und verantworten muss. Nietzsche weist auf das Tragische, das Absurde und das Leere hin, gleichzeitig aber zeigt er einen Weg auf, ein Ja-Sagen, den Weg zum Übermenschen, ein Verwandeln, einen Neuanfang aus dem Chaos, ein Tanzen am Abgrund.

Die zentrale Form des Stücks ist ein Prozess: Dieser führt von einem dunklen Klang aus engen Intervallen, in dem die Sopran- und Bassstimmen nicht ihre eigentliche Stimmlage benutzen, zu einem hellen Klang in größeren Intervallen. Die aufeinander bezogene Harmonik des Anfangs und des Endes der Komposition entspricht der traditionellen Liedform, die Nietzsche für sein Gedicht ausgewählt hat: a-b-a′. Innerhalb des Prozesses befinden sich sieben kleinere Formabschnitte, die jeweils ähnlich beginnen, sich aber unterschiedlich entwickeln und Teil des Gesamtprozesses werden.

Es folgt nun eine kurze musikalische Analyse mit dem Fokus auf der Textbehandlung. Auf weitere musikalische Aspekte wird an dieser Stelle nicht eingegangen.

1. Teil: Einleitung.

Text: *Nacht ist es.*
Im ersten Teil werden die musikalischen Materialien der Komposition vorgestellt:

- Cluster: Ein Klanggewebe aus nah beieinander liegenden (chromatisch) Tönen. Das Ergebnis ist ein dunkler Klang, welcher der dunklen Atmosphäre der Nacht entspricht.
- Schwebung: Die Überlagerung zweier Schwingungen, deren Frequenzen nur geringe Unterschiede haben.
- Melodische Linien
- Geräuschebene: Flüstern mit stark betonten Konsonanten und Reibegeräusche auf dem Fell der großen Trommel.
- Glockenspielschläge

Die in der Einleitung kompakt vorgestellten Materialien werden in den darauf folgenden Teilen bearbeitet, entwickelt, ineinander verwandelt und nach und nach bis zum Ende des Stücks aufgelöst.

2. Teil: Springende Brunnen.

Text: *Nacht ist es: nun reden lauter alle springenden Brunnen. Und auch meine Seele ist ein springender Brunnen.*
In diesem Teil wird die bewegende Stille eines Brunnens durch die Schwebung dargestellt. Die dunkle Klangfläche bewegt sich durch verschiedene Arten der Schwebung (Vibrato → Schwebung →Triller → Tremoli). Der Gesamtklang bleibt trotzdem immer noch als Cluster erhalten

3. Teil: Lieder der Liebenden.

Text: *Nacht ist es: nun erst erwachen alle Lieder der Liebenden. Und auch meine Seele ist das Lied eines Liebenden.*
Die melodischen Linien als *Lieder der Liebenden* werden in dem 3. Teil entwickelt (einzelne Linien → Polyphonie). Zu einer quasi Solo singenden Tenorstimme bilden Sopran und Bariton melodische Umspielungen aus den Tönen des anfänglichen Cluster.

4. Teil: Ein Ungestilltes, Unstillbares.

Text: *Ein Ungestilltes, Unstillbares ist in mir; das will laut werden. Eine Begierde nach Liebe ist in mir, die redet selber die Sprache der Liebe.*
Der 4. Teil, als mittlerer Teil der Komposition und als Höhepunkt der zwei von Anfang der Komposition begonnenen Prozesse (ein Verdichtungsprozess in der Flüsterebene und ein Beschleunigungsprozess der Glockenspielschläge), bekommt ein besonderes Gewicht im Gesamtwerk.
Neben der aus dem Anfangscluster entwickelten Harmonik läuft bis zu dieser Stelle eine weitere harmonische Schicht, die aus Wagners Tristanakkord abgeleitet ist. Die mit Glockenspiel und Vibraphon einzeln gespielten Tönen des Tristanakkords, die nur ein einziges Mal als Höhepunkt des Beschleunigungsprozesses mit dem Satz *Licht bin ich* in der richtigen Reihenfolge vorkommen, thematisieren zwei Aspekte in Bezug auf Wagner, die während des Komponierens des Nachtlieds gedanklich präsent waren:

 1. Das *Wunderreich der Nacht* in Wagners Tristan und Isolde.
 2. Nietzsche, der, beeindruckt von Schopenhauer, immer auf die Musik, und besonders auf Wagners Musik, gehofft hat und am Ende immer enttäuscht war.

Nachdem die beiden Prozesse ihre Klimax erreicht haben, werden die Flüsterebene und die Glockenspielschläge aufgelöst.

225

5. Teil: Sopranduo.

Text: *Aber ich lebe in meinem eigenen Licht.*
Zwischen den vorletzten und letzten Tönen der Tristanakkordschicht ist der letzte
gesungene Satz der Komposition in einem kurzen polyphonen, durch verschiedene Grade des Vibratos schwebenden Duo der beiden Sopranstimmen eingebettet.

6. und 7.Teil:

In den beiden letzten Teilen kommt kein Text mehr vor. Der 6. Teil ist eine Über-
leitung zu dem meditativen Ende des Werks, in dem alle Stimmen durch Halb-
tonglissandi noch einmal die Schwebungen in den Vordergrund bringen. Die
Klangfläche, die den 7. und letzten Teil der Komposition bildet, versetzt dieTöne
des Anfangsclusters in unterschiedliche Register. Diese Klangfläche wird nach
einer Weile aufgelöst. Am Ende bleiben die beiden Sopranstimmen mit Unisono
auf As. Durch eine geringe Abweichung von As führt die erste Sopranstimme das
Stück mit einer letzten Schwebung zu Ende.